신협

필기시험 일반상식

PREFACE

신협은 믿음과 나눔의 정신을 바탕으로 서민과 중산층을 위해 비영리로 운영되고 있는 협동조합 금융기관으로 한국의 서민, 중산층을 위한 대표적인 비영리금융기관입니다.

금융사업, 공제사업, 지역개발사업, 문화후생사업, 사회복지사업 등 다양한 업무를 수행하고 있는 신협은 '협동조합의 참다운 모델, 삼호금융의 진정한 리더'를 비전으로 삼아 가치(質)를 바탕으로 효율적으로 성장(量)을 추구, 합리적 호혜성 및 보편적 공공성 실현, 협동조합 철학과 정체성 실현하고 있습니다.

'우수한 인재가 신바람 나게 일할 수 있는 직장'을 인사비전으로 삼고 있는 신협의 채용절차는 서류전형, 필기시험, 면접으로 구성됩니다.

본서는 신협 필기시험 과목 중 필수과목인 일반상식에 대비하기 위한 수험서로 다음과 같이 구성하였습니다.

1. 방대한 양의 일반상식 영역을 체계적으로 구분하여 핵심문제를 엄선·수록하였습니다.
2. 실제 시험에 출제가 예상되는 문제를 다각도로 분석하여 수록하였습니다.
3. 최근 들어 그 중요성이 점점 강조되고 있는 한국사 상식을 별도로 정리하여 수록하였습니다.

신념을 가지고 도전하는 사람은 반드시 그 꿈을 이룰 수 있습니다. 서원각이 도전하는 여러분의 꿈을 응원합니다.

STRUCTURE

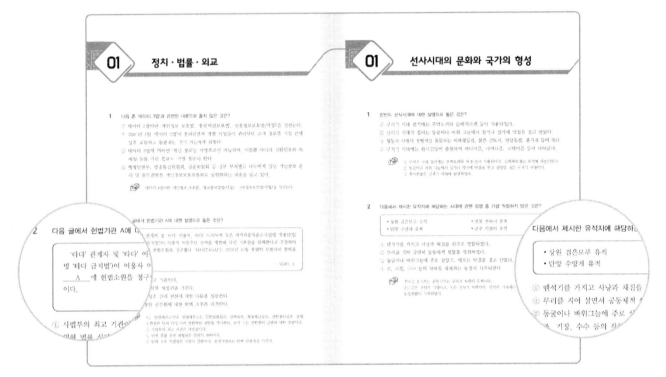

신협 소개

신협의 기업 정보를 정리하고 채용 안내를 수록하여 채용 준비의 시작을 함께 합니다.

일반상식

일반상식의 영역을 체계적으로 구분하고 주제별 빈출내용을 문제로 구성하였습니다. 잘 만든 문제하나로 수험생 여러분의 합격을 실현해 드립니다.

한국사

출제수준에 기반한 한국사 문제를 상세한 해설과 함께 수록하여 학습효율을 높였습니다.

CONTENTS

PART

I

신협 소개

01 기업소개

1 신협

(1) 신협이란

① 신협은 한국의 서민, 중산층을 위한 대표적인 비영리금융기관이다.

② 신협은 믿음과 나눔의 정신을 바탕으로 서민과 중산층을 위해 비영리로 운영되고 있는 협동조합 금융기관이다.

(2) 사업분야

① **금융사업** … 신협은 조합원을 위한 다양한 금융업무를 수행하고 있다. 조합원과 비조합원을 대상으로 한 예탁금과 적금의 수납, 조합원에 대한 대출, 내국환, 국가, 공공단체 및 금융기관의 대리업무, 유가증권, 귀금속 등을 보관해주는 보호 예수업무, 어음할인 업무 등을 수행한다.

② **공제사업** … 공제(共濟)란 협동조합에서 운영하는 비영리 보험이다. 신협은 조합원의 생활 안정과 재난 대비를 목적으로 공제사업을 실시하고 있다. 신협의 공제사업은 저축의 다양화와 위험 보장에 대한 조합원의 욕구를 만족시킨다.

③ **지역개발사업** … 신협은 유통사업과 공동구매 그리고 농산물 직거래 사업에 이르기까지 조합원의 생활의 질을 높이기 위해 여러 활동을 전개하고 있다.
   ㉠ 공동구매, 유통사업, 창고업 및 장의업, 기타 이에 준하는 사업
   ㉡ 생산자의 생활보장과 소비자의 안전한 먹거리를 위한 도시와 농촌간의 농산물 직거래

④ **문화후생사업** … 신협은 이익의 사회환원을 위해 조합원과 비조합원 모두가 자유롭게 이용할 수 있는 각종 서비스와 편의시설을 제공하고 있다.
   ㉠ 주부대학 및 취미교실 등 사회교육 시설의 설치 및 운영
   ㉡ 탁구장, 테니스장 및 체력단련장 등 생활 체육시설의 설치 및 운영
   ㉢ 예식장, 독서실 등

⑤ **사회복지사업** ··· 신협은 이익의 사회환원을 위해 조합원과 비조합원 모두가 자유롭게 이용할 수 있는 각종 서비스와 편의시설을 제공하고 있다.

  ㉠ 보육시설, 노인 및 장애인 복지시설의 설치 및 운영
  ㉡ 재활용품 수거, 재생화장지 및 무공해 비누 공급 등 환경보전 운동

2 신협이념

(1) 경영철학

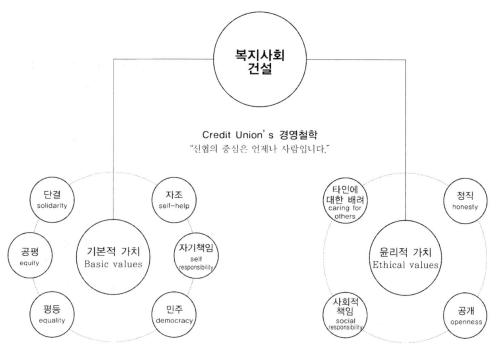

(2) 신협운동의 3대 정신

① 自助(자조)

② 自立(자립)

③ 協同(협동)

(3) 신협운동의 실천과제

① 잘살기 위한 경제운동

② 사회를 밝힐 교육운동

③ 더불어 사는 윤리운동

3 운영원칙

(1) 협동조합 조직구조

① 조합원 소유 … 신협 및 금융협동조합은 그 서비스를 사용하는 소비자가 소유한 금융기관이다. 모든 조합원은 협동조합금융기관의 주인이다. 신협은 자주적인 비영리 기관으로 법과 규정에 따라 협동조합으로 인정받고 있으며, 조합원을 위해 운영되며 조합원에 의해 관리된다.

② 조합원에 의한 관리 … 신협 및 금융협동조합은 조합원에 의해 관리되는 민주적 조직이다. 조합원은 대표자인 이사회 임원 선출과 기관의 운영에 적극적으로 참여한다. 조합의 대표로 선출된 남녀는 조합원의 대표로서의 책임이 있다.

③ 민주적 관리 … 신협 조합원은 예적금 및 거래액 규모에 관계없이 1인 1표의 투표권을 가지며 조합 운영에 영향을 주는 의사결정을 동등하게 참여할 권리를 갖는다. 1인 1표 원칙은 협동조합이 더 다양한 조합원의 요구를 대응하도록 보장해주는 원칙이다. 조합을 지원하는 기구 또는 계통 조직에서의 투표권은 민주적 원칙에 따라 비례제 또는 대의원제로 할 수 있다.

(2) 조합원에 대한 서비스

① 금융 포용성 … 신협 조합원 가입은 자발적이며 공동유대에 소속되어 있고 조합원으로서 관련된 책임을 수용할 수 있는 자들은 모두 가입할 수 있다. 신협 및 금융협동조합은 인종, 국적, 성별, 종교, 정치 등의 영역을 포함하면서 (이에 한정되지 않고) 모든 영역에서 차별하지 않는다. 신협은 취약한 계층을 포함한 모든 이에게 적정한 금융 서비스를 제공한다.

② 재무적인 안정성 … 신협은 조합원들에게 계속적인 서비스 제공을 할 수 있도록 충분한 적립금을 확보하고 내부통제를 하는 등 재무구조를 강화하는데 주된 관심을 둔다. 신협의 경영활동에 따라 남은 잉여금은(운영 및 잠정 비용 차감 후), 조합원 출자금에 대한 적정한 배당 및 조합원 저축 및 예금에 대한 적정 이자 지급 후, 적정 잉여금 수준을 유지해야 한다.

③ **조합원의 경제적 효용 극대화** … 저축을 통한 근검절약을 장려하고 저축 및 예금에 공정한 이자를 지급하면서 여신 및 기타 서비스를 제공한다. 신협의 재무적 안정이 지속될 수 있는 요건을 충족하는 가운데, 모든 조합원이 경제적, 사회적 복지 향상을 추구할 수 있도록 적절한 가격의 서비스가 제공되어야 한다.

(3) 사회적 책임

① **금융에 대한 이해력 제고** … 신협은 조합원 및 임직원의 경제적, 사회적, 민주적 그리고 전문적 개발을 위해 적절한 교육을 제공한다. 금융에 대한 이해력 제고를 위한 훈련 및 교육은 조합원이 절약, 대출 및 여신 결정 과정 및 재무 계획과 예산수립 과정에서 현명한 결정을 내릴 수 있도록 도와준다. 조합원들이 금융 자산과 관련하여 효과적이고 현명한 결정을 내릴 수 있는 지식과 기술을 제공하는 것은 조합원 필요를 충족하기 위한 필수적인 조건이다. 신협은 또한 조합원의 권리와 책임에 대한 교육을 제공한다.

② **네트워크를 통한 협동** … 신협 및 금융협동조합은 협동조합의 철학을 유지하면서 자원과 전문성의 공유로부터 발생하는 경제적, 효율적 우위의 이익을 향유하고, 조합원과 지역사회의 권익에 최대한 기여하기 위하여 다른 신협, 협동조합 및 그 계통조직들과 지역적 국가적 국제적 수준에서 적극적으로 협동한다.

③ **지역사회에 대한 책임** … 협동조합 정신은 자조, 상조 그리고 취약계층 경제권 강화의 이데올로기를 지원한다. 경제권 강화의 비전은 개별 조합원과 그들이 일하며 거주하는 지역사회까지 확대된다. 신협은 해당 조합과 조합원들이 소속된 지역사회가 더 확장되고, 건강하고, 정의롭고, 번영할 수 있도록 성장을 지원한다.

④ **세계적 비전** … 세계적 비전은 협동조합 금융기관들을 통해 개개인 삶의 질 향상을 가져올 수 있는 전지구적 사회를 구축하고, 옹호하고, 수호하고, 성장을 돕는 것이다.

4 VISION 및 MISSION

(1) VISION 2020

'협동조합의 참다운 모델, 삼호금융의 진정한 리더'

신협은 자본보다는 사람을 중시하는 협동조합 정신에 맞추어 인간의 사회경제적 차별과 소외를 극복하고자 하는 인본주의에 기초하여 설립된 조직이다.

신협은 동질성과 결속력을 바탕으로 경제적 활동을 통해 구성원의 삶의 질을 향상시키기 위해 조직된 생활 속의 열린 결사체로서 영리를 추구하는 주식회사와는 차별적인 특징을 지닌다.

① 가치(質)를 바탕으로 효율적으로 성장(量)을 추구

신협은 금융 가치에 국한하지 않고 구성원의 삶의 질을 향상 시킬 수 있는 다양한 가치들을 창조하고 그것들이 분배 될 수 있도록 노력한다. 신협은 가치창조를 핵심경쟁력으로 하여 효율적 성장을 추구 한다. 효율적인 성장은 당초 기대를 넘어서는 뛰어난 성장, 상대적으로 작은 마케팅 비용을 지출하여 경쟁자와의 격차를 확실히 벌려놓은 성장을 의미한다. 따라서, 신협은 가치를 바탕으로 성장을 추구하는, 즉 성장과 발전을 동시에 추구하는 것을 지속 가능한 경영원칙으로 한다.

② 합리적 호혜성 및 보편적 공공성 실현

합리적 호혜성은 조직 구성원 상호간에 특별한 편익을 주고받는 관계를 맺음으로 해서 일어지는 상호간의 이익이다. 또한 그것은 공정한 가치제공과 형평적인 가치배분을 통하여 이루어지는 상생의 결과물이다. 보편적 공공성은 동질간의 협동과 이질간의 연대를 통하여 개인적 수준을 넘어 사회적 관계에 두루 미치는 역할 및 영향력이다. 그리고 그것은 지역사회의 지속가능한 발전을 위해 경제, 사회, 문화적으로 행하는 일련의 사회적 책임활동이다.

③ 협동조합 철학과 정체성 실현

신협은 협동조합 철학과 자본주의 원리의 조화를 꾀하는 경제적 생활공동체로서 지역사회에서 협동조합의 정체성을 선도적으로 실현하여 협동조합의 참다운 모델이나 상호금융의 진정한 리더가 된다.

(2) MISSION

'우리는 오직 조합원과 지역발전에 도움이 되는 일을 한다.'

① 신협은 조합원의 경제적 성공을 지원함으로써 조합원의 삶의 질 향상과 지역 사회의 지속가능한 발전을 위해 존재한다.

② "만약 우리 조합원이 다른 금융기관에 가서 더 나은 거래를 할 수 있다면, 우리는 여기에 존재할 가치가 없다"라는 점에 진정으로 공감하고 지속적인 성장과 혁신을 도모한다.

③ 그리하여 신협은 오직 조합원에게 도움이 되는 일을 하기 위하여 조합원이 바라는 것을 찾아내고, 창조하고, 제공하는 일련의 노력을 해나간다.

④ 먼저 조합원이 바라는 것을 찾아내기 위해서는 사회경제적으로 약자의 입장에 있고, 소외받는 사람들로부터 근로자, 자영업자, 중산층에 이르기까지 다양한 조합원들의 입장과 처지, 그리고 이해관계를 우선적으로 염두에 둔다.

⑤ 다음으로 조합원이 바라는 것을 창조하기 위해서는 임직원들의 전문적인 역량과 윤리적 행동을 바탕으로 조합원 지향적인 정책결정, 경영자원의 효율적인 활용, 소통과 재미가 넘치는 조직문화 정착등이 이루어지도록 한다.

⑥ 끝으로 조합원이 바라는 것을 제공하기 위해서는 정성스런 모심과 적극적인 살림의 정신을 바탕으로 인간중심, 약자연대, 공정분배, 상부상조 등 협동조합의 방향성을 잃지 않도록 노력한다.

5 핵심가치 및 미래상

(1) 핵심가치

① 가치추구
　　㉠ 협동조합 가치강화
　　㉡ 창의적인 업무개선

② 감동지향
　　㉠ 탁월한 서비스 제공
　　㉡ 경제적 소외자 배려

③ 건전경영
　　㉠ 안정적인 수익구조
　　㉡ 윤리행동 책임경영

④ 상생발전
　　㉠ 지역사회발전 기여
　　㉡ 사회공헌활동 추진

(2) 미래상

'신협은 혼자서 빨리 가는 방식보다는 모두 함께 멀리 가는 방식을 지향한다.'
조합원수 1,000만 명→총자산 100조 원→상호금융권 고객만족도 1위

02 채용안내

1 신협 인재상

(1) 신협의 인사비전

'우수한 인재가 신바람 나게 일할 수 있는 직장'

(2) 신협이 제시하는 인사조직문화

① 일하는 자가 우대받는 문화 정착ㄹ
 ㉠ 능력 있는 직원이 우대받는 문화 정책
 ㉡ 능력중심의 성과 배분
 ㉢ 성과주의 정착
 ㉣ 책임과 권한의 범위 확립

② 소통문화 정착
 ㉠ 타인을 배려하는 문화
 ㉡ 조합과 조합원의 입장에서 근무하는 인재양성
 ㉢ 협동조합의 근본이념 이해

③ 자기계발을 통한 우수인력 양성
 ㉠ 지속적인 교육을 통한 전문지식 함양
 ㉡ 전문화된 지식을 바탕으로 한 대 조합 서비스 제고
 ㉢ 조직이 필요한 지식을 보유한 인재양성

2 채용안내

(1) 전형절차

① 1차 ··· 서류전형(입사지원서, 자기소개서)

② 2차 ⋯ 필기시험(서류전형 합격자에 한해 별도 통보)

　㉠ 시험과목

　　• 필수 1과목 : 일반상식

　　• 선택과목 1과목 : 경영학, 경제학, 민법(친족상속법 제외), 회계학

　㉡ 유형 : 4지선다형 각 40문제 출제

③ 3차 ⋯ 면접(필기시험 합격자에 한해 모집 신협별로 진행)

(2) 지원서 접수방법

① 접수방법 ⋯ 'cu.saramin.co.kr'에서 온라인 접수(타 양식 및 이메일 접수 불가)

　㉠ 지원서 작성 시 지원자는 「지원 신협」, 「선택과목」 반드시 기재(※ 모집 신협별 중복
　　입사지원 불가)

　㉡ 필기전형 선택과목 4과목 중 1과목 반드시 선택(추후 응시지역, 과목 변경 절대 불가)

　㉢ '16, '17, '18, '19년 신협중앙회 주관 「대학생 신협체험」 참가자는 최초 1회 서류전형 면
　　제 (지원서에 반드시 참가 여부 체크, 이전 공동채용에서 해당 행사 참가로 서류전형
　　면제를 받은 경우 지원서에 참가로 체크시 불이익이 있을 수 있음)

② 온라인 제출자료 ⋯ 입사지원서(자기소개서 양식 포함)

(3) 채용관련 문의

① 가급적 채용사이트 cu. saramin.co.kr 상단 메뉴 중 「문의사항」 → 「질문하기」 이용 바람

② 신협중앙회 지역본부(지부) 담당자 연락처

지역구분	연락처	지역구분	연락처
서울	02-590-5768	충북	043-210-8003
부산경남	051-557-9057	전북	063-279-4623
인천경기	031-259-5518	강원	033-732-2131
대구경북	053-740-3848	제주	064-753-9891
광주전남	062-520-7707		

PART

II

일반상식

01 정치·법률·외교

1 다음 중 '데이터 3법'과 관련한 내용으로 옳지 않은 것은?

① 데이터 3법이란 '개인정보 보호법', '통신비밀보호법', '신용정보보호법(약칭)'을 일컫는다.

② 2020년 1월 '데이터 3법'이 통과되면서 개별 기업들이 관리하던 고객 정보를 기업 간에 상호 교류하고 활용하는 것이 가능하게 되었다.

③ 데이터 3법에 의하면 '개인 정보'는 가명으로만 가능하며, 이름뿐 아니라 진화번호와 이메일 등을 가린 정보도 '가명 정보'라 한다.

④ 행정안전부, 방송통신위원회, 금융위원회 등 정부 부처별로 나누어져 있던 개인정보 관리 및 감독권한을 개인정보보호위원회로 일원화하는 내용을 담고 있다.

 데이터 3법이란 '개인정보 보호법', '정보통신망법(약칭)', '신용정보보호법(약칭)'을 일컫는다.

2 다음 글에서 헌법기관 A에 대한 설명으로 옳은 것은?

> '타다' 관계자 및 '타다' 이용자, '타다' 드라이버 등은 여객자동차운수사업법 개정안(일명 '타다 금지법')이 이용자 이동수단 선택을 제한해 국민 기본권을 침해한다고 주장하며 ____A____ 에 헌법소원을 청구했다. '타다(TADA)'는 2018년 10월 출범한 모빌리티 플랫폼이다.
>
> – 2020. 5.

① 사법부의 최고 기관이다.

② 위헌 법률 심판 제청권을 가진다.

③ 국가기관 상호 간의 권한에 대한 다툼을 심판한다.

④ 법률이 정한 공무원에 대한 탄핵 소추를 의결한다.

Tip A는 헌법재판소이다. 헌법재판소는 위헌법률심판, 탄핵심판, 정당해산심판, 권한쟁의심판, 헌법소원심판 등의 다섯 가지 헌법재판 권한을 행사한다. 보기 ③은 권한쟁의 심판에 대한 설명이다.
① 사법부의 최고 기관은 대법원이다.
② 위헌 법률 심판 제청권은 법원의 권한이다.
④ 탄핵 소추 의결권은 국회의 권한이다. 헌법재판소는 탄핵 심판권을 가진다.

3 다음에 제시된 글의 빈칸 ㉠에 대한 설명으로 옳지 않은 것은?

> 도널드 트럼프 미국 행정부가 온실가스 감축 합의 내용을 담은 ___㉠___ 탈퇴를 위한 공식 절차에 돌입했다. ___㉠___ 은 2015년 기후변화 대응에 전 세계가 동참한 역사적 합의로, 최종 탈퇴가 이뤄지면 미국은 전 세계에서 ___㉠___ 을 지지하지 않는 유일한 국가가 된다.
>
> – 2019. 11.

① ㉠은 2020년 만료되는 교토의정서를 대체하여 2021년부터 효력을 발휘한다.
② ㉠은 38개 선진국들을 대상으로 한다.
③ 우리나라의 경우 2030년 온실가스 배출전망치 대비 37% 감축을 목표로 한다.
④ ㉠은 '55개국 이상', '글로벌 배출량의 총합 비중이 55% 이상에 해당하는 국가의 비준'이라는 두 가지 기준이 충족되면서 발효되었다.

Tip ㉠에 들어갈 말은 '파리기후변화협약'이다. 선진국들(38개국)만을 대상으로 했던 교토의정서와 달리, 파리기후변화협약은 당사국(195개국) 모두에 구속력이 있다. 2019년 미국이 UN에 파리협약 탈퇴를 선언하였으며, 규정에 따라 탈퇴 통보 1년 뒤에 최종적으로 탈퇴가 이루어진다.

4 다음에서 설명하고 있는 정책에 대한 내용으로 옳지 않은 것은?

> 2019년 12월 16일에 기획재정부, 국토교통부, 금융위원회, 국세청 등이 관계부처 합동으로 발표한 「주택시장 안정화 방안」이다. 여기에는 투기적 대출 수요를 차단하고, 종합부동산세 강화 및 양도소득세 보완, 민간택지 분양가 상한제 적용지역 확대 등의 내용이 담겨 있다.

① 시가 9억 원을 초과하는 주택에 대한 담보대출인정비율이 20%로 변경된다.
② 시가 20억 원을 초과하는 초고가 아파트를 담보로 하는 주택구입용 주택담보대출이 금지된다.
③ 조정대상지역 2주택자에게 종합부동산세 상한이 200%에서 300%로 상향 조정된다.
④ 공급질서 교란행위뿐 아니라 불법 전매에 대해서도 일정기간(10년) 동안 청약이 금지된다.

Tip '12 · 16 부동산대책'에 대한 설명이다. 초고가 아파트(시가 15억 원을 초과)를 담보로 한 주택구입용 주택담보대출을 금지하는 내용을 담고 있다.

Answer ⌐ 1.① 2.③ 3.② 4.②

5 현행 공직선거법에 따라 대통령 선거 및 국회의원 선거에서 선거권이 있는 최소 연령은?

① 20세   ② 19세

③ 18세   ④ 17세

 2020년 1월 개정된 공직선거법 제15조(선거권) 제1항은 '18세 이상의 국민은 대통령 및 국회의원의 선거권이 있다.'고 규정하고 있다.

6 도널드 트럼프 미국 대통령과 김정은 북한 국무위원장이 사상 최초의 북미 정상회담을 가졌다. 북미 양국은 회담 종료 후 완전한 비핵화, 평화체제 보장, 북미 관계 정상화 추진, 6 · 25 전쟁 전사자 유해송환 등 4개 항에 합의했다. 북한과 미국이 최초로 가진 이 정상회담은 무엇인가?

① 6 · 12 싱가포르 북미정상회담

② 2019 하노이 북미정상회담

③ 2 · 27 북미정상회담

④ 6 · 12 하노이 북미정상회담

 2018년 6월 12일 싱가포르에서 사상 최초로 북한과 미국의 정상회담이 이루어졌다. 이후 2019년에는 베트남 하노이에서 2차 북미 정상회담이 열리기도 하였다.

7 다음은 2020년 3월 25일부터 시행된 민식이법에 관한 내용이다. 빈칸에 들어갈 내용으로 바르게 짝지어 진 것은?

> 자동차(원동기장치자전거를 포함한다)의 운전자가 「도로교통법」 제12조 제3항에 따른 어린이 보호구역에서 같은 조 제1항에 따른 조치를 준수하고 어린이의 안전에 유의하면서 운전하여야 할 의무를 위반하여 어린이(13세 미만인 사람을 말한다. 이하 같다)에게 「교통사고처리 특례법」 제3조제1항의 죄를 범한 경우에는 다음 각 호의 구분에 따라 가중처벌한다.
> 1. 어린이를 사망에 이르게 한 경우에는 ⓐ에 처한다.
> 2. 어린이를 상해에 이르게 한 경우에는 1년 이상 15년 이하의 징역 또는 ⓑ의 벌금에 처한다.

① ⓐ 무기 또는 2년 이상의 징역, ⓑ 500만 원 이상 3천만 원 이하

② ⓐ 무기 또는 2년 이상의 징역, ⓑ 300만 원 이상 5천만 원 이하

③ ⓐ 무기 또는 3년 이상의 징역, ⓑ 500만 원 이상 3천만 원 이하

④ ⓐ 무기 또는 3년 이상의 징역, ⓑ 300만 원 이상 5천만 원 이하

'민식이 법'은 2019년 9월 충남 아산의 한 어린이보호구역(스쿨존)에서 교통사고로 사망한 김민식 군(당시 9세) 사고 이후 발의된 법안으로 '도로교통법 개정안'과 '특정범죄 가중처벌 등에 관한 법률 개정안' 등 2건으로 이뤄져 있다. '특정범죄 가중처벌 등에 관한 법률'은 다음과 같다.

자동차(원동기장치자전거를 포함한다)의 운전자가 「도로교통법」 제12조 제3항에 따른 어린이 보호구역에서 같은 조 제1항에 따른 조치를 준수하고 어린이의 안전에 유의하면서 운전하여야 할 의무를 위반하여 어린이(13세 미만인 사람을 말한다. 이하 같다)에게 「교통사고처리 특례법」 제3조제1항의 죄를 범한 경우에는 다음 각 호의 구분에 따라 가중처벌한다.

1. 어린이를 사망에 이르게 한 경우에는 무기 또는 3년 이상의 징역에 처한다.
2. 어린이를 상해에 이르게 한 경우에는 1년 이상 15년 이하의 징역 또는 500만 원 이상 3천만 원 이하의 벌금에 처한다.

8 다음 제시문의 밑줄 친 곳에 공통으로 들어갈 용어는 무엇인가?

> 지난 2019년 8월 일본은 한국을 수출절차 우대국가인 백색국가 명단에서 제외하면서 그 이유 중 하나로 _____가 미비한 점을 꼽았다. 도쿄에서 열린 '제7차 한일 수출관리 정책대화'에서 일본은 수출 규제 철회의 조건으로 한국의 _____ 정비를 내걸었다. _____는 비(非) 전략물자일지라도 대량파괴무기나 재래식 무기로 전용될 수 있는 물품은 수출 시에 정부의 허가를 받도록 하는 제도를 말한다.

① 캐치올(Catch-all) 규제
② 리스트(List) 규제
③ 지소미아(GSOMIA)
④ 화이트 리스트(White List)

 캐치올 규제는 비전략물자 중 무기 전용 가능 품목에 대해 수출당국이 품목의 최종 용도를 확인한 후 수출을 허가하는 식으로 수출을 통제하는 제도를 말한다.

• **리스트 규제** : 구체적인 규제 품목을 리스트로 만들어 관리, 규제하는 제도이다.
• **지소미아(GSOMIA)** : 군사정보보호협정. 협정을 맺은 국가 간에 군사 기밀을 서로 공유할 수 있도록 하는 협정이다.
• **화이트 리스트** : 백색국가라고도 하며 수출심사 우대국을 뜻한다.

9 다음 괄호 안에 공통으로 들어갈 알맞은 말은?

> 세계보건기구 WHO가 코로나19에 팬데믹, 세계적 대유행을 선언하면서 투자심리 급속히 위축돼 코스피와 코스닥이 폭락하는 장세를 보인 지난 3월 한국거래소 유가증권시장에 (   )(이)가 발동되었다. (   )(은)는 선물가격이 전일종가 대비 5% 이상, 코스닥은 6% 이상 상승 또는 하락해 1분간 지속될 때 발동하며, 일단 (   )(이)가 발동되면 주식시장 프로그램 매매호가의 효력이 5분간 정지된다.

① 공개매수
② 사이드카
③ 백워데이션
④ 서킷 브레이커

 사이드카 : 주식 시장의 미래 가격을 의미하는 선물지수가 급락할 경우 이로 인해 일어날 현물 시장의 혼란을 미연에 방지하기 위해 사이드카를 발동해 프로그램 매매호가의 효력을 일시 정지시킨다. 5분이 지나면 자동적으로 사이드카는 해제되고 매매체결은 다시 정상적으로 이뤄진다.

10 국회에서 발의된 안건의 신속한 처리를 위한 제도를 뜻하며 '안건신속처리제도'로 불리기도 하는 이 용어는?

① 노룩패스
② 패스트트랙
③ 스프드랙
④ 코리아패싱

 패스트트랙(fast track) … 원래는 "목표를 달성하기 위한 빠른 길"이라는 영어 표현으로 여러 분야에서 일을 신속하게 처리하기 위한 절차를 일컫는다. 우리나라 정치 분야에서는 국회에서 발의된 안건의 신속한 처리를 위한 제도를 뜻하며 '안건신속처리제도'로 불리기도 한다.

11 관공서의 공휴일에 관한 규정에 의하여 수시로 지정하는 공휴일을 무엇이라 하는가?

① 법정공휴일
② 임시공휴일
③ 국경공휴일
④ 대체공휴일

 임시공휴일 … 대통령령 제24828호 「관공서의 공휴일에 관한 규정」에 따라 정부가 수시로 지정하는 공휴일로 필요에 따라 국무회의 심의와 의결을 통해 결정된다. 관공서에 해당하는 국가기관, 지방자치단체의 기관, 공공기관 등은 법적 효력을 받아 의무적으로 휴무한다.

12 선거로 뽑은 사람 중 문제가 있는 사람에 대해 임기가 끝나기 전에 국민투표에 의하여 파면시키는 제도를 무엇이라고 하는가?

① 국회소환제
② 국민소환제
③ 정부소환제
④ 대통령소환제

 국민소환제는 직접민주주의 한 형태로, 이론적으로는 대통령 및 국회의원을 포함한 모든 선출직 공무원을 대상으로 하는 국민투표제를 말하지만, 실제적으로는 지방의 선출직 공무원을 지역 주민들이 소환하는 주민투표제로서 시행된다. 우리나라는 2006년 5월 24일 법률 제7958호로 주민소환제 관련 법률이 제정되어 2007년 7월부터 시행되었다.

13 형사사건으로 벌금형을 선고받고 벌금을 내지 않는 경우 하루의 노역을 돈으로 환산하여 벌금액을 나눈 날수만큼 노역에 종사하게 하는 제도는?

① 감정유치
② 외환유치
③ 징역
④ 환형유치

 ① 피고인의 정신 또는 신체를 감정하기 위해 법원이 일정 기간을 정하여 병원 등에 피고인을 유치해 학식·경험 있는 자에게 감정을 명하는 강제처분
② 외국과 통모하여 대한민국에 대하여 전단을 열게 하거나 외국인과 통모하여 대한민국에 항적한 자에게 선고하는 사형 또는 무기징역
③ 일정기간 교도소 내에 구치(拘置)하여 정역(定役)에 종사하게 하는 형벌

14 다음 중 고위공직자들의 범죄행위를 상시적으로 수사·기소할 수 있는 독립기관을 무엇이라고 하는가?

① 국정원
② 국방부
③ 공수처
④ 법제처

 공수처는 '고위공직자 비리 수사처'의 줄임말로 수사 대상은 대통령 외에 국무총리, 국회의원, 대법원장·대법관·판사, 헌재소장·재판관, 광역자치단체장·교육감을 비롯해 각 정부부처 정무직 공무원, 대통령비서실·경호처·안보실·국정원 3급 이상과 검찰 총장·검사, 장성급(전직) 장교, 경무관급 이상 경찰공무원이다. 2017년 5월 출범한 문재인 정부는 '국정운영 5개년 계획'에서 고위공직자 비리 수사처 설치 방침을 밝혔고, 10월 법무부에서 고위공직자의 권력형 비리 수사를 전담할 독립기구인 고위공직자 범죄 수사처 설치를 위한 방안을 발표했다. 법무부는 고위공직자 범죄 수사처에 수사 및 기소, 공소유지 권한을 모두 부여하였다.

15 2019년 2월 27일부터 28일까지 개최된 도널드 트럼프 미국 대통령과 김정은 북한 국무위원회 위원장 간의 두 번째 정상회담이 열린 장소는?

① 싱가포르　　　　　　　　② 베트남
③ 필리핀　　　　　　　　　④ 말레이시아

(Tip) 2차 북미정상회담은 베트남에서 열렸다. 최종합의에서 북한은 영변 비핵화를 조건으로 한 대북제재 완전해제를 제안했으나, 미국은 영변 외 지역의 다른 핵시설까지도 완전히 비핵화할 것을 조건으로 제시하였다. 선언문은 미리 준비되어 있었으나, 두 의견이 상충하면서 채택이 결렬되었다.

16 2016년 8월부터 구직급여 수급자도 최대 1년간 국민연금 가입기간이 보장되는 제도를 무엇이라 하는가?

① 그린크레딧　　　　　　　② 직장크레딧
③ 실업크레딧　　　　　　　④ 마이크로크레딧

(Tip) **실업크레딧** … 구직급여 수급자가 실직기간에도 국민연금 보험료 납부를 희망할 경우 정부가 보험료의 75%를 지원하여 경제적 부담을 경감하고 국민연금 가입기간에 산입해 주는 제도

17 박근혜 정부에서 전경련을 통해 어버이연합을 지원한 것과 같이 정치적 의도를 가지고 여론형성 등을 위해 지원하는 친정부 성향의 인물·단체 목록을 일컫는 말은?

① 화이트리스트　　　　　　② 레드리스트
③ 옐로리스트　　　　　　　④ 블랙리스트

(Tip) 화이트리스트는 정치적으로 제거하거나 보복의 대상이 되는 인물·단체의 목록을 뜻하는 블랙리스트와 반대되는 개념으로, 친정부 성향의 인물·단체 목록을 일컫는 말이다. 다른 의미로는 개인정보 유출을 시도하는 피싱 사이트나 허위 사이트가 아닌 검증된 사이트들을 별도로 등록한 리스트를 말하기도 한다.

18 중세 교황들이 자신의 사생아를 조카라고 칭하며 고위직에 임명하던 관행에서 유래한 족벌주의 또는 족벌정치를 이르는 말은?

① 네거티즘　　　　　　　　② 네포티즘
③ 로매니즘　　　　　　　　④ 프리거니즘

19 미국 대통령이었던 리처드 닉슨이 소련이나 제3세계에 자신을 비이성적이고 예측 불가능한 인물로 인식시켜 언제든 핵전쟁을 일으킬 수도 있다는 공포감을 조성하여 전쟁 도발을 억제한 외교 정책에서 유래된 이론은?

① 미치광이 이론   ② 거래 이론

③ 상황 이론   ④ 예측 이론

 미치광이 이론은 상대가 자신을 미치광이로 보게 하여 이를 무기로 협상을 유리하게 이끄는 전략이다. 미국의 대통령인 트럼프는 협상 테이블에서 자국의 이익을 위하여 미치광이 이론을 전략적으로 활용하고 있다는 평을 듣는다.

20 다음 중 역대 노벨평화상 수상자가 아닌 것은?

① 마하트마 간디(Mahatma Gandhi)

② 그라민 은행(Grameen Bank)

③ 기후변화에 관한 정부 간 패널(IPCC)

④ 류 샤오보(Liu Xiaobo)

 ① 인도 독립운동의 정치적 · 정신적 지도자이며 비폭력 저항운동의 주창자로 노벨평화상 후보에 올랐으나 수상하지 못했다.
② 방글라데시에서 선구적인 소액대출로 극빈층과 여성의 경제적, 사회적 기회를 확대하는데 기여한 공로를 인정받아 2006년에 수상했다.
③ 스위스 제네바에 위치한 UN산하 국제 협의체인 IPCC(Intergovernmental Panel on Climate Change)는 기후 변화 문제의 해결을 위한 노력을 인정받아 2007년에 수상했다.
④ 중국 반체제 인사로서 인권투쟁의 상징으로 높이 평가받아 2010년에 수상했다.

21 다음 중 우리나라의 지방자치에 관한 설명으로 옳지 않은 것은?

① 지방자치단체는 독자적인 법인격은 없다.

② 지방자치단체의 자주재원은 지방세와 세외수입으로 구성된다.

③ 주민의 직접적인 참여와 통제를 강화시킨다.

④ 중앙정부의 전제정치에 대한 방어기능을 도모한다.

 지방자치단체 … 일정한 지역적 범위를 그 구역으로 하고 그 구역 안의 모든 주민들에 의해 선출된 기관이 국가로부터 상대적으로 독립하여 자주적으로 지방적 사무를 처리할 권능을 가지는 법인격 있는 단체를 말한다. 자치단체는 국가 아래서 국가 영토의 일부를 그 구역으로 하고 있으며, 그 지배권(자치권)은 시원적인 것이 아니라 국가로부터 전래된 것이다.
지방자치단체는 다음의 두 가지 종류로 구분한다〈개정 2011.5.30〉.
1. 특별시, 광역시, 특별자치시, 도, 특별자치도
2. 시, 군, 구

22 선거를 통하여 정권을 잡은 사람이나 정당이 관직을 지배하는 정치적 관행을 의미하는 말은?

① 실적제 ② 집행제

③ 정실제 ④ 엽관제

 엽관제 … 선거를 통하여 정권을 잡은 사람이나 정당이 관직을 지배하는 정치적 관행을 의미한다.

23 법인의 실제 발생소득의 전부 또는 상당 부분에 대해 조세를 부과하지 않는 국가나 지역을 무엇이라 하는가?

① 편의치적선 ② 환치기

③ 조세피난처 ④ 사후면세

 조세피난처는 법인의 실제 발생소득의 전부 또는 상당 부분에 대하여 조세를 부과하지 않거나, 그 법인의 부담세액이 실제 발생소득의 15/100 이하인 국가나 지역을 말한다. 즉 법인세 · 개인소득세에 대해 전혀 원천징수를 하지 않거나, 과세를 하더라도 아주 낮은 세금을 적용함으로써 세제상의 특혜를 부여하는 장소를 가리킨다.

24 다음은 구류에 대한 설명이다. 괄호 안에 들어갈 숫자는?

> 1일 이상 (   )일 미만의 기간 동안 죄인을 잡아 가두어 자유를 속박하는 형벌

① 10일   ② 20일
③ 30일   ④ 50일

 구류 … 1일 이상 30일 미만의 기간 동안 교도소 또는 경찰서 유치장에 구치하는 형벌이다. 30일 미만이므로 최대한 29일까지 과할 수 있고, 형벌의 하나이므로 형사소송법상의 강제처분인 구금과는 구별된다. 흔히 구금을 미결구류라고 하는 경우가 있으나, 형벌의 하나인 구류와는 다르다. 구금이 비교적 장기에 걸치는 강제처분인 데 반해 구류는 가벼운 범죄에 대하여 형법상 다른 형과 함께 선택형으로 규정하고 있으며, 특히 경범죄처벌법에서 주로 적용하고 있고, 기타 단속법규에 많이 규정하고 있는 형벌이다.

25 다음에 설명하고 있는 것은?

> 투표가 권리일 뿐 아니라 의무이기도 하다는 취지에서 의무적으로 유권자에게 투표에 참여하거나 선거일에 투표장에 오도록 하는 제도

① 강제투표제   ② 의무투표제
③ 참여투표제   ④ 강요투표제

 의무투표제 … 의무적으로 유권자에게 투표에 참여하거나 선거일에 투표장에 오도록 하는 제도를 이른다. 의무투표제에서는 유권자들에게 투표가 권리일 뿐 아니라 의무이기도 하다는 취지에서 투표 불참자에게 일정한 벌칙이나 불이익을 부과한다. 벌칙으로는 과태료 또는 투표권 박탈이 있고, 불이익으로는 공공서비스 이용을 제한하는 나라들이 있다.

26 다음 중 헌법을 개헌하지 않더라도 개정이 가능한 것은?

① 대통령의 임기   ② 헌법재판소 재판관의 수 변경
③ 선거구 획정 변경   ④ 지방자치단체의 의회제도 폐지

 대통령의 임기는 5년 단임제로 헌법 제70조에서 규정하고 있고, 헌법재판소재판관의 수는 9명으로 헌법 제111조 제2항에서 규정하고 있다. 지방자치단체의 기초의회는 헌법 제118조 제2항에 규정하고 있어 헌법 개정 없이 의회를 폐지할 수 없다.

Answer ⟶ 21.① 22.④ 23.③ 24.③ 25.② 26.③

27 헌법 또는 법률에 특별한 규정이 없는 경우, 의회에서 가부동수일 때 해당 의안의 가부 여부는 어떻게 결정되는가?

① 가결된 것으로 본다.

② 부결된 것으로 본다.

③ 국회의장의 직권으로 결정된다.

④ 재투표를 실시한다.

 헌법 제49조 … 국회는 헌법 또는 법률에 특별한 규정이 없는 한 재적의원 과반수의 출석과 출석의원 과반수의 찬성으로 의결한다. 가부동수인 때에는 부결된 것으로 본다.

28 다음 중 가족이 대신해서 권리를 주장할 수 있는 권리는?

① 신원권   ② 청원권

③ 항변권   ④ 참정권

가족 중 한 사람이 중대한 인권을 침해받은 경우 그 가족이 진실을 규명할 수 있도록 보장하는 권리를 신원권이라 한다.

29 다음 중 중임이 불가능한 사람은?

① 국회의장   ② 대법원장

③ 감사원장   ④ 헌법재판소재판관

감사원장은 1회에 걸쳐 중임이 가능하고, 헌법재판소재판관은 법률이 정하는 바에 따라 연임이 가능하다. 대법원장의 경우 헌법 제105조 제1항에서 중임할 수 없다고 규정하고 있다.

30 다음 중 레임덕(lame duck)현상에 관한 설명으로 옳은 것은?

① 집권자의 임기 말기에 나타나는 정치력 약화현상이다.

② 외채 상황이 어렵게 된 후진국의 경제혼란현상이다.

③ 군소정당의 난립으로 인한 정치적 혼란현상이다.

④ 선진국과 후진국 사이에 나타나는 경제적 갈등현상이다.

레임덕 … 공직자의 임기 말 권력누수 현상을 일컫는 말이다. '레임(lame)'의 사전적 의미는 '다리를 저는, 절름발이의'로 레임덕(lame duck)이란 임기만료를 앞둔 공직자의 통치력 저하를 '절름발이 오리'에 비유한 것. 미국의 남북 전쟁(1861~1865) 때부터 대통령에게 사용되기 시작한 말로 대통령 선거에서 다시 선출되지 못한 현직 대통령이 임기가 끝날 때까지 마치 뒤뚱거리며 걷는 오리처럼 정치력의 저하를 보이는 상황을 비꼰 것이다. 또한 '레임덕'은 대통령을 배출한 집권당이 중간선거에서 다수의석을 확보하지 못하여(여소야대) 대통령의 정책이 의회에서 잘 관철되지 않는 경우를 가리킬 때 사용하기도 한다.

31 다음 중 유엔군이 회담이 결렬되자 일방적으로 설정한 남북 간 해상경계선을 무엇이라 하는가?

① DMZ
② JSA
③ NLL
④ 휴전선

 ① 우리나라 비무장 지대이다.
② 공동경비지역이다.
④ 육상 경계선으로 휴전선이라 한다.

32 설탕이 많이 들어간 음료에 기존 세금보다 추가적인 세금을 붙인다는 의미로 사용되는 세금은?

① 비만세
② 교통세
③ 설탕세
④ 환경세

 설탕세 … 유럽에서 설탕이 많이 들어간 음료에 기존 세금 보다 추가적인 세금을 붙인다는 것에서 유래한 말이다. 즉, 설탕세는 설탕이 들어간 커피, 탄산음료, 기타 음료수에 10~20% 추가로 더 붙이는 세금으로 과다한 설탕 섭취로 비만 인구가 늘고, 당뇨병 암 심장병 환자가 많아져 의료예산 부담이 커지자 설탕에 추가 세금을 부과해 소비를 줄이고 과도한 설탕섭취로 인해서 발생하는 비만으로 인한 질병치료와 근본적으로는 비만을 줄이는데 사용하고자 세금을 징수한다는 이름으로 붙여진 세금이다.

33 일본이 외국과의 영토분쟁을 겪고 있는 지역이 아닌 것은?

① 센카쿠열도
② 북방 4개 도서
③ 오키나와열도
④ 남사군도

 ④ 남사군도는 중국 · 필리핀 · 베트남의 영유권 분쟁지역이다.
①③ 중국과 일본의 분쟁지역이다.
② 러시아와 일본의 분쟁지역이다.

Answer 27.② 28.① 29.② 30.① 31.③ 32.③ 33.④

34 현대의 정치적 이데올로기 중 개발도상국이 근대화과정에서 개인을 국가에 단결시키기 위하여 주로 사용하는 것은?

① 제국주의　　　　　　　　　　② 자유주의
③ 민족주의　　　　　　　　　　④ 신자유주의

> (Tip) 근대화의 초기단계에서 국가의 안전과 발전에 역점을 두는 개발도상국들의 경우 민족주의는 가장 유력한 이데올로기로서의 기능을 가진다.

35 국제정치에 관한 다음 설명 중 옳지 않은 것은?

① 홍콩은 1997년 7월 1일에, 마카오는 2000년 12월 20일에 각각 중국에 반환되었다.
② 집단살해범죄의 방지 및 처벌에 관한 조약을 '제노사이드조약'이라 한다.
③ '특별사찰'이란 24시간 이전 통보만으로 사찰이 이루어질 수 있는 것을 말한다.
④ 중동과 같이 어느 초강대국의 세력권에 속해 있는지 잘 알 수 없는 지역을 'gray zone'이라 한다.

> (Tip) ① 마카오는 1999년 12월 20일에 중국에 반환되었다.

36 형법상 형벌이 아닌 것은?

① 과태료　　　　　　　　　　② 구류
③ 몰수　　　　　　　　　　　④ 벌금

> (Tip) ① 과태료는 행정상의 질서벌에 해당된다.

37 다음 중 국회의 동의 또는 승인을 요하지 않는 대통령의 권한은?

① 계엄선포권　　　　　　　　② 대법원장임명권
③ 일반사면권　　　　　　　　④ 긴급명령권

> (Tip) 계엄을 선포한 때에는 대통령은 지체 없이 국회에 통고하여야 한다〈헌법 제77조 제4항〉.

38 다음 중 일반 국민들을 배심원으로 선정하여 유죄 및 무죄의 평결을 내리게 하는 한국형 배심원 재판제도를 일컫는 말은?

① 배심원제도

② 추심원제도

③ 국민참여재판제도

④ 전관예우제도

 Tip 국민참여재판제도 ⋯ 2008년 1월부터 시행된 배심원 재판제도로 만 20세 이상의 국민 가운데 무작위로 선정된 배심원들이 형사재판에 참여하여 유죄·무죄 평결을 내리지만 법적인 구속력은 없다.

39 다음 국정감사에 관한 설명 중 옳지 않은 것은?

① 국정감사는 장관의 모든 사생활을 포함하여 국가 작용 전반을 감사한다.

② 본회의의 의결이 있다면 정기회 기간 중에도 감사 실시가 가능하다.

③ 국회의 행정부 견제방법이다.

④ 매년 정기국회 집회일 이전의 감사 시작일부터 30일 이내가 감사기간이다.

Tip ① 개인의 순수한 사생활이나 신앙은 제외된다.

40 대통령제를 둘러싼 개헌 논의가 활발하게 진행되고 있는 상황에서 대통령제의 대안으로 분권형정부제가 제시되고 있다. 분권형정부제의 특징으로 옳지 않은 것은?

① 대통령제와 내각제 특성이 혼합되어 나타난다.

② 행정권의 이원화로 책임행정이 가능하다.

③ 대통령과 총리의 갈등이 심화되기 쉽다.

④ 정당정치 발전에 이바지할 수 있다.

 Tip 분권정부제는 대통령과 내각이 각기 집행에 관한 실질적 권한을 나누어 가지는 정부 형태로 이원집정부제, 분권형대통령제라고도 하며 프랑스 등 유럽국가들이 시행하고 있는 제도이다.
② 분권형정부제는 행정권의 이원화로 책임행정이 어렵다는 단점이 있다.

41 제4세계(DLDC)란 무엇인가?

① 유럽경제공동체를 중심으로 새롭게 형성된 유럽통합국가군을 말한다.

② 개방조치에 반대하는 중국, 북한, 루마니아 등을 지칭하는 말이다.

③ 개발도상국가들 중에서도 가장 뒤떨어진 후진개발도상국을 말한다.

④ 제1·2·3세계에 포함되지 않는 영세중립국가군을 말한다.

 제4세계(DLDC) … 개발도상국 가운데 자원도 없고 공업화를 위한 자본도 기술도 갖추지 못한 후발도상국을 가리키는 말로, 이는 1974년 4월 유엔자원총회에서 유래된 말이다.

42 국제정치에 있어서 도미노이론이란 무엇인가?

① 도미노 골패가 차례로 넘어지듯이 한 나라가 공산화되면 인접국가도 공산화된다.

② 국제세력 균형에 있어서 공동시장결성이 중요하다.

③ 적국과 국교를 맺는 나라와는 외교관계를 끊는다.

④ 이념에 상관없이 모든 나라와 외교관계를 수립하는 외교이론이다.

 도미노이론 … 한 국가가 공산화되면 그 인접국가도 공산화된다는 이론으로, 베트남이 공산화되자 캄보디아, 라오스 등이 연쇄적으로 공산화된 것이 그 예이다.

43 아그레망이란 무엇인가?

① 외교사절 임명에 앞서 행하는 접수국의 동의절차이다.

② 외교사절 임명에 앞서 자국 원수의 동의절차이다.

③ 남아프리카에서 행해져온 인종차별과 인종격리정책을 말한다.

④ 유엔가입 신청시 안전보장이사회에서 동의하는 절차이다.

 타국의 외교사절을 승인하는 절차로, 새로운 대사를 파견할 때 사전에 상대국에 그 인물을 받아들일지의 여부를 조회하는 것을 아그레망(agrément)이라고 한다.

※ 외교사절의 파견은 아그레망 – 임명 – 신임장부여 – 파견의 순으로 이루어진다.

44 다음은 무엇에 대한 설명인가?

> ⊙ 대통령제에서 대통령과 행정부는 의회에 대하여 책임을 지지 않으며, 의회의 정부불신임권과 정부의 국회해산권이 없다.
> ⓒ 지방자치는 일정한 지역을 기초로 하여 국가로부터 어느 정도 독립된 지방공공단체가 설치되어(단체자치), 그 사무를 지역주민의 참가와 의사에 따라 처리하는(주민자치) 것을 말한다.

① 권력분립   ② 직접참여
③ 대표의 원리   ④ 국민주권

 권력분립 … 국가권력을 복수의 기관에 분산시켜 견제와 균형의 관계를 유지하여 권력의 남용을 막고 국민의 자유와 권리를 보장하려는 원리이다.

45 헌법재판소에서 관장하는 사항이 아닌 것은?

① 정당의 해산   ② 위헌법률의 심판
③ 선거법의 적용   ④ 대통령의 탄핵

 헌법재판소는 법원의 제청에 의한 법률의 위헌여부심판, 탄핵의 심판, 정당의 해산심판, 국가기관 상호 간, 국가기관과 지방자치단체 간 및 지방자치단체 상호 간의 권한쟁의에 관한 심판, 헌법소원에 관한 심판을 관장한다〈헌법재판소법 제2조〉.

46 한국, 중국, 일본 동북아 3개국과 동남아시아 ASEAN 회원국, 유럽연합이 참여하는 아시아와 유럽 간 정상회의는?

① APEC   ② ASEM
③ AFTA   ④ EEA

Tip ASEM(Asia-Europe Meeting) … 1994년 10월 고촉통(吳作棟) 싱가포르 총리의 제안으로 창설된 아시아유럽정상회의는 아시아와 유럽 사이의 동반자 관계를 구축하기 위해 정치, 경제, 사회·문화의 3대 협력분야를 중심으로 한 포괄적 협력을 추구하고, 아시아와 유럽 간 대화와 협력을 강화하기 위한 노력을 지속함을 목적으로 한다.
① 아시아태평양경제협력체 ③ 아세안 자유무역지대 ④ 유럽경제지역

47 다음 중 헌법재판소의 심판대상에 해당하지 않는 것은?

① 검사가 내린 불기소처분
② 법률이 헌법에 위반되는지의 여부
③ 대통령에 대한 탄핵 여부
④ 대법원 판결이 헌법에 위반되는지의 여부

 헌법재판소 … 법률의 위헌 여부와 탄핵 및 정당해산에 관한 심판을 담당하는 국가기관으로, 현행헌법상 위헌법률심판권, 탄핵심판권, 위헌정당해산심판권, 권한쟁의심판권, 헌법소원심판권의 권한이 있다.

48 다음 중 정보민주주의의 구성요소가 아닌 것은?

① 정보참가권
② 정보사용권
③ 정보수정권
④ 프라이버시권

 정보민주주의 … 알리지 않을 권리(프라이버시의 권리), 알 권리(정보의 공개·공유), 알릴 권리(표현의 자유), 정보사용권, 정보참가권 등 정보에 관한 기본적 인권에 입각한 민주주의를 말한다.

49 다음 중 정당해산결정권을 가진 기관은?

① 법원
② 헌법재판소
③ 대통령
④ 국회

 헌법재판소의 권한 … 위헌법률심판권, 탄핵심판권, 위헌정당해산심판권, 권한쟁의심판권, 헌법소원심판권

50 다음 중 행정권을 견제하기 위해 국회에 주어진 권한이 아닌 것은?

① 특별사면동의권
② 국군해외파견동의권
③ 국무총리임명동의권
④ 조약체결·비준동의권

 국회는 일반사면에 대한 동의권만 가진다. 특별사면은 대통령 고유의 권한으로 국무회의 의결을 거치면 된다.

51 우리나라 인권위원회에 대한 설명으로 바르지 않은 것은?

① 행정부 소속 일반기관이 아닌 독립적인 기관이다.

② 법적, 제도적 해결을 위한 절차와 제공뿐 아니라 고통에 대한 공감과 대안을 모색할 수 있도록 도와준다.

③ 인권침해를 받은 당사자만이 진정할 수 있다.

④ 신체활동이 자유롭지 못한 구금, 보호시설 수용자들을 위해 해당시설을 직접 방문하여 인권상담과 진정접수를 한다.

 ③ 진정접수는 제3자가 한다. 그러나 제3자가 진정을 접수할 경우에는 진정사건의 당사자가 거부하면 접수가 성사되지 않는다.

52 다음 중 반의사불벌죄에 해당하는 것은?

① 모욕죄　　　　　　　　　　② 명예훼손죄

③ 퇴거불응죄　　　　　　　　④ 친족 간의 재산죄

 반의사불벌죄(反意思不罰罪) … 피해자가 처벌을 원하지 않으면 처벌을 할 수 없는 죄이다. 피해자의 고소 없이도 처벌할 수 있으나 피해자가 적극적으로 처벌을 원치 않을 경우에는 형벌권이 없어지므로, 해제조건부범죄라고도 한다. 기소 후에 불처벌 의사표시를 하면 공소기각의 판결을 해야 한다. 명예훼손죄, 폭행죄, 협박죄, 교통사고처리특례법에 의한 범죄, 외국의 국기 국장의 모독 등이 있다.

53 현행법상 내란의 수괴 또는 주모자에 대한 공소시효는?

① 5년　　　　　　　　　　　② 10년

③ 15년　　　　　　　　　　④ 25년

 공소시효 … 확정판결 전에 시간의 경과에 의하여 형벌권이 소멸하는 제도이다. 현행법상 공소시효는 7종류가 있으며, 공소가 제기된 범죄는 판결의 확정이 없이 공소를 제기한 때로부터 25년을 경과하면 공소시효가 완성한 것으로 간주한다. 내란의 수괴 또는 주모자는 사형에 해당하는 범죄다.
　　※ **공소시효의 기간**〈형사소송법 제249조〉
　　　⊙ 25년 : 사형에 해당하는 범죄
　　　ⓛ 15년 : 무기징역 또는 무기금고에 해당하는 범죄
　　　ⓒ 10년 : 장기 10년 이상의 징역 또는 금고에 해당하는 범죄
　　　ⓔ 7년 : 장기 10년 미만의 징역 또는 금고에 해당하는 범죄
　　　ⓜ 5년 : 장기 5년 미만의 징역 또는 금고, 장기 10년 이상의 자격정지 또는 벌금
　　　ⓗ 3년 : 장기 5년 이상의 자격정지에 해당하는 범죄
　　　ⓢ 1년 : 장기 5년 미만의 자격정지, 구류, 과료 또는 몰수에 해당하는 범죄

Answer ↳ 47.① 48.③ 49.② 50.① 51.③ 52.② 53.④

54 비정부간 조직(Non Governmental Organization)에 대한 설명으로 옳지 않은 것은?

① 유엔헌장에 따라 UN의 사업에 참가하는 단체이다.

② 자원단체는 물론 다국적 기업도 포함된다.

③ 평화 · 환경 분야에서 국가의 기능을 보완 또는 협력한다.

④ 국경을 초월한 시민활동단체로서 인권 · 반핵분야에서 활동하지만 군축분야는 활동영역에서 제외된다.

 UN에 등록되어 있는 단체로는 UNICEF, UNESCO, UNCTAD 등 약 820개에 달하며, 국경을 초월하여 군축 · 평화 · 환경 · 원조 · 경제협력 등의 분야에서 활동하고 있다.

55 다음의 헌법상 규정 중 옳지 않은 것은?

① 대통령의 임기가 만료되는 때에는 임기만료 70일 내지 40일 전에 후임자를 선거한다.

② 국회에서 의결된 법률안은 정부에 이송되어 15일 이내에 대통령이 공포한다.

③ 대통령으로 선거될 수 있는 자는 국회의원 피선거권이 있고 선거일 현재 40세에 달하여야 한다.

④ 통신 · 방송의 시설기준과 신문의 기능을 보장하기 위해 필요한 사항은 대통령령으로 정한다.

 ④ 통신 · 방송의 시설기준과 신문기능 보장에 대한 사항은 법률로 정한다〈헌법 제21조 제3항〉.

56 다음은 무엇에 대한 설명인지 알맞은 것은?

> 국회의원은 현행범이 아닌 이상 회기 중 국회의 동의 없이 체포 또는 구금되지 아니하며, 회기 전에 체포 또는 구금된 때에도 현행범이 아닌 한 국회의 요구가 있으면 회기 중에도 석방되는 특권이다.

① 불체포특권 ② 면책특권
③ 게리멘더링 ④ 옴부즈만

 불체포특권은 면책특권과 더불어 헌법에서 보장한 국회의원의 2대 특권 중 하나이다.

57 다음은 인권발달의 약사(略史)를 열거한 것이다. 연대순으로 올바르게 나열된 것은?

> ㉠ 대헌장(영국)
> ㉡ 권리청원(영국)
> ㉢ 권리장전(영국)
> ㉣ 버지니아주헌법(미국)
> ㉤ 인권선언(프랑스)
> ㉥ 바이마르헌법(독일)

① ㉠-㉡-㉢-㉣-㉤-㉥
② ㉠-㉡-㉢-㉤-㉣-㉥
③ ㉠-㉢-㉡-㉣-㉤-㉥
④ ㉠-㉣-㉡-㉤-㉢-㉥

 ㉠ 1215년 ㉡ 1628년 ㉢ 1689년 ㉣ 1776년 ㉤ 1789년 ㉥ 1919년

58 다음 설명 중 옳지 않은 것은?

① 입법부, 사법부, 정부의 3권으로 나누어 각각을 담당하는 자를 상호 분리·독립시켜 견제시킴으로써 국민의 자유를 보장하는 자유적인 통치원리는 권력분립론이다.
② 권력분립론은 로크의 2권분립과 몽테스키외의 3권분립이 있다.
③ 다원주의는 현대사회기능의 세분화, 전문화에 기인되었다.
④ 권력분립제는 사회제도이며 다원주의는 정치제도이다.

 권력분립제는 민주정치의 제도원리, 다원주의는 민주주의의 운영원리이다.

59 다음 중 직접민주정치제도만 모은 것은?

> ㉠ 국민소환
> ㉡ 국민대표
> ㉢ 국민발안
> ㉣ 국민투표
> ㉤ 대통령제

① ㉠㉡㉢
② ㉠㉢㉣
③ ㉠㉢㉤
④ ㉡㉢㉣

 직접민주정치방법에는 국민투표·국민발안·국민소환이 있다.

Answer 54.④ 55.④ 56.① 57.① 58.④ 59.②

60 현대정치에서 압력집단의 수가 많아지고 그 기능이 강화되는 이유는?

① 정부의 기능이 축소되고 있기 때문이다.
② 집권을 원하는 집단이 많아졌기 때문이다.
③ 개인과 집단의 이익이 다원화되고 있기 때문이다.
④ 정당 내부에 민주화가 진행되고 있기 때문이다.

 현대사회의 세분화·전문화 경향에 따라 계층 간의 이익이 다원화되고 있기 때문이다.

61 대통령의 법률안거부권에 대한 설명 중 옳지 않은 것은?

① 대통령은 국회에서 이송된 법률안에 대하여 이의가 있을 때는 15일 이내에 이의서를 첨부, 국회로 환부하여 재의를 요구할 수 있다.
② 국회가 폐회중일 때는 법률안거부권을 행사할 수 없다.
③ 재의의 요구가 있을 때에는 국회는 재의에 붙이고, 재적의원 과반수의 출석과 출석의원 3분의 2의 찬성으로 의결하면 그 법률안은 법률로서 확정된다.
④ 확정된 법률이 정부에 이송된 후 5일 이내에 대통령이 공포하지 아니할 때는 국회의장이 이를 공포한다.

 ② 국회가 폐회중일 때도 대통령은 이송된 법률안에 대하여 법률안거부권을 행사할 수 있다.

62 정치적 사상의 반대자를 대중으로부터 고립시켜 공격·탄압할 목적으로 기성사실을 날조하는 것을 지칭하는 용어는?

① 프레임업(frame up)   ② 레이더스(raiders)
③ 스핀아웃(spin out)   ④ 스핀오프(spin off)

 ② 자신이 매입한 주식을 배경으로 회사경영에 압력을 넣어 기존 경영진을 교란시키고 매입주식을 비싼 값에 되파는 등 부당이득을 취하는 집단이다.
③ 경영 조직으로부터 업무 일부를 분리하여 독립한 별개 회사로서 경영하는 일이다.
④ 정부출연연구기관의 연구원이 자신이 참여한 연구결과를 가지고 별도의 창업을 할 경우 정부 보유의 기술을 사용한데 따른 로열티를 면제해 주는 제도를 말한다.

63 약어 표현이 바른 것을 모두 고르면 몇 개인가?

> - 북방한계선 – NLL
> - 공동경비구역 – JSA
> - 북대서양조약기구 – NATO
> - 비무장지대 – DMG
> - 국제원자력기구 – IAEA
> - 세계보건기구 – WTO

① 2개

② 3개

③ 4개

④ 5개

 비무장지대 – DMZ(demilitarized zone)
세계보건기구 – WHO(world health organization)

64 선거를 도와주고 그 대가를 받거나 이권을 얻는 행위를 일컫는 용어는?

① 매니페스토(manifesto)

② 로그롤링(logrolling)

③ 게리맨더링(gerrymandering)

④ 플레비사이트(plebiscite)

 ① 선거 시에 목표와 이행가능성, 예산확보의 근거를 구체적으로 제시한 유권자에 대한 공약을 말한다.
③ 선거구를 특정 정당이나 후보자에게 유리하게 인위적으로 획정하는 것을 말한다.
④ 직접민주주의의 한 형태로 국민이 국가의 의사결정에 국민투표로 참여하는 제도이다.
※ 로그롤링(logrolling) … 원래는 '통나무 굴리기'라는 뜻으로, 서로 협력하여 통나무를 모으거나 강물에 굴려 넣는 놀이에서 연유된 것이다.

65 다음 중 헌법재판소의 권한을 바르게 묶은 것은?

> ㉠ 법원의 위헌법률심사제청이 있을 때 법률이 헌법에 위반되는지의 여부를 심판한다.
> ㉡ 국회로부터 탄핵소추를 받은 자가 있을 경우 이를 심판한다.
> ㉢ 명령·규칙·처분이 헌법이나 법률에 위반되는지의 여부를 최종적으로 심판한다.

① ㉠

② ㉠㉡

③ ㉡㉢

④ ㉠㉡㉢

 ㉢ 명령·규칙·처분 등의 심사권은 대법원의 권한이다.

Answer 60.③ 61.② 62.① 63.③ 64.② 65.②

66 다음 중 입법권으로부터 기본적 인권이 침해되었을 때 가장 유효한 구제수단은?

① 형사보상청구권

② 위헌법률심사제도

③ 행정소송제도

④ 손해배상청구권

 법률이 헌법에 규정된 기본적 인권을 침해한다는 것은 곧 위헌법률의 판단문제를 의미한다.

67 UN에 관한 설명으로 옳지 않은 것은?

① 총회, 안전보장이사회, 경제사회이사회, 신탁통치이사회, 국제사법재판소, 사무국 등 6개의 직속기구와 16개의 전문기구가 있다.

② UN의 정기총회는 매년 9월 셋째 화요일에 개최한다.

③ 주요 의제는 투표참가국의 3분의 2 다수찬성제, 그 밖의 의제는 단순다수찬성제이다.

④ UN의 FAO는 국제식량농업기구로 5개년 계획을 통해 기아해방을 위해 일한다.

 ③ 주요 의제는 투표참가국의 3분의 2 다수찬성제, 그 밖의 의제는 과반수찬성제이다.

68 신보수주의의 주요 내용에 포함되지 않는 것은?

① 시민생활에 대한 국가의 기능을 확대한다.

② 시장경제구조의 자율적이고 합리적인 기능을 보장한다.

③ 자유주의사회의 우월성을 위해 강한 국가의 발전을 추구한다.

④ 국가는 노동조합이나 다른 압력단체의 과도한 요구를 제압할 수 있어야 한다.

 신보수주의 … 자유지상주의로서, 개인과 재산 등 사적 영역에 대한 정부의 간섭을 최대한 배제하려고 하지만 개인과 재산, 그리고 이를 바탕으로 하는 도덕적 가치의 침해에 대해서는 정부의 강력한 권력행사를 요구한다.

69 힘든 현실에 분노하여 적극적으로 투표에 나서는 유권자들을 부르는 용어는?

① 데드덕   ② 브로큰덕

③ 앵그리보터   ④ 스윙보터

 앵그리보터는 힘든 현실에 분노해 적극적으로 투표에 나서는 유권자들을 부르는 말이다.

70 개별소비세에 대한 설명으로 옳지 않은 것은?

① 개별소비세의 과세 대상은 사치성 품목, 소비 억제 품목, 고급 내구성 소비재, 고급 오락시설 장소 또는 이용 등이다.

② 세율은 과세물품에 관계없이 동일하다.

③ 개별소비세는 특정한 물품·특정한 장소에의 입장행위, 특정한 장소에서의 유흥음식행위 및 특정한 장소에서의 영업행위에 대하여 부과되는 소비세를 말한다.

④ 개별소비세 적용 물품에는 보석·귀금속·모피·오락용품·자동차·휘발류·경유·등유 등이 있고, 주요 장소로는 경마장, 골프장, 카지노, 유흥주점 등이 있다.

 세율은 과세물품에 따라 다르다.

02 경제 · 경영 · 산업

1 다음 신용평가기관에 대한 설명 중 옳지 않은 것은?

① 우리나라의 대표적인 3개 신용등급 평가기관은 한국신용평가, 한국기업평가, 나이스신용평가 기관이다.

② 세계3대 신용평가기관은 영국의 '피치 Ratings', 미국의 '무디스(Moody's)', '스탠더드 앤드 푸어스(S&P ; Standard & Poor's)'이다.

③ 한국신용평가는 무디스 자본과, 한국기업평가는 피치 자본과 연결되어 있다.

④ 다우존스 지속가능경영지수(DJSI)는 우량기업 주가지수 중 하나로, 그 기준은 기업의 재무적 정보만을 대상으로 한다.

> **Tip** DJSI는 기업을 단순히 재무적 정보로 파악하는 데 그치지 않고 지배구조, 사회공헌도 등을 토대로 지속가능경영을 평가해 우량기업을 선정한다.

2 다음 중 인플레이션의 양상을 나타내는 단어와 그 원인으로 바르게 연결되지 않은 것은?

① 차이나플레이션 – 중국의 임금 및 물가 상승

② 피시플레이션 – 일본의 수산물 수요 증가

③ 아이언플레이션 – 철강재 가격 상승

④ 에코플레이션 – 환경기준 강화

> **Tip** 피시플레이션은 중국, 인도 등 신흥국들의 경제 성장으로 인해 수산물 소비가 급증함에 따라 수산물 가격이 오르는 현상을 말한다. 지구온난화에 따른 어족 자원 고갈도 그 원인 중 하나이다.

3 다음 사례에서 (가)와 (나)의 빈칸에 들어갈 용어로 바르게 연결된 것은?

> (가) 헬스케어 그룹 ○○는 글로벌 유명 브랜드와의 연이은 컬래버레이션으로 상대적으로 높은 가격에도 소비자들이 지갑을 열도록 하며 성장을 거듭하고 있는 대표 기업이다. ○○는 최근까지 디즈니와 마블, 람보르기니, 코닉세그에 이르기까지 전 세계적으로 각광 받는 브랜드와 컬래버레이션을 펼쳐왔다. 이를 통해 내수뿐 아니라 글로벌 시장에서도 주목을 받으며 제품 판매는 물론 브랜드 가치도 비약적으로 성장했다는 평가다. 이는 과시적 소비행태인 _____ 효과로 브랜드 가치가 크게 높아진 사례로 볼 수 있다.
>
> (나) 중국이 경기와 증시가 살아나고 위안화까지 절상된다면 한국 증시에도 좋은 영향을 미칠 것으로 기대된다고 △△경제신문이 밝혔다. 이는 한국 경기와 증시, 그리고 중국과의 동조화 현상이 뚜렷하기 때문인 것으로 보인다. 특히 상하이와 코스피 간 상관계수가 0.7로 높은 수치를 보이는 유커 _____ 효과 현상과도 밀접해 보인다. 위안화와 원화 간 상관계수 역시 0.8을 나타내고 있다.
>
> － 2020. 1.

	(가)	(나)
①	스놉	밴드왜건
②	밴드왜건	락인
③	베블런	리카도
④	베블런	윔블던

(가) **베블런 효과**(Veblen effect) : 가격이 오르는데도 일부 계층의 과시욕이나 허영심 등으로 인해 수요가 줄어들지 않는 현상

(나) **윔블던 효과**(Wimbledon effect) : 국내시장에서 외국기업보다 자국기업의 활동이 부진한 현상 또는 시장을 개방한 이후 국내시장을 외국계 자금이 대부분 차지하게 되는 것을 가리킨다.

┃4~5┃ 다음에 제시된 자료를 보고 이어지는 물음에 답하시오.

〈2022년 ___㉠___ 종료에 따른 주요국 지표금리 개선 방향 및 대응 현황〉

국제기준	주요국 대응
기존 지표금리 개선	• 관리 및 통제 체계 구축 • 거래기반 확충 • 산출방법 개선
신규 무위험지표금리 개발	• 기존 지표금리 활용(일본, 호주, 스위스 등) • 신규 지표금리 개발(미국, 영국, EU 등)
법률 제·개정	• 「EU」 벤치마크법 제정 • ⓐ지표금리 관련 법률 제·개정(일본, 호주, 싱가포르)

오는 2022년 ___㉠___(이)가 중단됨에 따라 올해 6월까지 ___㉡___(이)나 환매조건부채권(RP)금리를 지표금리로 전환하는 방안이 추진된다. 우선 금융위원회의 지표금리 개선 추진단은 2022년부터 ___㉠___ 사용 신규계약을 점진적으로 축소하기로 했다. 이어 2020년 6월까지 국내 무위험지표금리를 선정할 계획이다. 주요국 사례를 감안해 익일물(만기 1일) ___㉡___ 또는 익일물 RP금리를 국내 무위험지표 후보금리로 유력하게 고려중이다. RP는 채권보유자가 일정 기간 후 다시 매입하는 조건으로 매도하는 채권이다. 현재 미국의 경우 새 지표를 개발했으며 영국과 유로지역 등은 기존 금리를 개선하고 일본은 금융기관 상호 간 단기 자금대차 이자율인 ___㉡___를 새 지표로 선정하고 있다.

4 위 자료에서 ㉠과 ㉡에 들어갈 금리의 종류로 알맞은 것은?

	㉠	㉡
①	우대금리	콜금리
②	리보금리	CD금리
③	우대금리	CD금리
④	리보금리	콜금리

㉠ 리보(LIBOR) 금리 : 국제금융거래에서 기준이 되는 런던은행 간 금리를 말하며, 국제금융에 커다란 역할을 하고 있어 이 금리는 세계 각국의 금리결정에 주요 기준이 되고 있다.

㉡ 콜금리 : 금융기관 간에 남거나 모자라는 자금을 30일 이내의 초단기로 빌려주고 받는 것을 '콜'이라 하며, 이때 은행·보험·증권업자 간에 이루어지는 초단기 대차(貸借)에 적용되는 금리

5 일본, 호주, 싱가포르와 마찬가지로 우리나라도 금융위원회에서 밑줄 친 ⓐ를 제정하여 ㉠의 종료에 대비하고 있다. 2020년 11월 27일부터 시행되는 이 법은 무엇인가?

① 금융거래지표 관리에 관한 법률
② 무위험지표금리 관리에 관한 법률
③ 중요거래지표 관리에 관한 법률
④ 국제금융기구에의 가입조치에 관한 법률

 금융거래지표의 산출 및 사용에 관한 기본적인 사항을 정함으로써 금융거래지표의 타당성과 신뢰성을 확보하고, 금융거래의 투명성·효율성을 높여 금융소비자를 보호하고 금융시장을 안정시키려는 목적으로 「금융거래지표 관리에 관한 법률」이 제정되었다.

6 다음 사례에서 빈칸에 공통으로 들어갈 마케팅 전략은 무엇인가?

> 평창동계올림픽을 앞두고 공식 후원업체와 경쟁사 간의 _____ 논란도 확대되고 있다.
> 평창동계올림픽 공식 후원업체는 △△통신사, ○○은행, □□스포츠 등이다. 하지만 경쟁사인 □□텔레콤, △△금융, N스포츠도 평창동계올림픽 관련 광고를 제작해 방영했다. 공식 후원사가 아니라면 올림픽 관련 명칭이나 로고를 사용할 수 없기에 은 일반 명사를 활용해 진행된다. 공식 후원업체들은 경쟁사가 불법적인 행위를 저질렀다고 주장하지만, 업체들은 광고를 방영하는 방송사에 '협찬'을 했을 뿐 _____을 하지 않았다는 입장이다. 평창올림픽조직위원회는 _____을 하는 업체들이 특허법, 저작권법, 부정경쟁방지법 등에 저촉될 수 있다고 판단하고 있다.
>
> – 2017. 12

① 크리슈머 마케팅
② 노이즈 마케팅
③ 앰부시 마케팅
④ 래디컬 마케팅

 앰부시(ambush)는 '매복'을 뜻하는 말로, 앰부시 마케팅이란 스포츠 이벤트에서 공식적인 후원업체가 아니면서도 광고 문구 등을 통해 올림픽과 관련이 있는 업체라는 인상을 주어 고객의 시선을 끌어 모으는 마케팅 전략을 말한다.

Answer ⟶ 4.④ 5.① 6.③

7 다음 자료에서 ㈎는 1960년대 이전 C국에서의 물가상승률과 실업률 간의 관계를 나타낸 것이고, ㈏는 1980년 C국의 경제 상황을 설명한 것이다. ㈎와 ㈏에 대한 분석으로 옳은 것을 〈보기〉에서 모두 고르면?

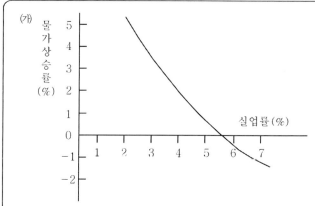

㈏ 1970년대의 오일 쇼크로 세계 경제가 수년간 저성장과 고물가 상황에 처했었다. C국도 이 여파로 1980년에 스태그플레이션(stagflation) 현상을 경험하였다.

〈보기〉
㉠ C국의 중앙은행이 금리를 낮추면, ㈎와 ㈏의 경우에 물가상승률이 낮아진다.
㉡ ㈏는 C국의 물가상승률과 실업률 간의 음(−)의 상관관계를 나타내고 있다.
㉢ ㈏의 경제 상황을 ㈎의 물가상승률과 실업률 간의 관계로 설명하기에는 어려움이 따른다.
㉣ ㈎에서 C국이 긴축정책을 시행하면 물가는 안정되고 실업률은 높아진다.

① ㉠, ㉡
② ㉠, ㉣
③ ㉡, ㉢
④ ㉢, ㉣

 ㈎는 초기의 필립스 곡선이며, ㈏는 스태그플레이션 상황이다.
㉠ 중앙은행이 기준금리를 낮출 경우, 두 경우 모두 인플레이션이 나타난다.
㉡ 스태그플레이션 상황에서는 물가상승률과 실업률 간에는 양(+)의 상관관계가 있다.

8 다음 경제 현상을 나타내는 용어 중 바르게 연결되지 않은 것은?

① 하우스 디바이드(House Divide) - 주택 유무, 집값의 격차에 따라 계층 격차가 벌어지는 현상

② 하이인컴트랩(High-Income Trap) - 고소득자에게서 나타나는 비혼주의, 저출산 등으로 인해 경제성장률에 영향을 미치는 현상을 의미한다.

③ 세포마켓 - SNS를 통해 이루어지는 1인 마켓을 의미하며 계속해서 증식하는 특징을 나타내기도 한다.

④ 클래시 페이크(Classy Fake) - 가짜에 대한 관점이 바뀌며 생겨난 현상으로, 모피 대신 입는 인조털 '에코 퍼', 식물성 달걀 'Beyond Eggs'를 예로 들 수 있다.

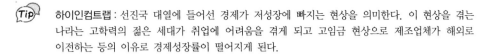
Tip 하이인컴트랩 : 선진국 대열에 들어선 경제가 저성장에 빠지는 현상을 의미한다. 이 현상을 겪는 나라는 고학력의 젊은 세대가 취업에 어려움을 겪게 되고 고임금 현상으로 제조업체가 해외로 이전하는 등의 이유로 경제성장률이 떨어지게 된다.

▌9~10▐ 다음 글을 읽고 이어지는 물음에 답하시오.

- 1944년 출범한 <u>이것</u>은 기존의 금 대신 미국 달러화를 국제결제에 사용하도록 한 것으로, 금 1온스의 가격을 35달러로 고정해 태환할 수 있도록 하고, 다른 국가의 통화는 조정 가능한 환율로 달러 교환이 가능하도록 해 달러를 기축통화로 만든 것이다.
- 리처드 닉슨 대통령은 1971년 8월 15일 금과 달러의 태환을 중단한다고 발표했다. 이로써 기존의 <u>이것</u>이 사실상 와해되는 결과를 낳으며, 자본주의 경제는 거대한 전환기를 맞게 됐다.

9 위 글에서 밑줄 친 '이것'은 무엇인가?

① 바젤 협약

② 국제앰네스티

③ 경제협력기본협정

④ 브레튼우즈 체제

Tip 브레튼우즈 체제 : 1930년 이래의 각국 통화가치 불안정, 외환관리, 평가절하경쟁, 무역거래제한 등을 시정하여 국제무역의 확대, 고용 및 실질소득증대, 외환의 안정과 자유화, 국제수지균형 등을 달성할 것을 목적으로 1944년 7월 미국 브레튼우즈에서 체결되었다. 고정환율과 금환본위제를 통하여 환율의 안정, 자유무역과 경제성장의 확대를 추구하고자 하였다.

Answer⟶ 7.④ 8.② 9.④

10 위 글에서 밑줄 친 이것의 문제점을 비판한 다음과 같은 주장을 나타내는 용어는?

> 달러화가 기축통화의 역할을 하기 위해서는 대외거래에서의 적자를 발생시켜 국외에 끊임없이 유동성을 공급해야 한다. 그러나 미국의 적자상태가 장기간 지속될 경우에는 유동성이 과잉돼 달러화의 가치는 흔들릴 수밖에 없다. 반면 미국이 대외거래에서 장기간 흑자상태를 지속하게 되면, 달러화의 가치는 안정시킬 수 있으나 국제무역과 자본거래를 제약할 수 있다. 적자와 흑자의 상황 모두에서 연출될 수밖에 없는, 달러화의 이럴 수도 저럴 수도 없는 모순이 발생하는 것이다.

① 샤워실의 바보   ② 트리핀 딜레마
③ 닉슨 쇼크   ④ 퍼펙트 스톰

 트리핀 딜레마 : 경제학자 로버트 트리핀이 브레튼 체제를 비판하면서 나온 말로, 브레튼우즈 체제하에서 전 세계 기축통화국인 미국이 직면했던 범세계적·보편적 가치와 국가적 이해관계 간 상충관계를 가리키는 말이다.

11 다음 보기의 연결이 바르지 않은 것은?

① 낭떠러지 효과 – 자신이 정통한 분야에 대해서는 임무수행능력이 탁월하지만 조금이라도 그 분야를 벗어나면 일시에 모든 문제해결능력이 붕괴되는 현상
② 디드로 효과 – 어떠한 금지나 인텐시브 없이도 인간 행동에 대한 적절한 이해를 바탕으로 타인의 행동을 유도하는 부드러운 개입을 뜻하는 말
③ 스티그마 효과 – 타인에게 무시당하거나 부정적인 낙인이 찍히면 행태가 나빠지는 현상
④ 래칫 효과 – 소득 수준이 높았을 때의 소비 성향이 소득 수준이 낮아진 만큼 줄어들지 않게 하는 저지 작용

 ② 넛지 효과(nudge effect)에 대한 설명이다. 행동경제학자 C.R. Sunstein과 R.H. Thaler의 「넛지」에 의하면, 팔을 잡아끄는 것처럼 강제에 의한 억압보다 팔꿈치로 툭 치는 부드러운 개입으로 특정 행동을 유도하는 것이 더 효과적이라고 한다.

12 정부는 5대 식품 분야를 집중적으로 육성함으로써 2022년까지 산업규모를 17조 원까지 늘리겠다고 하는 '식품산업 활력 제고 대책'을 발표하였다. 다음 중 5대 식품 분야에 해당하지 않는 것은?

① 냉장가공 식품   ② 수출 식품
③ 간편 식품   ④ 맞춤형 식품

13 다음은 어느 기사의 일부이다. 이에 대한 설명으로 옳지 않은 것은?

> 약 3천km에 이르는 가스관은 이르쿠츠크, 사하 등 러시아 동시베리아 지역의 가스전에서 생산되는 천연가스를 러시아 극동과 중국 동북 지역까지 보내는 데 사용될 계획이다. 건설 전체 계약금액만 4천억 달러(약 472조원)에 이르는 것으로 알려졌으며, 오늘 (12. 2.) 개통되었다.
>
> − 2019. 12.

① '시베리아의 힘'이라고 불리는 (구소련 붕괴 이후) 러시아 최대 규모의 에너지 프로젝트이다.

② 개통 이후 러시아는 30년간 연 380억 m^3에 이르는 천연가스를 중국으로 보내게 된다.

③ 몽골 등을 경유하므로 러시아로서는 에너지 시장의 다변화를 꾀할 수 있다.

④ 대외경제정책연구원에 따르면, 이번 프로젝트를 계기로 러시아 측에서는 미국산 셰일가스와의 경쟁 구도에서 우위를 점하는 자국산 에너지 자원 수송 인프라를 구축했다고 볼 수 있다.

Tip 2019년 12월에 개통한 '시베리아의 힘' 파이프라인은 중국 시장 한 곳만 확보한 '모노 마켓형' 수송 인프라이다.

14 다음 설명에 공통으로 해당하는 것은?

> • 물품의 형상, 모양, 색채 등에서 심미감을 느낄 수 있는 창작 작품에 부여한다.
> • 가전제품의 디자인, 음료수 캔의 모양 등에 해당하는 산업 재산권이다.

① 저작권　　　　　　　　　　② 디자인권
③ 정보 재산권　　　　　　　　④ 소프트웨어권

Tip 디자인권이란 디자인을 등록한 자가 그 등록디자인에 대하여 향유하는 독점적·배타적 권리이다.

Answer 10.② 11.② 12.① 13.③ 14.②

15 다음에 나타난 생활 서비스 산업의 트렌드로 가장 적절한 것은?

> 최근 ○○업체는 150개의 센서가 내장되어 있는 바디슈트를 선보였다. 이 슈트를 입고 스마트폰으로 연결하면 허리와 가슴둘레 같은 기본적인 치수는 물론 목, 손목둘레까지 인체 모든 부위의 치수 데이터를 얻을 수 있다. 이 데이터는 의류 제품 검색이나 구입에 활용될 뿐만 아니라 온라인 쇼핑의 큰 단점인 제품 사이즈에 대한 불만을 해소하는 데 활용될 전망이다.
>
> – 2018. 7.

① 액티브 웨어의 일반화
② 리사이클링 패션의 확대
③ 유니버설 디자인의 추구
④ 정보기술과 패션의 융합

 제시문은 정보기술을 패션 산업에 활용되는 사례를 나타내고 있다.
  • 유니버설 디자인 : 성별, 연령, 국적, 문화적 배경, 장애의 유무에도 상관없이 누구나 손쉽게 쓸 수 있는 제품 및 사용 환경을 만드는 디자인

16 다음 중 '4차 산업혁명'과 관련 깊은 기술에 해당되지 않는 것은?

① IoT
② 클라우드 기술
③ DNS
④ 빅데이터 기술

 ③ DNS(Domain Name System) : 네트워크에서 도메인이나 호스트 이름을 숫자로 된 IP 주소로 해석해주는 TCP/IP 네트워크 서비스를 말한다. kr(한국), au(호주), ca(캐나다) 등과 같이 알파벳과 숫자 문자열로 구성된다.
  ① IoT(사물인터넷) : 생활 속에서 사용하는 물건들이 서로 인터넷으로 연결되어 정보를 주고 받을 수 있도록 하는 기술
  ② 클라우드 기술 : 인터넷상의 서버에 정보를 영구적으로 저장하고, 이 정보를 데스크톱 · 노트북 · 스마트폰 등을 이용해서 언제 어디서나 정보를 사용할 수 있는 컴퓨팅 환경이 가능하도록 하는 기술
  ④ 빅데이터 기술 : 방대한 양의 데이터 중 필요한 데이터만 추출하여 새로운 분야에 활용되도록 하는 기술

17 특정 품목의 수입이 급증하면서 자국 산업에 중대한 피해가 발생했거나 그럴 우려가 있을 경우 취하는 긴급수입제한조치를 무엇이라고 하는가?

① 규제 샌드 박스
② CVID
③ 위수령
④ 세이프가드

> (Tip) 세이프가드는 수입급증 시 자국 산업에 중대한 피해가 발생했거나 그럴 우려가 있을 경우 취하는 긴급수입제한조치로, 공정무역관행에 따라 수입을 했을지라도 자국 산업에 심각한 피해가 발생했거나 예상되는 경우 해당 수입을 일시적으로 제한할 수 있다. 최근 우리 정부는 미국이 한국산 세탁기 및 태양광 셀·모듈에 적용한 세이프가드에 대해 세계무역기구에 정식 제소했다.

18 최근 이 회사의 애널리스트가 우리나라의 생명보험사들이 과거에는 저축성 상품을 많이 팔았지만 점차 보장성 상품 비중을 높이고 있어 상품 구성이 좋아지고 있다고 평했다. 1909년 미국 최초로 200여개 철도채권에 대해 등급을 발표하면서 미국 굴지의 신용평가기관으로 부상한 이 회사는?

① 피치
② 무디스
③ S&P
④ 모건스탠리

> (Tip) 무디스는 1901년 무디에 의해 설립되었다. 피치, S&P와 함께 세계 3대 신용평가기관이다.

19 다음은 무엇에 대한 예시인가?

> • 사용기한이 지나버린 영화티켓
> • 가격표를 떼어 환불할 수 없는 옷
> • 기업의 광고비용

① 매몰비용
② 한계비용
③ 기회비용
④ 대치비용

> (Tip) ㉠ 매몰비용 : 이미 매몰되어 버려서 다시 되돌릴 수 없는 비용, 의사결정을 하고 실행한 후에 발생하는 비용 중 회수할 수 없는 비용을 말한다(=함몰비용).
> ㉡ 한계비용 : 재화나 서비스를 추가로 생산할 때 필요한 비용의 증가분을 말한다.
> ㉢ 기회비용 : 최선의 용도를 선택하기 위해 희생되는 차선의 용도가 갖는 효용을 의미하는 말로 대치비용 또는 이전비용이라고도 한다.

Answer ☞ 15.④ 16.③ 17.④ 18.② 19.①

20 호경기에는 소비재의 수요 증가로 인하여 상품의 가격이 상승하게 되는데, 이때 가격 상승의 폭이 노동자의 임금 상승의 폭보다 커서 노동자의 임금이 상대적으로 저렴해지는 효과가 나타난다. 이와 관련된 효과는?

① 전시효과   ② 리카도 효과

③ 톱니효과   ④ 베블렌 효과

 호경기에는 소비재의 수요 증가로 인하여 상품의 가격이 상승하게 되는데, 이때 가격 상승의 폭이 노동자의 임금 상승의 폭보다 커서 노동자의 임금이 상대적으로 저렴해진다. 이러한 경우 기업은 기계를 대신하여 노동력을 사용하려는 경향이 발생하게 되는데 이를 리카도 효과라고 한다.

21 주택 담보대출을 취급했던 은행계에서 상품을 없애자 자금융통이 급급한 고객들이 제2금융권으로 몰리는 현상은 무엇과 관련 있는가?

① 풍선효과   ② 칵테일파티효과

③ 피그말리온효과   ④ 스티그마효과

 ① 풍선의 한 곳을 누르면 다른 곳이 불거져 나오는 것처럼 문제 하나가 해결되면 또 다른 문제가 생겨나는 현상이다. 심야교습 금지가 법제화 될 경우 불법 과외가 활개 치는 등의 또 다른 부작용이 생길 수 있고, 정부가 강남 집값을 잡기 위해 재건축 아파트 규제를 강화하자 수요가 일반아파트로 몰려 집값이 오르는 현상 등이 풍선 효과에 해당한다.

② 여러 사람들이 모여 한꺼번에 이야기하고 있음에도 자신이 관심을 갖는 이야기를 골라 들을 수 있는 것으로 시끄러운 잔치 집에서 한 화자에게만 주의하고 유사한 공간 위치에서 들려오는 다른 대화를 선택적으로 걸러내는 능력을 묘사하는 것이다.

③ 타인의 기대나 관심으로 인하여 능률이 오르거나 결과가 좋아지는 현상으로 로젠탈효과, 자성적 예언, 자기충족적 예언이라고도 한다.

④ 다른 사람들에게 무시당하고 부정적인 낙인이 찍히면 행태가 나쁜 쪽으로 변해 가는 현상을 말한다.

22 다음 중 설명에 해당하는 예로 가장 적절한 것은?

> 재화들 중 동일한 효용을 얻을 수 있는 두 재화를 대체재라고 한다. 이는 두 재화 중 하나의 가격이 증가하게 되면 다른 하나의 수요가 증가하는 배타적이고 선택적인 수요를 보인다.

① 자동차와 휘발유   ② 소고기와 돼지고기

③ 커피와 소금   ④ 커피와 설탕

 ①④ 보완재
③ 독립재

23 다음 (가)와 (나)가 각각 바탕으로 하고 있는 경제 개념은?

> (가) : 나 여자친구와 헤어졌어.
>
> (나) : 왜?
>
> (가) : 내가 직장이 없어서……일부러 그만둔건데…….
>
> (나) : 이미 헤어졌으니 잊어버려.

	㉮	㉯
①	자발적 실업	매몰비용
②	비자발적 실업	경제비용
③	계절적 실업	매몰비용
④	마찰적 실업	경제비용

 (가)는 일부러 그만둔 것이라고 말하였으므로 자발적 실업의 개념을 포함하며 (나)는 그동안 여자친구 에게 들인 시간과 노력 등은 이미 헤어졌으니 다시 되돌릴 수 없는 매몰비용으로 생각하고 있다.

24 다음 ㉠과 ㉡에 들어갈 알맞은 것은?

> • 관찰 대상의 수를 늘릴수록 집단에 내재된 본질적인 경향성이 나타나는 (㉠)은 보험표 계산원리 중 하나로 이용된다.
> • 생명보험계약의 순보험표는 (㉡)에 의해 계산된다.

	㉠	㉡
①	이득금지의 원칙	수직적 분석
②	한계생산의 법칙	수직적 마케팅 시스템
③	미란다 원칙	행정절차제도
④	대수의 법칙	수지상등의 법칙

 ㉠ 대수의 법칙 : 관찰 대상의 수를 늘려갈수록 개개의 단위가 가지고 있는 고유의 요인은 중화되고 그 집단에 내재된 본질적인 경향성이 나타나게 되는 현상을 가리킨다. 인간의 수명이나 각 연령별 사망률을 장기간에 걸쳐 많은 모집단에서 구하고 이것을 기초로 보험 금액과 보험 료율 등을 산정한다.
㉡ 수지상등의 법칙 : 보험계약에서 장래 수입되어질 순보험료의 현가의 총익이 장래 지출해야 할 보험금 현가의 총액과 같게 되는 것을 말하며, 여기에서 수지가 같아진다는 것은 다수의 동일연령의 피보험자가 같은 보험종류를 동시에 계약했을 때 보험기간 만료시에 수입과 지출이 균형이 잡혀지도록 순보험료를 계산하는 것을 의미한다.

Answer → 20.② 21.① 22.② 23.① 24.④

25 경제주체들이 돈을 움켜쥐고 시장에 내놓지 않는 상황을 가리키는 용어는 무엇인가?

① 디플레이션 　　　　　　　　　　② 피구효과

③ 톱니효과 　　　　　　　　　　　④ 유동성 함정

 　유동성 함정 … 시장에 현금이 흘러 넘쳐 구하기 쉬운데도 기업의 생산, 투자와 가계의 소비가
늘지 않아 경기가 나아지지 않고 마치 경제가 함정(trap)에 빠진 것처럼 보이는 상태를 말한다.
1930년대 미국 대공황을 직접 목도한 저명한 경제학자 존 메이나드 케인즈(John Maynard
Keynes)가 아무리 금리를 낮추고 돈을 풀어도 경제주체들이 돈을 움켜쥐고 내놓지 않아 경기가
살아나지 않는 현상을 돈이 함정에 빠진 것과 같다고 해 유동성 함정이라 명명했다.

26 급격한 경기침체나 실업증가를 야기하지 않으면서 경제성장률을 낮추는 것을 의미하는 경제용
어는?

① 양적완화 　　　　　　　　　　　② 리커노믹스

③ 아베노믹스 　　　　　　　　　　④ 연착륙

 　연착륙은 경제에서는 급격한 경기침체나 실업증가를 야기하지 않으면서 경제성장률을 낮추는 것
을 의미한다. 즉 경기가 팽창(활황)에서 수축(불황)국면으로 접어들 때 기업은 매출이 줄고 투자
심리가 위축돼 결국 감원으로 연결되고, 가계는 실질소득이 감소해 소비를 줄이고 저축을 꺼리
게 되는데 연착륙은 이 같은 부작용을 최소화하자는 것이다.

27 모든 사원이 회사 채무에 대하여 직접 · 연대 · 무한의 책임을 지는 회사 형태는 무엇인가?

① 합명회사 　　　　　　　　　　　② 합자회사

③ 유한회사 　　　　　　　　　　　④ 주식회사

 　② 사업의 경영은 무한책임사원이 하고, 유한책임사원은 자본을 제공하여 사업에서 생기는 이익
의 분배에 참여하는 형태
③ 사원이 회사에 출자금액을 한도로 하여 책임을 질뿐, 회사채권자에 대해서는 책임을 지지 않
는 사원으로 구성된 회사
④ 주식의 발행으로 설립된 회사

28 다음 중 경영에서 목표관리(MBO)의 효용과 한계에 관한 설명으로 옳지 않은 것은?

① 목표의 명확한 설정 및 성과의 계량적 측정이 어렵다.

② 수평적 의사소통체계보다 수직적 의사소통체계를 개선하는 데 더욱 유리하다.

③ 단기적 목표보다 장기적 목표에 대한 조직구성원들의 관심을 유도하는 데 도움을 준다.

④ 상·하 계급에 관계없이 모든 조직구성원들의 공동참여에 의한 목표설정을 통하여 목표에 대한 인식을 공유할 수 있다.

③ 목표관리는 목표달성결과를 측정하므로 단기적인 목표에 주안점을 두고 장기적 목표를 경시할 가능성이 있다.

※ **목표관리(MBO : Management By Object)** … MBO 이론은 목표설정의 가장 대표적인 예로서 "목표에 의한 관리"라고도 부르며 1965년 피터 드러커(Peter Drucker)가 「경영의 실제」에서 주장한 이론이다. 종업원들로 하여금 직접 자신의 업무 목표를 설정하는 과정에 참여하도록 함으로써 경영자와 종업원 모두가 만족할 수 있는 경영목표를 설정할 수 있다. 특히 종업원들은 자신에 대한 평가방법을 미리 알고 업무에 임하고, 평가 시에도 합의에 의해 설정된 목표달성 정도에 따라 업적을 평가하며 결과는 피드백(feedback)을 거쳐 경영계획 수립에 반영된다.

㉠ 작업에 대한 구체적인 목표를 설정한다.

㉡ 종업원들이 계획설정에 참여한다.

㉢ 실적평가를 위한 계획기간이 명시되어 있다.

㉣ 실적에 대한 피드백 기능이 있다.

29 다음 (   ) 안에 들어갈 알맞은 말은?

> 니콜라스 탈레브는 그의 책에서 (   )을/를 '과거의 경험으로 확인할 수 없는 기대영역 바깥쪽의 관측 값으로, 극단적으로 예외적이고 알려지지 않아 발생가능성에 대한 예측이 거의 불가능하지만 일단 발생하면 엄청난 충격과 파장을 가져오고, 발생 후에야 적절한 설명을 시도하여 설명과 예견이 가능해지는 사건'이라고 정의했다. 이것의 예로 20세기 초에 미국에서 일어난 경제대공황이나 9·11 테러, 구글(Google)의 성공 같은 사건을 들 수 있다. 최근 전 세계를 강타한 미국 발 세계금융위기도 포함된다.

① 블랙스완   ② 화이트스완

③ 어닝쇼크   ④ 더블딥

① 극단적으로 예외적이어서 발생가능성이 없어 보이지만 일단 발생하면 엄청난 충격과 파급효과를 가져오는 사건을 가리키는 말이다.

② 과거의 경험을 비추어 볼 때 반복적으로 일어나 충분히 예측이 가능한 위기임에도 불구하고 적절한 대응책을 마련하고 있지 못하는 상황을 일컫는 말이다.

③ 기업이 실적을 발표할 때 시장에서 예상했던 것보다 저조한 실적을 발표하는 것을 말한다.

④ 경기침체 후 잠시 회복기를 보이다가 다시 침체에 빠지는 이중침체 현상을 말한다.

Answer⤶ 25.④ 26.④ 27.① 28.③ 29.①

30 해운사가 배의 전부나 일부를 빌리고 이에 대한 이용대금으로 선주에게 지불하는 돈을 의미하는 용어는?

① 도선료   ② 접안료

③ 입항료   ④ 용선료

 용선료 … 해운사가 배의 전부나 일부를 빌리고 이에 대한 이용대금으로 선주에게 지불하는 돈을 말한다. 선박을 이용해 여객이나 화물을 운송하고 운임을 받는 사업인 해운업은 경기에 매우 민감하다. 국제경기가 호황일 경우 국가 간의 물자이동이 많아지면서 그 혜택을 입지만 그 반대일 경우는 큰 타격을 받는다.

31 SWOT 분석에서 SWOT에 해당하지 않는 것은?

① S − Strength   ② W − Weakness

③ O − Originality   ④ T − Threat

 SWOT 분석이란 강점을 토대로 주어진 기회를 기업에 유리하게 이용하고 위협에는 적절히 대처하게 하거나 기업의 약점을 적절히 보완할 수 있는 전략을 수립하는 것으로 O는 기회(opportunity)를 의미한다.

32 다음 ( ) 안에 들어갈 알맞은 말은?

> ( )은/는 원래 프랑스에서 비롯된 제도인데 독일은 제1차 세계대전 이후 엄청난 전쟁배상금 지급을 감당할 수 없어 ( )을/를 선언했고 미국도 대공황 기간 중인 1931년 후버 대통령이 전쟁채무의 배상에 대하여 1년의 지불유예를 한 적이 있는데 이를 후버 ( )라/이라 불렀다고 한다. 이외에도 페루, 브라질, 멕시코, 아르헨티나, 러시아 등도 ( )을/를 선언한 바가 있다.

① 모블로그   ② 모라토리움 신드롬

③ 서브프라임 모기지론   ④ 모라토리엄

 모라토리엄 … '지체하다'란 뜻의 'morari'에서 파생된 말로 대외 채무에 대한 지불유예(支拂猶豫)를 말한다. 신용의 붕괴로 인하여 채무의 추심이 강행되면 기업의 도산(倒産)이 격증하여 수습할 수 없게 될 우려가 있으므로, 일시적으로 안정을 도모하기 위한 응급조치로서 발동된다.
① **모블로그** : 무선통신을 뜻하는 '모바일(Mobile)'과 '블로그(Blog)'를 합쳐 만든 신조어. 때와 장소 가리지 않고 블로그를 관리 할 수 있어 인기를 끌고 있다.

② **모라토리움 신드롬** : 모라토리움 신드롬은 독일 심리학자 에릭슨이 처음 사용한 용어로써 1960년대에 들어 지적, 육체적, 성적인 면에서 한 사람의 몫을 할 수 있으면서도 사회인으로서의 책임과 의무를 짊어지지 않는다는 것을 뜻한다.

③ **서브프라임 모기지론** : 서브프라임(Subprime)은 '최고급 다음가는, 최우대 대출 금리보다 낮은'을 의미하며 모기지(Mortgage)는 '주택담보대출'이라는 뜻이다. 즉, 한마디로 신용등급이 낮은 저소득층을 대상으로 주택자금을 빌려주는 미국의 주택담보대출 상품을 말한다.

33 금리에 대한 설명으로 틀린 것은?

① 금리는 돈의 가격을 말한다.

② 금리는 자금이 거래되는 금융시장에서 자금수요자가 자금공급자에게 자금을 빌려준 데 대한 대가로 지급하는 이자금액이다.

③ 이자율의 의미로 널리 사용된다.

④ 금리 부담이 작다 크다라고 할 경우 금리는 이자율을 의미한다.

 금리 부담이 높다/낮다라고 할 경우 금리는 이자율을 의미하고, 금리 부담이 작다/크다라고 할 경우 금리는 이자를 의미한다.

34 김 대리는 물가상승에 대비하여 부동산에 투자하였다. 다음 중 이와 가장 관련 깊은 용어는?

① 백워데이션
② 인플레이션헤지
③ 서킷브레이커
④ 나비효과

 ① **백워데이션(backwardation)** : 선물가격이 현물보다 낮아지는 현상
② **인플레이션헤지(inflationary hedge)** : 인플레이션 시 실물자산의 가격상승으로 화폐가치가 하락하는 경우 이에 대한 방어수단으로서 부동산 · 주식 · 상품 등을 구입하여 물가상승에 상응하는 명목 가치의 증가를 보장하는 것
③ **서킷브레이커(circuit breakers)** : 주가가 갑자기 큰 폭으로 변화할 경우 시장에 미치는 충격을 완화시키기 위해 주식매매를 일시정지시키는 제도
④ **나비효과(butterfly effect)** : 어떠한 일의 시작 시 아주 작은 양의 차이가 결과에서는 매우 큰 차이를 만들 수 있다는 이론

Answer 30.④ 31.③ 32.④ 33.④ 34.②

35 실제로는 은행의 건전성에 큰 문제가 없지만 예금주들이 은행 건전성의 의문을 갖고 비관적으로 생각하는 경우 발생하는 현상을 일컫는 용어는?

① 전대차관   ② 뱅크런

③ 워크아웃   ④ 빅딜

 뱅크런(bank run) … 예금주들이 은행에 맡긴 돈을 제대로 받을 수 없을지도 모른다는 공포감에서 발생하는 예금주들의 예금인출사태를 말한다. 이러한 예금자들의 불안감을 해소하기 위해 금융당국은 은행이 예금지급불능사태가 되더라도 일정규모의 예금은 금융당국이 보호해주는 예금보험제도를 시행하고 있다.

36 하나의 통장으로 예금이나 적금은 물론 주식·펀드·ELS 등 파생상품 투자가 가능한 통합계좌를 의미하는 말은?

① FUND   ② 적금

③ trust   ④ ISA

 개인종합자산관리계좌(ISA ; individual savings account) … 하나의 통장으로 예금이나 적금은 물론 주식·펀드·ELS 등 파생상품 투자가 가능한 통합계좌이다. 투자자 성향별로 금융회사가 제시하는 몇 가지 정형화된 모델 포트폴리오를 골라 가입하면 된다.

37 위안화 절상의 영향에 대해 잘못 설명한 것은?

① 중국에 점포를 많이 갖고 있는 대형 마트업계는 지분법 평가 이익이 늘어날 것이다.

② 중국에 완제품이 아닌 소재나 부품, 재료 등을 공급하는 업종들은 효과가 반감될 것이다.

③ 철강 조선업계는 최근 철광석을 비롯한 원료가격의 상승에도 중국 철강재는 오히려 하락하면서 국제 철강시장을 교란시켰는데, 위안화가 절상되면 달러화 환산가격이 감소하여 국제 철강가격이 올라갈 것이다.

④ 중국이 수출할 때 가격경쟁력이 떨어지면서 중간재에 대한 수입이 줄게 되면 악재로 작용할 수도 있다.

(Tip) ③ 위안화가 절상되면 달러화 환산가격이 상승함에 따라 국제 철강가격의 오름세가 강화될 것이다.

38 일정한 대상을 특정요소로 평가하는 것은?

① 헤일로효과　　　　　　　　　② 선입견
③ 관대화　　　　　　　　　　　④ 집중화 경향

 헤일로효과(halo effect) … 후광을 뜻하는데, 인물이나 상품을 평정할 때 대체로 평정자가 빠지기 쉬운 오류의 하나로 피평정자의 전체적인 인상이나 첫인상이 개개의 평정요소에 대한 평가에 그대로 이어져 영향을 미치는 등 객관성을 잃어버리는 현상을 말한다.

39 국내 처음으로 해저에 건설되었으며 세계 140여개 침매터널 가운데 가장 깊은 곳에 설치된 것은?

① 광안대교　　　　　　　　　　② 인천대교
③ 거가대교　　　　　　　　　　④ 철산대교

 거가대교 … 부산과 거제를 잇는 길이 8.2km의 다리로, 해상의 사장교와 해저의 침매터널 등으로 구성되어 있다. 거가대교가 건설됨으로써 부산－거제간 거리가 140km에서 60km로 단축되어 통행 시간이 2시간 10분에서 50분으로 단축되었다. 또한 가덕해저터널은 세계에서 가장 깊은 바다 수심 48m에 건설된 침매터널이다.

※ 침매터널 … 국내 최초로 도입된 침매터널은 육상에서 만든 함체(콘크리트 터널)를 부력을 이용하여 운반하고 바다 밑 지반에 차례로 가라앉혀 연결해 만든 해저터널이다. 지중을 굴진하는 터널에 비해 흙덮임이 작아도 되고, 선박의 항해 등에 지장이 없을 정도로 얕게 할 수 있어 터널 연장을 단축할 수 있으며 터널에는 부력이 작용하고 있기 때문에 지반에서 작용하는 하중이 크지 않아서 연약지반에도 적합하다.

40 제품 판매 후에 부품을 교체하거나 제품의 정비 및 유지보수, 업그레이드 등 판매 후 파생되는 서비스 사업이 진행되는 시장을 의미하는 용어는?

① 오픈마켓　　　　　　　　　　② 블랙마켓
③ 애프터마켓　　　　　　　　　④ 프리마켓

 애프터마켓(After market) … 물건을 팔고 난 다음에 발생하는 여러 가지 수요에 착안, 이를 하나의 시장으로 보는 견해. 가전제품의 애프터서비스, 자동차 · 자전거의 수리, 가옥의 보수 · 관리 등이 이에 해당된다. 이러한 수요가 주목받기 시작한 것은 소비자들이 절약의식을 갖게 되면서부터인데 미국에서는 이미 여러 가지가 개발돼 하나의 산업분야가 되고 있다.

Answer→ 35.② 36.④ 37.③ 38.① 39.③ 40.③

41 서로 관련이 없을 것 같은 이질적인 분야를 접목하여 창조적·혁신적 아이디어를 창출해내는 기업경영 방식으로, 중세 이탈리아 피렌체의 유명 가문 이름에서 유래된 말은?

① 베르테르 효과
② 시너지 효과
③ 코리폴리 효과
④ 메디치 효과

 메디치 효과는 서로 다른 이질적인 분야를 접목하여 창조적·혁신적 아이디어를 창출해내는 기업 경영방식을 말한다.
서로 관련이 없을 것 같은 이종 간의 다양한 분야가 서로 교류, 융합하여 독창적인 아이디어나 뛰어난 생산성을 나타내고 새로운 시너지를 창출할 수 있다는 경영이론이다.

42 기업의 인수·합병 등에서 고용상태가 그대로 옮겨지는 것은?

① 워크아웃
② 인사고과
③ 론 리뷰
④ 고용승계

 ④ 합병에 따라 존속 또는 신설되는 회사는 소멸되는 회사의 권리와 의무를 포괄적으로 승계하도록 돼 있다. 따라서 근로자의 고용관계도 당연히 승계 된다. 합병 당사자 사이에 근로자의 전부 또는 일부를 승계하지 않기로 합의 했다 해도 이는 무효다.

43 사전적 의미는 '용이하게 하는 사람' 또는 '촉진자'를 의미하며, 다양한 소통기법과 절차에 따라 회의 참석자들이 적극적으로 참여하고 소통할 수 있도록 돕는 전문가는?

① 퍼실리테이터
② 에듀케이터
③ 에디터
④ 카피라이터

 퍼실리테이터(Facilitator)는 개인이나 집단의 문제해결능력을 키워주고 조절함으로써 조직체의 문제와 비전에 대한 자신의 해결책을 개인이나 집단으로 하여금 개발하도록 자극하고 돕거나, 교육훈련프로그램의 실행과정에서 중재 및 조정역할을 담당하는 사람을 의미한다.

44 이해관계로 인한 전략적 협력관계이지만 동시에 경쟁관계에 있는 것을 의미하는 용어는?

① 샐러던트
② 콩고드효과
③ 프레너미
④ 디드로효과

 프레너미 … friend(친구)와 enemy(적)의 합성어로, 이해관계로 인한 전략적 협력관계이지만 동시에 경쟁관계에 있는 것을 의미한다. 삼성과 구글의 관계를 예로 들 수 있다.

45 다음 중 연결이 옳지 않은 것은?

① 콜금리 - 은행간 단기금리
② 리보금리 - 런던은행간 금리
③ 피치IBCA - 신용평가
④ 유전스 - 기한부어음

 ③ 피치IBCA는 유럽 최대의 신용평가기관이다.

46 다음 대외거래 중 국제수지 통계상 자본수지항목에 포함되지 않는 것은?

① 외국인 직접투자
② 사업차관 도입
③ 단기 무역신용 공여
④ 외채이자 지급

 ④ 무역외수지(단, 해외차관의 원금은 자본수지에 해당)항목이다.

47 후진국이나 저소득자가 선진국이나 고소득자의 소비양식을 모방하여 소비를 증대시키는 경향은?

① 가격효과
② 시너지효과
③ 전시효과
④ 대체효과

 ① 재화의 가격변화가 그 재화의 수요량에 미치는 효과이다.
② 기업 전체가 가져오는 효과는 기업 각 부문들의 효과들을 단순히 합하는 것보다 크다는 효과
이다.
④ 실질소득에는 영향을 미치지 않는 상대가격의 변화에 의한 효과이다.

48 리카도의 비교생산비설에서 주장하는 무역이 왜 발생하는가에 대한 부분에 있어 해당되는 무역은?

① 국제무역
② 관세동맹
③ 자유무역
④ 바터무역

 비교생산비설 … 국제분업의 이익을 설명하여 왜 무역이 발생하는가를 명확하게 하는 리카도의
이론을 말한다. 각국은 자연적·역사적 생산 제조건에 따라 생산능률을 달리 하는데 가령 각국
이 외국보다 싸게 생산되는 상품을 자국 내에서 필요 이상으로 생산하여 그 잉여분을 수출, 그
것과의 교환을 통해 외국산보다도 생산비가 많이 드는 상품을 수입한다면 세계 전체의 자원이
보다 효율적으로 이용되어 총생산량이 증가되고 세계 전체의 이익이 된다. 각국이 생산능률에
따라 특정상품의 생산에 특화하는 것을 국제분업이라 하여 이 국제분업의 이익에 기반을 두고
국제무역이 성립된다.

Answer 41.④ 42.④ 43.① 44.③ 45.③ 46.④ 47.③ 48.①

49 다음 중 환율이 상승함으로써 수입과 수출에 미치는 영향을 바르게 나타낸 것은?

① 수출촉진, 수입억제   ② 수출억제, 수입억제

③ 수출촉진, 수입촉진   ④ 수출억제, 수입촉진

(Tip) 환율이 오르면 수출이 증가하고 수입은 줄어들게 된다.

50 통화지표는 통화의 총량을 가늠하는 척도이다. 보기 중 가장 범위가 넓은 통화지표는?

① 현금통화   ② M1

③ M2   ④ M3

(Tip) 총유동성(M3) … 은행뿐만 아니라 비은행금융기관까지 포함하는 금융기관 전체의 유동성을 파악하기 위해 개발한 지표이다[M3 = M2 + 정기예·적금(만기 2년 이상) 및 금융채 + 유가증권 청약증거금 + 장기금전신탁(만기 2년 이상) + 생명보험회사 등의 보험계약준비금 + 환매조건부채권매도 + 장단기 금융채 + 고객예탁금 − {정부, 기업(M3 금융기관 이외) 등이 발행한 국공채·회사채 등의 유가증권}]

51 완제품 제조에 사용되는 소재, 부품, 장비 등 중간재 부분에서 중국산 제품의 비중이 증가하는 현상을 의미하는 용어는?

① 인사이드아웃   ② 인사이드케어

③ 차이나 인사이드   ④ 큐로보 인사이드

(Tip) 차이나 인사이드 … 완제품 제조에 사용되는 소재, 부품, 장비 등 중간재 부분에서 중국산 제품의 비중이 증가하는 현상을 의미한다.

52 다음 중 물가상승률과 실업률 사이에는 상충관계(trade-off)가 있어서 완전고용과 물가안정이라는 두 가지 정책목표를 동시에 달성시킬 수 없음을 보여주는 것은?

① 필립스곡선   ② 구축효과(crowding out effect)

③ 거미집이론   ④ 풀코스트원리(full-cost principle)

(Tip) ① 필립스곡선(Phillips curve) : 실업률과 화폐임금상승률 간의 상반되는 관계를 나타낸 것이며, 각국은 자국의 고유한 필립스곡선을 가진다. 원래 필립스곡선은 임금상승률과 실업률 간의 관계를 표시했으나 현재는 물가상승률과 실업률 간의 반비례관계를 나타내는 것이 일반적이다.
② 구축효과(crowding out effect) : 수요의 반응에 비해 공급의 반응이 지체되어 일어나는 현상이다.

③ **거미집이론**(cobweb theorem) : 재정투자는 민간투자를 감소시키기 때문에 기대한 만큼 소득 증대를 가져오지 못한다는 이론이다.

④ **풀코스트원리**(full-cost principle) : 평균비용에다 몇 %에 해당하는 이윤액을 부가해서 가격을 결정하는 가격결정원리를 말한다.

53 다음 중 국내에서 최초로 개발된 기술을 평가하여 인증하는 마크는?

① NT마크

② KT마크

③ Q마크

④ GD마크

 ① NT마크(New Technology mark) : 국내에서 최초로 개발된 기술을 평가하여 인증하는데 필요한 사항을 정하는 것을 목적으로 한다.

② KT마크(Korea good Technology mark) : 국산신기술인정마크로 국내에서 개발된 신기술의 기업화를 촉진하는데 목적이 있다.

③ Q마크(Q mark) : 공산품의 품질향상과 소비자를 보호하기 위해 분야별 국가공인시험기관에서 제품의 품질검사에 이상이 없을 때 소비자에게 품질을 보증함을 알리는 마크이다.

④ GD마크(Good Design mark) : 상품의 디자인, 품질, 기능, 안정성 등을 종합적으로 심사하여 우수성이 인정된 상품에 우수상품 상표를 붙여 팔도록 하는 제도다.

54 1주 동안 규정된 근무일수를 다 채운 근로자에게 유급 주휴일을 주는 것을 무엇이라 하는가?

① 법정수당

② 연차수당

③ 비과세수당

④ 주휴수당

 주휴수당 … 1주 동안 규정된 근무일수를 다 채운 근로자에게 유급 주휴일을 주는 것. 즉, 주휴일에는 근로제공을 하지 않아도 되며, 1일분의 임금을 추가로 지급받을 수 있는 것이다.

55 화장품에 치료의 개념을 접목한 화장품을 의미하는 용어는?

① 베네피트 코스메틱스

② 카오리온 코스메틱

③ 코스메슈티컬

④ 아토클래식

 코스메슈티컬 … 화장품과 의약품을 합성한 신조어로, 화장품에 의학적으로 검증된 성분을 함유해 만든 제품으로, 화장품(Cosmetics)과 의약품(Pharmaceutical)을 합성한 용어로, 화장품에 치료의 개념을 접목한 화장품을 말한다.

56 디플레이션현상을 해결하기 위한 정책으로 적당한 것은?

① 저금리정책   ② 투자억제정책
③ 흑자재정정책   ④ 지급준비율인상정책

 디플레이션(deflation) … 통화축소를 가리키는 말로 상품거래량에 비하여 통화량이 지나치게 적어져 화폐가치는 올라가고 물가는 떨어지는 현상이다.

57 영기준예산(Zero Base Budgeting)의 장점이라고 할 수 없는 것은?

① 재정운용의 탄력성   ② 자원의 합리적 배분
③ 적절한 정보의 제시   ④ 시간, 노력의 절약

 영기준예산의 장점
㉠ 사업의 전면적인 재평가와 자원배분의 합리화
㉡ 국가재정과 예산운영의 신축성, 강력성 제고
㉢ 하의상달과 관리자의 참여 촉진
㉣ 국민의 조세부담 완화와 감축관리를 통한 자원난 극복

58 상품 및 서비스에 대한 할인혜택을 특정 요일이나 시간대에만 제공하는 마케팅 방식은?

① 바이럴마케팅   ② 타임마케팅
③ 텔레마케팅   ④ 프리마케팅

 타임마케팅 … 상품 및 서비스에 대한 할인혜택을 특정 요일이나 시간대에만 제공하는 마케팅 방식을 말한다. 지금까지는 대형마트나 백화점 식품코너에서 마감시간 전에 떨이 판매를 하는 경우가 대부분이었지만, 최근에는 그 영역이 점차 확대되고 있다.

59 경제문제가 발생하는 가장 근본적인 원인은?

① 이윤극대화의 원칙   ② 한계효용의 법칙
③ 희소성의 원칙   ④ 분배의 원칙

 더 많이 생산하고 더 많이 소비하려는 사람들의 욕망은 자원의 희소성으로 인하여 제한되므로, 경제활동은 항상 선택의 문제에 직면하게 된다.

60 무역형태 중 녹다운(knockdown)방식이란?

① 해외 진출 시 부분품을 수출하여 현지에서 조립하여 판매하는 것

② 해외에서 덤핑하는 행위

③ 경쟁기업을 넘어뜨리기 위하여 품질개선 등의 비가격경쟁으로 대항하는 것

④ 경쟁기업을 넘어뜨리기 위하여 가격인하정책을 쓰는 것

(Tip) 녹다운방식(knockdown system) … 상품의 부품 또는 반제품의 형태로 해외에 수출하여 현지에서 조립·판매하는 것으로 주로 자동차수출에 적용되고 있다.

61 다음의 통화관리정책 중 한국은행의 통화안정증권과 가장 관련이 큰 것은?

① 재할인율정책

② 지불준비율정책

③ 공개시장조작정책

④ 선별적 규제정책

(Tip) 공개시장조작정책 … 중앙은행이 일반 공개 금융시장에서 국채 및 유가증권을 매매함으로써 증권가격, 이자율, 시중은행의 지불준비금에 영향을 주어 시중은행의 신용대출을 조정하려는 정책이다.

62 다음에서 설명하는 제도의 실시 목적은?

> 정부가 농산물가격을 결정함에 있어서 생산비로부터 산출하지 않고 일정한 때의 물가에 맞추어 결정한 농산물가격이다.

① 근로자보호

② 생산자보호

③ 소비자보호

④ 독점의 제한

(Tip) 제시된 내용은 패리티가격(Parity Price)에 관한 설명으로 농민, 즉 생산자를 보호하려는 데 그 목적이 있다.

Answer 56.① 57.④ 58.② 59.③ 60.① 61.③ 62.②

63 다음 중 경제학적 의미에서 투자라고 볼 수 없는 것은?

① 토지구입　　　　　　　　　　② 댐건설
③ 재고증가　　　　　　　　　　④ 설비구입

 투자… 일정 기간 내의 기계, 공장시설, 재고품, 원자재 및 사회간접자본 등 실물자본의 증가분으로 이익을 얻을 목적으로 사업 등에 자금을 대는 것을 말한다.

64 기업의 도산과 관련한 다음 법적 조처 가운데 옳지 않은 것은?

① 워크아웃은 정부의 주도하에 은행을 참여시키는 구조조정작업이다.
② 법정관리란 회사정리절차를 일컫는 것으로, 파탄에 직면하였으나 갱생 가망성이 있는 주식회사를 대상으로 한다.
③ 화의란 채무정리를 법원의 관여 아래 집단적 화해에 의하여 해결하는 절차로서 기업의 파산을 예방할 수 있다.
④ 파산이란 채무자가 채무를 완제 불능한 상태에 놓여 있을 때 다수 채권자 사이에서 공평한 변제를 받도록 하고, 잔여 채무에 대해서는 면제받도록 하는 절차이다.

 ① 워크아웃은 은행의 주도하에 재무구조를 개선하여 기업의 채무상환능력을 향상시키기 위한 일련의 작업으로, 금융기관과 기업이 부실기업을 파산시키는 것보다 사적인 계약, 협의를 통해 회생시키는 것이 유리하다고 판단할 때 시행된다.

65 불황 시 적은 돈으로 만족을 추구하는 현상은?

① 언더독효과　　　　　　　　　② 밴드왜건효과
③ 립스틱효과　　　　　　　　　④ 네트워크효과

 립스틱효과… 저가제품 선호추세라고도 한다. 특히 여성 소비자의 어려운 경제여건을 나타내는 것으로, 저렴한 립스틱만으로도 만족을 느끼며 알뜰하게 쇼핑하는 데서 유래된 말이다.

66 다음 중 소득이 떨어져도 소비수준이 변하지 않는 현상은?

① 도플러효과　　　　　　　　　② 랠링효과
③ 의존효과　　　　　　　　　　④ 관성효과

관성효과… 톱니효과. 소득이 높았을 때 굳어진 소비 성향이 소득이 낮아져도 변하지 않는 현상이다. 관성효과가 작용하면 소득이 감소하여 경기가 후퇴할 때 소비 성향이 일시에 상승한다.

67 X축은 상대적 시장점유율, Y축은 시장성장률을 놓고 각각 높음·낮음의 두 가지 기준을 정한 매트릭스로 구성하고 이 두 가지 요소가 높고 낮음에 따라 4가지 유형으로 사업이나 상품을 구분하는 Business Portfolio는?

① STP
② 4P
③ GE매트릭스
④ BCG매트릭스

 BCG매트릭스 … 기업의 경영전략 수립에 있어 기본적인 분석도구로 활용되는 사업포트폴리오 기법이다. '성장 – 점유율 매트릭스(growth–share matrix)'라고도 불리며, 산업을 점유율과 성장성으로 구분해 4가지로 분류한다. X축은 '상대적 시장점유율', Y축은 '시장성장률'로 하여, 미래가 불투명한 사업을 물음표(Question Mark), 점유율과 성장성이 모두 좋은 사업을 스타(Star), 투자에 비해 수익이 월등한 사업을 캐시카우(Cash Cow), 점유율과 성장률이 둘 다 낮은 사업을 도그(Dog)로 분류했다.

68 다음 중 2차 산업으로 바르게 짝지어진 것은?

① 광업, 수산업
② 광업, 제조업
③ 제조업, 운송업
④ 제조업, 건설업

 수산업은 1차 산업이며, 운송업은 3차 산업이다.

69 다음 교역조건에 대한 설명 중 옳지 않은 것은?

① 교역조건이란 수출상품가격을 수입상품가격으로 나눈 것을 말한다.
② 환율이 상승(1달러 800원에서 1달러 1,200원으로 상승)하면 교역조건은 악화된다.
③ 교역조건이 악화되면 국제수지가 반드시 악화된다.
④ 소득교역조건이란 단순상품교역조건에 수출물량을 곱하여 산출한다.

 ㉠ 순상품교역조건(상품 1단위 수출한 금액으로 수입할 수 있는 수입품량) = $\frac{수출단가지수}{수입단가지수} \times 100$
㉡ 소득교역조건(수출총액으로 수입할 수 있는 수입량) = 순상품교역조건 × 수출물량지수
㉢ 수출가격이 하락하더라도(순상품교역지수 악화) 가격경쟁력에 의해 수출물량이 큰 폭으로 커질 경우 소득교역조건은 좋아질 수 있다.

70 다음 중 평가절하 시 수출가격은 즉시 하락하나, 이로 인한 수출물량의 증가는 서서히 이루어지므로 일시적으로 국제수지가 악화되는 현상과 가장 관련이 큰 것은?

① 피구효과
② 승수효과
③ J커브효과
④ 마샬-러너(Mashall-Lerner)조건

 ① **피구효과**(Pigou effect) : 임금의 하락이 고용의 증대에 미치는 영향
② **승수효과**(multiplier effect) : 어떠한 변수가 변화함에 따라 다른 변수가 몇 배만큼 변화하는가를 나타내는 효과
③ **J커브효과**(J curve effect) : 환율의 변동과 무역수지와의 관계를 나타낸 것으로, 무역수지 개선을 위하여 환율상승을 유도하더라도 그 초기에는 무역수지가 오히려 악화되다가 어느 정도 기간이 지난 후에야 개선되는 현상
④ **마샬-러너의 조건**(Marshall-Lerner condition) : 무역수지(국제수지)를 개선시키기 위해서는 자국과 외국이 지니는 수입수요의 탄력성의 합이 1보다 커야 한다는 조건

71 자본주의 경제발전의 원동력을 혁신(innovation)이라고 주장한 학자는?

① J.S. Mill
② J.A. Schumpeter
③ A. Marshall
④ A. Smith

 슘페터(J.A. Schumpeter) … 경제발전이론의 이론적 중핵은 이윤을 추구하기 위하여 기업가가 행하는 새로운 생산방법과 새로운 상품개발 등 이른바 기술혁신이라고 하였다.

72 수출국이 공정가격으로 수출을 하더라도 수입국의 산업에 큰 피해를 줄 경우 한시적으로 관세를 부과하여 수입국의 업자를 보호해 주는 제도는?

① 반덤핑관세
② 조정관세
③ 상계관세
④ 할당관세

 ① **반덤핑관세**(anti-dumping duties) : 수출국의 기업이 시장점유율 확대를 목적으로 부당하게 낮은 가격으로 수출, 수입국의 산업이 피해를 보았을 때 수입국 정부가 정상가격과 부당염가 가격의 차액만큼 관세를 부과하는 것을 말한다.
② **조정관세**(調定關稅, adjustment duties) : 일시적으로 일정한 기간 동안 세율을 조정하여 부과하는 관세를 말한다.
③ **상계관세**(相計關稅, compensation duties) : 수출국이 특정 수출산업에 대해 장려금이나 보조금을 지급하여 수출상품의 가격경쟁력을 높일 경우 수입국은 그 수입상품에 대해 보조금액에 해당하는 만큼의 관세를 부과하는 것을 말한다.
④ **할당관세**(割當關稅, quota tariff) : 물가안정, 물자의 원활한 수급, 산업경쟁력 강화 및 유사물품간 세율불균형 시정 등을 목적으로 40%의 범위에서 기본세율을 가감해 운영하는 탄력관세이다.

73 다음 중 현재와 비교하여 6개월 후의 경기, 생활형편, 소비지출 등에 대한 소비자들의 기대를 나타내는 지표를 의미하는 것은?

① 소비자물가지수　　　　　　　　② 경기종합지수

③ 소비자신뢰지수　　　　　　　　④ 소비자기대지수

 소비자기대지수 … 경기에 대한 소비자들의 기대심리를 반영한 지수를 말한다. 기준점수를 100으로 하고 이를 웃돌면 6개월 이후의 경기가 현재보다 개선될 것으로 보는 가구가 나빠질 것으로 보는 가구보다 많다는 것을 의미한다.

74 다음 중 농산물의 값이 오르면서 식품을 비롯한 일반 물가가 동반 상승하는 현상의 원인으로 볼 수 없는 것은?

① 농산물 경작지의 감소

② 기상 악화 등으로 인한 농산물의 생산량 감소

③ 국제 유가 급등으로 인한 곡물 생산 및 유통 비용의 증가

④ 화석 연료의 활성화

 애그플레이션(agflation)
　ⓘ 개념 : 농업(agriculture)과 인플레이션(inflation)의 합성어로, 농산물 가격 급등으로 일반 물가가 상승하는 현상을 뜻하며, 영국 경제주간지 이코노미스트에서 사용했다.
　ⓛ 원인
　• 지구 온난화와 기상 악화로 인한 농산물의 작황 부진에 따른 생산량 감소
　• 바이오 연료 등 대체 연료 활성화
　• 농산물 경작지 감소
　• 육식 증가로 인한 가축 사료 수요의 증가
　• 중국과 인도 등 브릭스(BRICS) 국가들의 경제 성장으로 인한 곡물 수요 증가
　• 국제 유가 급등으로 곡물 생산, 유통 비용 증가
　• 유동성 증가에서 비롯된 투기자본의 유입

75 악화가 양화를 구축한다는 이론을 주장한 학자는 다음 중 누구인가?

① 엥겔의 법칙　　　　　　　　　② 그레샴의 법칙

③ 슘페터의 혁신　　　　　　　　④ 뉴호라이즌

 그레샴의 법칙 … 어느 한 사회에서 소재가 나쁜 악화와 금화와 같은 양화가 동일한 액면 가치를 갖고 함께 유통될 경우, 악화만이 그 명목가치로 유통되고 양화는 유통되지 않고 사라지는 현상을 말한다. 양화는 소재가치를 지니고 있어 재보로 이용되거나 사람들이 가지고 내놓지 않으므로 유통되지 않고 사라진다는 것이다. 16세기 영국의 재무관 그레샴이 제창한 화폐 유통에 관한 법칙으로 "악화는 양화를 구축한다."는 말로 표현된다.

Answer ↪ 70.③　71.②　72.②　73.④　74.④　75.②

76 변동환율제의 이점이 아닌 것은?

① 환율의 자동변동
② 국제수지 불균형의 자동조정
③ 무역과 자본거래의 증진
④ 외화준비축적의 불필요

 Tip 변동환율제(floating exchange rate system) … 각국의 통화가치를 고정시키지 않고 외환시장의 수급상태에 따라 자유로이 변동되도록 하는 제도이다. 1978년 4월에 출범한 킹스턴(Kingston)체제에서 IMF는 각국에 환율제도의 선택재량권을 부여함으로써 변동환율제를 사실상 인정했다.

77 고위험, 고수익의 채권전용펀드로 신용등급이 투자부적격한 BB+ 이하 채권을 편입해 운용하기 때문에 발행자의 채무불이행위험이 높은 펀드는?

① Mutual Fund
② Off-Shore Fund
③ Spot Fund
④ Grey Fund

 Tip ① 뮤추얼펀드는 투자자들이 맡긴 돈을 굴려 수익을 돌려주는 간접투자상품으로, 각각의 펀드가 하나의 독립된 회사로 만들어지고 투자자는 여기에 출자하는 방식이어서 회사형으로 분류된다.
② 역외펀드는 외국의 자산운용 회사가 국내에서 자금을 모아 외국에 투자하는 펀드로, 해외에서 만들어 운용하므로 국내법의 적용을 받지 않는다.
③ 스폿펀드는 투자신탁들이 일정한 수익률을 올려주겠다고 고객들에게 약속한 후 이 목표수익률을 달성하면 만기 이전이라도 환매수수료 없이 투자자에게 원금과 이자를 돌려주는 초단기 상품이다.
④ 그레이펀드(하이일드펀드)는 수익률은 매우 높지만 신용도가 낮아 정크본드라고 불리는 고수익·고위험채권을 편입하는 펀드를 말한다. 채권의 신용등급이 투자부적격(BB+이하)인 채권을 주로 편입해 운용하는 펀드이므로 발행자의 채무불이행위험이 정상채권보다 상당히 높다.

78 다음 중 주식과 사채(社債)의 차이점으로 적절하지 않은 것은?

① 주식은 채무가 아니나 사채는 회사 채무이다.
② 사채권자는 주주총회에서의 의결권이 없으며 경영에 참가할 수 없다.
③ 회사는 사채에 대해 일정 기간 동안의 이자를 지불하고 만기일에 사채의 시가(時價)를 상환해야 한다.
④ 회사가 해산되었을 경우 사채가 완불되지 않으면 주주는 잔여재산분배를 받을 수 없다.

Tip ③ 사채는 일정 기간 내에 일정 금액으로 상환된다.

79 구매자에게 최하의 가능한 선에서 결정되었다는 인상을 주기 위해 제품가격을 10,000원, 300,000원으로 하지 않고 9,990원, 299,900원으로 하는 가격결정방법은?

① price lining
② odd pricing
③ prestige pricing
④ loss leader

> (Tip) 단수가격전략을 말한다.

80 분식결산이란 무슨 뜻인가?

① 대규모기업집단이 계열사의 영업실적을 한데 합쳐 결산한 것
② 기업들이 자기회사의 영업실적을 부풀려 결산한 것
③ 기업들이 자기회사의 영업실적을 줄여 결산한 것
④ 기업들이 남의 회사의 영업실적을 빌려 결산한 것

> (Tip) 분식결산 … 기업이 고의로 자산이나 이익 등을 크게 부풀려 계산한 결산으로 금전융통 등을 쉽게 하기 위해 비실현매출의 계상, 자산의 과대평가, 비용과 부채의 과소계상, 가공매출의 계상 등의 방법을 쓴다.

81 다음 장부의 종류 중 주요부에 속하는 것은?

① 현금출납장
② 매출처원장
③ 매입장
④ 총계정원장

> (Tip) 주요부 … 과거의 경영성과와 현재의 재정상태를 분명하게 하는 장부로서 복식부기에 있어서 기본이 되며 가장 중요한 장부로 분개장과 원장(총계정원장) 두 가지를 의미한다.

82 다음 중 재무관리의 궁극적 목적에 해당하는 것은?

① 재무유동성 향상
② 기업의 안정 · 지속성 향상
③ 경영의 투명성 보장
④ 기업의 재무상태 확인

> (Tip) 재무관리란 기업 운영에 필요한 자금의 조달과 운용에 관련된 모든 의사결정을 효율적으로 수행하기 위한 것이다.

Answer ⌐ 76.③ 77.④ 78.③ 79.② 80.② 81.④ 82.②

83 다음 중 투기가 우려되는 특정 지역의 아파트, 각종 회원권 등을 대상으로 국세청이 고시하여 양도세나 상속세의 기준으로 삼는 것은?

① 공시지가   ② 기준시가

③ 과세지가   ④ 표준시가

 기준시가(基準時價) … 소득세법에 의한 양도소득세 계산 시 양도가액 및 취득가액의 산정과 상속세 및 증여세법에 의한 상속증여재산가액의 산정의 기준이 되는 정부가 정한 가액이다.

84 다음 중 4차산업에 속하지 않는 것은?

① 정보산업   ② 교육산업

③ 보험업   ④ 의료업

 ㉠ 3차산업 : 상업, 금융, 보험, 수송 등
㉡ 4차산업 : 정보, 의료, 교육, 서비스산업 등
㉢ 5차산업 : 패션, 오락, 레저산업 등

85 다음 설명이 뜻하는 용어는?

> 대규모의 자금이 필요한 석유, 탄광, 조선, 발전소, 고속도로 건설 등의 사업에 흔히 사용되는 방식으로 선진국에서는 보편화된 금융기법이다. 은행 등 금융기관이 사회간접자본 등 특정사업의 사업성과 장래의 현금흐름을 보고 자금을 지원한다.

① 프로젝트 파이낸싱   ② 트리플위칭데이

③ 파생금융상품   ④ 액면병합

 ② 주가지수선물·주가지수옵션·개별주식옵션의 만기가 동시에 겹치는 날을 일컫는 증권용어이다.
③ 외환·예금·채권·주식 등과 같은 기초자산으로부터 파생된 금융상품이다.
④ 액면분할의 상대적 개념으로 액면가 적은 주식을 합쳐 액면가를 높이는 것을 말한다.

86 신경영기법 '리엔지니어링'의 명명자는 누구인가?

① 마이클 해머   ② 피터 드러커

③ 스티븐 잡스   ④ 토니 부잔

 리엔지니어링(reengineering) … 업무재구축을 말한다. 기업의 근본적인 체질개선을 위해 기업공정을 획기적으로 다시 디자인하는 것으로 마이클 해머박사가 '하버드 비즈니스 리뷰'에 처음 소개했다.

87 다음 중 종합적 품질관리를 뜻하는 것은?

① TQC
② OR
③ LP
④ PR

 TQC(Total Quality Control) … 전사원이 QC(품질관리)를 이해하고 조직적으로 제품의 질을 높이려고 노력하는 것을 말한다.

88 브레인스토밍(brainstorming)에 대한 설명으로 옳지 않은 것은?

① 즉흥적이고 자유분방하게 여러 가지 아이디어를 창안하는 활동이다.
② 오스본(A.F. Osborn)에 의하여 제안되었다.
③ 원래는 문제의 여러 가지 해결책을 고안하려는 목적에서 시작되었다.
④ 관련분야 최고의 전문가들만 참여한다.

 브레인스토밍(brainstorming) … 한 가지 문제를 집단적으로 토의하여 제각기 자유롭게 의견을 말하는 가운데 정상적인 사고방식으로는 도저히 생각해낼 수 없는 독창적인 아이디어가 나오도록 하는 것이다. 브레인스토밍을 성공시키기 위해서는 자유분방한 아이디어를 환영할 것, 타인의 아이디어를 비판하지 말 것, 되도록 많은 아이디어를 서로 내놓을 것 등이 중요하다.

89 다음 중 'venture business'에 대한 설명으로 옳지 않은 것은?

① 기동성은 풍부한 동태적, 유기적 조직의 성격을 띤다.
② 개발된 아이디어의 판매만 수행하며, 본격적인 생산은 하지 않는다.
③ 마케팅 전개능력을 갖고 있지만 시장지향적은 아니다.
④ 지식집약적 신기술을 기업화하거나 새로운 마케팅기법을 이용하는 중소기업형 경영형태이다.

 벤처기업은 신기술이나 노하우 등을 개발하고 이를 기업화함으로써 사업을 하는 창조적인 기술집약형 중소기업을 말한다. 연구개발형과 시장전개형으로 나뉘며 지식집약형의 산업, 특히 일렉트로닉스 · 정보산업 · 공해방지산업 · 마케팅 · 디자인 · 유통관계가 많다.

90 다음 중 벤처기업(venture business)에 대한 설명으로 옳지 않은 것은?

① 한 나라의 기초가 되는 산업을 말한다.
② 실리콘밸리가 미국의 벤처기업 거점이 되고 있다.
③ 1인 또는 소수의 핵심적인 창업인이 높은 위험을 부담하면서 높은 수익률을 추구하는 것이 특징이다.
④ 우리나라의 경우 '한글과 컴퓨터사'가 그 대표적인 예라고 할 수 있다.

 벤처기업(venture business) … 신기술이나 노하우 등을 개발하고 이를 기업화함으로써 사업을 하는 창조적인 기술집약형 기업을 말한다.

91 최신경영혁신기법에 관한 설명 중 옳지 않은 것은?

① 벤치마킹은 보다 우수한 사람이나 시스템의 실행방법을 모방하여 자신의 발전을 도모하는 프로세스이다.
② 팀제도는 중간관리자의 역할을 강조하는 만큼 중간관리층의 역할강화와 그 인원확대가 뒤따른다.
③ 학습조직은 환경변화에 대처하는 능력배양을 위해 조직구성원의 학습활동을 촉진시켜 조직변화를 도모한다.
④ 리엔지니어링은 기존 업무추진 프로세스를 검토하여 조직을 근본적으로 재설계하는 것이다.

 벤치마킹(bench marking) … 기업들이 특정 분야에서 뛰어난 업체를 선정, 상품이나 기술·경영 방식을 배워 자사의 경영과 생산에 합법적으로 응용하는 것으로, 잘하는 기업의 장점을 배운 후 새로운 생산방식을 재창조한다는 점에서 단순모방과는 다르다.

92 주변에서 뛰어나다고 생각되는 상품이나 기술을 선정하여 자사의 생산방식에 합법적으로 근접시키는 방법의 경영전략은?

① 벤치마킹(bench marking)
② 리컨스트럭션(reconstruction)
③ 리엔지니어링(reengineering)
④ 리포지셔닝(repositioning)

 벤치마킹(bench marking) … 초우량기업이 되기 위해 최고의 기업과 자사의 차이를 구체화하고 이를 메우는 것을 혁신의 목표로 활용하는 경영전략이다.

93 경영자 지배를 가능하게 한 경영환경과 관련이 적은 것은?

① 소유와 경영의 분리현상
② 전문경영자의 출현
③ 기술수준의 급속한 발전
④ 주식분산과 소액주주의 확산

 경영자 지배 … 주식회사의 경영체제가 종전의 소유경영으로부터 전문경영으로 이행됨을 의미한다.

94 다음 중 인간은 원래 선한 존재라는 긍정적인 측면에서, 관리자가 조직구성원을 관리할 때 민주적인 방법을 사용하는 것만이 효과를 극대화할 수 있다는 이론은?

① X이론
② Y이론
③ W이론
④ Z이론

 Y이론
㉠ 가정 : 인간이 자기표현과 자제의 기회를 참여를 통하여 발견하고, 자기행동의 방향을 스스로 정하고 자제할 능력이 있으며 책임 있는 행동을 한다고 본다. 또한 사회·심리적 욕구를 추구하는 사회적 존재로서, 이타적이고 창조적이며 진취적이라고 본다.
㉡ 관리전략 : 관리자는 조직목표와 개인목표가 조화될 수 있도록 해야 하며, 직무를 통하여 욕구가 충족되고 개인이 발전할 수 있는 조직의 운영방침을 채택해야 한다. 목표관리 및 자체평가제도의 활성화, 분권화와 권한의 위임, 민주적 리더십, 평면적 조직구조의 발달 등이 필요하다.
㉢ 비판
• 상대적·복합적인 인간의 욕구체계를 너무 단순화시키고 있다.
• 상황에 따라서는 관리자의 명령·지시가 오히려 더 효과적일 수 있다는 점을 간과한다.
• 직무수행을 통한 자기실현욕구의 충족을 강조하고 있으나, 실제로는 직장 밖에서 이러한 욕구를 추구하는 사람이 많다는 비판이 있다.

95 다음 중 MBO에 대한 설명으로 옳지 않은 것은?

① 실질적 성과와 질적 경영을 추구하는 내부경쟁프로그램이다.
② 조직의 성과 및 종업원의 만족을 증대시키기 위해 장기적인 목표를 강조한다.
③ 목표와 성과에 대한 통제와 지속적인 피드백(feedback)이 이루어진다.
④ 목표는 결과지향적이며, 객관적이고 측정 가능한 형태를 지닌다.

 MBO에서 관리자는 명령 없이 종업원의 자주적 결정에 필요로 하는 정보 제공과 종업원 상호 간의 조정만을 관리한다.

Answer → 90.① 91.① 92.① 93.③ 94.② 95.②

96 해당 기업이 기관투자자들이나 개인투자자들에게 새로운 경영지표와 사업계획 같은 기업정보를 정확하게 알려주는 제도는?

① IR   ② PR

③ OR   ④ DR

 IR(investor relation) … 기업이 자본시장에서 정당한 평가를 얻기 위하여 주식 및 사채투자자들을 대상으로 실시하는 홍보활동으로 투자자관계·기업설명활동이라고 한다. IR은 주식시장에서 기업의 우량성을 확보해 나가기 위해서 투자자들만을 대상으로 기업의 경영활동 및 이와 관련된 정보를 제공하는 홍보활동으로 기관투자가를 상대로 하고 회사의 장점뿐 아니라 단점까지도 전달한다.

97 다음 중 상장법인의 유상증자 시 가장 먼저 행하는 절차는?

① 신주발행이사회 결의

② 주주명부 확정

③ 신주배정기준일 공고

④ 유가증권신고서 제출

 유상증자는 회사가 사업을 영위하는 도중 자금이 필요해 신주를 발행하여 주주로부터 자금을 납입 받아 자본을 늘리는 것으로, 유상증자를 하려면 우선 이사회의 결의를 거쳐야 한다. 이사회에서는 발행주식수, 배정기준일, 청약일정 등을 정한다.

98 다음 중 100ppm 운동이 의미하는 것은?

① 제품 10만개 중 불량품의 수를 10개 이하로 줄이고자 하는 품질향상운동이다.

② 제품 100만개 중에 불량품의 수를 50개 이하로 줄이고자 하는 품질향상운동이다.

③ 제품 100만개 중에 불량품의 수를 100개 이하로 줄이고자 하는 품질향상운동이다.

④ 일본의 기업이 벌이는 대대적인 품질혁신운동이다.

 100ppm 품질혁신운동 … 제품 100만개 중 불량품의 수를 100개 이하로 줄이기 위해 조직구성원 전원이 참여하는 품질개선운동이다.

99 다음 중 금융기업 구조조정에 사용되는 용어와 거리가 먼 것은?

① 워크아웃 ② 베일아웃
③ 어드바이저리 그룹 ④ 론 리뷰

① **워크아웃**(Workout) : 법정관리나 화의 등 법원에 의한 강제절차에 들어가기 전에 채권단과 대상 기업 간에 채무조건 완화 등 사적(私的) 화의를 시도하는 것으로 기업개선작업이라고도 한다.
② **베일아웃**(Bailout) : 긴급자금지원을 의미한다.
③ **어드바이저리 그룹**(advisory group) : 외부경영자문단으로 채무상환 연기교섭을 담당하는 가운데서 선출된 거액채권은행들로 조직된다.
④ **론 리뷰**(loan review) : 여신재분석을 의미, 부실여신 방지를 위해 여신거래처를 상환능력 위주로 재분석하는 것으로 대출사후심의이다.

100 다음 중 농림수산식품부에서 실시하는 농산물의 재배 및 소, 돼지 등의 사육에서 유통, 소비에 이르기까지의 정보를 상세하게 기록·관리하고 문제의 발생 시 그 원인을 신속하게 찾아내어 대응할 수 있도록 정부가 실시하고 있는 제도는?

① 이력추적제 ② 생산이력제
③ 우수농산물인증제도 ④ 위해요소중점관리제도

이력추적제 … 먹을거리 안전에 대한 국민들의 관심이 높아짐에 따라 각종 농산물로부터 국민의 안전을 보호할 목적으로 도입하였으며, 2005년부터 모든 농산물에 적용되었다. 농산물을 생산하는 데 사용한 종자와 재배방법, 원산지, 농약 사용량, 유통 과정 등이 제품의 바코드에 기록되기 때문에 소비자들도 농산물의 생산에서 유통에 이르기까지의 모든 이력을 쉽게 알 수 있으며, 농산물 이력에 관한 정보는 별도의 정보 시스템을 통해 인터넷으로 소비자에게 무료로 제공된다.

101 M&A는 무슨 뜻인가?

① 기업의 인수·합병 ② 미국의 유명한 증권회사
③ 자산의 합리적인 운용방식 ④ 재테크를 의미하는 경영용어

M&A(Mergers and Acquisitions) … 기업의 인수·합병의 약칭으로, 경영환경의 변화에 대응하기 위한 기업의 업무재구축의 유효한 수단이다.

Answer → 96.① 97.① 98.③ 99.④ 100.① 101.①

102 Taylor의 과학적 관리법의 목표는 무엇인가?

① 인간관계의 개선
② 기계화의 지속적인 발전
③ 인간노동의 능률화
④ 개인목표와 조직목표의 합치

 테일러(Taylor)의 과학적 관리법

ⓐ 테일러는 종업원의 조직적인 태업이 그들의 자의적인 작업수행태도에서 비롯된다는 점을 파악한 후 개인의 작업을 간단한 요소동작으로 분해하고, 각 요소동작의 형태·순서·소요시간 등을 동작연구(motion study)와 시간연구(time study)를 사용하여 작업환경을 표준화하고 하루에 수행해야 할 업무량, 즉 과업을 설정하여 공장경영의 합리화를 기하려고 하였다.

ⓑ 과학적 관리법의 2대 목표인 노동자의 번영과 고용주의 번영을 실현하기 위해 노동자에게는 높은 임금을, 고용주는 낮은 노무비를 추구할 수 있게 한다.

103 선물시장이 급변할 경우 현물시장에 대한 영향을 최소화함으로써 현물시장을 안정적으로 운용하기 위해 도입한 프로그램 매매호가 관리제도는?

① 공매
② 자기자본이익률(ROE)
③ 사이드카
④ 상장지수펀드(ETF)

 ① 실물 없이 주식 등을 파는 행위를 뜻한다.
② 기업의 자기자본에 대한 기간이익의 비율을 뜻한다.
④ 특정 주가지수와 연동되는 수익률을 얻을 수 있도록 설계된 '지수연동형 펀드'로서 거래소에서 주식처럼 거래된다.

104 다음에서 설명하는 것은?

세계정세와 경제문제 등을 논의하고 조율하기 위한 다자회의로, 선진국 클럽이라 불리던 G8의 한계를 극복하고자 일부 신흥국과 범위를 넓혀 조직하게 되었다. 2010년 11월 서울에서 열린 제5차 회의에서는 지속가능한 성장과 글로벌 금융안전망 강화, 개도국의 경제개발을 위한 의제설정 등이 주요 의제로 다루어졌다.

① G20 정상회의
② ASEM
③ APEC
④ IMF

제시된 글은 G20 정상회의에 관한 설명이다.

② 아시아와 유럽의 주요 국가들이 정치 경제 사회 문화 등 제반분야에서 포괄적 협력을 도모하기 위해 만든 협의체로 아시아 13개국과 유럽연합(EU) 25개 회원국의 대통령 또는 수상과 EU 집행위원장들이 2년에 한 번씩 모임을 갖는 '아시아 – 유럽 정상회의'이다.

③ Asia Pacific Economic Cooperation. 약칭 APEC로 1989년 1월 보브 호크 당시 호주총리의 제안에 따라 환태평양지역의 주요경제실체간 경제협력과 무역증진을 목표로 결성된 아시아태평양 지역 최초의 범정부간 협력기구이다.

④ 세계무역 안정을 목적으로 설립한 국제금융기구이다.

105 주식시장에서 주가가 급등 또는 급락하는 경우 주식매매를 일시 정지하는 제도는?

① 서킷브레이커 ② 블랙먼데이
③ 주가수익비율(PER) ④ 가장납입

 ② 1987년 10월 19일(월요일) 뉴욕증권시장에서 일어났던 주가 대폭락 사건이다.
③ 특정 주식의 주당시가를 주당이익으로 나눈 수치를 의미한다.
④ 주식회사 등의 물적 회사가 출자의 이행을 가장하는 일을 의미한다.

106 경제활동에 있어서는 합리적인 선택과 결정이 항상 필요하다. 그렇다면 다음의 내용과 관련하여 중요한 판단기준 두 가지를 고른다면?

> • 인간의 욕망은 무한한데 자원은 희소하므로 항상 선택의 문제에 직면한다.
> • 누구를 위하여 생산할 것인가의 문제에는 공공복리와 사회정의의 실현을 함께 고려해야 한다.

① 효율성과 형평성 ② 타당성과 실효성
③ 안정성과 능률성 ④ 희소성과 사회성

 제시된 내용은 자원의 희소성과 분배의 문제에 대해 언급하고 있다. 자원의 희소성 때문에 선택의 문제가 발생하므로 최소의 비용으로 최대의 만족을 추구하는 효율성이 판단기준이 되고, 분배의 경우 가장 바람직한 상태인 형평성이 판단기준이 된다.

Answer┌→ 102.③ 103.③ 104.① 105.① 106.①

107 주가지수선물, 주가지수옵션, 개별주식옵션, 개별주식선물의 만기일이 겹치는 날로, 주식시장에 매물이 쏟아져 나와 투자 심리가 위축되고 어떤 변화가 일어날지 예측할 수 없어 혼란스럽다는 의미에서 파생된 이 용어는?

① 쿼드러플 위칭데이   ② 트리플 위칭데이

③ 사이드 카   ④ 서킷 브레이커

 쿼드러플 위칭데이 … 주가지수선물, 주가지수옵션, 개별주식옵션의 3가지 파생상품 시장의 만기일이 동시에 겹치는 날인 트리플 위칭데이에 2002년 말부터 거래되기 시작한 개별주식선물이 합세하면서 쿼드러플 위칭데이로 일컫는다.

108 다음 (   ) 안에 들어갈 알맞은 말은?

> (   )는 사회 공헌에 노력하는 기업들을 거래소에서 심사·선정함으로써, 투자자들에게는 장기적으로 지속 가능한 기업을 쉽게 선별할 수 있도록 하고, 자산 운용사들에게는 펀드의 포트폴리오 구성을 위한 추가적인 기준을 제시한다. 이미 세계 많은 나라에서는 (   )이/가 사용되고 있는데, 미국에서의 한 조사 결과에 따르면 93년에서 2006년 까지 (   )의 수익률이 평균 시장지수(모건 스탠리 지수)의 수익률을 크게 앞질렀다고 한다.

① 엥겔지수   ② 거래량 지수

③ SRI 지수   ④ 가격지수

 SRI 지수 … 사회책임투자(Socially Responsible Investment) 또는 지속가능책임투자 (Sustainable & Responsible Investment)의 준말로, 사회적이거나 환경적인 책임을 다하고 있는 기업들을 묶어서 만든 주가지수
① 엥겔지수 : 경제학에서, 총지출에서 식료품비 지출이 차지하는 비율을 계산한 값을 엥겔지수 (엥겔계수)라고 하며, 이 값이 저소득 가계에서 높고 고소득 가계에서 낮다는 통계적 법칙을 엥겔의 법칙이라 한다.
② 거래량 지수 : 재화(財貨)의 거래량을 일정한 단계에서 종합적으로 파악하여 경제활동 규모의 변동을 측정하기 위한 종합지수
④ 가격 지수 : 어느 일정한 시기를 기준으로 하여 개별상품의 시기에 따른 가격변동을 지수로 나타낸 수치

109 국내에서 생산하여 국내시장에 출하되는 모든 재화와 서비스요금(부가가치세를 제외한 공장도 가격)의 변동을 측정하기 위하여 작성하는 지수는?

① 디플레이션지수　　　　　　　　　② 인플레이션지수

③ 소비자물가지수　　　　　　　　　④ 생산자물가지수

 생산자물가지수는 국내생산자가 국내시장에 공급하는 상품 및 서비스의 가격변동을 측정한 지수로, 경기동향 판단지표, GDP 디플레이터 등으로 이용된다.

110 부실기업을 저가로 인수해 인원정리, 부동산매각, 유상증자 등의 구조조정을 통해 자산구조를 개선한 후에 고가로 되팔아 수익을 내는 기업구조조정펀드는?

① 뮤추얼펀드　　　　　　　　　　　② 인덱스펀드

③ 헤지펀드　　　　　　　　　　　　④ 벌처펀드

 벌처펀드는 부실기업을 저가로 인수해 인원정리, 부동산매각, 유상증자 등의 구조조정을 통해 자산구조를 개선한 후에 고가로 되팔아 수익을 내는 것으로 1980년대 미국 금융 위기 과정에서 출현해 선진국에서는 보편화되었다.

Answer 107.① 108.③ 109.④ 110.④

03 사회·노동

1 우리나라 헌법전문에서 직접 언급되지 않은 것은?

① 기회균등　　　　　　　　　② 권력분립

③ 평화통일　　　　　　　　　④ 인류공영

대한민국 헌법전문 ⋯ 유구한 역사와 전통에 빛나는 우리 대한민국은 3·1운동으로 건립된 대한민국임시정부의 법통과 불의에 항거한 <u>4·19민주이념을 계승</u>하고 조국의 민주개혁과 <u>평화적 통일</u>의 사명에 입각하여 정의·인도와 동포애로써 민족의 단결을 공고히 하고, 모든 사회적 폐습과 불의를 타파하며, 자율과 조화를 바탕으로 자유민주적 기본질서를 더욱 확고히 하여 정치·경제·사회·문화의 모든 영역에 있어서 각인의 <u>기회를 균등히</u> 하고 능력을 최고도로 발휘하게 하며, 자유와 권리에 따르는 책임과 의무를 완수하게 하여 안으로는 국민생활의 균등한 향상을 기하고 밖으로는 항구적인 세계평화와 <u>인류공영</u>에 이바지함으로써 우리들과 우리들의 자손의 안전과 자유와 행복을 영원히 확보할 것을 다짐하면서 1948년 7월 12일에 제정되고 8차에 걸쳐 개정된 헌법을 이제 국회의 의결을 거쳐 국민투표에 의하여 개정한다.

2 다음에서 설명하고 있는 것과 관련이 가장 적은 것은?

> 계좌조회·이체 등을 표준방식(API)으로 만들어 다른 금융 사업자에게도 개방하는 것을 말한다. 모든 은행의 계좌 이체·조회 시스템을 공유하는 '공동 결제시스템'인 것이다.

① 핀테크

② 금융 노마드

③ 라스트핏 이코노미

④ 오픈뱅킹

'오픈뱅킹'에 대한 설명이다. 2019년 12월부터 모든 은행과 핀테크 기업 앱을 통해 시행되기 시작했으며, 이로 인해 은행 간 정보장벽이 사라져 소비자의 서비스 선택권이 강화되기 때문에 금리와 자산 관리 서비스 등 혜택에 따라 수시로 거래 은행을 이동하는 금융 노마드(유목민)가 나타난다. '라스트핏 이코노미(Immediate satisfaction)'는 2020년 한국 소비트렌드로 언급된 것 중 하나로, 온라인과 비대면 사업이 늘어나면서 소비자와의 마지막 접점까지 고려하여 소비자가 얻는 최종적인 만족을 최적화하는 것을 말한다.

3 전문가들은 'COVID-19'로 인해 '코로나 이전 시대'와 '포스트 코로나 시대'로 시대가 구분될 것이라고 말한다. 코로나가 우리 사회에 영향을 끼친 것, 혹은 앞으로의 사회 변화 양상으로 예측되는 것으로 올바르지 않은 것은?

> • 코로나의 위기는 우리 시대에 있어서 지극히 중요한 사건이 될 가능성이 있다.
> • 오래된 규칙은 산산조각이 나고, 새로운 규칙은 아직 쓰여 가고 있다.
> • 앞으로 한두 달 동안 각국 정부나 국제기구는 실제 조건에서 대규모 사회실험을 실시하게 될 것이다. 그리고 그것이 앞으로 몇 십년의 세계의 형태를 결정짓게 될 것이다.
>
> — 이스라엘 미래학자, 유발 하라리-

① 온라인 강의 등 언택트(untact) 문화의 확산
② 개인정보자기결정권의 강화
③ 각국의 보편적 기본소득 정책 실행
④ 전쟁으로부터의 안보뿐 아니라 '환경·질병으로부터의 인간 안보' 의식

 세계적으로 '코로나19'가 확산되는 것을 막기 위해 디지털 추적이 가속화되고 있다. 노르웨이, 영국 등에서는 '추적 앱'을 도입했으며, 중국은 건강 신분증 QR 코드를 발급하였다. 우리나라 역시 위치정보 수집을 합법화했으며 카드결제 정보, CCTV 정보를 분석함으로써 개인의 동선을 파악하고 있다.

4 '곡물 가격이 상승하면서 일반 물가 역시 상승하는 현상'에 대한 설명으로 옳지 않은 것은?

① 바이오 연료 등 대체 연료의 활성화, 가축 사료 수요의 증가는 위 현상을 부추기는 원인이 된다.
② 식량자급률이 30%를 밑도는 우리나라의 경우 심각한 영향을 받을 수 있다.
③ 최근 재배기술의 혁신으로 생산량이 크게 증가하여 위 현상에 대한 염려는 감소할 것이다.
④ 최근 코로나19 바이러스로 인해 세계 최대 밀 수출국인 러시아가 모든 종류의 곡물 수출을 제한하는 등 식량 공급망이 단절되고 있어 위 현상에 대한 불안이 대두되고 있다.

 '애그리컬처(agriculture)'와 '인플레이션(inflation)'의 합성어인 '애그플레이션(Agflation)'에 대한 설명이다. 지구온난화와 기상 악화로 인해 농산물의 생산량은 감소하고 있으며, 자급률 정도, 기상 악화, 외교 문제 등으로 인해 식량 안보 문제가 중요한 문제로 대두되고 있다.

Answer┌→ 1.② 2.③ 3.② 4.③

5 다음에서 설명하는 사상은 무엇인가?

> 18 ~ 19세기에 영국에서 발달한 윤리사상으로, 자기와 타인의 입장을 고려하여 어떻게 조화시킬 수 있는가를 탐구하고 나아가 개인의 행복을 사회 전체의 입장에서 고찰하려 한 사상이다. 가치 판단의 기준을 효용과 행복의 증진에 두어 벤담(J. Bentham)은 '최대 다수의 최대 행복'을 주장했다.

① 실존주의   ② 실증주의

③ 공리주의   ④ 구조주의

 공리주의는 개인주의와 합리주의를 사상적 기초로 공리를 증진시킴으로써 행위의 목적과 선악판단의 표준을 세우자는 공중적 쾌락주의로, '최대 다수의 최대 행복'을 주장한 벤담(J. Bentham)에 의해 창시되고 밀(J. S. Mill)에 이르러 완성되었다.

6 다음 사례에서 ㉠과 ㉡에 대한 법적 판단으로 옳지 않은 것은?

> (가) 김 씨는 A가 경영하는 회사에 근무하면서 직장 동료의 권유로 노동 조합에 가입하였다. 그러자 ㉠A는 김 씨가 노동조합에 가입하였다는 이유만으로 인사상 불이익 조치를 취하였다.
>
> (나) 최 씨는 B가 경영하는 회사에 근무하면서 연장 근로에 관한 근로계약 내용을 변경해 줄 것을 요구했다. 그로부터 6개월 후 최 씨는 ㉡B로부터 정당한 이유 없이 구두로 해고를 당했다.

① 김 씨가 속한 노동조합은 ㉠을 이유로 노동위원회에 구제신청을 할 수 있다.

② 최 씨는 ㉡을 이유로 해고의 효력을 다투는 소를 제기할 수 있다.

③ 김 씨는 ㉠, 최 씨는 ㉡에 대해 노동 위원회에 구제 신청을 할 수 있다.

④ ㉠과 ㉡ 모두 근로자에 대한 부당 노동 행위에 해당한다.

 ㉠은 근로자에 대한 부당 노동행위, ㉡은 부당 해고이다.
부당 노동행위에 대해서는 근로자뿐 아니라 회사의 노동조합도 노동위원회에 구제신청을 할 수 있다. 근로자는 부당 노동행위, 부당 해고 모두에 대해 노동 위원회에 구제 신청을 할 수 있으며, 부당 해고에 대해 해고 무효 확인소송을 제기할 수 있다.

7 다음 중 바르게 연결되지 않은 것은?

① 실용주의 – 결정론적 세계관을 부정하고 행동과 실천을 중시하는 결과주의, 상대주의, 주관주의, 현실주의 철학

② 구조주의 – 구조를 형성하는 요소들 간의 동질성이 전제된 '교환'이라는 사고방식을 중시하며, 이러한 입장에서 사회구조와 체제, 의미론 등을 재구성하는 철학사조

③ 실존주의 – 초경험적·관념적인 실재를 부정하고, 모든 지식의 근원을 경험적인 사실에 한정하는 근대철학 사조

④ 공리주의 – 자기와 타인의 입장을 고려하여 어떻게 조화시킬 수 있는가를 탐구하고 나아가 개인의 행복을 사회 전체의 입장에서 고찰하는 사상

 설명은 '실증주의'에 대한 것이다. '실존주의'는 관념론·유물론 등의 반동으로 일어났으며, 실존하는 것이 가치 있고, 비본래적인 자기에 대하여 본래적인 자기의 존재 방식을 탐구하는 사상이다.

8 매년 3월 미국 워싱턴 D.C.에서 연례 총회를 개최하고 있으며, 이 총회에는 이스라엘 총리는 물론 미국 대통령을 비롯하여 연방 의원들이 대거 참석한다. 오바마 대통령, 트럼프 대통령이 참석하여 직접 연설한 바 있다. 이스라엘에 유익한 일은 무조건 지지하며, 이를 실현하기 위해 미국 정부나 국회의원들에게 압력을 가하는 미국 내 유대인 최대의 로비단체는 무엇인가?

① GCI
② AIPAC
③ UCLG
④ IAEA

 지문은 AIPAC(American Israel Public Affairs Committee, 미국·이스라엘 공공정책협의회)에 대한 설명이다.
① GCI(Green Cross International, 국제녹십자): 지구의 환경과 인류의 생존 보호를 목적으로 설립된 국제 비정부 환경단체이다.
③ UCLG(United Cites and Local Governments, 세계지방자치단체연합): 전 세계 지방자치단체들을 대표하는 국제기구. 국제사회에서 지방자치단체들 간의 협력을 통한 단합된 목소리를 대변하고, 공동의 가치와 목표 및 이익을 국제사회에 대변하는 것을 목적으로 한다.
④ IAEA(International Atomic Energy Agency, 국제원자력기구): 원자력의 평화적 이용을 위한 연구와 국제적인 공동관리를 위하여 설립된 국제기구이다.

Answer 5.③ 6.④ 7.③ 8.②

9 특정 사실이 언론매체를 통해 이슈화되면 관심이 집중되고 새로운 사실로 받아들이며 이 관심이 확산되는 현상을 나타내는 용어는?

① 베르테르 효과
② 루핑 효과
③ 나비 효과
④ 피그말리온 효과

 ① 베르테르 효과(Werther effect) : 유명인이나 자신이 모델로 삼고 있던 사람 등이 자살할 경우, 이를 동일시하여 자살을 시도하는 현상
③ 나비효과(Butterfly Effect) : 아주 작은 사건 하나가 그것과는 별반 상관없어 보이는 곳까지 영향을 미친다는 이론
④ 피그말리온 효과(Pygmalion effect) : 누군가에 대한 사람들의 믿음이나 기대가 그대로 실현되는 현상

10 공공부조의 기본원리에 대한 설명으로 옳지 않은 것은?

① 최저생활 보호의 원리 – 단순한 생계만이 아니라 건강하고 문화적인 수준을 유지할 수 있는 최저한도의 생활이 보장되어야 한다.
② 국가책임의 원리 – 빈곤하고 생활 능력이 없는 국민에 대해서는 궁극적으로 국가가 책임지고 보호한다.
③ 무차별 평등의 원리 – 사회적 신분에 따른 차별 없이 평등하게 보호받을 수 있어야 한다.
④ 생존권 보장의 원리 – 수급자가 최저한도의 생활을 유지할 수 없는 경우에 최종적으로 그 부족분을 보충한다.

 ④ 보충성의 원리에 대한 설명이다. '생존권 보장의 원리'란 생활이 어렵게 되었을 때 자신의 생존을 보장받을 수 있는 권리가 국민에게 법적으로 인정되는 원리이다.
※ 이외에도 공공부조의 원리에 자립 조성의 원리가 있다. 이는 자립적이고 독립적으로 사회생활에 적응해 나가도록 도와야 한다는 것을 의미한다.

11 최저임금제도란 국가가 임금의 최저 수준을 정하고, 사용자에게 이 수준 이상의 임금을 지급하도록 강제함으로써 저임금 근로자를 보호하는 제도이다. 2020년 최저시급은 얼마인가?

① 7,850원
② 8,170원
③ 8,590원
④ 8,750원

 2020년 최저시급은 2019년 8,350원에서 약 2.9%(240원) 인상된 8,590원이다. 이를 주 소정근로 40시간, 유급 주휴 8시간 포함한 월급으로 계산하면 1,795,310원이다.

12 다음 중 '네오블루 칼라(neo-blue collar)'에 대한 설명으로 옳은 것은?

① 세계 정치·경제·문화의 다양한 콘텐츠들을 섭렵하여 자신의 꿈을 좇아 변신한 인터넷 사업가

② 새로운 감성 미학을 표현해내고 개성을 추구하는 등 특유의 신명으로 일하는 영화·CF 업계의 감성 세대

③ 창의적인 아이디어와 뛰어난 컴퓨터 실력으로 언제라도 벤처 창업이 가능한 새로운 형태의 고급 노동자

④ 참신한 아이디어와 개성으로 소비자의 욕구를 만족시켜주는 기획 관련 업종을 지칭하는 광고디자인, 기획, 패션업계 종사자

 ① 르네상스 칼라(renaissance collar)에 대한 설명이다.
③ 실리콘 칼라(silicon collar)에 대한 설명이다.
④ 레인보우 칼라(rainbow collar)에 대한 설명이다.

13 2017년 10월 할리우드의 여배우들이 거물 영화제작자 허비 웨인스타인의 성추행에 대해 이 문구를 해시태그로 달아 SNS에 게시하면서 전 세계로 확산되었다. 사회관계망서비스(SNS)에 자신의 성폭력 피해 사실을 고백하여 성범죄의 심각성을 알리는 이것은 무엇인가?

① Me To 운동   ② Me Too 운동
③ Me Two 운동   ④ With Me 운동

 Me Too 운동은 성폭력 피해를 당한 당사자들이 '나도 피해자(Me Too)'라는 해시태그를 달아 사회관계망서비스(SNS)에 자신의 성폭력 피해 사실을 고백하여 성범죄의 심각성을 알리는 사회적 움직임이다.

14 여성이 여성이라는 이유로 살해당하는 것으로, 남성에 의한 성범죄나 연쇄 살인 사건에서 자주 발생하는 것은?

① 제노사이드   ② 비어사이드
③ 페미사이드   ④ 홀로코스트

 페미사이드는 여성이라는 이유로 여성이 남성에게 죽임을 당하는 일로 정의된다.

15 현대인의 고질병인 손목터널증후군과 일맥상통하는 질병으로 미국에서는 CEO들에게 많이 나타나 정식 직업병으로 인정되고 있는 이것은 무엇인가?

① 블랙베리증후군　　　　　　　　　② 핑거페인증후군

③ 아이폰증후군　　　　　　　　　　④ 디지털증후군

 블랙베리증후군 … 과도하게 문자를 보내고 답하느라 팔이 저리고 엄지나 약지, 중지 등이 무기력해지는 일종의 디지털 질병

16 교육 수준과 스펙은 뛰어나나 고용이 불안정하여 미래를 계획하기 어려운 20~30세대를 이르는 말은?

① 빨대족　　　　　　　　　　　　　② 달관세대

③ 이케아 세대　　　　　　　　　　　④ N포세대

 이케아 세대 … 교육 수준과 스펙은 뛰어나지만 고용이 불안정해 미래를 계획하기 어려운 20 · 30대를 스웨덴 가구 브랜드인 이케아에 빗댄 표현이다. 소득이 적은 데다 고용이 불안정해, 당장 필요한 소비재 구입비용 외에는 미래를 준비하기 위한 여력을 갖고 있지 않는 세대를 의미한다.

17 다음 설명에 해당하는 것은?

> 화려하고 자극적인 것에 질린 20대가 보통의 존재에 눈을 돌리게 되는 현상으로, 공감할 수 있는 소소한 콘텐츠에 반응하고, 소박한 골목길을 오히려 멋지다고 생각하며, 평범한 사람들의 강연에 관심을 갖는 등의 형태로 나타난다.

① 노멀크러시　　　　　　　　　　　② 소확행

③ 킨포크 라이프　　　　　　　　　　④ 반농반X

 노멀크러시란 Normal(보통의) + Crush(반하다)의 합성어로, 화려하고 자극적인 것에 질린 20대가 보통의 존재에 눈을 돌리게 된 현상을 설명하는 신조어이다.
② **소확행** : 작지만 확실한 행복의 줄임말로, 무라카미 하루키는 그의 수필에서 소확행을 '갓 구운 빵을 손으로 찢어 먹는 것, 서랍 안에 반듯하게 접어 넣은 속옷이 잔뜩 쌓여 있는 것, 새로 산 정결한 면 냄새가 풍기는 하얀 셔츠를 머리에서부터 뒤집어쓸 때의 기분…'이라고 정의했다.
③ **킨포크 라이프** : 미국 포틀랜드의 라이프스타일 잡지 「킨포크(KINFOLK)」의 영향을 받아 자연친화적이고 건강한 삶을 추구하는 현상을 말한다.
④ **반농반X** : 일본에서 주창된 것으로 농사를 짓지만 농사에 올인하지 않고 반은 다른 일을 하며 사는 라이프스타일을 말한다.

18 어려운 사회적 상황으로 인해 취업이나 결혼 등 여러 가지를 포기해야 하는 세대를 의미하는 용어는?

① 삼포세대
② 달관세대
③ N포세대
④ 이세대

 N포세대 … 어려운 사회적 상황으로 인해 취업이나 결혼 등 여러 가지를 포기해야 하는 세대를 의미하는 용어로, 기존 3포세대(연애, 결혼, 출산 포기), 5포세대(3포세대+내 집 마련, 인간관계), 7포세대(5포세대+꿈, 희망)에서 더 나아가 포기해야 할 특정 숫자가 정해지지 않고 여러 가지를 포기해야 하는 세대라는 뜻에서 나온 말이다.

19 직장폐쇄와 관련된 내용으로 틀린 것은?

① 직장폐쇄기간 동안 임금을 지급하지 않아도 된다.
② 직장폐쇄를 금지하는 단체협약은 무효이다.
③ 사용자의 적극적 권리를 의미한다.
④ 직장폐쇄를 노동쟁의를 사전에 막기 위해 실시하는 경우에는 사전에 해당 관청과 노동위원회에 신고해야 한다.

 노동쟁의 사전이 아니라 사후에 신고해야 한다.

20 우리나라는 2016년부터 정년 의무화를 시행하고 있다. 정년은 몇 세인가?

① 55세
② 56세
③ 58세
④ 60세

 ④ 2016년부터 공공·민간 부문 근로자의 '정년 60세' 의무화 조치가 사업장 규모에 따라 단계적으로 시행되었으며, 정년을 연장하는 사업장은 임금피크제와 같은 임금 조정 조치를 취할 수 있다.

Answer 15.① 16.③ 17.① 18.③ 19.④ 20.④

21 사회보장제도에 대한 설명으로 옳은 것은?

① 우리나라 사회보장제도는 사회보험, 공공부조, 사회복지서비스로 구분된다.
② 공공부조의 대상자는 보험료 부담 능력이 있는 사람이다.
③ 사회보험은 강제성을 띠지 않는다.
④ 사회보험은 비용을 국가에서 부담하는 반면, 공공부조는 피보험자가 부담한다.

 ① 국제노동기구(ILO)에서는 사회보장의 내용을 사회보험과 공공부조로 보고 있는 것에 비해, 우리나라와 일본에서는 사회보험, 공공부조, 사회복지서비스로 구분하여 보고 있다.
② 공공부조는 보험료의 부담능력이 없는 생활 무능력자를 대상으로 한다.
③ 사회보험은 강제가입, 능력별 부담, 근로의욕 고취 등의 특징을 보인다.
④ 사회보험은 피보험자나 기업주 또는 국가에서 비용을 부담하고, 공공부조는 전액 국가에서 부담한다.

22 공공부조의 기본원리에 대한 설명으로 옳은 것은?

① 생존보장의 원리 : 공공부조의 보호수준은 최저한의 생활이 유지되도록 하여야 한다는 원리
② 국가책임의 원리 : 국가는 모든 국민의 건강하고 문화적인 생활을 보호하여야 하며, 역으로 국민의 입장에서 생존권을 보호받을 수 있는 권리를 보장하는 원리
③ 무차별 평등의 원리 : 공공부조 수급의 법적 기준에 해당하는 사람이면 빈곤의 원인이나 신앙, 성별 등에 상관없이 누구든지 평등하게 보호받아야 한다는 원리
④ 보충성의 원리 : 보호대상자 스스로가 자신의 생활을 책임질 수 있도록 한다는 원리

 ① 최저생활 보호의 원리에 대한 설명이다.
② 생존권 보장의 원리에 대한 설명이다.
④ 자립 조성의 원리에 대한 설명이다.
※ 공공부조의 원리 및 원칙
　㉠ 공공부조의 6대 원리
　　• 생존권 보장의 원리 : 국민은 생활이 어렵게 되었을 때 자신의 생존을 보장 받을 수 있는 권리가 법적으로 인정된다.
　　• 국가책임의 원리 : 빈곤하고 생활 능력이 없는 국민에 대해서는 궁극적으로 국가가 책임지고 보호한다.
　　• 최저생활 보호의 원리 : 단순한 생계만이 아니라 건강하고 문화적인 수준을 유지할 수 있는 최저한도의 생활이 보장되어야 한다.
　　• 무차별 평등의 원리 : 사회적 신분에 차별 없이 평등하게 보호받을 수 있어야 한다.
　　• 자립 조성의 원리 : 자립적이고 독립적으로 사회생활에 적응해 나갈 수 있도록 돕는다.
　　• 보충성의 원리 : 수급자가 최저한도의 생활을 유지할 수 없는 경우에 최종적으로 그 부족분을 보충한다.
　㉡ 공공부조의 6대 원칙
　　• 신청보호의 원칙 : 우선적으로 국가에게 보호신청을 한 후 직권보호를 받는다.
　　• 기준과 정도의 원칙 : 대상자의 연령, 세대구성, 소득관계 및 자산 조사를 통해 부족분만을 보충한다.
　　• 필요즉응의 원칙 : 무차별 원리에 대한 보완적 성격으로 보호 신청이 있을시 즉시 보호 여부를 결정해야 한다.

- 세대단위의 원칙 : 공공부조는 세대를 단위로 하여 그 서비스의 필요여부 및 정도를 결정한다.
- 현금부조의 원칙 : 수급권자의 낙인감과 불신을 최소화하기 위해 금전 급여를 원칙으로 한다.
- 거택보호의 원칙 : 수급권자가 거주하는 자택에서 공공부조가 제공된다.

23 국민연금에 대한 설명으로 바르지 않은 것은?

① 국민연금은 가입 이후 20년 이상 납입하여야 수령의 자격이 발생한다.

② 국민연금의 종류로는 노령연금, 장애연금, 유족연금 등이 있다.

③ 병역의무를 이행한 자에게 6개월의 가입기간을 추가로 인정해 준다.

④ 2자녀 이상 출산 시 가입기간을 추가로 인정해 준다.

① 국민연금은 가입 이후 10년 이상 납입하면 수령할 수 있다.
② 국민연금은 나이가 들거나 장애·사망으로 인해 소득이 감소할 경우 일정한 급여를 지급하여 소득을 보장하는 사회보험으로, 지급받게 되는 급여의 종류는 노령연금(분할연금), 장애연금, 유족연금, 반환일시금, 사망일시금 등이 있다.
③ 가입기간 인정(크레딧)제도 운영 : 출산 및 군복무에 대해 연금 가입기간을 추가 인정해주는 크레딧 제도를 통해 노령연금수급기회를 확대하고 있다. 병역의무를 이행한 자에게 6개월의 가입기간을 추가로 인정하고 해당기간의 소득은 평균소득월액의 1/2을 인정한다(2008. 1. 1. 이후 군에 입대하는 자부터 인정).
④ 2자녀 이상 출산 시 가입기간을 추가로 인정하고 해당기간의 소득은 평균소득월액의 전액을 인정한다(2008. 1. 1. 이후 출생한 자녀부터 인정).

구분	내용			
자녀수	2자녀	3자녀	4자녀	5자녀 이상
추가 인정기간	12개월	30개월	48개월	50개월

24 사회보장의 기능과 형평성에 대한 설명으로 옳지 않은 것은?

① 사회보장제도는 소득의 재분배를 통한 국민의 생존권의 실현과 최저생활 확보를 전제로 한다.

② 소득재분배의 형태는 수직적, 수평적, 세대 간 재분배의 세 가지로 구분할 수 있다.

③ 수직적 재분배는 소득이 높은 계층으로부터 낮은 계층으로 재분배되는 것으로 분배의 형평성을 지향한다.

④ 공적연금제도는 수평적 재분배의 대표적 예라고 할 수 있다.

④ 공적연금제도는 재정조달 방식이 부과방식일 경우 현재의 노령세대는 근로세대로부터, 현재의 근로세대는 미래세대로부터 소득이 재분배되기 때문에 세대 간 재분배라고 볼 수 있다.

Answer 21.① 22.③ 23.① 24.④

25 각종 연금에 대한 설명으로 옳지 않은 것은?

① 농지연금은 신청일 기준으로부터 과거 5년 이상 영농경력 조건을 갖추어야 한다.
② 주택연금은 부부 중 한 명이 만 60세 이상으로 1가구 1주택 소유자면 신청가능하다.
③ 기초노령연금은 만 65세 이상 전체 노인 중 소득과 재산이 적은 70%의 어르신에게 지급한다.
④ 유족연금은 가입기간에 따라 일정률(40~60%)의 기본연금액에 부양가족연금액을 합산하여 지급한다.

 ② 주택연금은 부부 모두의 나이가 보증신청일 현재 만 60세 이상이어야 한다.

26 미국과 프랑스가 주장하는 노동운동으로 근로 조건을 국제적으로 표준화하려는 목적으로 추진되는 다자간 무역 협상은 무엇인가?

① 블루라운드   ② 우루과이 라운드
③ 그린라운드   ④ 레드라운드

 ② 우루과이 라운드 : 관세 및 무역에 관한 일반협정(General Agreement on Tariffs and Trade/GATT) 하에 논의되었던 제8차 다자간 무역협상이다.
③ 그린라운드 : 지구의 환경을 보존하고 오염된 환경을 개선하기 위하여 세계 여러 국가가 국제무역 거래와 연계하여 벌이는 다자간 협상이다.

27 다음 중 각국의 삶의 질을 평가하기 위한 것으로 물질적인 지표 이외에 교육수준, 평균수명, 유아사망률을 종합적으로 평가한 지수는?

① BSI   ② WEEE
③ HDI   ④ ROHS

 인간개발지수(Human Development Index, HDI) … 이 지수는 선진국을 가르는 척도로 유엔개발계획에서 조사하며 인간개발지수(HDI, 삶의 질)순위의 조사기준은 국민소득과 교육수준, 평균수명, 유아사망률 등을 더하여 평가해 놓는다.

28 비경제활동인구에 포함되지 않는 사람은?

① 가정주부   ② 학생
③ 연로자   ④ 실업자

비경제활동인구란 일할 의사가 없거나 일할 능력이 없는 사람이 포함되며 실업자는 경제활동인구에 포함된다.

29 대도시에 취직한 시골출신자가 고향으로 돌아가지 않고 지방 도시로 직장을 옮기는 형태의 노동력 이동은?

① J턴현상

② U턴현상

③ 도넛현상(doughnut)

④ 스프롤현상(sprawl)

 ① U턴현상에 비해 출신지에서의 고용기회가 적을 경우 나타나는 현상이다.

② 대도시에 취직한 시골 출신자가 고향으로 되돌아가는 노동력 이동현상을 말한다.

③ 대도시의 거주지역과 업무의 일부가 외곽지역으로 집중되고 도심에는 상업기관·공공기관만 남게 되어 도심이 도넛모양으로 텅 비어버리는 현상을 말한다.

④ 도시의 급격한 팽창에 따라 대도시의 교외가 무질서·무계획적으로 주택화 되는 현상이다.

30 근로자의 쟁의행위가 아닌 것은?

① 태업

② 사보타주

③ 직장폐쇄

④ 파업

 ③ 노사쟁의가 일어났을 때 사용자가 자기의 주장을 관철시키기 위하여 공장·작업장을 폐쇄하는 일을 말한다.

① 표면적으로는 작업을 하면서 집단적으로 작업능률을 저하시켜 사용자에게 손해를 주는 쟁의행위이다.

② 단순한 태업에 그치지 않고 의식적이고 고의적으로 사유재산 파괴하고 생산설비 손상을 통한 노동자의 쟁의행위이다.

④ 노동자들이 자신들의 요구를 실현시키기 위해 집단적으로 생산 활동이나 업무를 중단함으로써 자본가에 맞서는 투쟁방식이다.

31 다음 중 타임오프제에 대한 설명으로 옳은 것은?

① 노조전임자에 대한 사용자의 임금지급을 원칙적으로 인정하는 제도이다.

② 노조전임자의 노무관리 업무에 한해서 근로한 것으로 인정하는 제도이다.

③ 조합원의 노무관리 업무에 한해서 사용자의 임금지급을 원칙적으로 인정하는 제도이다.

④ 조합원의 노무관리 업무에 한해서 사용자의 임금지급을 원칙적으로 금지하는 제도이다.

 타임오프제(time-off) … 노조전임자에 대한 사용자의 임금지급은 원칙적으로 금지하지만, 노동자의 고충처리·노사 간의 단체교섭 준비 및 체결에 관한 활동·노동자의 산업안전에 관한 활동 등 노무관리 업무에 한해서 근무한 것으로 인정하여, 이 근로시간에 대한 임금을 지급하는 제도이다.

Answer ⤳ 25.② 26.① 27.③ 28.④ 29.① 30.③ 31.②

32 다음 대화에서 밑줄 친 부분과 가장 연관성 있는 것을 고르시오.

> 라임 : 김주원씨, 이런 거 준비할 시간에 <u>백화점에서 불우이웃을 돕는 행사</u>나 하시지?
> 주원 : 그렇게 고마워하지 않아도 돼. 사회지도층의 윤리란 이런 거거든. 일종의 선행이
> 지, 선행. 나 가정교육 이렇게 받았어. 연말연시에 소외된 이웃인 것에 감사해.
> 라임 : ??

① 노블레스 오블리주 – CRM　　　　② 앙시앵레짐 – CRM
③ 앙시앵레짐 – CSR　　　　　　　④ 노블레스 오블리주 – CSR

 노블레스 오블리주와 CSR
　　㉠ 노블레스 오블리주(noblesse oblige) : 닭의 벼슬을 의미하는 노블레스와 달걀의 노른자를 의
　　미하는 오블리주, 이 두 단어를 합성해 만든 노블레스 오블리주는 닭의 사명이 자기의 벼슬
　　을 자랑함에 있지 않고 알을 낳는데 있음 즉 사회지도층은 자신이 누리는 명예(노블레스)만큼
　　도덕적 의무(오블리주)를 다해야 한다는 의미이다.
　　㉡ CSR(Corporate Social Responsibility) : 기업의 사회적 책임. 현대사회에서는 기업이 사회에
　　미치는 영향력이 크다. 때문에 기업이 생산 및 영업활동을 하면서 이윤 창출만을 목표로 하
　　는 것이 아니라 환경경영, 윤리경영, 사회공헌과 노동자를 비롯한 지역사회 등 사회 전체에
　　이익을 동시에 추구하는 사회공헌적 책임을 말한다.

33 정보통신의 발달로 사무실 근무를 벗어나 언제 어디서든 일할 수 있다는 의미로 우리나라에도
점차적으로 도입될 것으로 보이는 것은 무엇인가?

① 워크셰어링　　　　　　　　　② 스마트워크
③ 퍼플잡　　　　　　　　　　　④ 모바일잡

 스마트워크(smart work) … 종래의 사무실 근무를 벗어나 언제 어디서나 효율적으로 일할 수 있
　　는 업무개념을 뜻한다. 스마트 워크에는 모바일 기기를 이용해 업무를 수행할 수 있는 모바일 오
　　피스, 영상회의 시스템 등을 활용하는 원격근무, 재택근무 등이 포함된다. 모바일 기기의 발달로
　　유럽에서는 새로운 근무형태가 확대되는 추세다.

34 일상적으로 일어나는 고유한 사실이나 문제임에도 평소에 잘 느끼지 못하다가 미디어에 의해
순식간에 부각되는 현상을 무엇이라 하는가?

① 스티그마 효과　　　　　　　　② 매스미디어 효과
③ 루핑 효과　　　　　　　　　　④ 이벤트 효과

 베르테르 효과(Werther effect)란 유명인이 자살할 경우 그 여파로 사회의 자살률이 증가하는 현
　　상을 말한다. 베르테르 효과의 이면에 루핑 효과(Looping effect)가 작용하고 있는 경우가 많다.

35 미국 시카고의 레이크쇼어 도로가 곡선 구간이 많아 사고가 빈발하자 시 당국은 속도가 높아진다는 착각이 들도록 커브가 시작되는 지점부터 흰 선을 가로로 그리면서 커브에 가까이 갈수록 선의 간격을 점점 좁아지도록 했다. 그러자 사고건수가 줄어들었다. 이것은 어떠한 이론과 관련 있나?

① 밴드웨건효과   ② 디드로효과
③ 넛지효과   ④ 래칫효과

 넛지효과(nudge effect) … 어떠한 금지나 인텐시브 없이도 인간 행동에 대한 적절한 이해를 바탕으로 타인의 행동을 유도하는 부드러운 개입을 뜻하는 말로, 똑똑한 선택을 유도하는 선택설계의 틀을 의미한다. 행동경제학자인 캐스 R. 선스타인(Cass R. Sunstein)과 리처드 탈러(Richard H. Thaler)가 공저한 「넛지」에 의하면, 팔을 잡아끄는 것처럼 강제와 지시에 의한 억압보다 팔꿈치로 툭 치는 것과 같은 부드러운 개입으로 특정한 행동을 유도하는 것이 더 효과적이라고 한다.

36 아주 작은 사건 하나가 그것과는 별반 상관없어 보이는 곳까지 영향을 미친다는 이론은?

① 낭떠러지 효과   ② 로젠탈효과
③ 베블런효과   ④ 나비효과

 나비효과(butterfly effect) … 브라질에 있는 나비의 날갯짓이 미국 텍사스에 토네이도를 발생시킬 수도 있다는 과학이론이다. 기상 관측한 데이터를 통해 처음 이야기된 효과로, 어떤 일이 시작될 때 있었던 아주 작은 양의 차이가 결과에서는 매우 큰 차이를 만들 수 있다는 이론이다. 이 개념은 카오스 이론의 토대가 되었다. 디지털과 매스컴 혁명으로 정보의 흐름이 매우 빨라지면서 지구촌 한 구석의 미세한 변화가 순식간에 전 세계적으로 확산되는 것 등을 그 예로 들 수 있다.

37 여성이 다른 여성을 선망하거나 동경하는 마음 또는 그런 현상을 일컫는 말은?

① 걸스피릿   ② 피트니스
③ 걸크러시   ④ 맨크러시

 걸크러시는 여성이 다른 여성을 선망하거나 동경하는 마음 또는 그런 현상을 일컫는 말로 걸크러시의 대상이 되는 사람은 닮고 싶은 외모와 뛰어난 패션 감각과 센스, 지성 등을 갖추고 있으며 사회적으로 성공해 일반 여성들의 롤 모델로 여겨진다.

Answer → 32.④ 33.② 34.③ 35.③ 36.④ 37.③

38 철도부지와 도심 유휴부지를 활용해 지어지는 반값 임대주택으로 대학생, 신혼부부, 사회초년생을 대상으로 임차료가 저렴한 도심형 아파트를 의미하는 용어는?

① 임대주택
② 청약주택
③ 행복주택
④ 영단주택

 행복주택 … 대학생, 신혼부부, 사회초년생을 위해 직장과 학교가 가까운 곳에 지어지는 임차료가 저렴한 도심형 아파트를 의미한다. 철도부지와 도심 유휴부지를 활용해 지어지는 반값 임대주택으로, 박근혜 정부가 대선 공약으로 제시한 반값 임대주택을 말한다.

39 전기가 부족해 갑자기 모든 전력 시스템이 정지한 상태 또는 그러한 현상을 의미하는 용어는?

① 블랙아웃
② 화이드아웃
③ 도시공동화
④ 블루아웃

 블랙아웃 … 대규모 정전 사태를 가리키는 용어로, 보통 특정 지역이 모두 정전된 경우를 일컫는다.

40 낯선 사람들과 함께 즉석 만남 등을 통해 음식을 함께 나눠먹고 즐기는 사람을 의미하는 용어는?

① 캥거루족
② 리터루족
③ 킨포크족
④ 프리터족

 킨포크족 … 낯선 사람들과 함께 즉석 만남 등을 통해 음식을 함께 나눠먹고 즐기는 사람을 말하는 용어이다. 친척·친족을 뜻하는 킨포크(kinfolk)라는 명칭처럼 비록 낯선 사람들이지만 함께 음식을 나눠먹고 즐기는 사람들을 의미하는 신조어이다.

41 다음 중 산재보험제도에 관한 내용으로 틀린 것은?

① 4대 사회보험제도 가운데 우리나라에서는 가장 먼저 도입된 제도다.
② 상시 1인 이상 사업장은 적용대상에 해당한다.
③ 다른 사회보험제도와 같이 보험료를 노·사가 동등하게 납부한다.
④ 개별사업장의 보험료는 사업종류별 보험요율과 개별실적요율을 모두 적용하여 결정된다.

산업재해 … 업무상의 사유로 재해(사고·질병·사망 등)가 발생하면 국가(근로복지공단)가 근로자와 사용자의 과실 유무와는 무관하게 보상해 준다.
③ 산업재해보상보험상의 보험료는 사용자가 부담한다.

42 실업을 줄일 수 있는 대책으로 옳지 못한 것은?

① 농촌의 가내공업 육성

② 직업정보의 효율적 제공

③ 직업기술교육 및 인력 개발

④ 사회보장제도의 확충으로 최저생계 유지

(Tip) ④ 근로의욕이 저하되고 오히려 실업률이 높아질 수 있다.

43 베버(Weber)는 어떠한 사람의 계층을 분류하는데 3가지 요소를 종합적으로 고려하여 분류할 것을 주장하였다. 이러한 3P분류에 속하지 않는 것은?

① 재산(Property)

② 위신(Prestige)

③ 성격(Personality)

④ 권력(Power)

(Tip) 베버는 사회계층화가 계급, 지위, 권력의 세 가지 측면으로 이루어진다고 하였다.

44 남성과 여성을 구분하는 용어로 성(sex) 대신 젠더(gender)라는 개념이 사용되고 있다. 젠더에 대한 다음 설명 중 옳지 않은 것은?

① 생물학적 성, 즉 섹스가 한 개인의 해부학적 특징에 근거해 남성 또는 여성을 결정하는 신체적 유전적인 의미를 담고 있다면, 사회적 성 젠더는 사회문화적인 과정에서 획득·형성된 성의 구분을 의미한다.

② 남녀의 기질을 생리적이거나 자연적으로 결정된 것으로 보려는 입장에 대해 사회적 경험과 훈련에 따라 남녀의 기술이 습득된다는 것을 강조하려는 사람들이 젠더를 더욱 강조한다.

③ 1995년 중국 베이징에서 열린 제4차 세계여성대회에서 성별 구분을 사회문화적 성을 의미하는 젠더라는 개념으로 사용하는 것이 바람직하다고 합의하여 성(sex)보다 더 일반적으로 사용되고 있다.

④ 젠더는 생물학적으로 남녀가 다르다는 것을 부정하려는 것이다.

(Tip) ③ 일반적으로 사용되지 않고 있다.

Answer → 38.③ 39.① 40.③ 41.③ 42.④ 43.③ 44.③

45 막스 베버가 계층을 분류한 기준이 아닌 것은?

① 생산수단의 소유　　　　　　② 기회의 소유
③ 사회적 위신의 소유　　　　　④ 정치권력의 소유

 생산수단의 소유 여부로 분류되는 것은 계급이며, 마르크스(K. Marx)의 견해이다.

46 다음 중 자녀교육에 열성적인 신세대 엄마를 지칭하는 용어로 알맞은 것은?

① 키티맘　　　　　　　　　　② 시큐리티맘
③ 사커맘　　　　　　　　　　④ 웨이드리스맘

 ① 키티맘 : 높은 학력을 가졌으며 자신의 독특한 개성과 영역을 추구하는 X세대 엄마
② 시큐리티맘 : 자녀들의 안전을 보호하는 것에 관심이 많은 엄마
④ 웨이트리스맘 : 저소득의 육체적 노동으로 힘들게 생계를 유지하며 자녀를 양육하는 엄마

47 일하는 빈곤층, 근로빈곤층을 지칭하는 용어는?

① 에듀푸어　　　　　　　　　② 하우스푸어
③ 베이비푸어　　　　　　　　④ 워킹푸어

 워킹푸어 … 낮은 임금으로 오랜 시간 동안 열심히 일을 함에도 불구하고 생계유지조차 제대로 하기 힘든 저소득 노동자층을 말한다.

48 사회집단에 대한 다음 설명 중 옳지 않은 것은?

① 준거집단은 행위나 판단의 기준을 제공해 주는 집단이다.
② 집단과의 동일시 여부에 따라 내집단과 외집단으로 나눌 수 있다.
③ 외집단에서는 유대감, 협동심 등의 소속의식이 강조된다.
④ 원초집단은 개인과 사회를 연결해 주며, 사회통제의 기능을 담당한다.

 ③ 외집단에서는 이질감을 가지거나 적대감 또는 적대적 행동까지 가지게 되는 경우로, 타인집단과 같은 의미이다. 내집단과 외집단은 미국의 사회학자 섬너(W.G. Sumner)에 의한 분류이다.

49 다음 중 집단의 성격이 같은 것끼리 연결된 것은?

① 내집단 – gesellschaft – 지역사회　　② 외집단 – 우리집단 – 계약사회

③ 내집단 – 1차집단 – gemeinschaft　　④ 외집단 – 타인집단 – 신분사회

 ⊙ 내집단 : 한 개인이 그 집단에 소속한다는 느낌을 가지며 구성원 간에 '우리'라는 공동체의식이
　　강한 집단이다.
　ⓒ 1차집단 : 구성원 간의 대면접촉과 친밀감을 바탕으로 결합되어 전인격적 관계를 이루는 집단
　　이다.
　ⓒ 공동사회(gemeinschaft) : 구성원의 상호 이해와 공동의 신념 및 관습이 집단구성의 바탕을
　　이룬다.

50 제도상 정리해고(고용조정)의 요건이 아닌 것은?

① 긴박한 경영상의 필요성

② 해고회피를 위한 노력

③ 합리적이고 공정한 해고기준에 의한 대상자 선정

④ 노조 또는 노동자 쪽과의 사전합의

 정리해고제 … 기업이 근로자에게 취할 수 있는 가장 강력한 제재수단으로 긴박한 경영상의 이유
　및 기업의 인수·합병으로 해고요건을 정하되 해고회피노력을 의무화하고 해고자 리콜제를 도입
　했다.

51 다음 중 연예인이나 유명인이 자살할 경우, 그 사람과 자신을 동일시해서 자살을 시도하는 현상
은 무엇인가?

① 베르테르효과　　　　　　　　② 나비효과

③ 피그말리온효과　　　　　　　④ 스티그마효과

 ① 베르테르효과(Werther effect) : 동조자살, 모방자살이라고 하며, 독일의 문호 괴테의 「젊은
　　베르테르의 슬픔(Die Leiden des jungen Werthers)」에서 유래했다.
　② 나비효과(butterfly effect) : 어떤 일이 시작될 때 있었던 아주 작은 양의 차이가 결과에서는
　　매우 큰 차이를 만들 수 있다는 이론이다.
　③ 피그말리온효과(Pygmalion effect) : 타인의 기대나 관심으로 인하여 능률이 오르거나 결과가
　　좋아지는 현상을 뜻한다.
　④ 스티그마효과(stigma effect) : 상대방에게 부정적으로 무시당하거나, 치욕을 당한 경우에 당
　　사자가 부정적으로 변하는 것을 말한다.

Answer ⟶ 45.① 46.③ 47.④ 48.③ 49.③ 50.④ 51.①

52 정해진 근로시간 내 업무를 마쳐야 하는 직장인이 업무처리에 대한 압박으로 책상 위에서 점심을 해결하는 것을 이르는 용어는?

① 덕페이스   ② 알 데스코

③ 쿨 빈스   ④ 롤캣

 알 데스코(Al desko) … 야외에서 즐기는 음식을 뜻하는 'Al fresco'와 책상을 뜻하는 'desk'를 결합한 신조어로 사무실 책상에서 먹는 음식을 지칭한다. 정해진 근로시간 내 업무를 마쳐야 하는 직장인에게 점심시간은 갈수록 '사치'가 되고 있다.

53 우리나라의 실업자를 추계하는 방법으로 옳은 것은?

① 실업수당을 받고 있는 사람들

② 직업안정소에 등록된 구직자수

③ 표본조사에서 1주 동안 1시간 이상 일하지 않은 구직자수

④ 기업에서 요구하는 구인수를 뺀 구직자수

 경제활동측면에서 본 취업자와 실업자
　⊙ 취업자
　　• 조사대상기간 1주일 동안 소득, 이익, 봉급, 임금 등 수입을 목적으로 1시간 이상 일한 자
　　• 자기에게 직접적으로 소득이나 수입이 오지 않더라도 가구 단위에서 경영하는 농장이나 사업장의 수입을 높이는 데 협력한 가사종사자로서 주당 18시간 이상 일한 자
　　• 직업 또는 사업체는 가졌으나 조사대상기간 중 일시적인 병, 일기불순, 휴가, 연가, 노동쟁의 등의 이유로 일하지 못한 일시휴직자
　⊙ 실업자 : 일할 능력과 의사는 가지고 있으면서도 조사대상기간 중 수입이 있는 일에 종사하지 못한 자

54 사회복지 개념의 변화에 대한 설명으로 틀린 것은?

① 19세기 중반을 전후로 자선적 관점에서 시민권적 관점으로 변화했다.

② 빈민에 대한 특별 서비스적 성격에서 점차 많은 사람들이 보편적으로 가지고 있는 욕구를 충족시키는 프로그램화 되었다.

③ 최저생계비에서 적정생계비로 확대되었다.

④ 제도적 개념에서 잔여적 개념으로 변화하고 있다.

 ④ 사회복지는 응급적이고 일시적인 잔여적 개념에서 정당한 지위를 가진 정상적인 사회 제도적 개념으로 변화하고 있다.

55 다음 중 학교폭력신고 관련 안내전화는 몇 번인가?

① 110   ② 120

③ 117   ④ 123

 ① 정보 통합 민원서비스 ② 생활민원서비스 ④ 전기고장신고

※ 민원신고 및 상담전화번호

내용	관련기관	전화번호	내용	관련기관	전화번호
정부 통합 민원서비스	정부민원안내 콜센터	110	서울시 민원 서비스	다산콜센터	120
수도 고장신고	상수도사업본부	121	전기 고장신고	한국전력공사	123
환경오염 신고	환경부	128	보건복지 콜센터	보건복지부	129
법률상담	대한법률구조공단	132	금융 민원상담	금융감독원	1332
방송통신 민원처리	과학기술정보통신부	1335	도박문제 상담	한국도박문제관리센터	1336
감염병 신고 및 질병 정보	질병관리본부	1339	노동법령, 제도 상담	고용노동부	1350
국민연금 상담	국민연금공단	1355	여성폭력 상담 · 신고	한국여성인권진흥원	1366
주민등록 진위확인	행정안전부	1382	부패방지 위원회신고	국민권익위원회	1398
인권침해 상담	국가인권위원회	1331	부정, 불량 식품신고	식품의약품안전처	1399
실종아동 신고 · 상담	실종아동찾기센터	182	학교폭력 신고 · 상담	에듀넷 도란도란 학교폭력예방	117

Answer → 52.② 53.③ 54.④ 55.③

04 과학 · 기술 · 정보통신

1 다음에서 설명하고 있는 것은 무엇인가?

> 과학기술정보통신부, 해양수산부는 _____가 촬영한 지구 해양관측 영상을 최초로 공개했다. _____는 지난 2020년 2월 19일, 발사에 성공하고 3월 6일, 목표 정지궤도에 안착한 이후 최근까지 위성본체와 탑재체에 대한 상태점검을 수행했다.
> _____는 기존 위성으로 식별하기 어려웠던 항만과 연안 시설물 현황, 연안 해역의 수질 변동, 유류유출 발생 등에 대한 다양한 해양정보를 신속하게 제공할 수 있을 것으로 기대된다.
>
> – 2020. 5.

① 무궁화 2호
② 우리별 3호
③ 천리안 2A호
④ 천리안 2B호

 천리안 2B호는 세계최초의 환경탑재체가 장착된 정지궤도 위성으로, 동아시아 전역의 대기오염 등을 실시간으로 추적한다. 2020년 10월부터는 해양 정보를, 2021년부터는 대기환경정보를 제공한다.

2 지난 2019년 정부(과학기술정보통신부)는 「인공지능 국가전략」을 발표하였다. 이에 대한 설명으로 옳지 않은 것은?

① 'IT 강국을 넘어 AI 강국으로'라는 비전을 가지고 있으며, 디지털 경쟁력 세계 3위를 목표로 한다.
② 국무총리 직속의 4차 산업혁명위원회가 「인공지능 국가전략」 등 AI 정책 추진 컨트롤 타워이다.
③ 신개념 반도체 PIM을 개발하여 AI 기술경쟁력을 확보하는 것이 중요 과제이다.
④ 2024년을 목표로 지역 산업과 AI 융합의 거점이 될 'AI 집적단지'가 광주광역시에 조성된다.

 「인공지능 국가전략」 정책 실행을 적극 지원하는 4차 산업혁명위원회는 대통령 직속이다.
　• PIM(Processor-In-Memory) : 정보를 저장하는 '메모리 반도체'와 정보의 연산, 제어 기능을 가진 '비메모리 반도체'를 합한 '지능형 반도체'이다.

3 우리나라는 지난 2019년 4월 세계 최초로 5세대 이동통신(5G) 상용화에 성공한 바 있다. 다음 중 5G에 해당하는 설명으로 옳지 않은 것은?

① 사용자당 최대 10Gbps의 데이터 전송속도를 목표로 한다.

② 고신뢰 · 초저지연 통신능력을 통해 로봇 원격 제어와 차량의 자율주행이 가능하다.

③ 기존 기술에서는 휴대폰 간 연결이 가능했다면, 5G는 수많은 사물인터넷 기기와 연결이 가능(대규모 사물통신)하다.

④ 5G 네트워크의 핵심 기술로 빔포밍(beam forming) 기술, MEC(Mobile Edge Computing) 기술 등이 있다.

 ① 5G는 사용자당 최대 20Gbps의 데이터 전송속도를 목표로 하며, 이는 LTE 대비 20배 빠른 속도이다.
빔포밍은 스마트 안테나의 한 방식으로 안테나의 빔이 해당 단말에게만 국한하여 비추도록 하는 기술이다. MEC는 포그 컴퓨팅(Fog computing)이라고도 하며 방대한 양의 데이터를 먼 곳에 있는 커다란 데이터 서버에 저장하지 않고, 데이터 발생 지점 근처에서 처리할 수 있도록 하는 기술이다.

4 다음 설명에 해당하는 것은?

- 기질 특이성이 있다.
- 온도와 pH의 영향을 받는다.
- 생물체 내 화학반응이 잘 일어나도록 촉매 역할을 한다.

① 핵산　　　　　　　　　　　　　② 효소
③ 뉴런　　　　　　　　　　　　　④ ATP

 효소의 특징
㉠ 효소가 작용하는 물질을 기질이라 하며, 한 종류의 효소는 특정한 기질에만 반응하는 기질 특이성이 있다.
㉡ 효소는 적절한 pH 범위에서 활성이 크게 나타나며, 효소마다 최적 pH가 다르다.
㉢ 효소는 적절한 온도 범위에서만 활성을 나타낸다(최적 온도 : 35~40℃).

Answer↪ 1.④ 2.② 3.① 4.②

5 다음 중 물의 특성에 대한 설명으로 옳지 않은 것은?

① 영양소의 용매로서 체내 화학반응의 촉매 역할과 삼투압을 조절하여 체액을 정상으로 유지시킨다.

② 체온의 항상성을 유지한다.

③ 신체의 새로운 조직을 만드는데 필요한 성분으로 체중의 약 16%를 차지하고 있다.

④ 세포의 형태를 유지시키고, 신진대사 활동을 촉매한다.

 ③ 단백질에 대한 설명이다.

※ 기타 물의 역할

    ㉠ 완충제, 윤활제로서 음식을 삼킬 때 타액이 분비되며, 관절 활액을 형성하여 인체 각 관절의 완충제로 작용한다.

    ㉡ 눈, 코, 귀, 입 등 피부와 점막을 건조하지 않게 적셔 준다.

    ㉢ 영양소(아미노산, 포도당, 비타민, 미네랄)를 용해시켜 소화 흡수하게 한다.

    ㉣ 산소와 영양분을 혈관을 통해 혈액을 매개로 60조 개의 세포로 빠짐없이 운반한다.

6 다음에서 설명하고 있는 것은?

> 태어날 때부터 인공지능(AI)과 같은 디지털 기술을 놀이로 체험하고 받아들인다. 로봇과 친숙하게 소통하며 명령에 반응하고 감정을 표현할 줄 아는 로봇 장난감, 직접 코딩으로 움직일 수 있는 조립형 블록, 다양한 증강현실처럼 음성과 이미지로 더 많이 소통하고, 개인화 서비스에 익숙하다.

① 감마 세대   ② 와이 세대

③ 알파 세대   ④ 베타 세대

 알파 세대는 2011 ~ 2015년에 태어난 세대로, 이들은 태어날 때부터 인공지능(AI)과 같은 디지털 기술을 놀이로 체험하고 받아들인다. 로봇과 친숙하게 소통하는 것 역시 알파 세대의 특징 중 하나다.

7 사용자가 컴퓨터와 정보 교환 시 키보드를 통한 명령어 작업이 아닌 그래픽을 통해 마우스 등을 이용하여 작업할 수 있는 환경을 무엇이라고 하는가?

① GUI   ② bluetooth

③ UCC   ④ P2P

 GUI는 그래픽 사용자 인터페이스(Graphical User Interface)로 사용자가 컴퓨터와 정보를 교환할 때, 문자가 아닌 그래픽을 이용해 정보를 주고받는다.

8   다음에서 설명하고 있는 이론은 무엇인가?

> 해안선이나 구릉 등 자연계의 복잡하고 불규칙적인 모양은 아무리 확대해도 미소 부분에는 전체와 같은 불규칙적인 모양이 나타나는 자기 상사성(相似性)을 가지고 있다는 이론이다. 어떤 복잡한 곡선도 미소 부분은 직선에 근사하다는 미분법의 생각을 부정했으며, 어디에서도 미분할 수 없는 곡선을 다루는 기하학, 컴퓨터 그래픽스에서는 이 이론을 바탕으로 실물에 매우 가까운 도형을 그릴 수 있게 되었다.

① 퍼지 이론(fuzzy set theory)
② 정보 이론(information theory)
③ 프랙탈 이론(fractal theory)
④ 카오스 이론(chaos thoery)

 ① 퍼지 이론 : 불분명한 상황에서 여러 문제들을 두뇌가 판단하는 과정에 대하여 수학적으로 접근하려는 이론
② 정보 이론 : 물리계·생체 또는 그 양자를 포함하는 계에서의 정보의 전달 및 처리에 관한 이론
④ 카오스 이론 : 겉으로는 불규칙적으로 보이면서도 나름대로 질서를 지니고 있는 현상들을 설명하려는 이론

9   리튬 폴리머 전지에 대한 설명으로 옳지 않은 것은?

① 전해질이 상온에서 고체 형태로 파손될 시 폭발위험이 있다.
② 전지의 경량화가 가능하고 대형 전지 제조가 가능하다.
③ 리튬이온전지보다 에너지 효율이 높다.
④ 외부전원으로 충전한 후 반영구적으로 사용할 수 있는 2차 전지의 한 종류이다.

 전해질이 상온에서 고체 또는 겔 형태로, 파손되면 전해질이 새지 않아 발화나 폭발의 위험이 거의 없다.

Answer⌐→ 5.③ 6.③ 7.① 8.③ 9.①

10 발전소 건설 사업 내용이 다음과 같을 때, 대상 지역에서 추진하고자 하는 발전 방식으로 적절한 것은?

> • 대상 지역 : A 해역
> • 대상 지역의 환경 조건 : 간조와 만조의 조차가 큼
> • 발전 가능량 : 연간 $500\,GWh$ 이상(단류식 창조 발전)
> • 발전소 건설 조건
> – 청정 에너지원 이용
> – 환경오염 물질 배출 최소화
> – 만조 때 해수를 가두어 둘 수 있는 저수지 확보 필요

① 조력 빌진
② 파력 발전
③ 해상 풍력 발전
④ 해수 염도자 발전

 조력 발전 방식은 조수 간만의 수위차로부터 위치 에너지를 운동 에너지로 바꾸어 전기 에너지로 전환하는 발전방식이다. 물이 한꺼번에 방류되면서 발전기의 터빈을 돌려 전력이 생산되는 원리이다. 우리나라의 경우 경기도 안산에 시화호 조력발전소가 있다.

11 다음 제시문의 밑줄 친 '이것'에 해당하는 것은?

> 현대물리학의 '표준모형'에서 물질을 구성하는 기본입자와 물질을 구성하지는 않지만 에너지를 전달하는 힘 매개입자들 사이에 작용하는 힘의 관계를 설명해 주는 소립자로, '신의 입자'라 불리는 이것은 존재가 예측된 이후 50년 가까이 그 존재가 확인되지 않아 가설로만 남아있던 중 2013년 10월 그 존재가 과학적으로 증명됨으로써 현대 이론물리학에서의 '표준모형'이 완성되었다.

① 미립자
② 쿼크
③ 양성자
④ 힉스 입자

 ① 직경이 미크론으로 측정되는 고체입자
② 소립자의 복합 모델에서의 기본 구성 입자의 한 종류로 대부분의 물질은 양성자와 중성자로 이루어져 있고, 이들은 다시 쿼크로 이루어져 있다.
③ 중성자와 함께 원자핵을 구성하는 소립자로, 양의 전하를 가지고 있다.

12 다음 A에 들어갈 말로 가장 적절한 것은?

> ___A___ 인증은 복제가 거의 불가능하여 높은 보안성을 가진다. ___A___ 이(가) 사람마다 다르고 평생 변하지 않는다는 것이 아직 증명되지 않았으며, 하드웨어 구성이 복잡하고 전체적인 시스템 비용이 커서 활용 범위가 제한된다는 단점이 있다.

① 음성   ② 정맥

③ 홍채   ④ 지문

 정맥 인증은 사람의 손바닥, 손가락, 손등 등의 정맥 패턴을 이용하여 신원을 확인하는 기술이다. 적외선을 사용하여 혈관을 투시한 후 잔영을 이용해 신분 확인을 하는 것으로 복제가 거의 불가능하여 높은 보안성을 가진다. 정맥이 사람마다 다르고 평생 변하지 않는다는 것이 아직 증명되지 않았으며, 하드웨어 구성이 복잡하고 전체적인 시스템 비용이 커서 활용 범위가 제한된다는 단점이 있다.

13 유명연예인 등과 같은 특정인을 대상으로 이들의 개인정보를 캐내기 위한 피싱 공격을 지칭하는 말은?

① 보이스피싱   ② 파밍

③ 스미싱   ④ 스피어피싱

 스피어피싱은 정부 고위간부, 유명인, 군인 등과 같은 특정인을 대상으로 이들의 개인정보를 캐내기 위한 피싱 공격을 지칭하는 용어로, 물속에 있는 물고기를 작살로 잡는 '작살 낚시(spearfishing)'에 빗댄 것이다.

14 인터넷 브라우저에 해당되지 않는 것은?

① 익스플로러   ② 크롬

③ 사파리   ④ 파이널 컷

 파이널 컷 … 애플사가 개발한 전문 비선형 편집 시스템이다. 독립 영화 제작자들 사이에 널리 쓰이며, 전통적으로 아비드 소프트웨어를 사용하는 할리우드 영화 편집자들이 먼저 사용하기 시작하였다.

Answer → 10.① 11.④ 12.② 13.④ 14.④

15 SNS(소셜네트워크서비스)에서 특정 단어와 연관된 게시물을 모아 볼 수 있는 기능으로, '#○○ ○○' 형식으로 표시하는 이것을 무어이라고 하는가?

① 맨션   ② 해시태그

③ QR코드   ④ DM

 해시태그 … 트위터의 한 기능으로 '#' 뒤에 특정 단어를 넣어, 그 주제에 대한 글이라는 것을 표현한다. 예를 들면, 음악에 대한 글이라면 '#MUSIC'을 입력하는 것이다. 해시태그는 검색의 편리함을 위해 도입된 기능이지만, 특정 주제에 대한 관심과 지지를 드러내는 방식이나 수단으로 사용되기도 한다.

16 이용자가 스마트폰 등의 온라인으로 상품이나 서비스를 주문하면 오프라인으로 이를 제공하는 서비스를 의미하는 용어는?

① C2C   ② O2O

③ B2C   ④ C2B

 O2O … 'Online to Offline'의 약어로, 이용자가 스마트폰 등의 온라인으로 상품이나 서비스를 주문하면 오프라인으로 이를 제공하는 서비스이다. 정보통신기술과 근거리 통신기술의 발달을 기반으로 성장한 O2O 서비스는 음식 배달, 택시 승차 요청, 숙박 예약 등 일상생활의 다양한 분야에 침투해 있다.

17 멘델의 유전법칙에 해당하지 않는 것은?

① 우열의 법칙   ② 분리의 법칙

③ 잠재의 법칙   ④ 독립의 법칙

 ① 우열의 법칙 : 우성과 열성 두 개의 형질이 있을 때 우성 형질만 드러난다.
② 분리의 법칙 : 순종을 교배한 잡종 제1대를 자가 교배 했을 경우, 우성과 열성이 나뉘어 나타난다.
④ 독립의 법칙 : 서로 다른 형질은 독립적으로 우열의 법칙과 분리의 법칙을 만족한다.

18 가상 화폐로 거래할 때 발생할 수 있는 해킹을 막는 기술을 의미하는 용어는?

① 핀테크   ② 비트코인

③ 블록체인   ④ 소프트블록

블록체인 … 공공 거래 장부라고도 부르며 가상 화폐로 거래할 때 발생할 수 있는 해킹을 막는 기술이다. 기존 금융 회사의 경우 중앙 집중형 서버에 거래 기록을 보관하는 반면, 블록체인은 거래에 참여하는 모든 사용자에게 거래 내역을 보내 주며 거래 때마다 이를 대조해 데이터 위조를 막는 방식을 사용한다.

19 기술복제시대에 아우라가 상실된다고 주장한 학자는?

① 라캉

② 발터 벤야민

③ 샤르트르

④ 쇼펜하우어

 아우라는 발터 벤야민의 저서 기술복제시대의 예술작품에서 소개한 개념이다. 벤야민이라는 학자는 '기술 복제 시대의 예술 작품'이라는 유명한 논문에서 후기 산업 사회의 예술사적 특징을 '기술 복제 시대'라는 말로 설명했다. 그는 기술 복제 시대가 가져올 부작용에 대해서도 경계했지만 20세기 초 영화 예술의 잠재력을 예로 들면서 기술 복제는 제의(祭儀)적 기능으로서의 예술이 가지는 '아우라 Aura'를 제거함으로써 귀족이나 가진 자들에 의해 독점되었던 예술의 감동을 민중들에게 나누어 줄 수 있는 가능성을 가진다고 주장했다.

20 도면을 바탕으로 3차원 물체를 만들어내는 기계를 무엇이라 하는가?

① 4D 프린터

② 입체 프린터

③ 3D 프린터

④ 사물인터넷 프린터

 3D 프린터 … 3D 도면을 바탕으로 3차원 물체를 만들어내는 기계를 뜻한다. 현재 주 재료는 플라스틱이고, 그 이외도 금속, 왁스, 종이, 고무 등의 다양한 소재가 있지만, 가공의 용이성 등 여러 문제 덕분에 90% 이상이 아직은 플라스틱이다.

21 기압의 단위인 헥토파스칼에 대한 설명 중 옳지 않은 것은?

① 밀리바(mb)와 같은 값이다.

② 수치가 낮을수록 바람의 위력은 더 세다.

③ 국제기압단위인 파스칼(Pa)의 1백배를 뜻한다.

④ 세계기상기구의 권고로 우리나라는 1994년부터 이 단위를 채용했다.

 헥토파스칼(hPa) … 종전의 밀리바(mb)를 대신하는 새로운 기압단위로, 1m² 면적당 1뉴턴(N)의 힘이 작용해 받는 압력을 1파스칼(Pa)로 정의할 때 100배에 해당되는 값이다. 우리나라에서는 1993년 1월 1일부터 채택했다. 태풍은 기압이 낮은 상태에서 형성되므로 헥토파스칼의 수치가 낮을수록 바람은 더 세다.

Answer → 15.② 16.② 17.③ 18.③ 19.② 20.③ 21.④

22 자율신경계에 대한 설명 중 옳지 않은 것은?

① 대뇌의 의지와 관계없이 독자적으로 작용한다.

② 교감신경계와 부교감신경계가 있다.

③ 교감신경계에 자극받은 말단은 아드레날린을 분비한다.

④ 부교감신경은 시냅스가 많아 흥분을 전달한다.

 ④ 부교감신경은 시냅스가 많지 않아 흥분을 잘 전달하지 못하므로 한 기관에만 영향을 미친다.

23 지진에 대한 설명 중 옳지 않은 것은?

① 진앙 – 진원 바로 위 지표의 한 지점을 말한다.

② 진도 – 지진에 의한 흔들림의 크기를 나타내는 척도로 지역에 따라 다른 값을 갖는다.

③ 규모 – 지진의 절대적인 크기를 나타내는 단위로, 하나의 지진에 대해 지역에 따라 다른 값을 갖는다.

④ 여진 – 큰 지진 뒤에 잇따라 일어나는 소규모의 지진을 말한다.

규모(magnitude)는 지진 자체의 크기를 나타내는 절대적 크기의 척도이며, 진도는 지진의 크기를 나타내는 상대적 개념의 척도로 하나의 지진에 대해 지역에 따라 다른 값을 갖는다.

24 컴퓨터 관련 용어가 아닌 것은?

① 푸가   ② 서버

③ 데몬   ④ 미러

① 모방대위법에 의한 악곡형식 및 그 작법
② 근거리통신망(LAN)에서 집약적인 처리기능을 서비스하는 서브시스템
③ 주기적인 서비스 요청을 처리하기 위해 계속 실행되는 프로그램
④ 컴퓨터 그래픽에서 표시면상의 하나의 직선을 축으로 하여 전체 또는 일부분을 180° 회전시켜서 화면에 표시하는 것

25 다음은 돼지에게 알을 빼앗긴 새들이 새총에 몸을 싣고 돼지의 요새를 공격하며 복수한다는 스토리의 게임이다. 게임 방법은 새총을 드래그로 잡아당겨 방향조정하고 쏘면 된다. 다음 중 이 게임에 대한 설명으로 맞는 것을 모두 고르면?

> ㉠ 각도가 45°일 때 가장 멀리 간다.
> ㉡ 줄을 잡아당기는 힘이 돌의 초기속도를 결정한다.
> ㉢ 돌은 수평방향으로 등속 운동한다.

① ㉠
② ㉠㉡
③ ㉡
④ ㉠㉡㉢

 앵그리버드는 2010년 아이폰에서 가장 많이 다운로드된 애플리케이션 게임으로 물리학 이론이 숨겨져 있는 간단한 게임이다.
㉢ 비스듬하게 위로 쏘았을 때, 올라가다가 다시 내려오는 포물선운동을 한다.

26 다음 중 방사성폐기물 처리방법에 대한 설명으로 옳은 것은?

① 고준위방사성폐기물은 폐기물로 간주된다.
② 고준위방사성폐기물은 원자력발전소에서 사용한 장갑, 작업법, 각종 교체부품, 관련 산업체, 병원, 연구기관에서 나오는 폐기물이다.
③ 방사능 준위에 따라 고준위, 중준위, 저준위 방사성폐기물로 구분할 수 있다.
④ 저준위 방사성폐기물 중에서 원자력발전소에서 발생하는 폐기물을 원전수거물이라고 하며 기체, 액체, 고체로 구분하는데 저장방법에는 차이가 없다.

 ① 고준위방사성폐기물은 핵연료로 사용하고 난 후의 핵연료와 이것의 재처리과정에서 나오는 폐기물로 95% 이상을 재활용할 수 있기 때문에 폐기물로 간주하지 않는다.
② 저준위방사성폐기물에 대한 설명이다.
④ 기체, 액체, 고체 등 그 형태에 따라 저장방법에 차이가 있다.

Answer ➔ 22.④ 23.③ 24.① 25.① 26.③

27 인터넷 사이트를 방문하는 사람들의 컴퓨터로부터 사용자 정보를 얻어내기 위해 사용되는 것으로, ID와 비밀번호 등 네티즌 정보를 담은 임시파일을 말한다. 암호화되어 있긴 하나 이를 통해 개인 신상정보가 노출될 위험을 가지고 있는 것은?

① Proxy   ② Cookie

③ Cache   ④ KSS

(Tip)
① Proxy(프락시) : 인터넷 상에서 한 번 요청한 데이터를 대용량 디스크에 저장해두고, 반복하여 요청하는 경우 디스크에 저장된 데이터를 제공해 주는 서버
③ Cache(캐시) : 컴퓨터의 성능을 향상시키기 위해 사용되는 소형 고속 기억장치
④ KSS : 실시간으로 업데이트된 정보를 제공하는 기술이자 규약

28 다음 중 사이버 해킹 신고 전화로 올바른 것은?

① 118   ② 111

③ 112   ④ 182

(Tip)
② 간첩신고 ③ 범죄신고 ④ 미아, 가출 신고

29 네트워크에서 도메인이나 호스트 이름을 숫자로 된 IP주소로 해석해주는 TCP/IP 네트워크 서비스의 명칭으로 알맞은 것은?

① 라우터   ② 모블로그

③ CGI   ④ DNS

(Tip)
① 라우터(router) : 둘 혹은 그 이상의 네트워크를 연결해 한 통신망에서 다른 통신망으로 통신할 수 있도록 도와주는 장치이다.
② 모블로그(moblog) : 휴대전화를 이용하여 컴퓨터상의 블로그에 글·사진 등의 콘텐츠를 올릴 수 있는 서비스이다.
③ CGI(common gateway interface) : 웹서버가 외부프로그램과 데이터를 주고받을 수 있도록 정의한 표준안이다.

30 물리학의 양자론을 처음으로 블랙홀(black hole)에 적용하여 주장한 물리학자는?

① 아인슈타인　　　　　　　　② 플레밍

③ 호킹　　　　　　　　　　　④ 플랭클린

> (Tip) 블랙홀(black hole) … 물질이 중력수축을 일으켜 그 크기가 임계반지름 이하로 줄어든 천체를 의미한다.

31 미국이 화성의 탐사를 위해 발사한 위성은?

① 마르스 1호　　　　　　　　② 업저버호

③ 보이저 2호　　　　　　　　④ 파이오니어 10호

> (Tip) ① 마르스 1호 : 구소련에서 발사한 최초의 화성탐사선이다.
> ③ 보이저 2호 : 천왕성 관측우주선이다.
> ④ 파이오니어 10호 : 목성 탐사우주선이다.

32 다음 중 미국의 1인승 유인우주선을 발사하여 지구궤도를 선회한 뒤 귀환시키는 계획은?

① 매리너계획　　　　　　　　② 오즈마계획

③ 머큐리계획　　　　　　　　④ 서베이어계획

> (Tip) ① 매리너계획(Mariner Project) : 미국의 금성 및 화성에 대한 자료 수집을 위한 계획이다.
> ② 오즈마계획(Ozma Project) : 우주인의 신호를 전파망원렌즈로 포착하려는 계획이다.
> ④ 서베이어계획(Surveyer Project) : 달의 표면이 아폴로 유인우주선의 착륙을 견딜 수 있는가의 여부 및 달의 지질 등의 탐사를 위해 달이 무인기계장치를 설치하려는 계획이다.

33 지구와 태양의 거리 중 옳은 것은?

① 149,450,000km　　　　　　② 172,390,000km

③ 198,570,000km　　　　　　④ 254,890,000km

> (Tip) 지구로부터 태양까지의 거리는 약 1억 5천만km로 1AU (천문단위)라 하며, 광속으로 8분 20초의 거리이다.

Answer ┌→ 27.② 28.① 29.④ 30.③ 31.② 32.③ 33.①

34 다음 중 태양열이 전도되는 방법은?

① 대류 ② 반사

③ 복사 ④ 액화열

 ③ 복사 : 열에 의해 물질을 이루는 원자가 들뜨면서 전자기파를 복사하는 현상으로 주변에 전달
물질이 없어도 직접적으로 전달된다.
① 대류 : 열이 유체를 통하여 이동하는 현상으로, 이는 유체의 열팽창으로 인한 밀도변화에 의해
일어나는 물질의 순환운동이다.
④ 액화열 : 기체 상태의 물질 1g이 액체 상태로 변할 때 방출하는 열을 의미한다.

35 번개불이 보이고 난 후 약 5초 뒤에 천둥소리가 들렸다. 벼락은 약 얼마의 거리에서 떨어졌는가?

① 약 0.9km ② 약 1.7km

③ 약 2.5km ④ 약 3.9km

 소리의 속도는 340㎧이다. 벼락이 떨어진 거리는 340㎧ × 5s이므로 1,700m, 즉 약 1.7km이다.

36 현재 우리나라에서 사용하고 있는 원자로는?

① 핵융합반응에서 나오는 에너지를 이용한다.

② 핵분열반응에서 나오는 에너지를 이용한다.

③ 가속시킨 입자를 사용하여 원자핵을 인공 변환시킬 때 나오는 에너지를 이용한다.

④ U-225의 핵에 고속의 중성자를 흡수시킴으로써 발생하는 에너지를 이용한다.

 핵분열 연쇄반응을 서서히 진행시켜 그 에너지를 이용할 수 있도록 만든 장치로, 페르미(E.
Fermi)가 최초로 고안했다. 우리나라에서 사용하고 있는 원자로는 대부분이 가압수로형이다.

37 물질을 구성하고 있는 가장 작은 소립자를 무엇이라고 하는가?

① π 중간자 ② μ 중간자

③ 뉴트리노 ④ 쿼크

 쿼크(quark) … 물질을 구성하는 가장 기본적인 입자로, 업·다운·스트레인지·참·보텀·톱의
6종류가 있다. 이 입자는 중성자, 양성자, π 중간자 등 일반적으로 하드론(강입자)이라고 불린다.

38 2005년 뉴스위크가 선정한 글로벌 뉴리더 10인에 뽑힌 삼성전자 반도체 총괄 사장인 이 사람의 성을 딴 법칙으로 '반도체 집적도는 1년에 2배씩 증가한다'는 내용의 법칙은 무엇인가?

① 김의 법칙

② 이의 법칙

③ 송의 법칙

④ 황의 법칙

 황의 법칙 … 황창규 삼성전자 반도체 총괄사장이 2002년 2월 미국 샌프란시스코 매리어트호텔에서 열린 국제반도체회로학술 회의(ISSCC) 총회 기조연설에서 "반도체 집적도는 1년에 2배씩 증가하며 그 성장을 주도하는 것은 모바일(mobile) 기기와 디지털 가전 등 이른바 비(非)PC"라고 주장한 것을 말한다.

39 다음 중 잘못 짝지어진 것은?

① 린네 – 생물분류법의 체계화

② 드 브리스 – 자연돌연변이 발견

③ 로버트 브라운 – 세포의 발견

④ 크라메르 – 태양에 의한 새의 이동에 관한 연구

 ③ 로버트 브라운은 핵을 발견한 학자이고, 세포의 발견은 영국의 후크(R. Hooke)에 의해 이루어졌다.

40 다음 중 혈액응고작용과 가장 관련이 깊은 혈액 내의 물질은?

① 적혈구

② 백혈구

③ 혈장

④ 혈소판

 혈소판은 혈액의 유형(有形)성분의 하나로, 혈액응고에 중요한 역할을 한다.

41 옴의 법칙(Ohm's Law)이란?

① 전류의 세기는 전기저항에 반비례한다.

② 전류의 세기는 전기저항에 비례한다.

③ 전기저항은 도선의 길이에 비례한다.

④ 전기저항은 도선의 길이에 반비례한다.

 옴의 법칙(Ohm's Law) … 도체에 흐르는 전류의 세기는 전압에 비례하며, 전기저항에 반비례한다.

Answer 34.③ 35.② 36.② 37.④ 38.④ 39.③ 40.④ 41.①

42 다음 중 연결된 것이 서로 맞지 않는 것은?

① 원자설 – 달턴(Dalton)
② 전자의 발견 – 톰슨(Thomson)
③ 양성자의 발견 – 러더포드(Rutherford)
④ 중성자의 발견 – 게이 루삭(Gay Lussac)

 ④ 1932년 영국의 채드윅(J. Chadwick)은 베릴륨(Be)박판에 α 선을 충돌시켜 전하가 없는 입자가 튀어나오는 것을 발견하여 전하를 띠지 않는 입자라는 뜻으로 중성자(Neutron)로 명명하였다. 게이 루삭(Gay Lussac)은 기체의 압력은 온도에 비례한다는 법칙을 주장하였다.

43 다음 (   ) 안에 들어갈 것을 순서대로 적으면?

> 천연가스를 그 주성분인 메탄의 끓는점 이하로 냉각하여 액화시킨 것을 (   )라 하고, 프로판이나 부탄 등 탄화수소를 주성분으로 하는 가스를 액화한 것을 (   )라 한다.

① LNG, SNG
② LPG, LNG
③ LNG, LPG
④ SNG, LPG

 LNG와 LPG
㉠ LNG : 천연가스를 대량수송 및 저장하기 위해 그 주성분인 메탄의 끓는점 이하로 냉각하여 액화시킨 것이다.
㉡ LPG : 일반적으로 프로판가스로 통칭되며, 프로판이나 부탄 등 탄화수소물질을 주성분으로 액화시킨 것이다.

44 다음 중 미항공우주국을 나타내는 말은?

① ESA
② NASA
③ 가가린
④ 뉴 호라이즌스

 ① ESA(European Space Agency) : 유럽의 우주관련 기술과 우주응용 등의 분야에서 평화적 목적의 협력을 촉진하기 위하여 설립된 기구
② NASA(National Aeronautics and Space Administration) : 지구 대기 안팎의 우주탐사 활동과 우주선에 관한 연구 및 개발을 담당하는 미국의 대통령 직속기구
③ 가가린(Gagarin) : 텔레비전·유제품·통조림·전기기구 등의 제조업이 이루어지며, 수의학기술소·전승박물관·가가린 기념박물관 등이 있다. 1968년 세계 최초의 우주비행사 Y.A. 가가린을 기념하기 위해 도시 이름을 가가린으로 개칭하였다.
④ 뉴 호라이즌스 : 2006년 1월에 발사된 인류 최초 무인 왜소행성 134340(명왕성) 탐사선

45 다음의 설명하는 용어에서 나타나는 숫자를 모두 합하면?

> • 최대 속도가 20Gbps에 달하는 이동통신 기술
> • IPv4에 이어서 개발된 인터넷 프로토콜 주소 표현 방식의 차세대 버전
> • 가야금 줄

① 21
② 22
③ 23
④ 24

 ③ 5G(5) + IPv6(6) + 가야금 줄(12) = 23

46 제시된 단어와 같은 관계가 되도록 (   ) 안에 적당한 단어를 고르면?

> 보일의 법칙 : (   ) = 샤를의 법칙 : 온도

① 시간
② 속도
③ 부력
④ 압력

 보일의 법칙은 일정온도에서 기체의 압력과 그 부피는 서로 반비례한다는 법칙이고, 샤를의 법칙은 일정한 압력 하에서 기체의 체적은 절대온도에 비례한다는 법칙이다.

47 AM OLED에 대한 설명으로 옳지 않은 것은?

① 형광 유기물 박막에 전류를 흘려 빛을 발생시킨다.
② 자체 발광형 디스플레이이다.
③ 수동형 유기발광 다이오드를 말한다.
④ 색 재현율과 명암비도 월등하다.

 AM OLED … 능동형 유기발광 다이오드를 말한다. OLED는 형광 또는 인광 유기물 박막에 전류를 흘리면 전자와 정공이 유기물 층에서 결합하면서 빛이 발생하는 원리를 이용한 자체 발광형 디스플레이를 말한다. OLED는 다시 수동형인 PM(Passive Matrix) OLED와 능동형인 AM OLED로 나뉜다. PM OLED가 하나의 라인 전체가 한꺼번에 발광해 구동하는 라인 구동방식인데 비해 AM OLED는 발광소자가 각각 구동하는 개별 구동방식이다.

Answer → 42.④ 43.③ 44.② 45.③ 46.④ 47.③

48 나침반이 남북방향을 가리키는 것은 지구의 자기장 때문이다. 지구 자기장의 3요소가 아닌 것은?

① 수평자기력   ② 수직자기력

③ 편각   ④ 복각

 지구 자기장의 3요소
ⓐ 편각 : 자오선과 자석이 나타내는 방향이 형성하는 각으로 편각의를 이용하여 측정한다.
ⓑ 복각 : 수평면과 지구자기장이 이루는 각을 의미한다.
ⓒ 수평자기력 : 지구 자기장 수평방향의 힘으로, 지구자기 수평분력이라고도 한다.

49 생물이 유전현상에서 중심역할을 하는 DNA에 대한 다음 설명 중 사실과 다른 것은?

① 주로 세포질에 존재한다.
② 2중 나선형의 분자구조를 하고 있다.
③ 1953년 영국의 왓슨과 크릭에 의해 밝혀졌고, 이들은 그 이후 노벨상을 수상했다.
④ 염기와 당류, 인산으로 구성된 고분자화합물이다.

 진핵세포에서의 DNA는 핵 속에 주로 많이 들어 있고, 극미량이 미토콘드리아와 엽록체 속에 들어 있다. 뚜렷한 핵이 없는 세포(주로 미생물세포)를 원핵세포라고 하는데, 이런 세포에서의 DNA는 세포질 속에 흩어져 있다.

50 유전정보의 전달에 관여하는 핵산인 DNA와 RNA분자에 관한 설명 중 옳지 않은 것은?

① DNA분자는 이중나선구조이다.
② RNA분자는 단일구조이다.
③ 공통된 염기성분은 아데닌, 구아닌, 시토신이다.
④ 미국의 S. 오초와가 처음 발견하였다.

 ④ DNA는 왓슨과 크릭에 의해 발견되었다.

51 바이러스에 감염된 세포가 방출하는 일종의 항단백질로 바이러스의 증식을 억제하는 생체방어 물질은?

① 인터페론   ② 의사유전자

③ 클론   ④ 모노크로널 항체

 인터페론(interferon) … 바이러스에 의해 침투당한 세포들에서 생겨나는 항바이러스 단백질로, 특정 바이러스에 영향을 주어 증식을 억제한다.

52 사람의 소화효소로는 소화되지 않는 것으로, 제6의 영양소로 불리는 것은?

① 무기염류 　　　　　　　　 ② 바이타민
③ 식이섬유 　　　　　　　　 ④ 올리고당

 식이섬유 … 식물의 섬유나 세포벽 등을 구성하는 다당류로, 사람에게는 소화되지 않거나 소화가 곤란한 물질이다. 셀룰로오스 · 리그닌 · 헤미셀룰로오스 · 펙틴 등이며, 동맥경화 · 당뇨병 · 비만 · 직장암 등의 방지에 효과가 있다고 한다.

53 전자파의 존재를 실험적으로 확인한 사람은?

① 헤르츠 　　　　　　　　 ② 패러데이
③ 맥스웰 　　　　　　　　 ④ 로렌츠

 전자파의 존재는 1888년 독일의 물리학자 H.R. 헤르츠에 의해 불꽃 간극이 있는 전기 진동회로 로부터 전자기파를 발생시킴으로써 실험적으로 확인됐다.

54 다음 중 열역학에서 취급하는 것 가운데 H로 표기되며, 열함량을 나타내는 것은?

① 점성도 　　　　　　　　 ② 엔탈피
③ 칼로리 　　　　　　　　 ④ 산성도

 엔탈피(enthalpy) … 어떤 물질이 일정한 압력에서 생성될 때 그 물질 속에 축적된 열에너지이다.

55 원자력발전소에 대한 설명으로 옳지 않은 것은?

① 1978년에 4월 준공된 국내 최초의 우리나라 원자력발전소는 고리 1호기다.
② 국내 운전 중인 원자력발전소는 월성 1~4호기를 제외하고 모두 경수로이다.
③ 신한울 1호기는 2017년 부터 운전 중이다.
④ 1983년 4월부터 상업운전에 들어간 월성 1호기의 설계수명은 30년이다.

 신한울 1호기는 2019년 11월에 준공되었다.

Answer ↱ 48.② 49.① 50.④ 51.① 52.③ 53.① 54.② 55.③

56 시스템 소프트웨어에 대한 설명을 틀린 것은?

① 응용 소프트웨어의 실행이나 개발을 지원한다.

② 응용 소프트웨어에 의존적이다.

③ 컴퓨터의 운영 체계(OS), 컴파일러, 유틸리티 등이 있다.

④ 응용 소프트웨어와 대칭된다.

 ② 시스템 소프트웨어는 응용 소프트웨어에 의존적이지 않은 소프트웨어이다.

57 휴대폰용 운영체제 · 미들웨어 · 응용프로그램을 묶은 소프트웨어 플랫폼은?

① 윈도(window)

② 태블릿(tablet)

③ 안드로이드(android)

④ DNS(domain name system)

안드로이드(android) … 휴대폰용 운영체제 · 미들웨어 · 응용프로그램을 묶은 소프트웨어 플랫폼으로 구글(Google)사가 안드로이드사를 인수하여 개발했다. 리눅스 2.6 커널을 기반으로 강력한 운영체제와 포괄적 라이브러리 세트, 폰 애플리케이션 등을 제공하는데, 특히 '소스 코드'를 모두 공개한 완전 개방형 플랫폼으로, 누구나 이를 이용하여 소프트웨어와 기기를 제작 · 판매 가능하다.
① 컴퓨터에서 소프트웨어와 하드웨어를 제어하는 운영체제이다.
② 평면판 위에 펜으로 그림을 그리면 컴퓨터 화면에 커서가 그에 상응하는 이미지를 그려내게 할 수 있도록 한 장치이다.
④ 네트워크에서 도메인이나 호스트 이름을 숫자로 된 IP주소로 해석해주는 TCP/IP 네트워크 서비스이다.

58 한국 최초의 우주인 이소연씨가 우주공간에서 중력반응 및 노화 유전자를 탐색할 때 이용한 것은?

① 쥐   ② 나비

③ 잠자리   ④ 초파리

초파리는 단기간에 실험을 할 수 있으며, 염색체도 8개밖에 없어서 단기간에 빠른 결과를 낼 수 있다.

59 지구 자전을 증명할 수 있는 것은?

① 광행차　　　　　　　　　　　　② 별의 연주시차

③ 춘분점의 이동　　　　　　　　　④ 푸코진자의 진동면 이동

 Tip 지구 자전의 증거 … 푸코진자의 진동면 회전, 전향력, 인공위성궤도의 서편현상, 자유낙하 물체의 동편현상

60 무궁화위성 3호에 대한 설명 중 옳지 않은 것은?

① 통신용 중계기 24대와 방송용 중계기 6대를 탑재하고 있다.

② 1, 2호와 마찬가지로 동남아지역까지 서비스가 가능하다.

③ 최대 168개까지의 위성방송채널을 공급할 수 있다.

④ 남미 프랑스령 기아나 쿠루위성 발사기지에서 발사됐다.

 Tip ② 무궁화위성 1 · 2호는 서비스가 한반도지역에 국한되었고, 3호는 가변빔 안테나를 이용하여 동남아는 물론 호주지역까지 서비스가 가능하다.

61 가벼운 원자핵이 서로 충돌 · 융합하여 보다 무거운 원자핵을 만드는 과정에서 에너지를 만드는 핵융합 현상을 일으키는 원소는?

① 토륨　　　　　　　　　　　　　② 라듐

③ 우라늄 235　　　　　　　　　　④ 중수소

　　　Tip 중수소(D 또는 2H)와 삼중수소(T 또는 3H)의 가벼운 원소가 일으킨다.

62 극한기술(極限技術)에 대한 설명으로 바르지 못한 것은?

① 핵융합 · 초전도체 · 우주에서의 신소재개발 등에 폭넓게 이용된다.

② 현재는 항공 · 우주분야에만 쓰이고 있다.

③ 물리적 환경을 극한상태로 변화시켜 새로운 현상과 신물질을 창출해 내는 기술이다.

④ 초정밀 · 초고온 · 초고압 등의 기술을 의미한다.

 Tip 극한적인 환경을 발생시켜 응용하는 기술혁신으로 이것은 핵융합(초고온), 반도체(초정점), 신물질 창출(초고온, 초고압, 고진공) 등에 응용되고 있다.

Answer ↦ 56.② 57.③ 58.④ 59.④ 60.② 61.④ 62.②

63 바이오에너지(bioenergy)에 대한 설명으로 옳지 않은 것은?

① 바이오가스와 알콜연료로 나눌 수 있다.
② 기존의 에너지를 합성하여 얻어낸 에너지이다.
③ 생체에너지 또는 녹색에너지라고도 불린다.
④ 바이오매스(biomass), 즉 양(量)의 생물체라고도 한다.

 바이오에너지(bioenergy) … 석유나 석탄 등의 유한한 화학연료가 아닌 농작물·목재·축분 등 생물·생체자원을 이용하여 연료로 사용하는 대체에너지이다.

64 예측불가능한 현상, 즉 언뜻 보아 무질서하게 보이는 복잡한 현상의 배후에 있는 성연한 질서를 밝혀내는 이론은?

① 퍼지이론(fuzzy set theory)
② 카오스이론(chaos theory)
③ 빅뱅이론(big bang theory)
④ 엔트로피이론(entropy theory)

 퍼지(fuzzy)가 주관적인 결정을 하는데 비해 카오스(chaos)는 객관적인 이론체계를 만든다.

65 스마트폰 시장에서 제품수명이 짧아지는 법칙을 무엇이라 하는가?

① 애플법칙
② 안드로이드 법칙
③ 샤오미 법칙
④ SM 법칙

 안드로이드 법칙 … 18개월 간격으로 컴퓨터의 칩 밀도가 두배씩 증가한다는 인텔사의 공동창립자인 고든무어가 발견한 '무어의 법칙'을 따서, 스마트폰 시장에서의 제품 수명이 급격히 짧아진다는 뜻이다.

66 다음 중 모바일메신저 어플이 아닌 것은?

① 라인
② 왓츠앱
③ 탱고
④ 심비안

 심비안(Symbian Ltd.) … 소프트웨어 개발 및 라이선스 기업으로, 스마트폰 운영 체제 심비안 OS와 기타 관련 기술로 알려져 있다. 본사는 잉글랜드 런던 사우스워크(Southwark)에 있으며, 그 밖의 오피스로는 영국, 중국, 인도, 일본, 한국, 미국에 있다.

67 다음 단위 중 그 크기가 가장 작은 것은?

① 테라 　　　　　　　　　　② 피코

③ 나노 　　　　　　　　　　④ 펨토

 ① 10^{12} ② 10^{-12} ③ 10^{-9} ④ 10^{-15}

68 IAEA와 관계없는 것은?

① 원자력에 대한 정보교환을 촉진한다.

② 원자력의 평화적 이용을 추진한다.

③ 핵분열 물질이 군사목적에 사용되지 않도록 보장조치를 강구한다.

④ 1957년 발족되어 미국 워싱턴에 본부가 있다.

 ④ IAEA(International Atomic Energy Agency)의 본부는 오스트리아의 빈에 있다.

69 다음은 무엇에 대한 설명인가?

> 미국항공우주국(NASA)과 유럽우주기구(ESA)가 공동으로 추진하고 있는 무인태양탐사 계획은 태양의 극궤도에 위성을 띄워 극궤도를 돌면서 태양의 여러 현상을 관측하려는 것이다. 이 계획에 따르면, 위성은 미국의 우주왕복선에서 발사되어 처음에는 목성을 향해 가다가 목성의 인력에 의해서 태양쪽으로 궤도가 바뀌게 된다.

① 유레카계획 　　　　　　　② 머큐리계획

③ 제미니계획 　　　　　　　④ 율리시스계획

 ① **유레카계획**(European Research Coordination Action) : 유럽첨단기술연구 공동체계획으로 미국이 제창한 전략방위구상(SDI)에 대한 유럽 제국의 독자적인 기술개발을 목표로 프랑스가 제창하였다.
② **머큐리계획**(Project Mercury) : 1인승 유인우주선을 발사하여 지구궤도를 선회한 뒤 무사히 귀환시키는 계획이다.
③ **제미니계획**(Project Gemini) : 2인의 우주비행사를 태운 우주선을 발사하여 체공시켜 놓고, 별도로 발사한 우주선과 우주랑데부 및 우주도킹 등을 실험하려는 계획이다.

70 다음이 설명하는 별자리는?

> 끝으로 두 번째 별인 Mizar는 Alcor와 인접해 있으나 육안으로도 판별할 수 있다. 따라서 옛날 아라비아에서는 젊은이들을 군대에 징집할 때 이것을 시력검사에 이용하였다고 한다.

① 카시오페아   ② 큰곰자리

③ 작은곰자리   ④ 오리온

 큰곰자리 … 북쪽 하늘에 보이는 북두칠성을 중심으로 하는 별자리의 하나. 동서고금을 통하여 가장 인류와 친숙한 별자리로, 많은 별 중에서 맨눈으로 볼 수 있는 것이 227개이며, 이중 뚜렷한 것이 북두칠성이다. 옛날 시력검사에 쓰인 적도 있으며, 북극성을 찾아내는 가장 쉬운 목표로 중요시된다.

71 정지궤도위성을 설명한 것 중 옳지 않은 것은?

① 적도 상공에서 정지한 상태로 작용하기 때문에 운영비를 대폭 줄일 수 있다.

② 정지궤도위성의 고도는 약 36,000km이다.

③ 통신·기상분야뿐만 아니라 위성방송(DBS)도 정지위성을 이용한다.

④ 최근에 발사된 국산 과학위성 우리별 2호는 정지위성이 아니다.

 정지위성 … 적도 상공에서 원 또는 타원궤도를 선회하게 되는데, 지구가 자전하는 것과 같은 속도·같은 방향으로 돌기 때문에 정지해 있는 것처럼 보이는 위성이다. 최초의 정지위성은 1963년에 발사된 신콤 3호이다.

72 천문학계에서 추정하는 우주의 나이는?

① 약 50억년   ② 약 150억년

③ 약 300억년   ④ 약 1,000억년

 우주의 나이는 허블(Hubble)연령이라고도 하며, 약 100~200억년으로 추정된다.

73 인류 최초의 인공위성은?

① 서베이어 1호 　　　　　　　② 루나 11호

③ 보스토크 1호 　　　　　　　④ 스푸트니크 1호

 스푸트니크 1호는 구소련에서 1957년 10월 발사된 세계 최초의 무인인공위성이다.

74 우주선이 지구의 인력권을 벗어난 후 어떤 힘으로 달까지 도달하는가?

① 원심력 　　　　　　　　　　② 지구의 인력

③ 관성 　　　　　　　　　　　④ 달의 인력

 지구 인력권과 달 인력권 사이는 무중력상태(진공상태)이므로, 로켓의 엔진가동을 중지시키더라도 관성이 작용하여 계속 운동하므로 달까지 도달하게 되는 것이다.

75 기체의 용해도와 관련된 현상에 대한 설명 중 옳지 않은 것은?

① 깊은 바다에서 잠수 도중 너무 급하게 물 위로 올라오면 잠수병에 걸린다.

② 수돗물을 끓여 먹으면 물속에 녹아 있던 염소 기체가 빠져나온다.

③ 겨울철에 사이다의 뚜껑을 열면 여름철보다 거품이 많이 발생한다.

④ 여름날 오후 연못의 물고기들은 수면 위로 올라와 뻐끔거린다.

 ③ 겨울철이 여름철보다 거품이 적게 발생한다.

76 혜성에 대한 설명으로 옳지 않은 것은?

① 태양의 주위를 도는 태양계에 속한 소천체의 하나이다.

② 태양에 다가서면 꼬리가 태양쪽으로 향한다.

③ 혜성의 본체를 핵이라고 한다.

④ 핵은 태양에 가까워지면 표면이 녹게 되고 이때 가스나 미립자가 방출되어 핵을 둘러싸는데, 이것을 '코마'라고 한다.

 태양에 접근하면 혜성의 꼬리는 태양의 반대쪽으로 뻗는다.

Answer ➔ 70.② 71.① 72.② 73.④ 74.③ 75.③ 76.②

77 다음 중 페트병의 뚜껑을 열고 뜨거운 물에 담갔을 때 생기는 변화에 대하여 바르게 예측한 것은?

① 페트병 내부의 공기 분자의 부피가 커진다.

② 페트병이 가라앉는다.

③ 페트병 내 공기 분자의 운동이 위축된다.

④ 페트병 내 공기의 부피가 커진다.

 ① 공기 분자의 부피는 일정하다.
② 페트병이 위로 뜬다.
③ 공기 분자의 운동은 활발해진다.

78 다음 설명 중 옳지 않은 것은?

① 도메인 네임은 우선등록주의 원칙에 따라 먼저 등록한 자에게 주어지고 있어서 'com 도메인 네임'에 관한 상표권 문제가 종종 발생되고 있다.

② 카피레프트(copyleft)란 존페리 바를로가 '모든 정보는 자유롭게 공유해야 한다'를 주장한 것으로 사이트마다 빨간 리본을 달도록 한 사이버스페이스상의 반저작권운동이다.

③ Y2K란 밀레니엄버그의 별칭으로 컴퓨터의 연도인식오류에 관한 문제를 뜻한다.

④ 소물 인터넷이란 저속, 저전력, 저성능의 특징을 갖는 사물들로 구성된 사물 인터넷을 말한다.

 ② 카피레프트(copyleft)란 지적재산을 더 많은 사람들이 공유함으로써 인류의 발전을 도모해야 한다는 기반에서 출발한 운동으로 리처드 스톨먼이 주창하였다. 무한정 복사가 가능한 디지털기술과 인터넷을 통해 컴퓨터 소프트웨어 프로그램을 더 많이 보급하고 버전업하자는 의의에서 시작되었다.

79 다음 중 컴퓨터 프로그래밍언어가 아닌 것은?

① ALGOL

② COBOL

③ PAL

④ FORTRAN

 컴퓨터 프로그래밍 언어에는 FORTRAN, ALGOL, COBOL, PASCAL, PL/1 등과 같은 고급언어가 있다.

80 다음 중 컬러텔레비전의 주사방식으로 옳지 않은 것은?

① SECAM방식

② NTSC방식

③ QPSK방식

④ PAL방식

 컬러텔레비전 방송의 신호는 적, 녹, 청의 3원색의 영상신호에 의해 구성돼 있다. 현행 컬러텔레비전 방송에서는 컬러 방송 개시 이전부터 시행되고 있는 흑백방송의 전파 속에 흑백 방송과의 양립성을 지니게 하면서 밝기와 색의 정보를 방송에 적합한 신호에 맞추어 송신하고 있다. 컬러 TV방식은 국제적으로 현재 세 가지 방식이 병존하고 있다. 미국에서 개발되어 미국, 캐나다 등 남북미 지역, 일본, 한국 등 아시아 지역의 일부 국가에서 채용하고 있는 NTSC방식, 프랑스에서 개발되어 프랑스나 동유럽 여러 나라, 아프리카의 프랑스어권 지역 등에서 채용되고 있는 SECAM방식, 독일에서 개발되어 서유럽 여러 나라와 중국 등 최근에 컬러 방송을 시작한 나라들이 대부분 채용하고 있는 PAL방식이다.

05 지리·환경·보건

1 환경 분야에서 뛰어난 업적을 세운 풀뿌리 환경운동가에게 수여되는 세계 최대 규모의 환경상은 무엇인가?

① 글로벌 500
② 골드만 환경상
③ 녹색당상
④ 몬트리올 환경상

 Tip 골드만 환경상에 대한 설명이다. '글로벌 500'은 유엔환경계획(UNEP)에서 지구환경보호에 특별한 공로가 인정되는 단체 또는 개인에게 수여되는 상이다.

2 다음은 과학기술관계장관회의(과학기술정보통신부, 산업통상자원부, 환경부, 국토교통부, 해양수산부, 특허청)에서 발표한 「수소 기술개발 로드맵」(2019)의 일부이다. 이는 수소경제 선도국으로 도약하는 것을 목표로 한다. '수소 경제'에 대한 설명으로 가장 적절하지 않은 것은?

세계 최고수준 기술력 확보로 수소경제 선도국으로 도약
⇧
1. 저가 수소 대량 생산 기술 상용화, 그린수소 생산 기술 개발
2. 수소를 저장 및 운송할 수 있는 핵심기술 확보, 전략적 운송 인프라 구축
3. 연료전지시스템 기반의 수송수단 저변 확대
4. 발전용 연료전지시스템 고효율·저가화 기술 확보
5. 수소 안전·제도 완비 / 표준 선점 / 보급 기반 확대

① 미국의 미래학자 제레미 리프킨은 '수소혁명으로 수소는 인간 문명을 재구성하고 세계 경제와 권력 구조를 재편하는 새로운 에너지 체계로 부상할 것'이라고 예측하였다.
② 기존의 탄소 경제 체제에서는 지리적 이점을 지닌 국가가 유리했다면, 수소 경제는 지리적 한계로부터 비교적 자유롭다.
③ 탄소 경제에서 기술경쟁력과 규모의 경제를 확보하는 것이 중요했다면, 수소 경제에서는 '자원을 개발하고 에너지를 확보'하는 경쟁에서 선점을 취하는 것이 중요하다.
④ 온실가스, 대기오염물질 배출이 문제되는 탄소 경제와 달리 수소 경제는 상대적으로 온실가스 배출이 적어 친환경적이라는 평가를 받고 있다.

탄소 경제에서는 '자원개발 및 에너지 확보'의 경쟁 양상을 보였다면, 수소 경제에서는 기술경쟁력과 규모의 경제를 확보하는 것이 중요하다.

3 'IMO 2020'에 대한 설명으로 옳지 않은 것은?

① 국제해사기구(International Maritime Organization)에서 정한 국제환경규제이다.

② 선박연료의 배기가스에 포함되는 오염물질인 황산화물(SOₓ) 함유량 기준을 강화하여 기존 3.5%에서 그 절반으로 낮추는 것을 핵심내용으로 한다.

③ 황 함유량이 적은 저유황유를 선박유로 사용하거나, 기존 선박에 탈황장치(스크러버)를 부착하는 방식으로 IMO 2020에 대응할 수 있다.

④ LNG 연료추진선, LNG 운반선에 대한 필요성이 높아져 국내 조선사로서는 국내외로부터 이에 대한 수요(수주) 증가를 기대할 수 있다.

 IMO 2020은 선박연료의 배기가스에 포함되는 오염물질인 황산화물(SO_x) 함유량을 기존 3.5%에서 0.5%로 낮추는 국제환경규제이다.

4 다음 중 사회적 거리두기에 대한 설명으로 옳지 않은 것은?

① 코로나19 확진자가 급증하면서 지역사회 감염 차단을 위해 실시된 정부의 권고 수칙이다.

② 많은 사람들이 모이는 행사 및 모임 참가 자제, 외출 자제, 재택근무 확대 등을 통해 지역사회 감염 확산을 막기 위해 사람들 사이의 거리를 유지하는 캠페인이다.

③ 코로나19 유행 차단을 위한 감염 예방 및 차단 활동이 함께 조화되도록 전개하는 생활습관 개선을 말한다.

④ 기업에서는 유연근무제와 재택근무제를 시행하고 있으며 종교계에서도 주말 종교행사를 온라인으로 전환하고 집회를 자제하는 방식으로 캠페인에 동참하고 있다.

 ③ 생활 속 거리두기에 대한 설명이다. 생활 속 거리두기란 코로나19의 장기유행에 대비하여 국민의 일상생활과 경제활동을 보장하면서, 코로나19 유행 차단을 위한 감염 예방 및 차단 활동이 함께 조화되도록 전개하는 생활습관과 사회구조 개선을 말한다.

Answer 1.② 2.③ 3.② 4.③

5 다음 빈칸에 들어갈 말로 적절한 것은?

> (   )는 공식적인 진단명이 아니다. 이는 코로나19 확산으로 일상에 큰 변화가 닥치면서 생긴 우울감이나 무기력증을 뜻한다. 감염재난 시기에 발생하는 건강에 대한 위협, 경제적인 어려움, 일상의 중단 등은 현실적인 고통으로서 우리가 직면하는 첫 번째 화살이다. 자연스럽게 받아들이고 극복해나가야 하지만, 쉽지 않다.
> 자연스레 우리의 마음 한 켠에는 불안, 분노, 우울감이 유발되는데 이를 (   )라고 일컫는다. 사실 불안한 감정을 질환으로 느낄 필요는 없다. 어느 정도의 불안은 누구나 경험하고 있기 때문이다. 불안이 있기 때문에 손도 잘 씻고, 마스크도 쓰는 등 방역수칙을 잘 지키고 있는 것이다.

① 머터니티 블루   ② 베리지 블루
③ 블루 아워   ④ 코로나 블루

 '코로나19'와 '우울감(blue)'이 합쳐진 신조어로, 코로나19 사태의 장기화로 일상에 큰 변화가 닥치면서 생긴 우울감이나 무기력증을 뜻한다. 이는 감염 위험에 대한 우려는 물론 '사회적 거리두기'로 인한 일상생활 제약이 커지면서 나타난 현상이다. 의료계에서는 이와 같은 코로나 블루를 예방 및 극복하기 위해서는 규칙적인 수면과 기상시간 등 일상생활 리듬을 유지하는 것이 매우 중요하다고 말한다. 또 손 씻기나 코와 입에 손대지 않기 등 감염 위험을 낮추기 위한 노력을 적극적으로 하는 것도 도움이 된다. 특히 매일 같이 코로나19 관련 뉴스가 뉴스 헤드라인을 장식하는 가운데, 과도한 공포와 불안을 자극할 수 있는 가짜뉴스에도 주의해야 한다.

6 다음 중 세계보건기구의 전염병 경보에 대한 설명으로 옳은 것은?

① 2단계 - 동물에 한정된 전염으로 야생동물 사이에 바이러스가 돌고 인간 전염이 확인되지 않은 단계
② 3단계 - 가축화 된 동물 사이에도 바이러스가 돌고 인간 전염의 가능성이 있으나 확실하지 않은 단계
③ 4단계 - 급속한 사람 간의 전염을 뜻하며 공동체 수준의 전염이 이루어지고 많은 사람들에게 갑자기 심각한 증상의 질병 발생
④ 5단계 - 감염병 유행으로 2개국 이상 대륙에 전염 확산

 세계보건기구의 전염병 경보 6단계
- **1단계 – 동물에 한정된 감염**: 야생 동물 사이에 바이러스가 돌고 있으나 인간 전염이 확인되지 않음.
- **2단계 – 소수 사람에 전염, 가능성**: 가축화된 동물 사이에도 바이러스가 돌고 인간 전염의 가능성이 있으나 확실하지 않음. 잠재적인 전염병 위협 단계.
- **3단계 – 사람 간 전염 증가**: 동물과 동물, 동물과 인간의 전염의 시작 단계로 아직 사람 사이의 전염이 이뤄지지 않아 공동체 수준의 발병으로는 분류하기 힘든 단계.

- 4단계 – 급속한 사람 간의 전염 : 공동체 수준의 전염을 많은 사람들에게 갑자기 심각한 증상을 일으키는 질병이 발생하고 사람들 사이에 병이 빠르게 퍼지는 시기. 각국에서 구체적 전염병 확산 방지 지침을 내리기 시작하고 철저한 예방 사업을 시작.
- 5단계 – 대륙 내 2개국 이상 전염 : 감염병 유행, 아직 대다수의 국가들은 감염 영향이 없는 단계로 팬데믹이 될 수 있는 강력한 신호로서 많은 준비를 해야 하는 시기.
- 6단계 : 2개 이상 대륙 전염확산, 세계적 대유행 '팬데믹'

7 다음 중 신에너지가 아닌 것은?

① 연료 전지
② 바이오 에너지
③ 수소 에너지
④ 석탄 액화 에너지

 신에너지는 기존에 쓰이던 석유, 석탄, 원자력, 천연가스가 아닌 새로운 에너지를 의미하는 것으로 수소 에너지, 연료 전지, 석탄 액화·가스화 에너지를 말한다.
② 바이오 에너지 : 석유나 석탄 등의 화석연료를 활용하는 것에 비해 공해물질을 현저히 낮게 배출한다. 또한 사용 시 '재생성'을 지니고 있어 원료 고갈 문제가 없다는 점에서 지속 가능 에너지로 주목 받고 있다.

8 제시된 글에서 밑줄 친 '지수'는 무엇인가?

미세먼지, 초미세먼지 등 유해물질 입자 차단 성능을 나타내는 <u>지수</u>로, 지수가 높을수록 작은 입자에 대한 차단율이 높은 것이다. 황사와 미세먼지 등을 차단하기 위해서는 식품의약품안전처에서 의약외품을 허가 받아 <u>이 지수</u>가 표기된 보건용 마스크를 착용해야 한다. 식약처는 마스크가 먼지를 걸러주는 정도인 '분진포집효율', 마스크 틈새로 공기가 새는 비율인 '누설률' 등을 시험한 결과에 따라 숫자를 붙인다.

① KF지수
② N95지수
③ MF지수
④ K95지수

 입자 차단 성능을 나타내는 지수로, 'KF'는 식품의약품안전처의 인증을 받았다는 등급을 나타낸다. 현재 의약외품으로 허가받은 제품으로는 'KF80', 'KF94', 'KF99' 등이 있는데, KF지수가 높을수록 입자가 작은 먼지 차단율이 높다.

Answer ⟶ 5.④ 6.③ 7.② 8.①

9 기업이 실제로는 환경에 유해한 활동을 하면서 마치 친환경적인 것처럼 광고하는 행위를 이르는 말은?

① 에코워시(ecowash)

② 그린워시(greenwash)

③ 에코택스(eco tax)

④ 그린택스(green tax)

 그린워시는 기업이 실제로는 환경에 유해한 활동을 하면서 마치 친환경적인 것처럼 광고하는 행위를 말한다. 기업 감시단체인 '코프워치(Corp Watch)'는 매년 '지구의 날(4월 22일)'에 맞춰 그린워시를 행한 기업에 그린워시상(Greenwash Awards)을 수여한다.

10 다음 중 싱크홀에 대한 설명으로 옳지 않은 것은?

① 땅속에 있는 암석이 침식되거나 동굴 등이 무너지면서 지반 위의 힘을 이기지 못하고 땅이 꺼지는 현상을 말한다.

② 균열대(지층이 어긋나 균열이 생긴 지역)를 채우고 있던 지하수가 빠져나가면서 빈 공간이 생길 경우 발생할 수 있다.

③ 지하수 개발, 도시 노후 상하수도관 누수, 지하철 공사 등으로 인한 인재(人災)이다.

④ 대개 지상에서 보았을 때 둥근 모양으로 거대한 원통 혹은 원뿔형 공간이 지하에 생긴다.

 ③ 싱크홀은 말 그대로 가라앉아 생긴 구멍을 말한다. 본래 싱크홀이란 자연적으로 형성된 구덩이를 말하는 것으로 인간 때문에 생긴 함몰구멍만을 뜻하진 않는다.

11 불면증이나 일부 뇌질환을 치료하기 위해 처방하는 약제로, 약효가 빠르고 그 지속 시간이 짧은 수면제이며, 제2의 프로포폴이라고 불리는 것은?

① 할시온   ② 트라조돈

③ 리보트릴   ④ 졸피뎀

 졸피뎀은 불면증 치료용으로 쓰이는 수면 유도제로, 국내산 수면제보다 약효가 3배 정도 강한 것으로 알려져 있다. 졸피뎀은 복용 후 전날 있었던 행동을 기억 못하는 증상이 나타나 제2의 프로포폴이라고도 불린다. 장기간 복용 시 환각 증세와 같은 부작용이 나타날 수 있어 향정신성 의약품(마약류)으로 분류돼 있으며, 의사의 처방 없이는 복용할 수 없다.

12 '친환경 생태도시'를 칭하는 용어는?

① 메갈로폴리스

② 그린메트로

③ 메트로폴리스

④ 에코폴리스

 에코폴리스(ecopolis) … 생태라는 의미의 '에코(ecology)'와 도시라는 의미의 '폴리스(polis)'의 합성어로 자연생태계를 고려한 미래형 친환경 생태도시를 의미한다.

13 디지털 기기 없이는 전화번호, 사람의 이름 등을 기억하지 못하거나 계산능력이 떨어지는 현상을 일컫는 말은?

① 알코올성 치매

② 아이디 팝

③ 디지털 치매

④ 알츠하이머

 디지털 치매 … 디지털 기기가 일상에 필요한 기억을 대신 저장해줘 디지털 기기 없이는 전화번호, 사람의 이름 등을 기억하지 못하거나 계산능력이 떨어지는 현상을 말한다. 주로 디지털 기기에 친숙한 10～30대에서 발견된다.

14 인체의 허벅지 뒤쪽 부분의 근육과 힘줄을 말하는 것으로, 달리기나 스포츠 선수가 갑자기 방향을 바꾸거나 무리하게 힘을 줄 때 부상을 입을 수 있는 근육을 이르는 말은?

① 케틀벨

② 페이스풀

③ 레터럴 레이즈

④ 햄스트링

 햄스트링(hamstring) … 인체의 허벅지 뒤쪽 부분의 근육과 힘줄을 말한다. 햄스트링은 자동차의 브레이크처럼 동작을 멈추거나 속도 감속 또는 방향을 바꿔주는 역할을 한다. 엉덩이와 무릎관절을 연결하는 반건양근·반막양근·대퇴이두근, 무릎관절 쪽에만 붙어 있는 대퇴이두근 단두로 4개의 근육으로 되어 있다. 일반적으로 달리기나 스포츠 선수가 갑자기 방향을 바꾸거나 무리하게 힘을 줄 때 햄스트링에 손상을 입을 수 있다.

Answer 9.② 10.③ 11.④ 12.④ 13.③ 14.④

15 컴퓨터를 많이 해서 손목이나 목이 아픈 증상을 무엇이라 하는가?

① 빌딩증후군　　　　　　　　　② 새집증후군

③ 괴저병　　　　　　　　　　　④ VDT 증후군

 VDT 증후군 … 컴퓨터 작업으로 인해 발생하는 목이나 어깨 결림 등의 경견완증후군과 근육이 뭉쳐 통증을 느끼는 근막동통증후군, 손목신경이 눌려 손가락까지 저리는 수근관증후군 등 다양한 증세들을 말한다.

16 세계 환경의 날은 언제인가?

① 3월 22일　　　　　　　　　　② 4월 22일

③ 5월 31일　　　　　　　　　　④ 6월 5일

 ④ 매년 6월 5일은 세계 환경의 날이다.

17 보행자의 올바른 통행 방법이 아닌 것은?

① 보행자는 부득이 한 경우를 제외하고 언제나 보도를 통행해야 한다.

② 보행자는 육교나 지하도 등 도로 횡단 시설이 있는 경우에는 그곳으로 횡단해야 한다.

③ 보행자는 보도와 차도가 구분되지 않은 도로에서는 길 가장자리로 통행한다.

④ 보행자가 물건을 가지고 차도로 통행할 수 있다.

 ① 도로교통법 제8조 제1항
② 도로교통법 제10조 제2항
③ 도로교통법 제8조 제2항
④ 보행자가 차도에 물건을 가지고 통행하는 것은 위험하다.

18 다음 중 구제역에 걸리는 동물이 아닌 것은?

① 사슴　　　　　　　　　　　　② 돼지

③ 개　　　　　　　　　　　　　④ 양

 구제역 … 소, 돼지, 양, 염소, 사슴 등 발굽이 둘로 갈라진 우제류에 감염되는 질병으로 전염성이 매우 강하며 입술, 혀, 잇몸, 코, 발굽 사이 등에 물집이 생기며 체온이 급격히 상승하는 증세를 보이다 결국에는 폐사하게 된다. 국제사무국(OIE)에서 A급 질병으로 분류하였으며 우리나라에서도 제1종 가축전염병으로 지정되어 있다.

19 다음 중 일교차가 가장 심한 곳은?

① 사막지방

② 극지방

③ 온대지방

④ 열대지방

 일교차(日較差)는 하루 중의 최고와 최저기온의 차를 말한다. 일교차가 가장 큰 곳은 사막지방이며 해안보다는 내륙이, 흐린 날보다는 맑은 날 일교차가 더 크다.

20 우리나라 남서면에 여름철 비가 많은 이유는?

① 분지형이기 때문에

② 해안이 가까우므로

③ 원래 비가 많은 지역이므로

④ 여름에 계절풍을 받는 지역이므로

 ④ 여름철에는 우리나라 남부에 고온다습한 열대성 저기압인 북태평양기단이 발생하여 남동계절풍이 불고, 7~9월 사이에 폭풍우를 일으키는 태풍 등으로 강우량이 많으며, 겨울철에는 한랭건조한 시베리아기단이 형성되어 북서계절풍이 불며 날씨는 맑고 기온이 낮다.

21 지도상에 나타난 산 높이의 기준이 되는 면은?

① 지구 타원체면

② 지구와 같은 부피를 가진 구의 표면

③ 표준중력을 나타내는 기상 타원체면

④ 지오이드

 ④ 지오이드(geoid)는 지구의 각지에서 중력의 방향을 측정하여 이것에 수직한 면을 연결한 곡면으로서, 평균해수면과 일치하며 지구상의 여러 측정기준이 된다.

22 콜레라에 대한 설명 중 바르지 않은 것은?

① 수인성 전염병으로 물과 음식을 통해 감염된다.

② 설사, 구토와 같은 증세를 동반한다.

③ 예방 접종으로 예방할 수 있다.

④ 노약자의 경우 발병 위험이 높고 사망률도 10%가 넘는다.

 ③ 콜레라는 다른 전염병과 달리 예방 접종의 효과가 없지만, 열에 약하므로 물과 음식을 충분히 끓여 먹으면 예방할 수 있다.

Answer 15.④ 16.④ 17.④ 18.③ 19.① 20.④ 21.④ 22.③

23 다음 중 적조현상의 원인이 아닌 것은?

① 수온의 상승 　　　　　　　　② 해류의 정체
③ 질소(N), 인(P) 등의 유입 　　④ 염분농도의 상승

 적조(赤潮)현상 … 바닷물의 플랑크톤이 갑자기 이상 번식되어 해수가 적색이나 황색·갈색으로 변화하는 현상으로, 도시공장폐수로 바다가 오염되어 질소·인 등이 많아지는 부영양화가 간접적인 원인이다.

24 다음 중 온난화에 대한 설명으로 옳지 않은 것은?

① 수된 원인은 이산화탄소이다.
② 지구 표면의 평균 온도가 상승하는 현상이다.
③ 우리나라는 기후변화협약에 가입되어 있지 않다.
④ 온난화에 의해 대기 중의 수증기량이 증가하면서 평균 강수량이 증가할 수 있다.

 온난화현상은 대기 중의 탄산가스와 수증기가 파장이 긴 지구복사열을 통과시키지 못하고 흡수하여 지구 표면의 온도가 상승하는 현상이다.
③ 우리나라는 1993년 12월에 기후변화협약에 가입하였다.

25 도심의 대기오염을 악화시키는 기상조건에 해당하지 않는 것은?

① 기온역전현상 　　　　　　　② 기압골의 접근
③ 이동성 고기압권 　　　　　　④ 지표면의 복사열

 ① 기온역전현상이란 위로 올라갈수록 기온이 높아지는 현상으로, 날씨가 맑은 밤에 지면의 열이 식으면서 지면 근처의 공기가 그 위층의 공기보다 기온이 낮아지는 현상을 말한다. 기온역전은 그 층의 대기를 안정되게 하는데 대기가 안정되면 오염물질이 대기 중에 그대로 머물러 오염이 악화된다.
② 기압골이 접근하면 비구름이 형성된다. 비가 올 경우 대기 중의 먼지와 각종 오염물질이 제거된다.

26 고기압과 저기압의 구분기준은?

① 900헥토파스칼 　　　　　　② 1,000헥토파스칼
③ 1,014헥토파스칼 　　　　　　④ 기준이 없다.

 고기압과 저기압은 구분기준이 따로 있는 것이 아니라 주위보다 상대적으로 높으면 고기압, 낮으면 저기압이라 한다.

27 다음 중 천연보호수역으로 지정되지 않은 곳은?

① 설악산   ② 한라산

③ 대암산과 대우산   ④ 태백산

 천연보호수역…홍도, 설악산, 한라산, 대암산과 대우산, 향노봉과 건봉산

28 다음 중 금강산의 겨울명칭은?

① 봉래산   ② 송악산

③ 개골산   ④ 풍악산

 금강산은 기암괴석이 많고 곳곳에 폭포와 연못이 있어 경치가 뛰어나게 아름답다. 계절에 따라 그 이름을 다르게 부르는데 봄에는 금강석처럼 아름답다고 하여 금강산이라 부르고 여름에는 계곡과 봉우리에 짙은 녹음이 깔린 신록의 경치를 볼 수 있어 봉래산이라 부른다. 가을에는 산이 붉게 불탄다 하여 풍악산이라고 부르며 겨울에는 나무들이 나뭇잎이 다 떨어져 금강산의 바위가 드러난다 하여 개골산이라 부른다. 개골산은 눈 덮인 산이라는 의미의 설봉산이라고도 한다.

29 다음 중 세계 5대 갯벌에 포함되지 않는 곳은?

① 유럽 북부 연안   ② 캐나다 동부 연안

③ 한국의 서해안   ④ 이탈리아의 서해안

 세계 5대 갯벌…한국의 서해안, 독일의 북부 연안, 브라질의 아마존 강 유역, 미국의 동부 해안, 캐나다의 동부 해안

30 다음 중 세계 4대 강풍에 속하지 않는 것은?

① 태풍   ② 사이클론

③ 토네이도   ④ 허리케인

 세계 4대 강풍…태풍(typhoon), 사이클론(cyclone), 허리케인(hurricane), 윌리윌리(willy-willy)

Answer ☞ 23.④ 24.③ 25.② 26.④ 27.④ 28.③ 29.④ 30.③

31 다음 중 우리나라의 표준시는?

① 동경 105°

② 동경 120°

③ 동경 135°

④ 동경 150°

 세계시(Universal Time)란 런던 교외의 그리니치 천문대를 지나는 본초자오선(경도 0°)을 기준으로 한다. 우리나라는 그리니치 표준시보다 9시간 빠른 동경 135°를 표준시로 삼고 있다.

32 해저심층수의 생성 원인은 무엇인가?

① 해류

② 어류

③ 깊이

④ 밀도

 해저심층수는 대양을 순환하는 바닷물이 북대서양 그린란드의 차가운 빙하지역과 만나면서 온도가 급속히 내려가게 되고 동시에 빙하가 생성되면서 빠져나온 염분과 미네랄의 비중이 높아진 물이 깊은 바다로 가라앉으면서 형성된다. 이 물은 표층수와의 밀도차이로 인해 서로 섞이지 않고 존재한다.

33 다음 중 지구상에서 인류가 장기적으로 거주할 수 있는 지역을 가리키는 용어는?

① 지오이드

② 외쿠메네

③ 반알렌대

④ 블리자드

 외쿠메네 … 지구상에서 인류가 장기적으로 거주할 수 있는 지역으로, 주로 기후에 의해 그 경계가 결정되고 식량의 생산한계와 일치하는 경향이 있다. 아뇌쿠메네는 외쿠메네에 대응하는 의미로 인류가 장기적으로 거주하기 적합하지 않은 지역을 말한다.

34 다음 중 중국의 창장강(長江)과 가장 관련이 없는 것은?

① 양쯔강(揚子江)

② 광저우(廣州)

③ 상하이(上海)

④ 중국 경제의 젖줄

 양쯔강(揚子江)은 중국 대륙의 중앙부를 횡단하는 강으로 중국에서 가장 긴 강이며 창장강(長江)이라고도 한다. 칭하이성(靑海省)의 남사면에서 발원하여 상하이를 거쳐 바다로 흐른다.
② 광저우는 주장강 삼각주 북부에 시장강·둥장강·베이징강의 세 하천의 합류점에 위치한 하항(河港)으로, 중국 광둥성의 경제·행정·문화의 중심지이다.

35 고속도로 개통 순서가 바르게 연결된 것은?

> ㉠ 88올림픽고속도로   ㉡ 호남고속도로
> ㉢ 서울춘천고속도로   ㉣ 서해안고속도로
> ㉤ 경인고속도로

① ㉠ - ㉢ - ㉣ - ㉡ - ㉤
② ㉡ - ㉤ - ㉠ - ㉣ - ㉢
③ ㉡ - ㉠ - ㉤ - ㉢ - ㉣
④ ㉤ - ㉡ - ㉠ - ㉣ - ㉢

 ㉠ 88올림픽고속도로(1984)
㉡ 호남고속도로(1973)
㉢ 서울춘천고속도로(2009)
㉣ 서해안고속도로(2001)
㉤ 경인고속도로(1968)

36 발트 3국(Baltic States)에 속하지 않는 나라는?

① 폴란드   ② 에스토니아
③ 리투아니아   ④ 라트비아

 발트해 남동 해안에 위치한 라트비아·에스토니아·리투아니아를 이르는 표현으로 이들 3국은 18세기 러시아의 영토로 편입된 후 1918년에 독립하였다. 이후 1940년에 다시 소련에 합병되었다가 1991년에 독립하였다.

37 이라크의 국경과 접해 있는 나라가 아닌 것은?

① 사우디아라비아   ② 쿠웨이트
③ 시리아   ④ 레바논

 이라크는 동쪽으로는 이란, 서쪽으로는 시리아·요르단, 남쪽으로는 사우디아라비아·쿠웨이트, 북쪽으로는 터키와 닿아있다.

Answer ☞ 31.③ 32.④ 33.② 34.② 35.④ 36.① 37.④

38 다음 중 우리나라에 최초로 놓인 철도는?

① 호남선   ② 경인선
③ 경부선   ④ 중앙선

 경인선은 서울과 인천을 잇는 최초의 철도로 1899년에 인천과 노량진 사이에 부분 개통되었고 1900년 한강철교가 준공되자 완전 개통되었다. 경인선의 복선화는 1960년대에 이루어졌고 1974년 수도권 전철화 계획으로 전철화 되었다.

39 국제협약에서 규제하는 물질과 목적을 잘못 연결한 것은?

① 염화불화탄소(CFC) – 엘니뇨 예방
② 이산화탄소(CO_2) – 온난화 방지
③ 유해산업폐기물 – 중금속 오염 방지
④ 변조동식물 – 생물종의 보존

 ① 염화불화탄소는 오존층 보호를 위해 규제되었다.

40 다음 중 환경에 관련된 규격인 것은?

① ISO 9000Series
② ISO 10000Series
③ ISO 11000Series
④ ISO 14000Series

 ① 품질보증 및 품질관리를 위한 국제 규격
④ ISO 14000시리즈 : 환경경영체제에 관한 국제표준화 규격을 이르는 것으로 기업 활동을 전반적으로 평가하여 환경경영체제를 객관적으로 인증해준다.

41 내분비계교란물질(endocrine disrupter)과 관련이 적은 것은?

① 환경호르몬이라는 용어로 알려져 있다.
② 테오 콜본의 저서 「잃어버린 미래(Our Stolen Future)」로 전 세계적 관심의 계기가 되었다.
③ 정자수 감소, 기형유발 등의 악영향을 미치는 것으로 알려져 있다.
④ 국제적으로 인체에 대한 내분비계교란물질로 밝혀진 물질은 7가지이다.

내분비계 교란물질은 화학물질 중 생물의 체내에 흡수되어 호르몬이 관여하는 내분비계에 혼란을 일으키는 물질이다. 카슨의 「침묵의 봄(Silent Spring」이 출판된 후 화학물질의 위험성이 알려지기 시작하다가 미국에서 「잃어버린 미래(Our Stolen Future)」가 출간된 이후 본격적으로 화학물질이 내분비계에 미치는 악영향이 알려졌다.

④ 세계자연보호기금(WWF) 목록에서는 DDT 등 농약 41종과 음료수 캔의 코팅물질로 쓰이는 비스페놀A, 폐기물 소각 시 발생하는 다이옥신 등 67종을 환경호르몬으로 규정하고 있다.

42 다음 중 재활용 가능한 폐기물로서 '재활용마크'를 붙일 수 있는 것은?

① FAX용지

② 라면봉지

③ 비닐코팅이 된 전단

④ 페트병

 재활용마크

부착가능 여부	해당 폐기물
가능	종이류, 캔류, 고철류, 유리류, 합성수지류
불가능	비닐코팅용지, FAX용지(감열지), 유백색 유리병, 창문유리, 전화기·소켓 등 경화플라스틱, 음·식료품 포장지 등

43 무럭무럭 나는 김에 악취까지 풍기며 흘러나오는 시커먼 공장폐수를 떠서 오염상태를 알아보려면 어떤 수질항목을 측정하는 것이 적당한가?

① BOD   ② COD

③ SS   ④ DO

 ② COD(Chemical Oxygen Demand)는 화학적 산소요구량으로 하수, 특히 폐수 중의 오염원이 될 수 있는 유기물을 산화제를 이용하여 직접 산화시키기 위해 필요한 산소요구량이다. 미생물의 활동이 제지되어 BOD(Biochemical Oxygen Demand)의 값을 모르는 폐수(유기물, 기타 산·알칼리·페놀·크롬 등)의 경우에 채택된다.

Answer ↦ 38.② 39.① 40.④ 41.④ 42.④ 43.②

44 담수용량이 2억 4,400만㎥인 팔당호에 비소 24.4t을 실은 화물트럭이 빠져서, 이 비소가 호수에 고루 퍼진다고 가정할 때 팔당호 물의 비소농도는 얼마인가?

① 1ppm
② 0.1ppm
③ 1ppb
④ 0.1ppb

 ppm(parts per millions) = 10^{-6} = 1mg/kg = 1mg/ℓ = 1g/㎥
② 24,400,000g/244,000,000㎥ = 0.1ppm

45 지구온난화와 가장 관련이 있는 국제단체는?

① Green Peace
② IPCC
③ UNEP
④ WMO

 ① Green Peace : 남태평양 폴리네시아에서의 프랑스 핵실험에 항의하기 위해 선박을 출항시킨 운동을 계기로 1970년에 조직된 국제자연보호단체이다.
② IPCC(Intergovernmental Panel on Climate Change) : 2,500여명의 기후학자들의 모임인 기후변화에 관한 정부 간 회의로 지구온난화에 대한 내용을 발표하고 있다.
③ UNEP(United Nations Environment Program) : 유엔환경계획으로 유엔인간환경회의의 결의에 따라 1973년 케냐에 사무국을 설치한 UN의 환경관련활동 종합조정기관이다.
④ WMO(World Meteorological Organization) : 세계기상기구로 UN의 전문기구이다.

46 다음 중 오염의 정도를 나타내는 단위로 옳지 않은 것은?

① 대기 – ppm
② 소음 – dB
③ 매연 – pH
④ 수질 – COD

 ① ppm(parts per million) : 전체를 100만으로 볼 때 어떤 양이 차지하는 비율을 의미한다. 주로 신선한 공기의 양에 대한 유독가스의 비율과 같이 부피에 대해 사용한다.
② dB(decibel) : 소리의 상대적인 크기를 나타내는 단위로, 기준이 되는 소리의 세기에 비해 측정하려는 소리의 세기가 갖는 비율 값을 상용로그 취한 후 10을 곱한다. 정상적인 귀로 들을 수 있는 가장 작은 소리의 크기를 0dB으로 보고 10dB씩 증가하는 경우 소리의 세기는 10배씩 강해진다.
③ pH : 수소이온농도를 나타내는 것으로 용액의 산성도를 측정하는 단위이다. 용액의 pH가 7이면 중성, 7 이하면 산성, 7 이상이면 염기성임을 의미한다.
④ COD(Chemical Oxygen Demand) : 화학적 산소요구량의 약자로 물의 오염정도를 나타내는 기준 중 하나이다. 유기물 등의 오염물질을 산화제로 산화·분해시켜 정화하는 일에 소비되는 산소량을 ppm 또는 mgg/ℓ 로 나타낸 것이다.

47 대기오염 정도를 나타내는데 ppm을 사용한다. 1ppm에 대한 설명으로 맞는 것은?

① 십만 분의 1을 나타낸다.
② 백만 분의 1을 나타낸다.
③ 천만 분의 1을 나타낸다.
④ 일억 분의 1을 나타낸다.

 ppm은 'parts per million'의 약자이다.

48 습지보전과 관련한 다음 설명 가운데 잘못된 것은?

① 정부는 습지보호를 위한 람사협약에 가입하고, 대암산 용늪과 우포늪 그리고 주남저수
지를 보호습지로 등록했다.
② 갯벌을 보전해 어업과 수산물 산란지, 관광지 등으로 활용하는 편이 이를 간척해 쌀을
생산하는 것보다 훨씬 생산성이 높다는 연구결과가 나왔다.
③ 우리나라에는 전국토의 3%인 30만 헥타르의 갯벌이 있으나, 이 가운데 12만 헥타르가
간척 매립되거나 앞으로 그럴 계획이 잡혀 있다.
④ 갯벌이 발달한 나라는 전 세계에서 한국을 비롯한 미국, 네덜란드, 독일 등 소수인데
독일은 모두 갯벌을 국립공원으로 지정해 엄격히 관리하고 있다.

 람사협약은 물새서식지로 중요한 습지보호에 관한 협약으로 가입국은 보전가치가 있는 습지를
협약사무국에 등록하고 지속적인 보호정책을 펴도록 의무화하고 있다.
① 우리나라는 1997년에 람사협약이 국내에서 발효되어 용늪과 우포늪, 장도습지 등지를 '람사사
이트(Ramsar site)'로 등록하였다.

49 다음 중 지구온난화의 원인인 온실효과를 일으키는 가장 주된 물질은?

① 프레온가스 ② 이산화탄소
③ 질소산화물 ④ 오존

 대기 중의 탄산가스와 수증기는 일반적으로 파장이 짧은 태양광선은 잘 통과시키나 파장이 긴
지구복사는 거의 통과시키지 못하고 흡수하여 지구에너지의 방출을 막게 되는데, 이로 인하여
지구의 대기가 보온되는 효과를 온실효과라 한다. 지구온난화의 원인물질로는 이산화탄소(50%),
프레온가스(20%), 메탄 등이 있다.

Answer ↦ 44.② 45.② 46.③ 47.② 48.① 49.②

50 사지, 혀, 입술의 떨림, 혼돈, 그리고 진행성 보행 실조, 발음장애 등의 증상이 나타나는 미나마타병의 원인은?

① 납 중독

② 카드뮴 중독

③ 수은 중독

④ 방사능 중독

 미나마타병 … 수은 중독으로 인해 발생하는 다양한 신경학적 증상과 징후를 특징으로 공해병으로, 1956년 일본의 구마모토현 미나마타시에서 메틸수은이 포함된 조개 및 어류를 먹은 주민들에게서 집단적으로 발생하면서 사회적으로 큰 문제가 되었다.

51 다음 중 환경보전을 위한 다자간협상을 의미하는 것은?

① 그린피스

② 람사협약

③ 그린라운드

④ 녹색운동

 그린라운드 … 환경문제를 국제간 협상의 주요한 화제로 다룬다는 의미에서 붙여진 이름이며 미국의 상원의원 맥스 보커스에 의해 처음 사용되었다. 브라질의 셀바스 개발(지구의 산소공급원인 열대우림지역)을 둘러싸고 열대우림지역의 파괴를 우려하는 선진국과 개발을 주장하는 브라질 사이의 갈등이 심화되고 있다. 그린라운드는 선진국들이 정한 기준보다 공해를 더 유발한 상품일 경우 관세를 더 물리도록 하겠다는 것이 주요 내용이므로 수출을 중시하는 우리나라에게 많은 부담을 주고 있다.

52 인슐린에 대한 설명으로 옳은 것은?

① 혈당을 높이는 데 쓰인다.

② 혈액 속 산소를 이동시킨다.

③ 일반적으로 근육주사로 투여한다.

④ 췌장의 β 세포에서 분비되는 호르몬 단백질의 일종이다.

 인슐린(insulin)은 이자(췌장)의 랑게르한스섬의 β 세포에서 분비되는 호르몬으로 혈액 속의 포도당의 양을 일정하게 유지시킨다. 혈당량이 높아지면 분비되어 혈액 내의 포도당을 세포로 유입시켜 글리코겐의 형태로 저장하며 간세포의 글루코스를 억제한다. 또한 지방조직에서는 포도당의 산화 및 지방산으로의 전환을 돕고, 근육에서는 단백질을 합성하기 위한 아미노산의 흡수를 촉진시킨다. 인슐린의 합성과 분비가 잘 이루어지지 않으면 포도당을 함유한 오줌을 배설하게 되는 당뇨병이 발생할 수 있다. 인슐린은 대표적인 당뇨병 치료제로 사용되며 일반적으로 피하주사로 투여 한다.

53 빌딩증후군에 대한 설명으로 옳은 것은?

① 한 지역에 새 빌딩이 서면 잇따라 빌딩신축이 이루어지는 현상을 말한다.

② 높은 빌딩 사이에 자연 상태와는 다른 세기와 방향의 바람이 생기는 현상이다.

③ 빌딩이 들어섬으로써 교통체증이 빚어지는 현상을 가리킨다.

④ 밀폐된 공간에 오염된 공기로 인해 짜증과 피로가 심해지는 현상을 말한다.

 빌딩증후군(building syndrome) ⋯ 사무실에서는 두통이나 무력감을 느끼다가 퇴근 후에는 씻은 듯이 사라지는 증세를 일컫는 말로, 컴퓨터·팩시밀리·복사기 등의 사무기기가 내뿜는 전자파 와 벽지·카펫 등에서 나오는 극소량의 화학가스로 실내 공기가 오염되는 것이 그 원인이다.

54 산성비의 기준이 되는 근거는?

① pH 7.0 이상의 비

② pH 7.0 이하의 비

③ pH 5.6 이하의 비

④ pH 5.6 이상의 비

 산성비 ⋯ 황 또는 질소의 화합물, 할로겐화합물, 탄화수소 등의 오염물질을 함유하여 pH 5.6 이 하의 산성을 나타내는 비를 말한다.

55 다음 중 오염으로 인한 피해보상에 있어서 오염의 원인이 된 자가 보상을 부담하는 원칙은?

① WWF   ② PPP

③ MRA   ④ BBS

 PPP(Polluter Pays Principle) ⋯ 오염자 비용부담원칙으로 환경자원의 합리적인 이용과 배분을 조장하는 동시에 국제무역이나 투자의 왜곡현상을 바로잡기 위해 오염방지비용을 오염자에게 부 담시키고자 한다.

Answer ➥ 50.③ 51.③ 52.④ 53.④ 54.③ 55.②

56 다음 중 국제적으로 문제가 되고 있는 잔류성 유기오염물질(POPs)이 아닌 것은?

① 다이옥신

② 트리할로메탄

③ DDT

④ 알드린

 잔류성 유기오염물질(POPs : Persistent Organic Pollutants) … 분해되지 않고 체내에 축적되어 중추신경계를 손상시키거나 면역체계를 교란시키는 물질로 주로 폐기물의 소각 중에 발생한다. 환경과 인체에 미치는 피해가 커 POPs규제협약이 채택되었으며, 다이옥신, 알드린, 퓨란, DDT, 염화페비닐 등 12가지 POPs를 규제대상으로 선정하고 있다.

57 세계의 48개국 보건장관들이 모여 AIDS에 대해 논의하고 채택한 선언은?

① 런던 선언

② 파리 선언

③ 제네바 선언

④ 로마 선언

 ① 런던 선언 : 1988년 1월 영국 런던에서 열린 세계보건장관회의에서 에이즈 예방을 위한 정보 교환, 교육 홍보, 인권 존중을 강조한 런던 선언을 채택하였다. 세계 에이즈의 날(12월 1일)은 런던 선언이 채택하면서 제정되었다.

58 살점이 떨어져 나가는 증상을 보이다가 패혈증을 일으키는 괴저병의 원인균은?

① 렙토스피라균

② 비브리오 벌니피커스

③ 캄필리오박터균

④ 콜레라균

 괴저병의 정식 명칭은 비브리오 패혈증으로 비브리오 벌니피커스(vibrio vulnificus)균이 일으킨다. 익히지 않은 어패류를 섭취하거나 피부의 상처를 통해서 감염되며 초기에는 살점이 떨어져 나가는 증상을 보이다가 균이 혈액 속에 침투되면 전신에 심각한 염증 반응이 나타나는 패혈증을 일으킨다. 사망률이 40~50%로 매우 높은 편이다.

59 가을철 농촌에서 집단으로 발생하는 괴질의 원인이 되는 균은?

① 살모넬라균

② HIV

③ 렙토스피라균

④ 레지오넬라균

③ 렙토스피라증(leptospirosis)은 가을철 농촌에서 자주 발생하는 계절전염병으로 원인균인 렙토스피라균이 들쥐 등의 배설물에 묻어 있다가 상처가 난 곳을 통해 체내로 침입한다. 보통 7~10일간의 잠복기를 거쳐 발열, 두통, 오한 등 증세를 보이며 심해지면 황달, 빈혈, 피부출혈 등의 증세가 나타나기도 한다.
④ 레지오넬라(legionella)는 세균성 폐렴 발생 원인의 20%를 차지하는 세균으로 호흡기로 침입해 5~6일간의 잠복기를 거친다. 초기에는 오한, 두통, 구토, 설사 등을 일으키며 심할 경우 쇼크와 출혈, 폐렴으로 사망하기도 한다. 주로 호텔, 백화점 등 대형 빌딩의 수도배관이나 배수관 등에 서식하며 여름철 에어컨 냉각수에서도 잘 번식한다.

60 O-157에 대한 설명으로 틀린 것은?

① 장출혈성 대장균의 하나로 병원성 대장균에 속하는 식중독 원인균이다.

② 오염된 물이나 식품을 통해서 전염된다.

③ 고온에 약하기 때문에 충분히 익혀 먹는 것이 예방책이다.

④ O-157은 살모넬라균에 비해 독성이 약하다.

O-157은 장출혈성 대장균의 하나로 병원성대장균에 속하는 식중독의 원인균이다. 이 균은 오염된 물이나 식품을 통해서 옮겨지며 살모넬라균의 10분의 1만으로도 발병할 정도로 독성이 강하다. 일단 감염이 되면 베로톡신이라는 독소가 발생하여 복통과 발열, 피 섞인 설사 등의 초기 증세가 나타난다. 65도 이상에서 가열하면 죽기 때문에 완전히 익혀 먹는 것이 최선의 예방책이라고 할 수 있다.

61 인체에서 에너지를 발생시키는 데 사용되는 열량영양소끼리 묶인 것은?

① 탄수화물, 지방, 칼슘

② 탄수화물, 지방, 단백질

③ 탄수화물, 비타민, 단백질

④ 단백질, 비타민, 철분

영양소는 생명 유지, 성장, 건강을 위해 반드시 섭취해야 하는 식품 성분이다. 탄수화물, 지방, 단백질, 무기질, 비타민을 5대 영양소라고 하며, 열량영양소(탄수화물, 단백질, 지방), 구성영양소(단백질, 지방, 무기질, 물), 조절영양소(단백질, 무기질, 비타민, 물)로 분류한다

Answer 56.② 57.① 58.② 59.③ 60.④ 61.②

62 생명 유지에 필요한 최소 에너지를 일컫는 말은?

① 최소에너지 ② 활동대사

③ 식사성대사 ④ 기초대사

 ④ 기초대사(basal metabolism)는 정신적으로나 육체적으로의 에너지 소비가 없을 때 생명을 유지하기 위해 필요한 최소한의 에너지 대사를 가리킨다. 이를 측정한 것이 기초대사량으로 하루에 필요한 기초대사량은 성인남자 평균 1,400~1,500kcal, 성인여자 평균 1,000~1,200kcal 정도이다.

63 비타민 D의 부족으로 발생하는 질병은?

① 괴혈병 ② 각기병

③ 구루병 ④ 각막건조증

 지용성 비타민의 일종인 비타민 D는 피 속의 칼슘과 인의 농도를 정상으로 유지하는 작용을 한다. 칼슘의 흡수를 도와 뼈를 튼튼하게 만드는 역할을 하기 때문에 비타민 D가 부족하면 뼈가 얇고 잘 부러지며 변형되는 증상이 나타난다. 골격의 병인 구루병이나 뼈연화증 역시 비타민 D의 부족으로 발생한다.
① 괴혈병 : 비타민 C 부족
② 각기병 : 비타민 B1 부족
④ 각막건조증 : 비타민 A 부족

64 다음 중 에이즈에 대한 설명으로 옳지 않은 것은?

① 면역기능이 저하되는 질환으로 후천성 면역결핍증이라고도 한다.
② 감기와 비슷한 증세인 발열, 체중 감소, 설사, 심한 피로감 등이 나타난다.
③ 감염력은 강하지 않은 편이나 유효한 치료법이 없어서 치사율이 높다.
④ 에이즈 바이러스가 전파되는 경로는 성관계, 혈액을 통한 전파, 감염된 여성의 출산, 신체 접촉 등이 있다.

 ④ 에이즈 바이러스는 성관계, 혈액을 통한 전파, 감염된 여성의 출산 등의 통로로 감염되며 음식이나 물, 공기, 단순한 신체 접촉만으로는 전염되지 않는다.

65 다음 중 온난전선과 관계없는 것은?

① 비가 간헐적으로 내린다.

② 온난전선이 통과하면 기온이 올라간다.

③ 차가운 기단 위에 따뜻한 기단이 있는 불연속성이다.

④ 털구름, 높층구름, 비층구름이 발생한다.

 Tip 온난전선과 한랭전선의 비교

구분		온난전선	한랭전선
전선면의 기울기		완만함	급함
전선의 이동속도		느림	빠름
강수위치		전선의 앞쪽(동쪽)	전선의 뒤쪽(서쪽)
구름		층운(넓은 지역)	적운(좁은 지역)
비		보슬비(장시간)	소나기(단시간)
전선통과 후의 일기변화	기온	상승(따뜻한 공기 접근)	하강(찬 공기 접근)
	기압	하강	상승
	풍향	남동풍 → 남서풍	남서풍 → 북서풍

66 하천의 퇴적작용에 의해 생긴 지형의 명칭이 상류로부터 하류까지 순서대로 나열되어 있는 것은?

① 범람원, 삼각주, 선상원

② 범람원, 선상지, 삼각주

③ 선상지, 삼각주, 범람원

④ 선상지, 범람원, 삼각주

Tip ④ • 선상지 : 곡구(谷口)에서 유속의 감소로 토사가 퇴적되어 생성된 것으로 하천 상류에 위치한다.

• 범람원 : 하천의 범람으로 운반된 물질이 퇴적되어 생긴 평야로 하천 중상류에 위치한다.

• 삼각주 : 하천을 따라 운반되어 온 토사가 퇴적되어 만들어진 충적평야로 하천이 호수나 바다와 만나는 지점, 즉 하천 하류에 위치한다.

따라서 상류로부터 선상지, 범람원, 삼각주 순으로 발달한다.

Answer ↪ 62.④ 63.③ 64.④ 65.① 66.④

67 다음 중 바이러스 등에 의한 자극에 대해 바이러스의 감염을 막는 역할을 하는 것은?

① 아나필락시스   ② 인터루킨

③ AIDS   ④ 인터페론

① **아나필락시스**(anaphylaxis) : 항원항체반응으로 일어나는 생체의 과민반응
② **인터루킨**(interleukin) : 백혈구 사이의 상호작용을 매개하는 물질
③ **후천성면역결핍증**(acquired immune deficiency syndrome) : 체내의 세포면역 기능이 현저히 떨어져 보통 사람에게서는 볼 수 없는 희귀한 각종 감염증이 발생하고, 이것이 전신에 퍼지는 질환
④ **인터페론**(interferon) : 바이러스의 침입을 받은 세포에서 분비되는 단백질로 바이러스의 침입에 대하여 저항하도록 생체내의 세포들을 자극하는 물질

68 다음 중 간(肝)의 기능이 아닌 것은?

① 면역기능   ② 지방의 소화

③ 해독 작용   ④ 혈액응고

② 지방의 소화는 소장의 기능이다.

69 다음 중 신종플루의 발병 원인으로 지적된 동물은 무엇인가?

① 고양이   ② 돼지

③ 원숭이   ④ 호랑이

신종인플루엔자는 사람, 돼지, 조류 인플루엔자 바이러스의 유전물질이 혼합되어 나타난 새로운 종류의 바이러스이다. 신종인플루엔자가 처음 확산되었을 때 돼지독감, 돼지인플루엔자로 불렸으나 WHO가 돼지와의 연관관계를 알 수 없다며 명칭을 H1N1 인플루엔자 A로 변경하였다.

70 프로스타글란딘 과잉분비와 함께 엔도르핀 불균형, 세로토닌 부족, 면역반응의 이상 등이 원인인 것으로 추측되며, 여성들이 월경이 시작되기 전 두통을 비롯하여 불안, 초조, 불면증 등 심리적 불안 등을 겪는 증상을 의미하는 것은?

① ADHD증후군

② 리스트컷증후군

③ 생리전증후군

④ 아스퍼거증후군

 생리전증후군 … 여성들이 월경이 시작되기 전 정상적인 생활이 어려울 만큼 두통을 비롯 불안, 초조, 불면증 등 심리적 불안 등을 겪는 것을 말한다. 생리전증후군(PMS)은 가임기 여성의 약 75%가 적어도 한 번씩은 경험하고 이 가운데 5~10%는 정상적인 생활을 할 수 없을 정도로 심각한 증세를 보이기도 한다.

71 세계 주요 지진대와 화산대 활동이 중첩된 지역인 환태평양화산대를 지칭하는 말은?

① 성층화산

② 카르스트

③ 툰드라

④ 불의 고리

 불의 고리는 서쪽의 일본·대만·동남아, 북쪽의 러시아 캄차카와 미국의 알래스카, 동쪽의 미주대륙 서부와 남미 해안 지역, 그리고 뉴질랜드 등 태평양 연안지역을 아우르는 고리 모양의 지진·화산대를 이른다.

72 다음 중 스콜(squall)에 대한 설명은?

① 열대지방에서 내리는 소나기

② 남극지방에서 일어나는 눈보라

③ 소림과 관목으로 이루어진 습윤한 열대초원

④ 해수면의 온도가 낮아지는 현상

 스콜(squall)은 열대지방에서 거의 매일 오후에 나타나는 소나기로, 갑자기 불기 시작하여 갑자기 멈추는 강한 바람이나 강하게 내리쬐는 햇볕으로 공기의 일부가 상승하게 되는데, 그 상승기류에 의해 비가 내린다.
② 블리자드
③ 사바나
④ 라니냐

06 세계사 · 철학 · 교육

1 사람의 사고, 지각, 기억 등 정신작용을 담당하며 신체적 에너지로 전환되기도 하는 프로이드에 의해 주장된 에너지 체계는?

① 아노미(anomie)

② 로고스(logos)

③ 이데아(idea)

④ 리비도(libido)

 ① **아노미**(anomie) : 도덕적 · 사회적 무질서
② **로고스**(logos) : 세계를 구성하고 지배하는 질서 · 이성 · 논리
③ **이데아**(idea) : 사물 또는 현상의 본질

2 이분법적인 대립에 의해 발전하는 서열적이고 초월적인 구조와 대비되는 내재적이면서도 배척적이지 않은 관계들의 모델로서 '리좀'을 사용한 철학자는?

① 질 들뢰즈

② 롤랑 바르트

③ 발터 벤야민

④ 샤를 보들레르

 ① 리좀(Rhizome)은 들뢰즈와 가타리의 공저 『천 개의 고원』에 등장하는 은유적 용어 혹은 철학 용어이다. 원래의 리좀은 지하경을 의미한다. 리좀은 가지가 흙에 닿아서 뿌리로 변화하는 지피 식물들을 표상한다. 수목형은 뿌리와 가지와 잎이 위계를 가지며 기존의 수립된 계층적 질서를 쉽게 바꿀 수 없는 반면, 리좀은 뿌리가 내려 있지 않은 지역이라도 번져나갈 수 있는 번짐과 엉킴의 형상을 지지한다.

3 다음 빈칸에 가장 적절한 말은?

> 교육부 등에 따르면 교육부는 데이터3법 통과 이후 향후 (   )을/를 활용할 수 있는 의제를 발굴하는 작업에 착수했다.
>
> 가장 큰 관심사는 학생의 민감한 개인정보를 담은 교육행정시스템(NEIS · 나이스) 기록이다. 지금까지는 외부에서 접근할 수 없는 데이터이지만 이번 데이터3법 통과로 인해 개인정보를 식별하지 않은 채 유통할 근거가 생겼기 때문이다.
>
> KERIS는 지난해 (   )을/를 통해 학업중단 위기 학생 조기 진단하는 시스템을 정책연구하기도 했다. 학업성취도 · 출결 · 체험활동 참여도가 위기 상태인 경우 실제 학업을 중단하고 자퇴할 가능성이 높은 만큼 미리 조기 경보 · 진단하는 방안을 제시했다.

① 빅데이터
② 사물인터넷
③ 블록체인
④ 인공지능

 ① 주어진 글에서 민감정보를 담은 데이터를 식별하지 않은 채 유통할 근거가 생겼다고 말하고 있으며 이를 이용해 학생 조기 진단도 가능하다고 말한다. 따라서 과거 아날로그 환경에서 생성되던 데이터에 비해 그 규모가 방대하고, 생성 주기도 짧고, 형태도 수치 데이터뿐 아니라 문자와 영상 데이터를 포함하는 대규모 데이터를 의미하는 빅데이터가 가장 적절하다.

4 학생들의 미래 진로 결정에 도움을 주기 위해 시험의 압박에서 벗어나 스스로의 잠재력과 자기주도적 학습능력을 키우게 한다는 취지에서 마련된 제도로 2020년 중학교 1학년 연간 221시간 이상 자유학기 활동을 전면 실시하는 이 제도는?

① 자유학기제
② 자유학년제
③ 집중이수제
④ 교과교실제

 자유학년제는 2020년 중학교 1학년 동안 지식 · 경쟁 중심에서 벗어나 학생 참여형 수업을 실시하고 학생의 소질과 적성을 키울 수 있는 다양한 체험 활동을 중심으로 교육과정을 운영하는 제도를 말한다.

Answer↴ 1.④ 2.① 3.① 4.②

5 다음 주어진 글에서 밑줄 친 '전염병'으로 적절한 것은?

> 14세기 중세 유럽에 퍼져나간 끔찍한 <u>전염병</u>으로 이 <u>전염병</u>은 남녀노소를 가리지 않고 무차별 공격을 했고 전체 인구 대비 사망자의 비율이 지난 2,000년간 있었던 그 어떤 자연 재해나 인재, 역병들보다도 높았다. 이는 유럽 사회 구조를 붕괴시킬 정도로 유럽 사회에 큰 영향을 주었다. 장원 경제에서 이 전염병으로 인해 노동력이 부족하게 되는 현상이 일어나고 농민들은 더 나은 노동 조건을 찾아 다른 도시로 이동하였다. 그 결과 오히려 유럽 사회가 장원 경제에서 벗어나 변화하는 데 도움을 준 셈이다.

① 콜레라　　　　　　　　　　② 탄저병
③ 메르스　　　　　　　　　　④ 페스트

 ④ 페스트균의 감염에 의하여 일어나는 급성 감염병으로 흑사병이라고도 한다. 당시 유럽은 엄청난 인명피해를 입었지만 살아남은 자들은 사회적, 경제적 상황이 호전되는 이점을 누렸다.

6 다음 중 주기론에 대한 설명으로 옳지 않은 것은?

① 서경덕이 선구자의 자리에 있는데, 경험적이고 현실적인 기를 중요시한다.
② 이황을 중심으로 한 기호학파가 집대성하였다.
③ 이기일원론을 기본 이념으로 하는 성리학에서, 우주 만물의 존재 근원을 기로 보는 학설을 계승한 기호학파의 철학을 가리킨다.
④ 〈성학집요〉, 〈동호문답〉, 〈격몽요결〉 등의 저서를 통해 사상을 전파하였다.

 ② 주기론은 이이를 중심으로 한 기호학파가 집대성하였다.

7 〈감시와 처벌〉의 저자로 '근대화가 인간을 자유롭게 한 것이 아니라 오히려 억압하는 데 기여했다'고 주장한 철학자는?

① 미셸 푸코
② 피에르 부르디외
③ 임마누엘 칸트
④ 데이비드 흄

 미셸 푸코는 사르트르 이후 프랑스 철학자 가운데 두드러진 인물이고, 치밀한 사료 분석을 통해 한 시대나 개별적인 사건에 주목했던 철학자다. 그는 '광기'라는 소재를 통해 서구인의 생각을 분석한 『광기의 역사』, 시대별 인식의 틀을 보여주는 『말과 사물』, 감옥의 역사를 분석한 『감시와 처벌』 등을 썼다.

8 다음의 사건이 발생한 순서대로 나열한 것은?

> ㉠ 프랑스의 왕위 계승 문제와 양모(羊毛) 공업 지대인 플랑드르에서의 주도권 싸움이 원인이 되어 영국군이 프랑스에 침입함으로써 일어났는데, 잔 다르크 등의 활약으로 프랑스의 승리로 끝났다.
>
> ㉡ 영국의 랭커스터 가와 요크 가 사이에서 벌어졌던 왕위 쟁탈전이었다. 이 전쟁으로 많은 귀족과 기사의 세력이 꺾이고 왕권이 강화되어 영국은 절대주의 시대로 접어들게 되었다.
>
> ㉢ 서유럽의 그리스도교도들이 성지 팔레스티나와 성도 예루살렘을 이슬람교도들로부터 탈환하기 위해 8회에 걸쳐 감행한 원정이다.

① ㉢ - ㉠ - ㉡
② ㉢ - ㉡ - ㉠
③ ㉡ - ㉠ - ㉢
④ ㉠ - ㉡ - ㉢

 ㉢은 십자군 전쟁(11세기 말~13세기 말)
㉠은 백년전쟁(1337~1453년)
㉡은 장미전쟁(1455~1485년)

9 다음 중 중세 건축 양식이 아닌 것은?

① 비잔틴 건축
② 로마네스크 건축
③ 고딕 건축
④ 로코코 건축

 ④ 바로크 건축에 뒤이어 18세기에 발전된 건축양식이 로코코(Rococo)이며, 프랑스에서 이 형식이 시작되어 독일·영국 등 유럽에 영향을 미치게 되었다. 바로크는 인간의 공적 생활을 위주로 발전된 양식으로 장대하고 허식적이었으나, 로코코는 개인의 프라이버시(privacy)를 위주로 한 양식이었으므로 개인생활·밀통·비밀·개인의 경험 등이 인생의 중요한 목표가 되고, 그 개인이 차지하는 내부공간을 실질적으로 아담하고 아름답게 꾸미고 장식하게 되었다.

Answer 5.④ 6.② 7.① 8.① 9.④

10 다음에서 설명하는 제도는?

> '학점인정 등에 관한 법률'에 따라 학교에서뿐만 아니라 학교 밖에서 이루어지는 다양한 형태의 학습과 자격을 학점으로 인정하고, 학점이 누적되어 일정 기준을 충족하면 학위취득을 가능하게 함으로써 평생교육의 이념을 구현하고 개인의 자아실현과 국가사회의 발전에 이바지하도록 마련한 제도이다.

① 학사학위제
② 학점은행제
③ 사이버학점제
④ 평생교육제

 학점은행제 … 평생학습체제 실현을 위한 제도적 기반으로 학교교육은 물론 다양한 사회교육의 학습결과를 사회적으로 공정하게 평가·인정하고 이들 교육의 결과를 학교교육과 사회교육간에 상호 인정하며, 이들이 상호유기적으로 연계를 맺도록 함으로써 개개인의 학습력을 극대화하는 것을 목적으로 하는 제도로서 1998년 3월부터 시행되었다.

11 프로이트의 정신분석이론 중 사회적인 틀에서 습득되는 것으로 개인의 본능적인 충동의 발현에 대해 양심으로서 제지적인 작용을 한다고 규정하고 있는 개념은?

① 이드
② 에고
③ 슈퍼에고
④ 리비도

 정신분석이론
ⓐ 이드(id) : 마음속에 감추어져 있는 본능적 충동의 원천으로, 쾌락을 구하고 불쾌를 피하는 쾌락원칙에 지배된다. 비도덕적, 비논리적이며 무의식적이다.
ⓑ 에고(ego) : 사고, 감정, 의지 등의 여러 작용의 주관하고 이를 통일하는 주체로, 지속적으로 한 개체로 존속하며 자연이나 타인과 구별되는 개개인의 존재를 말한다.
ⓒ 슈퍼에고(superego) : 에고와 함께 정신을 구성하는 것으로 양심의 기능을 담당한다. 어릴 때부터의 학습이나 교육에 의해서 이드에서 분화한 것으로 생각하며, 이드로부터 오는 충동이나 자아의 활동을 감시하고 통제하며 억압한다.
ⓓ 리비도(libido) : 성본능, 성충동을 일컫는 용어로, 프로이트는 리비도가 사춘기에 갑자기 나타나는 것이 아니라 태어나면서부터 서서히 발달하는 것이라고 생각하였다.

12 온라인을 통한 선행학습 뒤 오프라인 강의를 통해 교수와 토론식 강의를 진행하는 수업방식을 무엇이라 하는가?

① 스마트러닝
② 플립러닝
③ 프리러닝
④ 배틀러닝

Tip 플립러닝(flipped learning) … 온라인을 통한 선행학습 뒤 오프라인 강의를 통해 교수와 토론식 강의를 진행하는 '역진행 수업 방식'을 의미하는 말이다. 기존 전통적인 수업 방식과는 정반대로, 수업에 앞서 학생들이 교수가 제공한 강연 영상을 미리 학습하고, 강의실에서는 토론이나 과제 풀이를 진행하는 형태의 수업 방식을 말한다.

13 다음 중 제시된 사건을 일으킨 왕대의 사건이 아닌 것은?

> 이 왕은 유명한 재상 이사가 이전의 봉건적 제도를 버리고 새로운 중앙집권적 전제국가체제를 주장하자 그의 의견에 따르기로 하였다. 이에 여러 신하들이 옛 서적을 근거로 봉건국가 체제를 주장하자 이사는 옛 서적은 아무런 쓸모가 없는 이론에 불과하니 의약, 농사, 천문, 기술 등에 관한 책 외에는 모두 불살라 없앨 것을 제안하고 이 말을 들은 왕은 즉시 모든 서적의 분서를 지시했다. 이후 불사를 꿈꾸던 왕은 노생과 후생이라는 도인을 불러 장생불사의 비법을 배우고자 하였다. 그러나 두 사람은 이론의 허황함을 이미 알고 있었기에 금은보화만을 챙긴 후 도망쳤다. 그러자 많은 선비들이 왕을 비판하고 나섰고, 화가 난 왕은 자신을 비판한 선비들을 산 채로 묻어 버리라고 명령했다. 이에 오백여 명에 이르는 선비들이 땅속에 묻히고 말았다.

① 만리장성 축성 ② 춘추전국시대 마감
③ 베이징 천도 ④ 화폐통일

 Tip 제시된 사건은 진시황 때의 분서갱유로 베이징 천도는 진시황 시기의 사건이 아니다.
※ 군현제 … 전국을 몇 개의 행정구획으로 나누고 중앙에서 임명한 지방관을 파견해서 다스리는 중앙집권적 지방행정제도

14 1810년대 영국 중부, 북부의 노팅엄셔, 요크셔, 랭커셔 지역 등 방적, 직포업 지대에서 일어난 기계 파괴 사건으로, 이 운동을 이끈 지도자의 이름을 딴 영국 사회 운동은?

① 러다이트 운동 ② 차티스트 운동
③ 인클로저 운동 ④ 헤이마켓 사건

 Tip 러다이트 운동 … 1811~1817년 영국의 중부·북부의 직물공업지대에서 일어났던 기계 파괴운동이다.
② 1830년대 후반부터 1850년대 전반기에 걸쳐 영국에서 이루어진 의회개혁 운동이다.
③ 중세 말 양모 가격이 급등함에 따라 양을 키우기 위한 목초지를 만들기 위하여 농토를 합병하여 경작지나 공유지에 울타리를 치는 것을 말한다.
④ 1886년 남북전쟁 후 미국 자본주의 발전 도상에 시카고에서 일어난 노사간(勞使間)의 분쟁 사건이다.

Answer → 10.② 11.③ 12.② 13.③ 14.①

15 영국 산업혁명의 결과가 아닌 것은?

① 차티스트운동   ② 인클로저운동

③ 선거법 개정   ④ 러다이트운동

 ② 인클로저운동(enclosure) : 개방경지나 공유지·황무지·방목지를 울타리나 담을 둘러놓고 사유지임을 명시한 일 또는 그 추진운동을 뜻한다. 대체로 16세기 제1차 인클로저운동과 18~19세기의 제2차 인클로저운동으로 구분된다. 이 운동의 결과, 영국에서는 지주·농업자본가·농업노동자의 3분제를 기초로 하여 자본제적 대농경영이 성립됐다. 이로 인해 자본의 '본원적 축적'이 가능해져 산업혁명의 원인이 되었다.

16 다음에서 십자군원정의 영향이 아닌 것은?

① 교황권이 한층 강대해졌다.

② 동방국가와의 접촉으로 서구문화의 발달을 가져왔다.

③ 도시가 일어나고 원거리 상업이 발달하였다.

④ 봉건제후 몰락의 원인이 되었다.

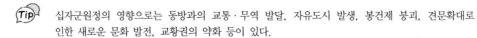 십자군원정의 영향으로는 동방과의 교통·무역 발달, 자유도시 발생, 봉건제 붕괴, 견문확대로 인한 새로운 문화 발전, 교황권의 약화 등이 있다.

17 다음 중 음양오행에서 오재(五材)에 속하지 않는 것은?

① 水, 木   ② 火, 土

③ 日, 月   ④ 金, 土

 음양오행설의 '오재(五材)'는 목(木)·화(火)·토(土)·금(金)·수(水)의 다섯 가지이다.

18 다음 중 홍익인간의 이념으로 볼 수 없는 것은?

① 인본주의   ② 평등주의

③ 개인주의   ④ 이타주의

 홍익인간(弘益人間) … 널리 인간을 이롭게 한다는 뜻으로, 우리나라의 건국이념이다. 안으로는 민본사상과 통하고, 밖으로는 세계 인류애와 통하는 것으로 인본주의, 대승주의, 평등주의, 이타주의 등과 관련 있다.

19 다음 시대에 일어난 일이 아닌 것은?

> 기원전 1600년경부터 기원전 11세기까지의 중국 고대의 왕조로 전설로 전해지는 하 왕조에 이어 나타난 왕조이다. 처음에는 작은 국가들의 연합체였으나 후에 강력한 정치 기구가 생겨났다.

① 갑골문자　　　　　　　　　　② 제정일치
③ 청동기 주조　　　　　　　　　④ 봉건제도

 주어진 왕국은 은 왕조이다. 봉건제도는 은 왕조 이후의 주 왕조가 정복한 땅을 다스리기 위해 유력 한 일족이나 공신들에게 토지를 나누어주어 제후로 봉하여 그 지역을 다스리도록 한 제도이다.

20 철학자 베이컨이 강조한 지식은 무엇인가?

① 이성적 지식
② 전통적 지식
③ 과학적 지식
④ 경험적 지식

 프랜시스 베이컨(Francis Bacon)은 르네상스 이후의 영국 고전경험론의 창시자이다. 그는 학문 을 역사·시학·철학으로 구분하고 다시 철학을 신학과 자연철학으로 나누었는데, 그의 최대의 관심은 자연철학 분야에 있었고 자연과학적 귀납법과 경험적 지식을 강조하였다.

21 다음 중 우물에 빠진 아이를 보고 무조건 구하고자 하는 마음이 인간의 본성 중에 있다고 주장 한 사람은 누구인가?

① 순자　　　　　　　　　　　　② 묵자
③ 한비자　　　　　　　　　　　④ 맹자

 맹자는 사람은 모두 남에게 차마 어찌하지 못하는 착한 마음인 양심(不忍之心)을 가지고 있으며, 이는 사단(四端)을 통해 드러난다고 하였다. 사단은 측은지심(인), 수오지심(의), 사양지심(예), 시비지심(지)이며 제시된 상황은 측은지심의 예이다.

Answer → 15.② 16.① 17.③ 18.③ 19.④ 20.④ 21.④

22 미국 대학에서 시행하는 소수 인종들을 배려한 인종 간 차등 합격기준으로, 우수한 아시아인들에게는 불리하게 작용하지만 평등이라는 관점에서 점점 확대되는 경향을 보이는 입시제도는?

① 디아스포라
② 어퍼머티브 액션
③ 홀로코스트
④ 서킷브레이커

① **디아스포라**(diaspora) : 이산(離散)이라는 뜻으로 로마제국으로부터 박해를 받던 유대인들이 일으킨 유대전쟁에서 패하여 세계 각지로 흩어진 것을 말한다.
② **어퍼머티브 액션**(affirmative action) : 대학 입학심사에서 소수 인종들을 우대하는 정책으로, 취업과 승진, 정부조달 시장 등 모든 사회활동분야에서 소수 인종, 여성, 장애인, 비기독교인, 성적소수자 등을 우대하는 포괄적인 의미로 사용되기도 한다.
③ **홀로코스트**(holocaust) : '완전히 타버리다'라는 뜻의 희랍어인 'holokauston'에서 온 말로, 일반적으로 인간이나 동물을 대량으로 태워 죽이거나 학살하는 행위를 지칭하지만 고유명사로 쓸 때는 제2차 세계대전 중 나치스 독일에 의해 자행된 유대인 대학살을 가리킨다.
④ **서킷브레이커**(circuit breakers) : 전기 회로에서 서킷브레이커(회로차단기)가 과열된 회로를 차단하는 역할을 하듯, 주식시장에서 주가가 갑자기 급락하는 경우 미치는 충격을 완화하기 위하여 주식매매를 일시 정지하는 '주식거래 중단제도'를 말한다.

23 이미 증명된 하나 또는 둘 이상의 명제를 전제로 하여 새로운 명제를 이끌어내는 철학적 사고 방식을 무엇이라 하는가?

① 연역법
② 귀납법
③ 변증법
④ 통계법

② **귀납법** : 개별적인 사실이나 특수한 원리로부터 그러한 사례들을 포괄할 수 있는 확장된 일반적 명제를 이끌어 내는 방법
③ **변증법** : 동일률을 근본원리로 하는 형식논리에 대하여, 모순 또는 대립을 근본원리로 하여 사물의 운동을 설명하려는 논리

24 世俗五戒에 해당하지 않는 것은?

① 臨戰無退
② 君臣有義
③ 交友以信
④ 事親以孝

세속오계(世俗五戒) … 신라 진평왕 때 원광법사가 화랑에게 일러준 다섯 가지 계명으로, 사군이충(事君以忠), 사친이효(事親以孝), 교우이신(交友以信), 임전무퇴(臨戰無退), 살생유택(殺生有擇)을 말한다.

25 '돈오점수(頓悟漸修)'의 정의는?

① 깨달음의 경지는 수행과 상관없이 갑자기 찾아온다는 불교용어

② 깨달음의 경지는 수행과 반비례한다는 불교용어

③ 갑자기 깨달음에 이르는 해탈의 경지를 지칭하는 불교용어

④ 깨달음의 경지는 수행이 동반되어야 한다는 불교용어

 돈오점수(頓悟漸修) … 문득 깨달음에 이르는 경지인 돈오(頓悟)에 이르기까지는 반드시 점진적 수행단계가 따른다는 불교용어이다.

26 영국의 경험론 철학자 베이컨이 구분한 4개의 우상 가운데 개인적인 취미, 성격, 환경에서 오는 편견을 가리키는 것은?

① 종족의 우상　　　　　　　　② 동굴의 우상

③ 시장의 우상　　　　　　　　④ 극장의 우상

 ① 모든 사물을 인간 본위로 해석하고 인간 중심으로 유추하려는 본성에서 비롯되는 선입견이다.
③ 언어를 잘못 사용하거나 그 참뜻을 잘못 이해하는 데서 오는 선입견이다.
④ 잘못된 원칙 · 학설 · 전통 · 유행 등을 무비판적으로 수용하고 신뢰하는 데서 오는 선입견이다.

27 다음 중 도리 · 이성 · 논리가 일체를 지배한다는 세계관과 관련이 있는 것은?

① 실존주의　　　　　　　　　② 합리주의

③ 공리주의　　　　　　　　　④ 주지주의

 ② 합리주의는 참된 지식은 나면서부터 지니고 있는 이성에 의해서만 얻을 수 있다고 주장한다. 비합리와 우연적인 것을 배척하고 도리와 이성과 논리가 일체한다는 세계관을 가지고 있다.

28 다음 중 마르크스의 사적 유물론에 의해 사회를 상부구조와 하부구조로 나누었을 때 하부구조에 해당하는 것은?

① 정치　　　　　　　　　　② 예술

③ 경제　　　　　　　　　　④ 종교

정치, 법률, 사상, 예술, 관념 등과 같은 상부구조(이데올로기)는 그 사회의 경제적 · 물질적 생산 과정이 어떻게 이루어지는가에 영향을 받아 형성된다.

Answer ⟶ 22.② 23.① 24.② 25.④ 26.② 27.② 28.③

29 다음 중 기독교 역사에 대한 설명으로 옳지 않은 것은?

① 루터는 예정설에서 인간의 주관적인 신앙의 중요성을 강조하였다.

② 베버는 카리스마의 개념과 신교의 윤리로 기독교가 자본주의 사회발전의 원동력이 될 수 있음을 입증하고자 했다.

③ 구티에레스 신부는 전후 남미 해방신학의 중심적 역할을 하였다.

④ 1960년대 초 제2차 바티칸 공의회에서 역사적이고 진화적인 세계관이 신학에 도입되었다.

 ① 예정설은 칼뱅(Calvin)이 주장하였다.

30 다음에서 설명하는 문명은 무엇인가?

> 알렉산더 대왕의 제국건설 이루 고대 그리스의 뒤를 이어 나타난 문명이다. 그리스 문화와 오리엔탈 문화가 서로 영향을 주고받아 질적 변화를 일으키면서 새로 태어난 문화로 보는 것이 가장 타당하다.

① 오리엔트   ② 르네상스

③ 로코코   ④ 헬레니즘

 ① 고대 시기의 이집트, 서남아시아, 소아시아(메소포타미아)를 합쳐 부르는 명칭
② 14~16세기에 일어난 문화 운동으로 학문이나 예술의 부활·재생이라는 뜻을 가지고 있다.
③ 로카이유에서 비롯된 말로 18세기 유럽에서 유행했던 장식의 양식

31 다음 중 종교의 기본 요건으로만 짝지어진 것은?

① 제사적 기능 - 질서유지 기능

② 제사적 기능 - 예언자적 기능

③ 질서유지 기능 - 역기능

④ 예언자적 기능 - 질서유지 기능

 종교는 기본적으로 숭상의 대상에 대한 믿음을 주고 내세의 행복한 삶에 대한 믿음을 주는 제사적 기능과 삶에 도덕적인 목적을 부여하는 예언자적 기능의 순기능을 한다.

32 19세기 페스탈로치(J.H. Pestalozzi)는 인간의 고유한 능력을 3H로 보고 이 셋을 조화롭게 발전시키는 것이 교육의 이상이라고 보았다. 3H에 해당되지 않는 것은?

① Head(지력)
② Heart(정신력)
③ Hand(기술력)
④ Health(체력)

 3H는 Head(知) · Heart(情) · Hand(技)를 말하며, 페스탈로치는 이 3H가 조화롭게 구비된 인간을 양성하는 것이 교육의 목표라고 하였다.

33 다음 중 NIE이란?

① 신문활용교육
② 신(新)국제기업
③ 국제기업 간 네트워크
④ 신(新)국제오락문화

 NIE(newspaper in education) … 신문을 교재나 보조교재로 활용한 교육을 말한다.

34 이솝우화에 나오는 여우가 나무에 포도가 매우 높이 달려 있어 따먹을 수 없게 되자, "저 포도는 너무 시다. 그래서 나는 먹고 싶지도 않다."라고 말하는 것은 심리학적으로 어떤 행동기제에 속하는가?

① 투사(projection)
② 합리화(rationalization)
③ 전위(displacement)
④ 동일시(identification)

 ② 용납될 수 없는 자신의 행동의 동기를 무의식적으로 위장하여 합리적으로 설명함으로써 자아를 보호하고 사회적 승인을 얻으려는 것을 합리화라 한다.

35 교육의 효과에 대한 설명 중 관점이 다른 하나는?

① 숙명론
② 교육불가능설
③ 환경만능설
④ 쇼펜하우어

 ①② 인간의 능력은 선천적으로 정해져 있기 때문에 교육은 이를 구현시켜 주는 일에 불과하다고 주장하는 교육부정설과 관련된 개념이다.
③ 교육의 효과를 긍정하는 학설로서 인간의 능력을 결정하는 것은 후천적 환경 또는 교육의 작용이라고 보며, 소질까지도 환경의 힘으로 변화시킬 수 있다고 주장한다.
④ 교육부정설을 주장하는 대표자로서 "사람이란 소질이 지배하는 것이며, 미래의 발전도 소질에 의해서 결정된다."고 주장하였다.

Answer 29.① 30.④ 31.② 32.④ 33.① 34.② 35.③

36 우리나라 학교교육을 위해 처음으로 설립된 기관은 무엇인가?

① 향학   ② 태학
③ 성균관   ④ 국자감

① 향학(鄕學) : 고려 시대 지방에 설치한 교육 기관으로, 중앙에 설치된 국학(國學) 또는 국자감 (國子監)에 대하여 지방에 설치된 교육 기관이다.
② 태학(太學) : 우리나라 최초의 교육기관으로, 고구려의 소수림왕 2년(372)에 건립된 국립교육 기관이다.
③ 성균관(成均館) : 고려 말부터 조선시대까지의 최고 교육기관으로, '성균'이라는 명칭이 처음 사용된 것은 고려 충렬왕 때인 1289년이다.
④ 국자감(國子監) : 고려시대 국립교육기관으로, 국가에서 필요한 인재를 양성하기 위한 최고 교육기관이다.

37 다음 중 실크로드(Silk Road)에 대한 설명으로 옳지 않은 것은?

① BC 2세기 후반 한무제에 의해서 개척되었다.
② 주 무역품이 비단인 것에서 유래된 명칭이다.
③ 조로아스터교, 마니교 등이 유래되었다.
④ 로마제국이 한나라를 정복하기 위해 군대를 파견할 때 이용되었다.

실크로드는 내륙 아시아를 횡단하는 동서통상로로, BC 2세기 후반 한무제에 의해서 개척되었다. 중국에서 수출된 상품이 비단인 데서 유래되었으며 이를 통해 보석, 직물, 유리제품과 같은 서역 의 물건뿐 아니라 불교·이슬람교·조로아스터교 등 종교와 사상, 그리고 예술 분야에서의 교류 도 자연스럽게 이루어졌다.

38 일본의 메이지유신(明治維新)에 대한 설명으로 옳지 않은 것은?

① 시민계급이 대두하였다.
② 일종의 시민혁명이었다.
③ 입헌군주정치의 기초가 확립되었다.
④ 봉건지배계급의 몰락을 배경으로 하였다.

메이지유신은 메이지 천황 때 막부체제를 무너뜨리고 왕정복고를 이룩한 변혁과정으로, 국민의 실정을 고려하지 않는 관주도의 일방적 개혁으로 자본주의 육성과 군사적 강화에 노력하였다.

39 중국의 5 · 4운동을 바르게 설명한 것은?

① 지주의 횡포에 항거하여 일어난 농민들의 소작분쟁

② 군벌 · 일본세력을 배척한 지식인들의 반제국주의 · 반봉건주의 운동

③ 러시아의 남하정책을 반대한 민중봉기

④ 아편전쟁 후 맺은 난징조약에 반대한 학생운동

 1919년 5월 4일 베이징에서 일어난 중국 민중의 반봉건 · 반제국주의 운동이다. 파리강화회의에 제출한 중국의 요구가 무시되자 학생과 지식인을 중심으로 일본과 그와 결탁한 군벌에 대한 반대시위로 시작되었다.

40 3C정책에 포함되지 않는 곳은?

① 카이로

② 카사블랑카

③ 캘커타

④ 케이프타운

 3C정책은 카이로(Cairo) · 케이프타운(Capetown) · 캘커타(Calcutta)를 연결하는 영국의 아프리카 종단정책이다.

41 19세기 말부터 1차 세계대전까지 유지됐던 독일의 제국주의적 근동정책을 일컫는 말은?

① 3C정책

② 3D정책

③ 3B정책

④ 3S정책

 ③ 3B정책 … 1890년 비스마르크 사임 후 빌헬름 2세는 범게르만주의를 표방하는 이른바 세계정책을 통해 국제관계를 긴장시키게 되었다. 특히 베를린 · 비잔티움 · 바그다드를 연결하는 3B정책을 추진하였다.

42 미국의 독립이 승인된 조약은?

① 베를린조약

② 파리조약

③ 워싱턴조약

④ 런던조약

 1783년 파리조약의 체결로 아메리카합중국의 독립이 인정되었다.

Answer → 36.② 37.④ 38.② 39.② 40.② 41.③ 42.②

43 비스마르크체제에 대해 잘못 말한 것은?

① 비스마르크체제는 기술적 차원에서의 단일체제라고 할 수 있다.

② 비스마르크체제는 잠재적인 침략세력도 그 체제 내에 안고 있는 집단안전보장 체제적인 성격을 가진다.

③ 비스마르크체제하에서 협상이나 의회기능이 강화되어 갔다.

④ 비스마르크체제에 의한 유럽대륙의 안정은 열강에 의한 경쟁적인 식민정책을 유도하였다.

 비스마르크(O. E. Bismarck)는 의회를 탄압하는 정책을 펴나갔다.

44 영국의 귀족 성직자들이 존 왕으로부터 왕권을 제한하기 위하여 받은 약정서는?

① 권리청원 ② 마그나카르타

③ 권리장전 ④ 인신보호율

Tip ② **마그나카르타**(magna carta) 대헌장은 1215년 영국 존 왕의 실정에 분격한 귀족·승려가 왕의 권한을 제한하고, 인민의 자유와 권리를 보장하기 위하여 국왕에게 강요하여 받은 약정서이다.

① **권리청원** … 1628년 영국의 찰스 1세가 왕권신수설을 내세우고 전제정치를 하는 데 반발하여, 의회가 제출한 인민의 헌법상 권리를 주장하는 청원서

③ **권리장전** … 국왕은 의회의 동의 없이 법률의 폐지나 과세, 상비군 모집을 할 수 없다는 것과 의회의 언론자유를 보장해야 한다는 것을 주요 내용으로 하는 17세기 영국의 법률

④ **인신보호법** … 1679년 부당한 구금에 따른 인권침해를 방지하기 위해 제정된 영국의 법률로 이유를 명시하지 않은 체포는 위법으로 간주하고, 반드시 인신보호영장을 받는 동시에 피구금자는 신속히 재판을 받게 되어 인권의 보장에 큰 진전을 보게 되었다.

45 종교개혁에 대한 설명으로 옳지 않은 것은?

① 마틴 루터는 1517년 면죄부 판매를 비난하는 95개조 반박문을 발표하였다.

② 1555년 보름스(Worms) 종교회의에서 루터파를 선택할 자유가 인정되었다.

③ 루터의 종교개혁과 거의 같은 시기에 스위스의 취리히에서도 츠빙글리가 면죄부의 판매에 반대하여 종교개혁운동을 일으켰다.

④ 칼뱅은 '기독교 강요'를 저술하여 신교체제를 세웠다.

Tip ② 루터파가 인정받은 것은 1555년의 아우크스부르크회의에서이다.

46 제1차 세계대전과 관계없는 것은?

① 신성동맹
② 연합군과 동맹군의 싸움
③ 오스트리아와 황태자 부처 암살
④ 범슬라브주의와 범게르만주의와의 대립

 제1차 세계대전은 제국주의적 영토재분할전쟁이라고 할 수 있으며, 직접적인 동기는 오스트리아 황태자 부처를 세르비아 청년이 암살하자 오스트리아가 세르비아에 선전포고하여 오스트리아·독일·불가리아 등의 동맹군과 세르비아·러시아·프랑스·영국·일본 등 연합군 간의 세계전쟁으로 확대된 것이다.

47 길드(guild)란 무엇인가?

① 근세 노동자를 협조적인 조합
② 근세 기계공업자들의 협조적인 조합
③ 중세 상공업자들의 협조적인 조합
④ 중세 여행업자들의 협조적인 조합

 길드(guild)는 12세기부터 도시의 상공업자들이 조직한 동업자조합으로 넓게는 공동제사·공동주연·상호부조에 의해 맺어진 중세 초기 고(古) 길드나 정치 길드도 포함한다. 그러나 중세 도시 경제에 있어 결정적으로 중요한 뜻을 지니게 된 것은 상인 길드, 수공업 길드에 의해서다.

48 위그노전쟁을 끝맺고 프랑스가 종교분쟁에서 해방된 것은?

① 수장령
② 아우구스부르크 종교화의
③ 낭트칙령
④ 베스트팔렌조약

 ③ 낭트칙령 … 1598년 프랑스의 앙리 4세가 신·구교도의 갈등을 완화시키기 위해 개인의 신앙의 자유와 신·구 양교의 정치상 평등권을 인정한 칙령이다.

Answer ↪ 43.③ 44.② 45.② 46.① 47.③ 48.③

49 다음 중 금인칙서와 관계가 없는 것은?

① 7인의 대제후   ② 황제 선거권
③ 프랑스의 분열조장   ④ 황금문서

 금인칙서(金印勅書)는 1356년 독일의 황제 카를 4세가 성(聖)·속(俗)의 7선 제후 중에서 황제를
선출할 것이라고 발표한 문서이다.

50 중국은 대만을 자국 영토의 일부로 간주하지만 대만은 독립국가임을 선언하고 있다. 다음 중 대만이 중국에서 분리된 계기는?

① 아편전쟁   ② 러일전쟁
③ 청일전쟁   ④ 청프전쟁

 ③ 청일전쟁(淸日戰爭) 후 시모노세키조약(1895)에 의하여 대만은 213년간 계속 되었던 청나라의
통치에서 벗어나 일본 최초의 해외 식민지가 되었다. 그 후 1945년 제2차 세계대전이 끝나고 중
국에 복귀할 때까지 대만은 51년간 일본 치하에 놓여 있었으며, 1949년에는 중국 공산당의 내전
에 패배한 국민당의 장제수(藏介石)정권이 대만으로 이전하여 그 지배체제가 유지되어 왔다.

51 영국 민주주의의 발달에 있어서 사건의 시대적 순서가 바르게 나열된 것은?

① 마그나카르타 – 청교도혁명 – 권리장전 – 차티스트운동
② 권리장전 – 청교도혁명 – 마그나카르타 – 차티스트운동
③ 마그나카르타 – 청교도혁명 – 차티스트운동 – 권리장전
④ 청교도혁명 – 마그나카르타 – 권리장전 – 차티스트운동

 마그나카르타(1215) → 청교도혁명(1642~1649) → 권리장전(1689) → 차티스트운동(1837)

52 다음을 통해 내릴 수 있는 결론으로 적절하지 않은 것은?

> 안연이 인(仁)에 대해 묻자 공자는 "자신을 이기고 예(禮)로 돌아가는 것이 인이다. 하루하루 자신을 이기고 예로 돌아가면 천하가 인으로 돌아갈 것이다. 인을 이룩하는 것은 자기로 말미암은 것이지 다른 사람으로 말미암은 것일까?"라고 대답하였다.

① 예(禮)는 인(仁)과 더불어 인간의 생득적인 본성이다.

② 성실하게 자신의 생활을 하는 중에 인(仁)의 도(道)가 나타나게 된다.

③ 인(仁)이란 욕망을 스스로 극복하려고 하는 노력을 통해 얻어진다.

④ 인(仁)을 실현시키기 위해서는 적극적인 노력이 요구된다.

 ① 공자는 이상적 인간의 내면적 도덕성으로 '인(仁)'을, 외면적 도덕성으로 '예(禮)'를 강조하였다. 따라서 예는 생득적 본성이 아닌 외면적 사회규범이다.

53 다음 중 사서(四書)에 속하지 않는 것은?

① 논어(論語)

② 시경(詩經)

③ 대학(學)

④ 맹자(孟子)

 사서오경(四書五經)

구분	내용
사서(四書)	논어(論語), 대학(大學), 맹자(孟子), 중용(中庸)
오경(五經)	시경(詩經), 서경(書經), 역경(易經), 춘추(春秋), 예기(禮記)

54 노자(老子)사상에 대한 설명으로 옳지 않은 것은?

① 일체의 사회규범 및 제도를 거부하는 극단적인 개인주의적 요소를 지니고 있다.

② 무위자연의 삶을 이상적인 삶으로 보았다.

③ 인간의 본성은 가치판단으로부터 독립해 있다.

④ 강제는 인간의 자연적 본성에 위배되는 것이다.

 노자(老子)는 중국 고대의 사상가이며 도가(道家)의 시조로 무위자연(無爲自然)의 상태를 이상적이라고 본다.
① 장자의 사상에 해당하며, 노자는 이상적인 정치형태로 소국과민을 주장하였다.

Answer↗ 49.③ 50.③ 51.① 52.① 53.② 54.①

55 다음 중 원효의 사상을 나타낸 말은?

① 참된 것은 하늘의 도요, 참되려고 노력하는 것은 사람의 도리이다.

② 모순과 대립된 것들도 하나로 합해질 수 있다.

③ 사람의 몸이 천지의 몸이요, 사람의 마음이 곧 천지의 마음이다.

④ 성은 하늘의 실리이요, 마음은 본체이다.

 원효는 어느 특정한 경(經)이나 논(論)에 편중되어 한 종파에 소속됨을 지양하고, 불교의 모든 법문이 하나의 동일한 근원에서 나온 것으로 보아 전체 불교를 모두 융화시키려는 화쟁사상(和 諍思想)을 주장하였다.

56 동양도덕의 밑바탕을 이루고 있는 삼강오륜(三綱五倫)에 속하지 않는 것은?

① 장유유서(長幼有序)

② 군위신강(君爲臣綱)

③ 교우이신(交友以信)

④ 부부유별(夫婦有別)

 ③ **교우이신(交友以信)** … 신라 진평왕 때 원광법사가 화랑에게 일러준 다섯 가지 계명인 세속오계(世俗五 戒)에 속한다.

※ 삼강오륜(三綱五倫)

구분	내용
삼강(三綱)	군위신강(君爲臣綱), 부위자강(父爲子綱), 부위부강(夫爲婦綱)
오륜(五倫)	군신유의(君臣有義), 부자유친(父子有親), 부부유별(夫婦有別), 장유유서(長幼有序), 붕우유신(朋友有信)

57 주자(朱子)가 '세계의 참모습'을 파악하기 위하여 강조한 것은?

① 심즉리설(心卽理說)　　　　　② 지행합일(知行合一)

③ 치양지설(致良知設)　　　　　④ 격물치지(格物致知)

 ① **심즉리설(心卽理說)** … 인간의 마음인 심(心)이 곧 우주자연의 이법인 이(理)와 같다는 의미이 다. 왕양명의 사상이다.

② **지행합일(知行合一)** … 인간이 본래부터 타고난 참된 앎인 양지(良知)를 근거로 하여, 양심을 바르게 깨닫고 그에 따라 실천할 것을 강조하였다.

③ **치양지설(致良知設)** … 인간이 본래부터 타고난 참된 앎(양지)을 구체적이고 적극적으로 발휘 하는 것을 말한다.

④ **격물치지(格物致知)** … 인간이 자신을 포함해 세계의 참모습에 대하여 밝게 아는 것을 말한다.

①, ②, ③은 양명학의 사상이며, ④는 주자의 사상이다.

58 향약의 4대 강목 중에서 오늘의 복지국가를 위한 사회보장제도와 가장 관계가 깊은 것은?

① 덕업상권   ② 과실상규

③ 예속상규   ④ 환난상휼

① 덕업상권(德業相勸) … 좋은 일은 서로 권한다.
② 과실상규(過失相規) … 과실은 서로 규제한다(권선징악).
③ 예속상교(禮俗相交) … 예의와 풍속으로 서로 사귄다.
④ 환난상휼(患難相恤) … 어려울 때는 서로 돕는다(상부상조).

59 성(誠)과 경(敬)에 관한 설명 중 옳지 않은 것은?

① 경(敬)은 실천윤리이니 경을 실천함으로써 성(誠)에 도달할 수 있다.

② 율곡 이이는 경(敬)으로써 사사(私邪)를 제거하여 성(誠)에 도달할 것을 역설하였다.

③ 퇴계 이황은 모든 일에 조심하고 삼가는 태도를 지녀야 한다며 경(敬)의 실천을 강조하였고, 면학에 있어서도 성(誠)으로써 마음을 주체할 수 있어야 한다고 하였다.

④ 동학사상에 있어서 '비성(非誠)이면 무성(無成)'이라 하여 성(誠)을 마음의 근본자세로 삼았다.

성(誠)과 경(敬)은 우리 겨레의 윤리생활의 바탕이 되는 것이다.

구분	내용
성(誠)	하늘의 이법이며 마음의 참모습으로, 참된 것이며 거짓이 없는 것
경(敬)	인간이 성에 다다를 수 있도록 하는 일체의 실천행위

③ 퇴계 이황은 면학에 있어서도 경(敬)으로써 다스려야 한다고 주장하였다.

60 성리학에서 말하는 기(氣)의 의미는?

① 현실적 모습

② 세계의 참모습

③ 완전하고 선한 모습

④ 알 수 없는 미지의 세계

성리학에서 '이(理)'는 세계의 참모습을 말하며, '기(氣)'는 세계의 현실적인 모습을 구성하는 것이다.

Answer ↝ 55.② 56.③ 57.④ 58.④ 59.③ 60.①

61 다음 설명 중 옳지 않은 것은?

① 소크라테스는 인간을 보편적 이성을 지닌 존재로 보고, 절대적·객관적 진리가 있음을 확신하였다.

② '실존(實存)은 본질(本質)에 앞선다.'는 명제를 제시한 실존주의자는 사르트르(Sartre)이다.

③ 대표적 스콜라 철학자는 토마스 아퀴나스이다.

④ 벤담(J. Bentham)은 쾌락에 질적인 차이가 있음을 강조하고 자유론을 저술하였다.

> **Tip** ④ 벤담(J. Bentham)은 쾌락이나 행복을 양적으로 계산할 수 있다고 보고, 개인의 쾌락이나 행복을 증대시키는 것이 사회전체의 행복을 증대시키게 된다는 양적 공리주의를 주장했다.

62 그리스철학에 대한 다음 설명 중 옳지 않은 것은?

① 피타고라스는 인간은 만물의 척도라고 하였다.

② 플라톤은 이상주의철학의 개조로 이데아설을 주장하였다.

③ 아리스토텔레스는 세계를 조화된 것으로 보고 중용의 덕을 중요시했다.

④ 히피아스는 자연적인(physis) 것과 인위적인(nomos) 것을 대립시켰다.

> **Tip** ① '인간은 만물의 척도'라고 한 사람은 프로타고라스(Protagoras)이다.

63 「프로테스탄티즘의 윤리와 자본주의의 정신」에서 서구의 자본주의를 가능하게 했던 원인으로 프로테스탄트 윤리를 들고 있는 철학자는?

① 칼뱅

② 칼 마르크스

③ 아담 스미스

④ 막스 베버

> **Tip** 「프로테스탄티즘의 윤리와 자본주의의 정신」은 독일의 경제학자이자 사회학자인 막스 베버(M. Weber)가 지은 책이다. 1920년에 간행된 이 책은 프로테스탄트 윤리가 자본주의의 정신에 얼마나 직접적인 영향을 주었는가를 사회학적 측면에서 분석해 청교도의 직업관과 윤리의식이 영리추구를 정당화시켜 서유럽 자본주의의 형성에 큰 공헌을 했다고 주장하였다.

64 서양의 윤리사상에 대한 설명으로 옳지 않은 것은?

① 칸트가 말하는 최고선이란 선의지에 의한 도덕적 행위와 이에 부응하는 행복과의 합치를 의미한다.

② 공리주의에 의하면 인간에 있어 유일한 선은 쾌락이요, 유일한 악은 고통이다.

③ 실존주의는 구체적인 현실 속에서 진정한 자기를 다시 회복하려는 진지한 사상을 전개한다.

④ 실용주의는 도덕적 타락과 무정부상태를 극복하고 인간정신에 질서를 부여함으로써 사회적 안정과 평화를 꾀하였다.

 ④ **실용주의(實用主義)** … 행동본위·실행본위·생활본위·실용본위의 철학으로, 결정론적 세계관을 배격하고 진리의 유용성을 주장

65 깨우침에 의해서 고뇌를 넘어선 각자의 평화로운 정신 상태를 일컫는 불교용어는?

① 법신(法身)

② 열반(涅槃)

③ 윤회(輪廻)

④ 파문(破門)

 ② 모든 번뇌를 해탈하여 불생불멸(不生不滅)의 법을 체득한 경지이다.
① 부처의 정법 또는 석가여래 삼신(三神)의 하나이다.
③ 몸은 죽어도 영혼은 영원히 살아 여러 생사를 끝없이 되풀이함을 말한다.
④ 신도(信徒)로서의 자격을 빼앗아 종문(宗門)에서 축출하는 것을 말한다.

66 세계를 구성하고 지배하는 질서를 의미하는 용어는?

① 로고스

② 에토스

③ 파토스

④ 에피투미아

 ① **로고스**(logos) … 질서, 이성, 논리
② **에토스**(ethos) … 성격, 습관
③ **파토스**(pathos) … 정념, 감정
④ **에피투미아**(epithumia) … 육체적 욕망에 의해서 영위되는 자기본위의 생활

Answer → 61.④ 62.① 63.④ 64.④ 65.② 66.①

67 서구사상의 2대 정신적 원류는 무엇인가?

① 그리스 · 로마사상과 크리스트교사상
② 과학사상과 철학사상
③ 그리스사상과 로마사상
④ 합리주의사상과 경험주의사상

 서구사상의 정신적인 2대 원류는 그리스 · 로마사상을 원천으로 하는 헬레니즘과 크리스트교사상을 원천으로 하는 헤브라이즘이다.

68 경험과 증거를 자료로 사물의 인과관계를 추리하고 법칙을 발견하여 이론을 형성하는 사고방식은?

① 연역적 사고　　　　　② 실증적 사고
③ 실용적 사고　　　　　④ 귀납적 사고

 ④ 귀납법(歸納法)은 각각의 특수한 사실에서 일반적 · 보편적 원리로 나아가는 추리방법이다.

69 다음 중 소크라테스의 사상으로 적합하지 않은 것을 고르면?

① 자기를 아는 것이 가장 근원적인 문제이다.
② 진리는 상대적이고 주관적이다.
③ 인간의 본질은 이성(理性)에 있으며 이성의 기능은 지혜를 찾는데 있다고 보았다.
④ 대화의 방식으로서 진리를 밝힐 수 있다.

 소크라테스(Socrates)는 고대 그리스의 철학자로 우주의 원리를 묻곤 했던 기존의 철학자들과는 달리 자기 자신과 근원에 대한 물음을 철학의 주제로 삼았다. 또한 소크라테스는 객관적 · 보편적 · 절대적 존재를 인정하였다.

70 다음은 관계깊은 것끼리 연결해 놓은 것이다. 옳지 않은 것은?

① 프로타고라스 – '인간은 만물의 척도이다.' – 상대주의
② 소크라테스 – '너 자신을 알라.' – 보편적 진리
③ 데카르트 – '의심하는 것은 사유하는 것이고, 사유하는 것은 존재하는 것이다.' – 합리론
④ 밀 – '강제 없는 상태' – 참다운 자유

밀(J.S. Mill)에 의하면 자유란 강제가 없는 상태를 말하는 것이 아니라, 어떤 일을 할 수 있는 적극적인 힘을 말한다.

71 고대 그리스의 철학자 아리스토텔레스는 인생의 목적을 어디에 두었는가?

① 쾌락의 추구

② 마음의 평정(ataraxia)

③ 행복의 실현

④ 부동심의 경지(apatheia)

 아리스토텔레스(Aristoteles)는 인간의 궁극적 목적은 최고선(행복)의 실현이라는 목적론적 세계관을 역설하였다.

② **마음의 평정(ataraxia)** … 고대 그리스 철학자들이 말하는 정신적 평화의 상태를 의미한다.

④ **부동심의 경지(apatheia)** … 모든 정념(情念)에서 해방된 상태를 가리키는 말로, 스토아학파는 아파테이아의 상태를 이상적이라고 생각하였다.

72 다음은 어떤 우상을 경계한 것인가?

> 용이나 주작 같은 상징적인 동물은 자주 언급되기 때문에 마치 실재하는 것처럼 생각되며, 신이나 천사 등의 개념도 사실은 인간의 사유가 만들어낸 것에 불과하다.

① 종족의 우상

② 동굴의 우상

③ 시장의 우상

④ 극장의 우상

 제시된 내용은 언어를 잘못 사용하거나 그 참뜻을 잘못 이해하는 데서 오는 선입견으로 시장의 우상에 해당한다.

① **종족우상** … 모든 현상을 인간 중심으로 해석하려는 편견

② **동굴우상** … 개인의 특수한 경험이나 습성에서 오는 편견

④ **극장우상** … 전통, 권위, 학설을 무조건 믿고자 하는 편견

Answer 67.① 68.④ 69.② 70.④ 71.③ 72.③

73 다음에 제시된 내용과 사상적으로 통하는 것은?

> 비록 신(神)이 존재하더라도 사람은 자신의 의지를 신의 의지에 예속시킬 필요는 없다. 자신에게 적절한 것을 가장 잘 판단할 수 있는 존재는 바로 자기 자신인 것이다. 즉, 자신에게 좋은 것이란 다름 아닌 자신이 원하는 것이요, 자신에게 이익을 가져다주는 것을 의미한다. 그 누구도 자신에게 좋은 것을 정치적 · 신화적 또는 사회적 억압 때문에 희생시켜야 할 의무는 없다.

① 너 자신을 알라.
② 인간의 만물의 척도이다.
③ 철학은 신학의 시녀이다.
④ 최대 다수의 최대 행복

 제시된 내용은 프로타고라스의 주장으로 '인간은 만물의 척도'라는 표현은 인간 자신이 만물의 여러 현상에 대한 판단의 기준이 됨을 의미한다.

74 칼뱅이즘(calvinism)의 기본적인 논리가 아닌 것은?

① 부의 축척은 신의 은총이다.
② 근면 · 검소 · 기업정신 · 성실성을 중요한 덕목으로 여긴다.
③ 소비가 미덕이다.
④ 종교적 입장에서 자본주의정신을 확립하고자 한다.

 칼뱅이즘(calvinism)은 종교적 입장에서 자본주의 정신을 합리화 한 것으로 구제예정설과 직업소명설이 주된 내용으로, 칼뱅은 근검 · 절약을 미덕으로 보았다.

75 우주만유의 궁극적 실재는 물질이라고 보고, 정신적 · 관념적인 일체의 현상을 물질로써 파악하고자 하는 철학적 태도를 무엇이라고 하는가?

① 유물론
② 유심론
③ 경험론
④ 관념론

 ② 유심론 … 실재하는 것을 정신적인 것으로 보고 물질적인 것은 정신의 소산 또는 그 표현으로 보는 입장으로 유물론에 대립된다.
③ 경험론 … 주로 영국에서 발전된 사상으로 인간의 인식은 감각을 통해 주어진 경험에 의해서 만들어진다는 입장이다.
④ 관념론 … 존재와 사유의 관계에 있어서 사유를 1차적이며 본원적인 것으로 보는 입장이다.

76 조국의 이익을 위해서는 수단과 방법을 가리지 않으며, 국제정의조차 부정하는 맹목적 애국주의를 뜻하는 말은?

① 쇼비니즘　　　　　　　　　② 페시미즘
③ 니힐리즘　　　　　　　　　④ 다다이즘

 ① 쇼비니즘(chauvinism) … 자기 나라의 이익을 위해서는 수단과 방법을 가리지 않으며, 국제정의조차도 부정하는 배타적 애국주의로 광신적 국수주의를 의미한다. 프랑스 나폴레옹 1세를 숭배하던 병사 쇼뱅(N. Chauvin)의 이름에서 비롯되었다.

77 마르크스의 유물변증법에 가장 큰 영향을 미친 사람은?

① 칸트　　　　　　　　　　　② 스미스
③ 헤겔　　　　　　　　　　　④ 쇼펜하우어

마르크스는 헤겔의 관념변증법의 영향을 받아 관념을 물질로 대체하여 유물변증법, 즉 변증법적 유물론을 주장하였다.

78 유물사관의 개조라고 할 수 있는 마르크스의 인간관을 잘못 설명한 것은?

① 인간의 본질을 노동으로 본다.
② 인간의 노동은 사회적 관계 속에서 이루어진다.
③ 인간의 이데올로기는 경제적 생산관계에 영향을 끼친다.
④ 인간은 노동에 의하여 자기를 실현해 나간다.

 ③ 이데올로기(ideologie) … 물질적 · 경제적 하부구조를 반영한 관념적 상부구조로, 정치 · 경제 · 법률 · 예술 등을 기반으로 성립되는 관념형태이다.

79 마르크스주의자는 마르크스의 사회주의를 과학적 사회주의라 한다. 이에 대하여 이전의 사회주의를 무엇이라 부르는가?

① 유심적 사회주의　　　　　　② 인도적 사회주의
③ 유도적 사회주의　　　　　　④ 공상적 사회주의

④ 공상적 사회주의 … 18세기부터 19세기 중엽까지 프랑스의 생시몽과 푸리에, 영국의 오웬 등에 의해 주장된 사상으로, 인도주의와 사회정책에 의한 재산의 공유 및 부의 평등분배를 인간의 자발적 호응으로 실현하자는 이상론을 펼쳤다.

Answer ⬎ 73.② 74.③ 75.① 76.① 77.③ 78.③ 79.④

07 문학 · 한자

1 다음 중 노벨문학상을 받은 작가가 아닌 것은?

① 올가 토카르추크   ② 페터 한트케

③ 밥 딜런   ④ 레이먼드 카버

 ④ 레이먼드 카버는 노벨문학상을 받은 작가는 아니지만 『대성당』(1980)으로 전미비평가 그룹상, 퓰리처상 후보에 오른 미국의 소설가로 단순, 적확한 문체로 미 중산층의 불안감을 표현하였다.
① 2018년 수상
② 2019년 수상
③ 2016년 수상

2 다음 중 2016년 맨부커상 인터내셔널부문을 수상한 한강의 『채식주의자』의 작품이 아닌 것은?

① 채식주의자   ② 검은 숨

③ 몽고반점   ④ 나무 불꽃

 『채식주의자』는 표제작인 『채식주의자』, 2005년 이상문학상 수상작 『몽고반점』, 그리고 『나무 불꽃』으로 구성된 소설

3 다음 중 10구체 향가가 아닌 것은?

① 안민가   ② 찬기파랑가

③ 제망매가   ④ 헌화가

 ④ 헌화가는 신라 성덕왕 때 한 노옹에 의하여 불린 4구체 향가이다.
① 안민가는 충담이 지은 10구체 향가이다. 신라 경덕왕 24년에 왕이 백성을 다스려 편안하게 할 노래를 지어달라고 충담에게 요청하니 충담이 왕에게 안민가를 지어 바쳤다.
② 찬기파랑가는 신라 경덕왕 때 충담이 화랑 기파랑을 추모하여 지은 10구체 향가이다.
③ 제망매가는 경덕왕 때의 승려 월명사(月明師)가 죽은 누이의 명복을 비는 노래로 10구체 형식의 향가이다.

4   다음 중 소설가와 작품의 연결이 바르지 않은 것은?

① 이청준 – 눈길

② 정유정 – 동백꽃

③ 박태원 – 오발탄

④ 윤흥길 – 아홉켤레의 구두로 남은 사내

 ③ 오발탄은 이범선의 단편소설이다.

5   다음 글에서 설명하는 단체에서 활동한 작가가 아닌 것은?

> 카프(KAPF)는 조선프롤레타리아예술동맹의 약칭으로 의식과 조직 면에서 신경향파보다 확고한 목적의식과 정치성을 띤 문학운동 단체였다. 카프는 1920년대에 대두하기 시작한 무산계급운동의 일환으로 무산계급운동을 예술운동의 차원에서 실천하려 했지만 그런 의도에 부응하는 업적과 작품을 남기지 못한 채 일제의 탄압으로 해산되었다.

① 김기진   ② 이익상

③ 박영희   ④ 이효석

 ④ 이효석은 정식 카프의 회원은 아니었으나 사상적으로 카프의 작가들과 일치하는 동반자 작가였다.

6   다음 작품 중 지은이가 여성이 아닌 것은?

① 비행운

② 26

③ 나는 나를 파괴할 권리가 있다.

④ 원미동 사람들

 ③ 나는 나를 파괴할 권리가 있다. – 김영하
① 비행운 – 김애란
② 26 – 정유정
④ 원미동 사람들 – 양귀자

Answer┌→ 1.④ 2.② 3.④ 4.③ 5.④ 6.③

7 다음 중 친구에 관련한 한자성어가 아닌 것은?

① 管鮑之交(관포지교)

② 金蘭之交(금란지교)

③ 伯牙絕絃(백아절현)

④ 九曲肝腸(구곡간장)

- ④ 九曲肝腸(구곡간장) : 굽이굽이 서린 창자라는 뜻으로, 깊은 마음속 또는 시름이 쌓인 마음속을 비유적으로 이르는 말
- ① 管鮑之交(관포지교) : 옛날 중국의 관중과 포숙처럼 친구 사이가 다정함을 이르는 말, 매우 다정하고 허물없는 친구사이
- ② 金蘭之交(금란지교) : 단단하기가 황금과 같고 아름답기가 난초 향기와 같은 사귐이라는 뜻으로, 우정이 깊은 사귐을 이르는 말
- ③ 伯牙絕絃(백아절현) : 백아가 거문고 줄을 끊어 버렸다는 뜻으로, 자기를 알아주는 절친한 벗의 죽음을 슬퍼함을 이르는 말

8 다음 중 1950년대 전후 소설이 아닌 것은?

① 수난이대   ② 학
③ 레디메이드 인생   ④ 비 오는 날

③ 1934년 5월부터 7월까지 『신동아』에 발표되었던 채만식의 소설로 인텔리가 양산된 역사적 배경과 인텔리의 현실적인 위치를 정밀하게 분석하고 묘사하는 한편, 인텔리에게 응분의 대우를 보장해주지 않는 일본 식민지 사회에 대한 깊은 반감을 표시하고 있다.

9 다음의 사자성어의 음을 가나다순으로 바르게 나열한 것은?

> ㉠ 始終一貫   ㉡ 拈華微笑
> ㉢ 囊中之錐   ㉣ 目不忍見

① ㉠-㉡-㉢-㉣

② ㉠-㉢-㉣-㉡

③ ㉢-㉣-㉠-㉡

④ ㉢-㉠-㉡-㉣

㉢ 囊中之錐(낭중지추) → ㉣ 目不忍見(목불인견) → ㉠ 始終一貫(시종일관) → ㉡ 拈華微笑(염화미소)

10 다음 빈칸에 들어갈 말로 가장 적절한 것은?

> 도교 사상이나 일본의 신도 사상의 경우 모두 강한 애니미즘을 (　　　)하고 있어서, 동물이든 식물이든, 심지어 인간이 만들어낸 인공물조차 모든 사물은 영혼을 가지고 있다고 믿는다.

① 流布
② 內包
③ 外延
④ 恐怖

 ② 內包(내포) : 어떤 성질이나 뜻 따위를 속에 품음.
① 流布(유포) : 세상에 널리 퍼짐. 또는 세상에 널리 퍼뜨림.
③ 外延(외연) : 일정한 개념이 적용되는 사물의 전 범위.
④ 恐怖(공포) : 두렵고 무서움.

11 다음 책의 시대배경을 연대순으로 나열했을 때 옳은 것은?

> ㉠ 칼의 노래
> ㉡ 토지
> ㉢ 태백산맥
> ㉣ 난쟁이가 쏘아 올린 공

① ㉠㉡㉢㉣
② ㉢㉣㉠㉡
③ ㉡㉣㉠㉢
④ ㉣㉢㉡㉠

 「칼의 노래」(임진왜란) → 「토지」(일제시대) → 「태백산맥」(여수 · 순천사건~6 · 25전쟁) → 「난쟁이가 쏘아 올린 공」(1970년대)

12 유사한 의미를 가진 것끼리 연결되지 않은 것은?

① 주마간산(走馬看山) - 수박 겉핥기
② 하석상대(下石上臺) - 언 발에 오줌 누기
③ 금지옥엽(金枝玉葉) - 쥐면 꺼질까 불면 날까
④ 방약무인(傍若無人) - 낫 놓고 기역 자도 모른다

 방약무인(傍若無人)이란 곁에 아무도 없는 것처럼 여긴다는 뜻으로, 주위에 있는 다른 사람을 전혀 의식하지 않고 제멋대로 행동하는 것을 이르는 말이다.

Answer 7.④ 8.③ 9.③ 10.② 11.① 12.④

13 다음 작품들 중 지은이가 여성이 아닌 것은?

① 공무도하가　　　　　　　② 조침문
③ 규원가　　　　　　　　　④ 사씨남정기

 ④ 서포 김만중의 작품이다.

14 영국 귀족들의 허상을 드러내는 「한 줌의 먼지」는 1988년 영화로 만들어지기도 했다. 이 작품을 집필한 20세기 영국문학을 대표하는 풍자작가는?

① 아이리스 미독　　　　　　② 데네시 윌리엄스
③ 잭 케루악　　　　　　　　④ 에벌린 워

 에벌린 워 … 영국 소설가 겸 평론가이다. 제2차 세계 대전에 종군하여 이 후의 작품에는 초기의 특징을 간직하면서도 완전히 사실적으로 기울어 종교적 질서의 실재를 주제로 삼게 되었다. 주요 저서 가운데 중후하고도 현란한 문체를 구사한 걸작 「브라이즈헤드 재방문」과 역사소설 「헬레나」 등은 모두 가톨릭적인 소설이다.

15 다음 중 밑줄 친 어휘가 적절하게 사용되지 않은 것은?

① 단체나 법인의 후원금을 금지하는 취지는 불법 자금을 둘러싼 정경유착을 막아내자는 것이지, 힘없는 약자들의 순수한 정치참여를 막자는 게 아니다.
② 정부와 공기업 등 각계에 국익을 외면하고 20여 년 간 외국 원전업체 이익을 대변하는 정책을 펴온 비호세력이 포진해있다는 주장이 제기됐다.
③ 여성학은 여성문제의 현상이나 그 원인 또는 구조적 특질 등을 이론적으로 분해하고 그 해결 전망을 모색하는 한문이다.
④ 우리는 생각만은 분명히 있지만 말을 잊어서 표현에 곤란을 느끼는 경우를 경험하기도 한다.

 ① 유착 : 사물들이 서로 깊은 관계를 가지고 결합하여 있음
② 비호 : 편들어서 감싸 주고 보호함
③ 분해 : 여러 부분이 결합되어 이루어진 것을 그 낱낱으로 나눔 → 해명 : 까닭이나 내용을 풀어서 밝힘
④ 곤란 : 사정이 몹시 딱하고 어려움

16 다음 중 한자 성어와 그 뜻의 연결이 바르지 못한 것은?

① 權謀術數 – 목적 달성을 위해서는 인정이나 도덕을 가리지 않고 권세와 모략중상 등 갖은 방법과 수단을 쓰는 술책

② 九折羊腸 – 아홉 번 꺾어진 양의 창자라는 뜻으로, 꼬불꼬불한 험한 길, 세상이 복잡하여 살아가기 어렵다는 말

③ 臥薪嘗膽 – 섶에 누워 쓸개를 씹는다는 뜻으로, 원수를 갚으려고 온갖 괴로움을 참고 견딤을 이르는 말

④ 犬馬之勞 – 개나 말이 하는 일없이 나이만 더하듯이, 아무 하는 일없이 나이만 먹는 일, 자기 나이를 겸손하게 이르는 말

 ④ 견마지로(犬馬之勞) : 개나 말의 하찮은 힘이라는 뜻으로, 임금이나 나라에 충성을 다하는 노력 또는 윗사람에게 바치는 자기의 노력을 낮추어 말할 때 쓰는 말

17 24절기 중 나타내는 계절이 다른 하나는?

① 雨水

② 驚蟄

③ 淸明

④ 霜降

 ④ 상강(霜降)은 가을을 나타내고, 나머지는 봄을 의미한다.
※ 계절을 나타내는 한자
ⓐ 봄(春) : 입춘(立春), 우수(雨水), 경칩(驚蟄), 춘분(春分), 청명(淸明), 곡우(穀雨)
ⓑ 여름(夏) : 입하(立夏), 소만(小滿), 망종(芒種), 하지(夏至), 소서(小暑), 대서(大暑)
ⓒ 가을(秋) : 입추(立秋), 처서(處暑), 백로(白露), 추분(秋分), 한로(寒露), 상강(霜降)
ⓓ 겨울(冬) : 입동(立冬), 소설(小雪), 대설(大雪), 동지(冬至), 소한(小寒), 대한(大寒)

Answer ↪ 13.④ 14.④ 15.③ 16.④ 17.④

18 다음 상황과 관련된 사자성어는?

> 조개가 강변에 나와 입을 벌리고 햇볕을 쪼이고 있는데, 도요새가 날아오더니 조갯살을 쪼아 먹으려 했다. 깜짝 놀란 조개가 입을 다물었고, 그 바람에 도요새 부리는 조개 속에 끼고 말았다. 당황한 도요새는 조개에게 이대로 계속 있으면 햇볕에 바짝 말라 죽을 것이라고 하였고, 조개는 도요새에게 내가 놓아주지 않으면 굶어 죽을 것이라고 말했다. 조개와 도요새가 서로 버티는 사이 어부가 이 광경을 보고 조개와 도요새를 한꺼번에 잡아 갔다.

① 首丘初心　　　　　　　　② 馬耳東風
③ 漁父之利　　　　　　　　④ 刻舟求劍

 ① **首丘初心**(수구초심) : 여우가 죽을 때 제가 살던 굴이 있는 언덕 쪽으로 머리를 둔다는 뜻으로, 고향을 그리워하는 마음을 이르는 말
② **馬耳東風**(마이동풍) : 말의 귀에 동풍이 불어도 말은 아랑곳하지 않는다는 뜻으로, '남의 말에 귀기울이지 않고 그냥 지나쳐 흘려 버림'을 이르는 말
④ **刻舟求劍**(각주구검) : 배의 밖으로 칼을 떨어뜨린 사람이 나중에 그 칼을 찾기 위해 배가 움직이는 것도 생각하지 아니하고 칼을 떨어뜨린 뱃전에다 표시를 하였다는 뜻에서, 시세의 변천도 모르고 낡은 것만 고집하는 미련하고 어리석음을 비유적으로 이르는 말

19 다음 중 괄호 안에 들어갈 접속어로 알맞은 것은?

> 긴팔원숭이가 동료들을 불러 모으거나 위험을 알리기 위해 내는 특유의 외침소리와 꿀의 소재를 동료에게 알리는 소위 꿀벌의 춤과 같은 것은 동물에게도 의사전달 수단이 있음을 보여준다. (　　) 인간의 언어가 일정한 수의 음소가 결합된 형태소로 뜻을 나타내고, 또 서로 다른 뜻을 나타내는 수천이 넘는 형태소를 지닌다는 특징을 다른 동물의 전달 수단에서는 찾아볼 수 없다. 이런 점에서 동물의 의사 전달 수단은 인간의 언어와 근본적으로 다르다고 할 수 있다.

① 그리고　　　　　　　　② 그러나
③ 게다가　　　　　　　　④ 예컨대

 ② 앞부분에서는 동물의 의사전달 수단을 뒷부분에서는 인간 언어만의 고유성을 이야기하고 있으므로 역접 관계를 나타내는 '그러나'가 들어가야 한다.

20 다음 설명과 관련이 없는 동물은?

> • 거울로 삼아 본받을 만한 모범
> • 속세를 떠나 오로지 학문이나 예술에만 잠기는 경지. 프랑스의 시인이자 비평가인 생트뵈브가 낭만파 시인 비니의 태도를 비평하며 쓴 데서 유래
> • 그다지 큰 소용은 없으나 버리기에는 아까운 것을 이르는 말

① 코끼리   ② 닭
③ 원숭이   ④ 거북이

 ㉠ **귀감(龜鑑)** : 거북등과 거울이라는 뜻으로 사물의 본보기를 말한다.
㉡ **상아탑(象牙塔)** : 코끼리 상, 어금니 아, 탑 탑으로 학자들의 현실도피적인 학구 생활을 말한다.
㉢ **계륵** : 닭의 갈비라는 뜻으로 먹기에는 너무 맛이 없고 버리기에는 아까워 이러지도 저러지도 못하는 형편을 말한다.

21 다음은 하나의 글을 구성하는 문장들을 순서 없이 나열한 것이다. ㉠~㉣ 중 주제문으로 가장 적당한 것은?

> ㉠ 범죄를 저지른 사람 중에는 나쁜 가정환경에서 자란 경우가 많다.
> ㉡ 인간됨이 이지러져 있을 때 가치 판단이 흐려지기 쉽다.
> ㉢ 범죄를 저지른 사람들은 대체로 자포자기의 상황에 처한 경우가 많다.
> ㉣ 인간의 범죄 행위의 원인은 개인의 인간성과 가정환경으로 설명될 수 있다.

① ㉠   ② ㉡
③ ㉢   ④ ㉣

 ④ 주제문은 문단 전체의 내용을 포괄할 수 있는 내용이어야 한다.

Answer ▸ 18.③ 19.② 20.③ 21.④

22 다음 글의 주제로 적합한 것은?

> 전통은 물론 과거로부터 이어 온 것을 말한다. 이 전통은 대체로 그 사회 및 그 사회의 구성원(構成員)인 개인(個人)의 몸에 배어 있는 것이다. 그러므로 스스로 깨닫지 못하는 사이에 전통은 우리의 현실에 작용(作用)하는 경우(境遇)가 있다. 그러나 과거에서 이어온 것을 무턱대고 모두 전통이라고 한다면, 인습(因襲)이라는 것과의 구별(區別)이 서지 않을 것이다. 우리는 인습을 버려야 할 것이라고는 생각하지만, 계승(繼承)해야 할 것이라고는 생각하지 않는다. 여기서 우리는 과거에서 이어 온 것을 객관화(客觀化)하고, 이를 비판(批判)하는 입장에 서야 할 필요를 느끼게 된다. 그 비판을 통해서 현재(現在)의 문화 창조(文化 創造)에 이바지 할 수 있다고 생각되는 것만을 우리는 전통이라고 불러야 할 것이다. 현재의 문화를 창조하는 일과 관계가 없는 것을 우리는 문화적 전통이라고 부를 수는 없기 때문이다.

① 전통의 역할   ② 인습에 대한 비판
③ 전통의 필요성   ④ 전통과 인습의 구별

 ④ 제시된 글을 전통과 인습을 구별하여 현재 문화 창조에 이바지 할 수 있는 전통만을 계승해야 할 것이라는 입장을 보인다.

23 맞춤법에 맞게 표기된 것은?

① 삭월세   ② 웃어른
③ 가까와   ④ 무자기

 ① 삭월세 → 사글세
③ 가까와 → 가까워
④ 무자기 → 무작위

24 조기 한 손, 마늘 세 접, 오징어 두 축의 합계는?

① 52   ② 117
③ 262   ④ 342

 손은 한 손에 잡을 만한 분량을 세는 단위로 조기는 큰 것과 작은 것을 합한 것을 이른다. 접은 채소나 과일 따위를 묶어서 세는 단위로 한 접은 100개이고, 축은 오징어를 묶어 세는 단위로 한 축은 20마리이다. 따라서 2 + 300 + 40 = 342

25 월북 작가 홍명희의 작품은 무엇인가?

① 태평천하 　　　　　　　　　② 임꺽정
③ 카인의 후예　　　　　　　　　④ 상록수

 ① 「태평천하」: 식민지 사회 현실을 풍자적 수법으로 다룬 채만식의 작품
② 「임꺽정」: 조선 명종 때 천민계층의 반봉건적인 인물인 임꺽정을 주인공으로 하여 그들의 생활양식을 다룬 작품
③ 「카인의 후예」: 범생명적인 휴머니즘을 추구한 황순원의 작품
④ 「상록수」: 민족주의·사실주의 경향의 농촌 계몽 소설을 주로 쓴 심훈의 작품

26 '앙티로망'이란?

① 전통 계승 문학　　　　　　　② 사회참여소설
③ 실험적 반(反)소설　　　　　　④ 냉정한 문학

 앙티로망(anti-roman)은 전통적인 수법을 부정하는 새로운 형식의 반(反)소설 또는 비(非)소설로, 일종의 실험소설이다.

27 다음 중 문예사조의 흐름을 순서대로 바르게 나열한 것은?

① 고전주의 – 사실주의 – 낭만주의 – 상징주의 – 자연주의 – 실존주의
② 고전주의 – 낭만주의 – 사실주의 – 자연주의 – 상징주의 – 실존주의
③ 고전주의 – 사실주의 – 실존주의 – 낭만주의 – 자연주의 – 상징주의
④ 고전주의 – 낭만주의 – 자연주의 – 사실주의 – 상징주의 – 실존주의

 문예사조의 흐름 … 고전주의 – 낭만주의 – 사실주의 – 자연주의 – 유미주의 – 상징주의 – 초현실주의 – 주지주의 – 행동주의 – 실존주의

28 다음 중 책 제목이 주인공의 이름이 아닌 것은?

① 데미안　　　　　　　　　　　② 레미제라블
③ 테스　　　　　　　　　　　　④ 제인 에어

 ② 레미제라블은 '불쌍한 사람들'을 뜻하는 말로, 빅토르 위고의 책 제목이지만 주인공의 이름은 아니다. 레미제라블의 주인공은 장발장이다.

Answer ＞ 22.④ 23.② 24.④ 25.② 26.③ 27.② 28.②

29 어떤 문제에 대해 여러 분야의 전문가가 미리 원고를 준비하여 강연식으로 의견을 발표하고, 일반 참가자의 질의를 받는 형식의 토의형태는?

① 패널(panel)

② 심포지엄(symposium)

③ 포럼(forum)

④ 배심토의

 ① 시사 또는 전문적인 문제를 놓고 배심원들을 통해 논의하는 형식이다.

③ 일종의 공개토론회로 전문가나 학자 등이 시사·사회문제에 관해 강연을 하고, 청중으로부터 질문을 받는 형식이다.

30 다음 사자성어 중 '말'에 관한 고사성어가 아닌 것은?

① 감언이설(甘言利說)

② 견강부회(牽强附會)

③ 동문서답(東問西答)

④ 외유내강(外柔內剛)

 외유내강(外柔內剛) … 겉으로 보기에는 부드러우나 속은 꿋꿋하고 강함을 뜻하는 말이다.

① 달콤한 말과 이로운 이야기라는 뜻으로, 남의 비위에 맞도록 꾸민 달콤한 말과 이로운 조건을 내세워 남을 꾀하는 말이다.

② 이치에 맞지 않는 말을 억지로 끌어 붙여 자기 주장의 조건에 맞도록 함을 뜻하는 말이다.

③ 동쪽을 묻는 데 서쪽을 대답한다는 뜻으로, 묻는 말에 대하여 전혀 엉뚱한 대답을 한다는 뜻이다.

31 플로베르의 일물일어설(一物一語說)은 좋은 글의 요건 중 무엇을 강조한 것인가?

① 정확성

② 독창성

③ 경제성

④ 진실성

 일물일어설(一物一語說) … 표현하려는 것이 어떤 것이든 대상을 지칭할 때는 단 하나의 명사가, 그것의 움직임을 나타낼 때는 단 하나의 동사가, 그것의 성질을 나타낼 때는 단 하나의 형용사가 있을 뿐이라는 이론이다.

32 다음 괄호 안에 알맞은 후렴구는?

> 둘하 노피곰 도드샤
> 어긔야 머리곰 비취오시라
> 어긔야 어강됴리
> (   )

① 얄리 얄리 얄랑셩 얄라리 얄라　　② 위 덩더둥셩

③ 아으 다롱디리　　④ 위 증즐가 태평셩대

 정읍사는 행상인의 아내가 남편이 무사히 귀가하기를 바라며 읊은 망부가로, 현재 전해지는 유일한 백제가요이다.
① 고려가요 「청산별곡」의 후렴구이다.
② 고려가요 「사모곡」의 후렴구이다.
④ 고려가요 「가시리」의 후렴구이다.

33 다음 중 저자와 저서의 연결이 옳지 않은 것은?

① 사무엘 헌팅턴 – 문명의 충돌
② 페르낭 브로델 – 물질문명과 자본주의
③ 비비안 포레스터 – 경제적 공포
④ 질 들뢰즈 – 감시와 처벌

 ④ 질 들뢰즈의 주요 저서로는 「차이와 반복」, 「앙티 오이디푸스」, 「천개의 고원」(공저) 등이 있으며, 「감시와 처벌」은 미셸 푸코의 저서이다.

34 다음 작가와 대표작이 잘못 연결된 것은?

① 김정한 – 사하촌, 축생도, 모래톱 이야기
② 김동인 – 배따라기, 바위, 붉은산
③ 염상섭 – 두 파산, 만세전, 삼대(三代)
④ 현진건 – 빈처, 무영탑, 고향

 ② 「바위」는 김동리의 작품이다. 김동인의 작품으로는 이외에 「약한 자의 슬픔」, 「감자」, 「광염소나타」, 「발가락이 닮았다」, 「운현궁의 봄」 등이 있다.

Answer → 29.② 30.④ 31.① 32.③ 33.④ 34.②

35 다음 작품의 제목으로 옳은 것은?

> 빼어난 가는 잎새 굳은 듯 보드랍고
> 자주빛 굵은 대공 하얀 꽃이 벌고
> 이슬은 ( )가 되어 마디마디 달렸다.

① 매화   ② 난초
③ 국화   ④ 대나무

 난초는 이병기의 「가람시조집」에 실려 있는 작품으로, 난초의 정결함을 예찬하고 있다.

36 다음 중 한글로 기록되지 않은 것은?

① 양반전   ② 정석가
③ 관동별   ④ 구운몽

 ① 「양반전」은 박지원의 한문소설이다.

37 최초의 국한문 혼용으로 쓰인 기행문은?

① 김만중 – 서포만필   ② 이수광 – 지봉유설
③ 유길준 – 서유견문   ④ 박지원 – 열하일기

 ③ 「서유견문(西遊見聞)」은 조선 고종 32년(1895)에 간행된 서적으로 유길준이 미국에서 유학하던 중 유럽 등지를 순방하고 그 견문을 국한문 혼용체로 기록한 것이다.

38 현진건의 작품집으로서, 일제의 검열에 의해서 금서가 되었던 것은?

① 만세전   ② 조선의 얼굴
③ 무영탑   ④ 고향

 현진건(1900~1943) … 우리나라의 '모파상'이라 불리는 사실주의문학의 대가로, 문학에 있어서 기교의 가치를 보여준 최초의 작가이다. 대표작으로는 「빈처」, 「불」, 「B사감과 러브레터」, 「무영탑」 등이 있다.

39 우리 고전의 작가와 작품이 잘못 연결된 것은?

① 최치원 – 계원필경　　　　　　　② 이인로 – 파한집

③ 이제현 – 역옹패설　　　　　　　④ 정약용 – 과농소초

 ④ 「과농소초(課農小抄)」는 박지원의 작품으로, 농업생산력을 높이는 문제에 관한 저술이다.

40 다음 중 '이것은 소리 없는 아우성'과 같이 표면적으로 모순되는 진술 같으면서도 그 안에 진실이 담기도록 하는 표현기법은?

① 패러디　　　　　　　　　　　② 반어법

③ 언어유희　　　　　　　　　　④ 역설법

 반어법과 역설법

구분	내용
반어법	겉으로 표현한 내용과 속마음을 서로 반대로 말함으로써 독자에게 강한 인상을 주고 문장의 변화를 주는 표현 방법
역설법	표면적으로 이치에 안 맞는 모순되는 진술에 의하여 의미를 강조하는 표현 방법

41 다음 중 판소리계 소설로 묶인 것은?

① 홍길동전, 심청전　　　　　　　② 춘향전, 장화홍련전

③ 흥부전, 장끼전　　　　　　　　④ 옹고집전, 전우치전

 판소리계 소설에는 「배비장전」, 「옹고집전」, 「장끼전」, 「변강쇠전」, 「춘향전」, 「심청전」, 「흥부전」, 「별주부전」 등이 있다.

42 다음 중 서명과 지은이의 연결이 옳지 않은 것은?

① 봉순이 언니 – 공지영

② 그 많던 싱아는 누가 다 먹었을까 – 박완서

③ 괭이부리말 아이들 – 김중미

④ 오페라의 유령 – 조창인

 ④ 「오페라의 유령」은 프랑스의 작가 가스통 르루의 추리소설이다. 천사의 목소리를 타고났으나 사고로 흉측하게 변한 얼굴을 가면으로 가린 괴신사가 아름다운 프리마돈나를 짝사랑하는 이야기이다.

Answer☞ 35.② 36.① 37.③ 38.③ 39.④ 40.④ 41.③ 42.④

43 밑줄 친 단어의 표준말 사용이 올바른 것은?

① 이 책의 <u>머릿말</u> 좀 써 주세요.
② <u>개나리봇짐</u>을 지고 서울로 떠났다.
③ 거기 <u>재털이</u> 좀 이리 가져오렴.
④ <u>가랑이</u>가 찢어져라 하고 도망간다.

 ① 머릿말→머리말 ② 개나리봇짐→괴나리봇짐 ③ 재털이→재떨이

44 다음 중 의미 진달에 있어서 중의성 없이 바르게 힌 문장은?

① 윤호는 영지가 신나게 춤을 추는 것을 보았다.
② 준수가 수진이에게 준 선물을 빼앗았다.
③ 어제 창민이에게 준 책이 없어졌다.
④ 나는 유천이 그림을 보고 감명을 받았다.

 ② 준수가 자신이 수진이에게 준 선물을 도로 빼앗은 것인지 또는 다른 사람이 수진이에게 준 선물을 준수가 빼앗은 것인지 확실하지 않다.
③ 창민이에게 준 책이 없어진 시점이 어제인지 또는 책을 준 것이 어제인지 분명하지 않다.
④ 유천이가 소유하고 있는 그림인지 또는 유천이를 그린 그림인지 알 수 없다.

45 다음 중 표준어로 맞는 것은?

① 미쟁이
③ 상치쌈

② 아지랑이
④ 윗어른

 ① 미장이 ③ 상추쌈 ④ 웃어른

46 다음 중 표준말이 아닌 것은?

① 등클
③ 부지깽이

② 우렁쉥이
④ 시렁

 ① '등걸'의 충북 사투리이다.

47 바람에 대한 순 한글 명칭으로 잘못된 것은?

① 동풍 – 샛바람

② 서풍 – 하늬바람

③ 북풍 – 된바람

④ 남동풍 – 높새바람

 ④ 높새바람은 북동풍이다.

※ 바람에 관련된 말

구분	내용
갈마바람	'서남풍'의 뱃사람 말
고추바람	몹시 찬바람
색바람	초가을에 선선히 부는 바람
소소리바람	초봄 제법 차갑게 부는 바람
된마파람	'동남풍'의 뱃사람 말
살바람	좁은 틈새로 들어오는 바람
왜바람	일정한 방향 없이 부는 바람
건들바람	초가을에 선들선들 부는 바람

48 우리말의 뜻풀이가 바르지 못한 것은?

① 길섶 – 길 한가운데

② 갈무리 – 일을 잘 정돈하여 간수함

③ 고갱이 – 사물의 핵심

④ 곰살궂다 – 성질이 다정함

 ① 길섶은 길의 가장자리를 뜻한다.

49 다음 중 표준어가 아닌 것은?

① 백분율

② 입학율

③ 시청률

④ 나열

 모음이나 'ㄴ' 받침 뒤에 이어지는 '렬, 률'은 '열, 율'로 적는다.

② 입학율→입학률

50 다음 외래어 표기가 맞게 표기된 것은?

① 텔레비젼   ② 코미디

③ 플랭카드   ④ 화이팅

 ① 텔레비전   ③ 플래카드   ④ 파이팅

51 다음 중 순우리말에 해당하는 것은?

① 빵   ② 수라상

③ 고무   ④ 술

 ① 포르투갈어   ② 몽골어(원)   ③ 프랑스

52 다음 중 '헤살(을) 놓다'라는 말의 뜻은?

① 아주 잘 익어서 무르녹다.

② 짓궂게 훼방함. 또는 그러한 짓을 이르는 말을 뜻한다.

③ 함부로 우겨대다. 남을 견디기 어렵도록 볶아치다.

④ 믿음성이 있다. 진실하다.

 ① 흐드러지다   ③ 족대기다   ④ 미쁘다

53 다음 중 표준어가 아닌 것은?

① 안다미를 씌우다

② 안절부절못하다

③ 붉그락푸르락

④ 쌍동밤

 ③ 붉그락푸르락 → 붉으락푸르락 : 성이 나거나 흥분하여 안색이 붉었다 푸르렀다 하는 모양

54 '하물며'라는 뜻을 가진 한자어는?

① 畢竟   ② 故意

③ 況且   ④ 可況

> (Tip) ③ 황차(況且)는 '하물며'의 뜻으로 쓰이는 접속의 말로 후에 '항차'로 변했다.

55 다음 중 慕의 부수는?

① ⺿   ② 小

③ 心   ④ 日

> (Tip) 慕는 그리워할 '모'자로 부수는 '心(忄, 㣺)'이고 획수는 총 15획(부수포함)이다.

56 다음 중 옥편(玉篇)의 부수자(部首字)가 아닌 것은?

① 風   ② 鼻

③ 天   ④ 行

> (Tip) ③ '天'의 부수는 '大'이다.

57 나이를 부르는 한자어 중 옳지 않은 것은?

① 志學 - 20세

② 不惑 - 40세

③ 知天命 - 50세

④ 古稀 - 70세

> (Tip) ① **志學**(지학) : 학문에 뜻을 둔다는 의미로 열다섯 살을 가리킨다. 「논어(論語)」 위정편(爲政篇)의 '오십유오이지우학(吾十有五而志于學)'에서 유래하였다.

Answer ☞ 50.② 51.④ 52.② 53.③ 54.③ 55.③ 56.③ 57.①

58 살아계신 남의 아버지를 부르는 말 중 틀린 것은?

① 椿丈(춘장)　　　　　　　　　② 家親(가친)

③ 椿堂(춘당)　　　　　　　　　④ 椿府丈(춘부장)

(Tip) ② 家親(가친)은 살아계신 자기 아버지를 지칭할 때 쓰는 호칭이다.

59 다음을 나이가 적은 것부터 나열하면?

> ㉠ 喜壽　　　　　　　　　㉡ 白壽
> ㉢ 米壽

① ㉠ – ㉡ – ㉢　　　　　　　② ㉠ – ㉢ – ㉡

③ ㉡ – ㉠ – ㉢　　　　　　　④ ㉡ – ㉢ – ㉠

(Tip) ㉠ **喜壽**(희수) : 77세　㉡ **白壽**(백수) : 99세　㉢ **米壽**(미수) : 88세

60 밑줄 친 다음 한자의 음을 바르게 읽은 것은?

> <u>相殺</u> – <u>標識</u> – <u>移徙</u> – <u>刮目</u>

① 쇄 – 식 – 다 – 괄　　　　　② 설 – 식 – 이 – 활

③ 설 – 지 – 다 – 괄　　　　　④ 쇄 – 지 – 이 – 괄

(Tip) 상쇄 – 표지 – 이사 – 괄목

61 뜻이 비슷한 글자로 이루어진 한자어가 아닌 것은?

① 濃淡　　　　　　　　　　　② 姿態

③ 敦篤　　　　　　　　　　　④ 弛緩

(Tip) ① **濃淡**(농담) : 짙을 농, 묽을 담 → 반의관계
② **姿態**(자태) : 맵시 자, 모양 태
③ **敦篤**(돈독) : 도타울 돈, 도타울 독
④ **弛緩**(이완) : 늦출 이, 느릴 완

62 "댁의 관향은 어디십니까?"에서 '관향'을 바르게 쓴 것은?

① 官向 ② 管鄕

③ 貫鄕 ④ 觀香

> **Tip** 貫鄕(꿸 관, 시골 향)은 시조가 난 땅, 본(本)을 말한다. 관향

63 '隨筆은 靑磁硯滴이다. 수필은 蘭이요, 鶴이요, 淸楚하고 몸맵시가 날렵한 여인이다.' 밑줄 친 硯滴의 쓰임을 바르게 말한 것은?

① 文房具 ② 廚房用具

③ 農業器具 ④ 窯業材料

> **Tip** 연적(硯滴)은 벼룻물을 담는 그릇이다.
> ① 문방구 ② 주방용구 ③ 농업기구 ④ 요업재료

64 다음 중 '標識, 閉塞, 內人, 相殺'의 독음이 맞는 것은?

① 표지, 폐색, 나인, 상쇄 ② 표지, 폐새, 나인, 상쇄

③ 표식, 폐세, 내인, 상살 ④ 표식, 폐색, 내인, 상쇄

> **Tip** 標識(적을 표, 적을 지), 閉塞(닫을 폐, 막을 색), 內人(안 내, 사람 인→나인), 相殺(서로 상, 덜 쇄)

65 '渦中'의 설명이나 쓰임이 옳지 않은 것은?

① 소용돌이치며 흘러가는 물의 가운데

② 분란한 사건의 가운데

③ 사건의 와중에 휩쓸려 들다.

④ 사물의 진행·경과한 길

> **Tip** 渦中(와중)은 '흘러가는 물이 소용돌이치는 가운데' 또는 '시끄럽고 분란한 사건의 가운데'라는 의미이다.

Answer → 58.② 59.② 60.④ 61.① 62.③ 63.① 64.① 65.④

66 '君子去仁이면 惡乎成名이리오'에서 惡과 같은 한자는?

① 汚 ② 何

③ 好 ④ 樂

> (Tip) '군자가 어짊을 버리면 어찌 이름을 이룰 수 있으리오.'라는 의미로 이 문장에서 '惡'은 '무엇' '어찌' 등의 의미로 쓰였다.
> ② 何(어찌 하)

67 '입추의 여지가 없다'와 '누란의 위기'에서 '추'와 '란'에 해당하는 한자는?

① 推 − 難 ② 秋 − 蘭

③ 錐 − 卵 ④ 楸 − 卵

> (Tip) '입추(立錐)의 여지가 없다'는 송곳 끝도 세울 수 없을 정도라는 뜻으로 발 들여놓을 데가 없을 정도로 사람들이 꽉 들어찬 경우를 비유적으로 이르는 말이다. '누란(累卵)의 위기'는 알을 쌓는다는 뜻으로서 '누란지위(累卵之危)'라고도 하며 알을 쌓아 올린 것처럼 매우 위태로운 상태를 비유하는 말이다.

68 다음 ( )속에 들어갈 한자를 순서대로 나열한 것은?

㉠ 苛( )誅求	㉡ ( )目相對
㉢ 自家( )着	㉣ 畵龍點( )

① 刮 − 童 − 睛 − 斂 ② 靑 − 刮 − 斂 − 撞

③ 斂 − 刮 − 撞 − 靑 ④ 斂 − 刮 − 撞 − 睛

> (Tip) ㉠ 苛斂誅求(가렴주구) : 조세를 가혹하게 징수하여 백성을 못 살게 구는 일
> ㉡ 刮目相對(괄목상대) : 남의 학문이나 재주가 현저하게 진보하였음을 가리키는 말
> ㉢ 自家撞着(자가당착) : 자기의 언행이 앞뒤가 모순되어 들어맞지 않는 것
> ㉣ 畵龍點睛(화룡점정) : 무슨 일을 함에 가장 긴요한 부분을 끝내어 완성시킴

69 다음 중 평범한 사람을 의미하는 한자어에 해당하지 않는 것은?

① 樵童汲婦 ② 張三李四

③ 匹夫匹婦 ④ 白面書生

① 樵童汲婦(초동급부) : 땔나무를 하는 아이와 물을 긷는 여자, 즉 보통사람
② 張三李四(장삼이사) : 장씨의 셋째 아들과 이씨의 넷째 아들, 즉 평범한 사람들
③ 匹夫匹婦(필부필부) : 평범한 남자와 평범한 여자
④ 白面書生(백면서생) : 글만 읽고 세상일에 경험이 없는 사람

70 다음 중 속한 계절이 다른 하나는?

① 冬至   ② 處暑
③ 白露   ④ 霜降

 ① 冬至(동지) : 겨울
② 處暑(처서), ③ 白露(백로), ④ 霜降(상강) : 가을

71 다음 중 편지 겉봉에 본인이 직접 받아볼 수 있도록 하기 위해 쓰는 용어는?

① 親展   ② 轉交
③ 貴中   ④ 机下

 ① 親展(친전) : 편지를 받는 사람이 직접 펴 보아 주기를 바란다는 뜻이다.
② 轉交(전교) : 다른 사람을 거쳐서 받게 하는 경우에 쓴다.
③ 貴中(귀중) : 단체나 기관에 보낼 때 쓴다.
④ 机下(궤하) : 윗사람에게 보낼 때 쓰는 표현으로 貴下, 座下 등과 같은 의미이다.

72 이기적인 여주인공이 진정한 자아와 사랑을 가지게 되는 과정을 그린 이 소설은 19세기 영국의 대표 여류 작가 제인 오스틴의 작품이다. 무엇인가?

① 오만과 편견   ② 에마
③ 이성과 감성   ④ 소피의 선택

 에마 … 젊은 처녀의 정신적 성장과 인격교육을 테마로 한 소설로서 줄거리의 구성도 교묘하며 원숙한 유머가 넘쳐흐르는 작품이다.

Answer → 66.② 67.③ 68.④ 69.④ 70.① 71.① 72.②

73 예로부터 '나무를 심는 것은 십년지계(十年之計)요, 이것은 백년대계(百年大計)라 했다.' 이것은 무엇인가?

① 결혼 ② 육아
③ 교육 ④ 저축

> (Tip) 十年樹木百年樹人(십년수목백년수인) … '10년을 내다보며 나무를 심고, 100년을 내다보며 사람을 심는다'라는 뜻으로, 인재를 양성하는 일의 중요성을 비유하는 고사성어이다.

74 사서삼경 중 삼경에 해당하지 않는 것은?

① 시경 ② 서경
③ 주역 ④ 중용

> (Tip) 사서삼경
> ㉠ 사서(四書) : 대학(大學), 중용(中庸), 맹자(孟子), 논어(論語)
> ㉡ 삼경(三經) : 시경(詩經), 서경(書經), 역경(易經, 흔히 周易이라 함)

75 간결한 말 속에 깊은 체험적 진리를 교묘히 표현한 짧은 글을 의미하는 용어는?

① scree ② aphorism
③ mores ④ ghetto

> (Tip) ② 아포리즘(aphorism) : 그리스어에서 유래된 말로 깊은 체험적 진리를 간결하고 압축된 형식으로 나타낸 짧은 글을 말한다. 금언·격언·잠언·경구 등이 이에 속한다.

76 우리나라 최초로 신인추천제를 실시하였으며 많은 현대시조 작가를 배출한 순수문예지는?

① 문장 ② 소년
③ 청춘 ④ 인문평론

> (Tip) ① 문장 : 1939년 창간되어 1941년 폐간된 시·소설 중심의 순문예지이다. 신인추천제로 발굴된 대표적인 시조시인으로는 김상옥과 이호우 등이 있으며, 시인으로는 청록파 시인 박목월, 조지훈, 박두진 등이 있다.
> ② 소년 : 1908년 11월 최남선이 창간한 한국 최초의 월간 잡지로 주로 청소년을 대상으로 새로운 지식의 보급과 계몽, 강건한 청년정신의 함양에 힘썼다. 1911년 5월 종간되었다.
> ③ 청춘 : 1914년 10월에 창간된 한국 최초의 본격적인 월간 종합지로 일반교양을 목표로 펴낸 계몽적 대중지다. 인문·사회, 자연·과학 전반의 내용을 다루었으며, 문학 부문에 비중을 두어 준문학지 성격을 띠었다.

④ 인문평론 : 1939년 10월 최재서(崔載瑞)가 창간한 문학잡지로 창간호의 권두언에서 문학가들도
    건설 사업에 협력해야 한다고 주장하여 일본의 침략전쟁을 긍정하고 합리화하는 데 앞장섰다.
    1941년 4월 폐간되었다.

77 하드보일드(hard-boiled)의 대표적 작가는?

① 카뮈   ② 아라공
③ 헤밍웨이   ④ 에즈라 파운드

 하드보일드문학은 비정형·냉혹형으로 불리는 문학형식으로 1차 세계대전 후 사실주의 문학경향
을 말하며, 전쟁에 대한 회의·불신·파멸을 무자비하게 묘사하고 있다. 대표적 작가로는 헤밍웨
이, 더드 페서스, 대쉬얼 헤밋 등이 있다.

78 다음 중 데카당스와 관계없는 문예사조는?

① 관능주의   ② 고전주의
③ 탐미주의   ④ 퇴폐주의

 데카당스(decadence)는 19세기 후반의 회의적인 사상과 퇴폐적인 경향이 문학에 반영된 세기말
적 문학을 말한다. 관능적인 미를 추구하고 예술지상주의적, 탐미적 문학의 특징을 갖는다.

79 다음 중 근세문학 전기(조선 초~임진왜란)의 국문학의 특징이 아닌 것은?

① 한문소설이 출현하였다.
② 산문문학이 크게 발달하였다.
③ 도학파와 사장파가 대립하였다.
④ 시조와 가사가 크게 융성하였다.

 산문문학의 발전은 임진왜란 이후에서 갑오개혁 이전까지 서민문학의 발달로 이루어졌다.

Answer ↦ 73.③ 74.④ 75.② 76.① 77.③ 78.② 79.②

80 다음 중 비곗덩어리의 작가는?

① 생텍쥐페리   ② 헤르만 헤세

③ 헤밍웨이   ④ 모파상

 「비곗덩어리」는 모파상의 중편소설작품으로, 프로이센군에 점령된 루앙으로부터 디에프로 가는 역마차 안에서 생긴 일을 그린 작품이다. 뚱뚱해서 비곗덩어리라는 별명이 붙은 창녀가 합승객의 희생이 되어 프로이센 장교에게 몸을 맡기는데, 일이 끝나자 합승객은 절박한 고비에서 구조를 받은 은혜도 잊고서 그녀를 경멸하고 멀리한다는 이야기이다. 모파상의 작품은 이외에도 「여자의 일생」, 「목걸이」 등이 유명하다.

81 세계 주요 문학작품 중 작가가 잘못 연결된 것은?

① 고도를 기다리며 – 베케트(프랑스)

② 이방인, 페스트 – 카뮈(프랑스)

③ 테스, 귀향 – 토마스 만(독일)

④ 보물섬, 지킬박사와 하이드씨 – 스티븐슨(영국)

 ③ 「테스」, 「귀향」은 토마스 하디(영국)의 작품이다. 토마스 만은 독일의 소설가이자 평론가로 독일의 소설예술을 세계적 수준으로 높였다. 1929년 「바이마르 공화국의 양심」으로 노벨문학상을 받았다.

82 다음 중 연결이 옳지 않은 것은?

① 최초의 가사 – 상춘곡

② 최초의 순(純)문예동인지 – 폐허

③ 최초의 한문소설 – 금오신화

④ 최초의 한글소설 – 홍길동전

 ② 「폐허」는 1920년대 초 문학동인지로, 독일의 시인 실러의 "옛 것은 멸하고 시대는 변한다. 새 생명은 이 폐허에서 피어난다."라는 시구에서 따온 것으로 부활과 갱생을 의미한다. 동인으로 김억, 남궁벽, 오상순, 염상섭 등이 참여하였으며 이들의 문학적 경향은 퇴폐적 낭만주의였다.

※ **창조(創造)** … 1919년에 창간된 최초의 순(純)문예동인지로 김동인, 주요한, 전영택 등이 주요 동인이다. 계몽 문학을 배척하고 순수 문학을 지향하였다.

08 매스컴

1 개방된 인터넷을 통하여 방송 프로그램, 영화 등 미디어 콘텐츠를 제공하는 서비스는?

① OTT
② VOD
③ STB
④ STM

 OTT는 over-the-top의 약자로 용어에서 top은 TV 셋톱 박스(set-top box)를 뜻한다. OTT 서비스는 초기에 셋톱 박스를 통해 케이블 또는 위성 방송 서비스를 제공하는 것을 의미하였다. 그러나 광대역 인터넷과 이동통신의 발달로 스트리밍 서비스가 가능해져 PC, 스마트폰 등 다양한 기기로 OTT 서비스가 확장되었다.

2 다음 중 가짜뉴스에 대한 설명으로 옳지 않은 것은?

① 뉴스의 형태를 띠고 있지만 실제 사실이 아닌 거짓된 뉴스를 말한다.
② 어떠한 의도를 가지고 조작되거나 거짓 정보를 유포한다는 특징이 있다.
③ 언론사가 아닌 개인들이 사실이 아닌 내용을 진짜 뉴스처럼 퍼뜨리는 사태가 많이 일어나면서, 가짜뉴스가 사회 문제로 대두되고 있다.
④ 가짜뉴스의 영향력은 아직까지는 연예인에 대한 이슈로 한정되어 있지만 점차 그 범위가 확대 될 것으로 보인다.

 ④ 가짜뉴스의 영향력은 일정 분야로 한정된다고 볼 수 없고 오히려 가짜뉴스의 광범위한 확산으로 여론을 호도하거나 선거에 영향을 미친다는 논란이 제기되면서 전 세계에서 가짜뉴스를 타파하려는 움직임이 거세지고 있다.

3 새로운 형태의 언론 매체가 나타나면 기존의 형태는 없어지기보다는 진화하거나 적응하려는 현상이 나타난다는 것을 뜻하는 말은?

① 미디어크라시

② 텔레크라시

③ 애드호크라시

④ 미디어 모포시스

④ **미디어 모포시스** : 매체를 뜻하는 media와 변형을 뜻하는 metamorphosis의 합성어로, 미디어의 변형이라는 의미를 가지고 있다. 새로운 형태의 언론 매체가 나타나면 기존의 형태는 없어지기보다는 진화하거나 적응하려는 현상이 나타난다는 것이다.

① **미디어크라시** : 미디어(media)와 데모크라시(democracy)의 합성조어로 현대의 정치는 매스 미디어에 의한 민주주의라는 뜻

② **텔레크라시** : 텔레비전(television)과 데모크라시(democracy)의 합성어로, 미디어정치 · TV정치라고도 한다. TV나 라디오, 통신 등을 통해 정치인들이 정치활동을 하는 형태의 정치문화를 의미한다.

4 키워드 광고로 유저가 검색한 결과에 따라 유사한 내용의 광고주의 광고배너 또는 링크를 함께 노출시켜 그 클릭 횟수에 따라 매출이 발생하는 광고는?

① CPC

② CPM

③ CPA

④ CPI

① **CPC**(cost per click) : 클릭당 과금 방식을 뜻하며, 노출과는 상관없이 클릭이 일어날 때마다 비용이 과금되는 형태.

② **CPM**(cost per mile) : 1,000번 노출 당 과금 방식이며, 클릭수와 상관없이 광고가 1,000번 노출되는 것 만으로도 과금되는 형태.

③ **CPA**(cost per action) : 광고주가 원하는 행동을 취할 때 마다 광고비를 지급하는 방법으로 주로 앱 설치, 회원가입, 설문지 작성 등 특정 액션을 지정하는 해당 목표 달성 시 광고비를 지급하는 방식.

④ **CPI**(cost per install) : 설치당 과금 방식.

5 다음 중 PPL 광고에 관한 설명으로 옳은 것은?

① 경쟁사에 시비를 걸어 사회적 논란을 유발시켜 관심을 끄는 광고이다.
② 영화 속의 인물이 사용하는 옷이나 가구 거리풍경 등에 특정 브랜드를 등장시키는 것이다.
③ 방송국이 자국의 생산물을 선전하기 위해 하는 광고이다.
④ Planning Placement Advertisement를 뜻한다.

 PPL 광고 … PPL은 영어 'products in placement'의 준말로서, 영화나 드라마의 소품으로 등장하는 상품을 뜻한다. PPL 광고는 이러한 소품을 특정 회사의 제품으로 대체함으로써 회사 측에서는 브랜드의 이미지를 높일 수 있고, 영화사 측에서는 영화 제작에 들어가는 협찬금이나 협찬상품을 제공받을 수 있는 장점이 있다.
① 스캔들 광고에 관한 설명이다.

6 다음의 구분 중 옳지 않은 것은?

① MPEG1 : CD를 포함한 저장매체의 동영상 압축기술
② MPEG2 : 고선명(HD)TV 영상 압축기술
③ MPEG4 : 객체 기반의 영상 전송 기술
④ MPEG7 : 디지털 멀티미디어 데이터의 내용 표현 기술

 ③ MPEG4 : 양방향 멀티미디어를 구현할 수 있는, 화상통신을 위한 동영상 압축 기술이다. 영상 내용에 근거하여 영상 신호를 부호화하는 새로운 방법을 추구하고 있다.

7 인터넷 상에서 자극적인 제목 등으로 독자의 흥미나 관심을 끌어 놓고 정작 클릭해 보면 제공하는 콘텐츠의 가치나 정보의 품질이 낮은 경우를 이르는 용어는?

① 클릭라이어
② 클릭베이트
③ 클릭미라지
④ 클릭브로커

 클릭베이트는 '클릭(Click)'과 '미끼(Bait)'의 합성어로 낚시기사를 지칭한다. 자극적인 제목 등으로 독자의 흥미나 관심을 끌어 놓고 정작 클릭해 보면 제공하는 콘텐츠의 가치나 정보의 품질이 낮은 기사 등을 이르는 말이다.

Answer 3.④ 4.① 5.② 6.③ 7.②

8 우리나라 최초의 순 한글신문은?

① 제국신문   ② 한성순보
③ 황성신문   ④ 독립신문

 ④ 독립신문은 1896년 4월 7일 서재필이 창간한 우리나라 최초의 순 한글신문이자 민간신문이다. 1957년 언론계는 이 신문의 창간일인 4월 7일을 신문의 날로 정하였다.

9 논설 형식의 광고를 의미하는 용어는?

① informercial
② advertorial
③ advocacy advertising
④ sizzle

 ① informercial : 'information(정보)'와 'commercial(광고)'의 합성어로, 상품이나 점포에 관한 상세 정보를 제공해 소비자의 이해를 돕는 광고기법을 말한다.
② advertorial : 'advertisement(광고)'와 'editorial (편집기사)'의 합성어로, 논설 형식의 광고를 말한다. 신문·잡지에 기사형태로 실리는 PR광고로서, 일반대중과 관계가 있는 부분은 물론 어떤 기업에 관한 주장이나 식견 등을 소개한다.
③ advocacy advertising : 기업의 실태 등을 홍보하여 그 기업을 지지하도록 지원을 요청하는 기업과 소비자 사이에 신뢰관계 회복 광고를 말한다.
④ sizzle : 광고효과를 위해 그 제품의 핵심 포인트가 될 만한 소리를 활용하는 광고기법이다. 시즐은 고기를 구울 때 나는 소리인 지글지글의 서양식 표현으로, 소비자들이 정육점에서 쇠고기를 살 때 실상은 프라이팬에서 구워지는 모습을 연상하므로 광고에서는 구울 때 나는 소리를 키포인트로 해야 한다는 데서 개념화한 것이다.

10 다음 중 중국의 대표적인 통신사는?

① AP   ② NHK
③ 르 몽드   ④ 신화통신

 ③ 르 몽드(le monde) : '세계'라는 뜻으로 프랑스 파리에서 간행되는 일간신문이다.
④ 신화통신 : 1929년 옌안에 창설된 중국공산당의 통신기관이며 중화인민공화국 수립 후 베이징에 이전하여 정식 국가기관이 되었다. 중국 내 언론 매체와 외국 언론사들의 지사에 정보를 제공한다.

11 다음 중 컬러텔레비전의 주사방식에 해당하지 않는 것은?

① SECAM식　　　　　　　　　　② NTSC식

③ BPSK식　　　　　　　　　　　④ PAL식

 컬러텔레비전 방송의 신호는 빨강, 초록, 파랑의 3원색 영상신호에 의해 구성된다. 현행 컬러텔레비전 방송에서는 컬러 방송 개시 이전부터 시행되고 있는 흑백방송의 전파 속에 흑백방송과의 양립성을 지니게 하면서 밝기와 색의 정보를 방송에 적합한 신호에 맞추어 송신하고 있다.

① SECAM(Sequential Couleur A Memoire) : 1958년 프랑스가 개발한 컬러TV 방송의 방식으로, 주사선은 819개이다. 이 방식은 2가지 색도신호를 NTSC 및 PAL방식의 경우와 같이 동시에 보내지 않고 연속적으로 보낸다는 것이 특징이다. 그러나 송신장치나 수상기의 회로가 복잡하고 시청범위가 좁으며, 흑백TV로는 전혀 시청할 수가 없는 단점이 있다. 프랑스 · 러시아 · 동유럽 · 아프리카의 일부 국가들이 채택하고 있다.

② NTSC(National Television System Committee Method) : 컬러TV 방송의 한 방식으로, 1954년 12월 미국에서 시작되었다. 미국 연방통신위원회(FCC)가 당초 3원색을 차례로 보내는 CBS방식을 채택했으나, 그 후 흑백TV와의 양립성이 있는 NTSC방식을 채택했다. NTSC방식은 흑백TV와의 양립성을 유지하기 위한 휘도신호에다 색 정보를 사람의 시각에 맞춰 교묘히 삽입, 전송하는 것으로 회로가 간단하다.

④ PAL(Phase Alternation Line) : 서독의 텔레푼켄사가 개발한 컬러TV 방송의 방식으로, 주사선은 625개이다. 이 방식은 전송의 뒤틀림이 없는 송신이 가능하며, 영국을 비롯한 서유럽 · 아시아 · 아프리카 등과 새로 컬러TV를 시도하는 국가들이 채택하고 있다.

12 신문 · 방송에 관련된 다음 용어 중 설명이 옳지 않은 것은?

① 커스텀 커뮤니케이션(custom communication) : 특정 소수의 사람들을 상대로 전달되는 통신체계

② 엠바고(embargo) : 기자회견이나 인터뷰의 경우 발언자의 이야기를 정보로서 참고할 뿐 기사화해서는 안 된다는 조건을 붙여하는 발표

③ 전파월경(spillover) : 방송위성의 전파가 대상지역을 넘어서 주변국까지 수신이 가능하게 되는 현상

④ 블랭킷 에어리어(blanket area) : 난시청지역

 ② 오프 더 레코드(off the record)에 대한 설명으로, 엠바고(embargo)는 일정한 시점까지의 보도를 금지하는 것으로 취재대상이 기자들을 상대로 보도 자제를 요청할 경우나, 기자들 간의 합의에 따라 일정 시점까지 보도를 자제하는 행위를 포함한다.

Answer ↝ 8.④　9.②　10.④　11.③　12.②

13 P2P의 특성에 대한 설명으로 옳은 것은?

① 웹상의 개인과 개인이 파일을 공유하는 것을 의미한다.

② 보안이 강한 특성을 지닌다.

③ 저작권 보호가 수월하다.

④ 중앙에서 별도의 저장과 관리가 필요하다.

 P2P(peer to peer) … 인터넷에서 개인과 개인이 직접 연결되어 파일을 공유하는 것으로 모든 참여자가 공급자인 동시에 수요자가 되는 형태이며, 이용자의 저장장치를 공유만 시켜주기 때문에 중앙에서 따로 저장·관리할 필요가 없다.

14 다음 중 트리플 플레이 서비스가 가능한 것은?

① SKY

② DMB

③ PMP

④ MP3

 트리플 플레이 서비스(triple play service) … 단일 또는 다른 종류의 네트워크를 통해 인터넷 전화, 초고속 인터넷, 그리고 인터넷 TV 등 음성, 데이터, 방송 기반의 3가지 서비스를 동시에 제공하는 융합 서비스를 말한다.

15 다음 중 캐나다의 미디어 학자인 마셜 맥루한(M. Mcluhan)과 관련이 가장 적은 것은?

① 미디어는 메시지이다(media is massage).

② 지구촌(global village)

③ 문화제국주의(cultural imperialism)

④ 쿨미디어(cool media)와 핫미디어(hot media)

 ③ 문화제국주의이론은 미국을 비롯한 몇몇 서방 강대국이 세계 정보시장을 독점하는 상태를 일컫는다. 이를 주장한 대표적인 학자는 쉴러(H. Schiller)이다.

16 독자가 언론중재위원회에 반론을 청구할 경우 그 반론의 내용은 무엇인가?

① 보도내용의 정정
② 보도내용에 대한 반박
③ 보도내용의 정정과 반박
④ 보도내용이 끼친 피해에 대한 보상

 반론권은 신문이나 방송 등 매스미디어에 의해 명예훼손을 당한 이해관계자가 그 미디어에 대해 반박문이나 정정보도문을 게재하거나 방송하도록 요구할 수 있는 권리이다.

17 매스컴과 정치가 점차 밀접한 연관관계를 맺어 가고 있는 것이 현대사회의 흐름이다. 이와 관련하여 사실과 가장 다르게 표현된 것은?

① TV, 라디오, 신문 등 매스컴의 막강한 영향력을 흔히 제4의 권력으로 비유하기도 한다.
② 미국과 유럽의 방송 및 신문사들은 자본주의 원리에 의거, 상업적 조직의 형태로 유지·발전되어 왔다.
③ 매스미디어는 현대정치의 중요한 무기가 되었으며, 미국의 강리치 하원의장은 매스컴을 적절히 이용한 대표적인 정치가로 손꼽는다.
④ 정당만으로 여러 집단의 요구를 충족시키기는 역부족이어서 매스미디어를 통해 여러 집단의 이익이 분출하는 시대를 맞고 있다.

 ② 유럽 국가들의 방송은 공영제로 발전하였으나 미국 방송은 상업방송으로 발전해왔다.

18 매체접근권(right of access)과 관계 깊은 것은?

① 정보청구권
② 국민의 알 권리
③ 경영참여의 권리
④ 미디어에 지면이나 시간을 요구하는 권리

 액세스권 … 알 권리와 같은 개념으로 사용되어 정보공개화를 요구하는 측에서 주장하는 '국민의 정보접근권리' 확보와 연관되는 개념이다. 반론권은 이 권리의 한 측면을 보여준다.

Answer ➝ 13.① 14.③ 15.③ 16.③ 17.② 18.②

19 우리나라 신문의 날인 4월 7일은 어느 신문의 창간 일을 기념하여 제정되었는가?

① 독립신문　　　　　　　　　② 황성신문
③ 한성순보　　　　　　　　　④ 대한매일신보

 1957년 4월 7일 우리나라 최초의 민간신문이자 순 한글신문인 독립신문의 창간 61주년을 기하여 신문의 날을 정하였다.

20 제도적 · 자의적 제한 및 안이한 취재 · 편집 경향으로 인해 취재방법이나 취재시간 등이 획일적이고 개성이 없는 저널리즘은 다음 중 어느 것인가?

① 팩저널리즘
② 옐로저널리즘
③ 제록스저널리즘
④ 포토저널리즘

 ① **팩저널리즘**(pack journalism) : 취재 방법, 시각 등이 획일적이고 독창성이 없어 개성이 없는 저널리즘
② **옐로저널리즘**(yellow journalism) : 대중의 호기심에 호소하여 흥미 본위로 보도하는 센세이셔널리즘 경향을 띠는 저널리즘이다.
③ **제록스저널리즘**(xerox journalism) : 극비문서를 제록스로 몰래 복사해서 발표하는 저널리즘이다.
④ **포토저널리즘**(photojournalism) : 사진기술로 대상이 되는 사실이나 시사적인 문제를 표현하고 보도하는 저널리즘이다.

21 독자의 정정보도 청구에 관한 설명 중 옳지 않은 것은?

① 긴급사항의 경우 언론중재위를 거치지 않고 법원에 심판을 청구할 수 있다.
② 언론중재위에서 합의가 성립된 경우 재판상 화해와 효력이 같다.
③ 청구된 정정보도가 광고만을 목적으로 하는 경우 언론사는 이를 거부할 수 있다.
④ 보도의 진위 여부나 고의나 과실 유무에 관계없이 정정보도 청구를 할 수 있다.

 법원에 정정보도 신청을 하려면, 그 전에 언론중재위원회의 중재를 거쳐야 한다. 중재신청대상이 되는 보도내용은 한 쪽의 주장만을 전달한 보도, 거짓을 사실인 것처럼 꾸민 보도, 일반 독자들에게 나쁜 인상을 심어준 보도, 사실을 과장한 보도, 필자의 허락을 받지 않고 글을 고쳐 원래의 뜻과 다르게 표현된 보도, 기타 명예훼손 및 신용권을 침해한 보도 등이다.

22 다음 중 HDTV에 대한 설명으로 맞는 것은?

① 현행 텔레비전의 해상도를 압축 조정한 보급형이다.

② 영국 BBC에서 개발했다.

③ 3 : 4 화면비를 가진다.

④ 음악 CD에 필적하는 음질을 가진다.

① 일반 TV는 주사선이 525~625개인 데 반해 HDTV의 주사선은 1050~1250개로 2배 이상 높아져 수평 해상도와 수직 해상도가 두 배 이상 향상되어 사진에 가까운 밝은 영상을 구현할 수 있다.
② 일본 NHK에서 개발, 1981년 미국에서 첫선을 보였다.
③ 기존의 3 : 4 종횡비보다 넓은 9 : 16의 와이드 화면으로 35mm 영화와 동등하거나 그 이상이다.

23 편성법 중 경쟁 방송국 프로그램보다 30분 먼저 시작함으로써 경쟁 방송국의 프로그램을 방해하는 프로그램 전략은?

① 장기판 편성　　　　　　　　　② 실력 편성

③ 해머킹 편성　　　　　　　　　④ 브리지 편성

① 장기판 편성이란 월요일부터 금요일까지 동일 시간대에 매일 다른 유형의 프로그램을 편성하는 전략이다.
② 경쟁사가 이미 우위를 확보해 놓은 시간대에 동일 시청자를 대상으로 같은 유형의 프로그램을 맞붙여 놓는 정면 도전형 전략이다.
③ 시청률이 낮은 프로그램이나 신설 프로그램의 시청률을 높이기 위해 인기 있는 2개의 프로그램 사이에 끼워 넣어 인기 있는 프로그램의 시청자 흐름을 인기 없는 프로그램으로 연결시키려는 전략이다.

24 광고기법 중 비슷한 줄거리에 모델만 다르게 써서 여러 편의 광고를 한꺼번에 내보내는 광고를 무엇이라고 하는가?

① 멀티스폿 광고　　　　　　　　② 시즐 광고

③ 티저 광고　　　　　　　　　　④ 애드버토리얼

② 소리를 통해 제품의 감각을 자극해서 이미지를 연상시키게 하는 광고 기법이다.
③ 브랜드는 숨긴 채 호기심을 유발하는 광고로 공격적인 광고로 구설수를 일으키는 마케팅이라는 의미에서 노이즈(noise) 마케팅이라고도 한다.
④ 신문광고나 잡지광고에서 언뜻 보기에 편집기사처럼 만들어진 논설·사설 형식의 광고를 말한다.

Answer ↦ 19.① 20.① 21.④ 22.④ 23.④ 24.①

25 다음 중 수용자의 권리와 거리가 가장 먼 것은?

① 반론권　　　　　　　　　　　　② 정정보도청구권

③ 지적재산권　　　　　　　　　　④ 국민의 알 권리

　① 신문이나 방송 등 매스미디어에 의해 명예훼손을 당한 이해관계자가 그 미디어에 대해 반박문이나 정정보도문을 게재하거나 방송하도록 요구할 수 있는 권리
　② 미디어의 사실적 보도에 의해 피해를 받았을 경우 당해 미디어에 대해 그 잘못을 정정하도록 요구할 수 있는 권리
　③ 문학·예술 및 과학 작품, 연출, 예술가의 공연, 음반 및 방송, 발명, 과학적 발견 등에 대한 보호 권리와 공업·문학·예술분야의 지적활동에서 발생하는 소유자가 갖는 기타 모든 권리
　④ 국민 개개인이 정치적·사회적 현실에 대한 일반적인 정보를 자유롭게 알 수 있거나 이러한 정보에 접근할 수 있는 권리

26 다음 괄호 안에 알맞은 말은?

> "사람들은 본능적으로 주위 사람들로부터 소외당하는 것을 두려워해 매스미디어가 어떤 의견을 제시할 때 사회성원들은 그것을 지배적인 의견으로 받아들이게 되고, 설령 의견이 달라도 다른 의견을 제시하지 못하고 입을 다물게 된다."는 매스미디어의 (　　　)을(를) 강조하고 있는 노엘레 노이만의 (　　　)이다.]

① 오피니언 리더로서의 기능, 선형모델　　② 의제설정기능, 침묵의 나선모델

③ 정보전달기능, 쌍방향 전달모델　　　　④ 게이트키핑기능, 계단모델

　침묵의 나선형이론(the spiral of silence theory) … 언론매체가 여론에 미치는 영향력을 설명하기 위해 노엘레 노이만이 제시한 이론이다. 일반적으로 사람은 다른 사람으로부터 고립되는 것을 두려워해 그들이 소수이론에 속한다고 느끼면 그 문제에 관하여 침묵하려는 경향이 있다고 설명한다.

27 ABC제도와 가장 관계가 깊은 것은?

① 무역　　　　　　　　　　　　　② 방송

③ 신문　　　　　　　　　　　　　④ 건설

　ABC(Audit Bureau of Circulations)는 발행부수공사기구로 신문이나 잡지 등의 발행·판매부수에 관해 조사·연구하는 기구를 말하며 ABC제도는 미국에서 가장 먼저 도입하였다.

28 선진국이 국제정보의 흐름을 통제하고 좌우하는 현실에 반기를 들고 전개된 신(新)국제정보 질서운동과 관련이 없는 것은?

① 문화제국주의 ② 거대 통신사

③ 유네스코(UNESCO) ④ 신(新)보수주의

 신국제정보질서운동(NWIO : New World Information Order) … 1970년대 전반 유네스코, 국제전기통신연합(ITU) 및 기타 국제적 회의에서 제3세계의 개발도상국들이 기존 국제 커뮤니케이션 체제에 대한 구조적 개편을 요구하며 펼친 운동으로 NIIO(New International Information Order)로 부르기도 한다. 제3세계의 주장은 현존 국제뉴스 및 정보의 교류가 구미 4대 통신사인 AP, UPI, 로이터(Reuters) 및 AFP와 다국적기업에 의해 독점·지배되고 있으며 이는 선진국의 경제·정치·문화적 이익을 신장하고 선·후진국 간의 종속관계를 영속화하는 수단으로 쓰이고 있다는 것이다. 여기서 NWIO는 이른바 종속이론에 그 이론적 배경을 두며, 신국제경제질서운동과 궤를 같이 한다. 나아가 제3세계는 이러한 국제커뮤니케이션 구조를 서구의 뉴스 및 정보매체가 서구의 자본주의적 이데올로기와 그들의 문화 생산물을 강매하는 '문화제국주의'로 파악하며, 또 제2차 세계대전 이후 새로운 세계 지배를 노리는 '신식민주의'의 일환으로 규정하고 이의 시정을 요구했다.

29 다음 중 광고수입에만 의존·제작하여 무료로 배포되는 신문은?

① 옐로페이퍼 ② 프리페이퍼

③ 스트리트페이퍼 ④ 지하신문

 ① **옐로페이퍼**(yellow paper) : 흥미 위주의 저속하고 선정적인 보도를 주로 하는 신문
③ **스트리트페이퍼**(street paper) : 신세대 문화정보지로 거리에 무가지(無價紙)로 배포되는 잡지
④ **지하신문**(underground newspaper) : 비밀신문으로 독재국가나 피압박국가에서 체제를 비판하기 위해 발간되는 신문

30 지상파 디지털방송을 가장 먼저 실시한 나라는?

① 미국 ② 프랑스

③ 영국 ④ 일본

 1998년 9월 영국의 공영방송 BBC가 세계 최초로 BBC1, BBC2, BBC 뉴스24, BBC 초이스 등 4개 채널에 대해 지상파 디지털방송서비스를 실시하였다.

Answer ↦ 25.③ 26.② 27.③ 28.④ 29.② 30.③

31 우리나라 방송사(放送史)에 관한 설명 중 옳지 않은 것은?

① KBS는 1961년에 국영방송에서 공영방송으로 전환하였다.

② 우리나라 최초로 국제호출부호 HL을 부여받은 것은 1947년이다.

③ 우리나라 최초의 TV방송국은 KORCAD이다.

④ KBS 2TV의 전신(前身)은 동양방송(TBC)이다.

 ① 1973년 국영방송 KBS가 한국방송공사로 발족하면서 공영방송체제가 도입되었다.

32 취재현장에시 직접 위성을 통하어 뉴스소재를 보내는 방송시스템은?

① SNG ② RDS

③ VOD ④ NAB

 ① SNG(Satellite News Gathering) : 위성이동중계로 방송국이 현장뉴스를 생중계할 때 직접 영상프로그램을 전송할 수 있는 서비스이다.

② RDS(Radio Data System) : 카 오디오(car audio)가 주파수를 자동 검색해 채널을 고정시킬 수 있도록 하는 시스템이다.

③ VOD(Video On Demand) : 주문형 비디오시스템으로 통신망을 통해 개인이 원하는 프로그램을 언제든지 볼 수 있다.

④ NAB(National Association of Broadcasters) : 전미(全美)방송협회이다.

33 인터넷 등을 통해 네티즌의 의견을 제작과정에 직접 반영하는 프로그램은?

① 메가미디어

② 하이퍼컬처

③ 파일럿 프로그램

④ 텔레웹진

① 메가밈디어(megamedia) : 1백만을 뜻하는 메가(mega)와 미디어(media)의 합성어로, 고속에 저렴한 가격으로 통신서비스와 동영상 등의 데이터를 주고받을 수 있는 매체복합화에 따른 차세대 정보유통망이다.

② 하이퍼컬처(hyper culture) : 빠른 것을 최고의 가치로 여기는 미래의 속도경쟁문화를 말한다.

③ 파일럿 프로그램(pilot program) : 시험제작·방송을 통해 시청자 반응을 미리 떠본 뒤 정규편성을 결정하는 프로그램이다.

34 HDTV에 대한 설명 중 옳지 않은 것은?

① TV화면의 가로 대 세로의 비율이 16:9이다.

② CD수준의 음향을 제공할 수 있다.

③ 일본은 하이비전(Hi-Vision)이라는 디지털방식의 HDTV를 세계 최초로 개발하였다.

④ EUREKA는 유럽이 추진한 아날로그방식의 HDTV 개발프로젝트였다.

 HDTV는 고선명 텔레비전(high definition television)의 약칭으로 35mm 영화 급의 화질과 CD 수준의 음질을 제공하는 TV 기술이다.
③ 하이비전은 1986년에 발표된 아날로그방식의 HDTV이다.

35 방송용어의 설명 중 옳지 않은 것은?

① 크로마키잉(chroma keying) - 색의 농담을 조절해서 밤 화면을 낮처럼 보이게 한다.

② 컬러바(color bar) - 카메라의 신호발생장치에서 전기적으로 만들어지며 방송 전 시험용 신호로 쓴다.

③ IPS(Inches Per Second) - 오디오나 비디오의 테이프 속도를 재는 단위이다.

④ 슈퍼임포즈(superimpose) - 한 카메라로 잡은 화면에 다른 화면을 겹치게 하는 방식으로 뉴스자막이 대표적이다.

 ① 크로마키잉(chroma keying)은 어떤 장면에 컬러배경을 전기적으로 만드는 것으로 색의 농담을 조정함으로써 이루어진다.

36 다음 중 신문방송학의 4대 창시자들의 연구 초점과 주요 저서가 잘못 짝지어진 것은?

① Lazarsfeld - 집단과 개인의 심리분석, Communication Research

② Lasswell - 내용분석, Propaganda Technique in the World War

③ Hovland - 실험실 실험, Communication and Persuasion

④ Lewin - 준자연적 상황에서의 집단실험, Informal Social Communication

 ② 라스웰은 정치학자로, 1951년 발표한 「정책지향(Policy Orientation)」이라는 논문을 통해 정책학(policy sciences)의 개념과 방법론을 개척한 것으로 유명하다. 따라서 라스웰의 연구의 초점은 정치학적 입장(the political approach)이다.

Answer → 31.① 32.① 33.④ 34.③ 35.① 36.②

37 방송매체를 이용한 선거정치가 본격화되고 있다. '후보자 TV토론'과 '투표자 전화여론조사'라는 방법으로 본격적인 미디어 정치시대를 열고 있다. 다음은 방송매체를 이용한 선거정치의 발달사에 관한 기술이다. 사실과 다른 것은?

① 방송매체를 선거에 이용한 최초의 국가는 미국이며, 방송을 적극적으로 이용한 최초의 대통령은 루즈벨트로 '노변정담'(fireside chat)이 유명하다.

② 1960년의 케네디와 닉슨 간의 TV 대(大)토론은 선거에 결정적인 영향을 미친 사건으로, 미디어 정치시대를 본격적으로 열었다는 평가를 듣는다.

③ 우리나라에서 최초로 방송을 선거유세의 장으로 이용한 사람은 1963년 당시 박정희 대통령후보로 라디오를 통해 정견발표를 하였다.

④ 우리나라에서 TV매체를 이용한 본격적인 정치광고가 나온 것은 1992년 대통령선거부터이다.

 ④ 우리나라는 1987년 대통령선거 때부터 TV매체를 통해 정치광고가 본격화되었다.

38 처음 게재하는 광고에 상품이나 광고주명을 표시하지 않는 광고기법을 일컫는 말은?

① 블록광고
② 티저광고
③ 리스폰스광고
④ 서브리미널광고

 ① 블록광고(block advertising) : 수개의 도(주)를 주요 광고시장으로 하고 그 지역을 커버하는 광고. 지역광고(local advertising)라고도 불린다.
③ 리스폰스광고(response advertising) : 반응광고. 광고 대상자들의 직접적인 반응을 유도하는 것으로 메일, 광고전단 등이 이에 속한다.
④ 서브리미널광고(subliminal perception advertising) : 잠재의식광고. 시청자가 무의식상태에서 영향을 받도록 잠재의식에 소구하는 광고기법으로 역하광고라고도 한다.

39 TV의 날씨방송에서 리포터가 구름이 이동하는 기상도 안에 들어가 움직이면서 설명하기 위해 어떤 색으로 칠해진 배경이 필요한가?

① 파란색(blue)　　　　　　　　② 빨간색(red)
③ 초록색(green)　　　　　　　④ 흰색(white)

　　　　일기예보 배경화면은 원칙적으로는 기상도가 아닌 스튜디오로 파란색으로 칠해져 있다.

40 다음 중 본질보다는 스타일만을 중시하는 TV저널리즘을 비판하는 TV뉴스를 의미하는 것은?

① Soft News
② Hard News
③ Spot News
④ Disco News

① 국내·국제·지역적 문제들과 직접적인 관련 없이 오락적인 내용을 다루는 것으로 수용자들에게 즉각적인 영향을 준다.
② 정치·경제·교육제도 변화, 국제관계 등과 같이 비중이 큰 뉴스를 육하원칙에 의해 보도하는 것으로 뉴스의 영향이 시간이 흐른 후에 나타난다.
③ 프로그램과 프로그램 사이의 짧은 시간을 이용하여 신속하게 보도하는 토막 뉴스이다.

41 product placement에 관한 설명으로서 바르게 풀이한 것은?

① 특정 회사 상품을 소도구로 등장시키는 영화 속의 광고
② 상품광고를 본뜬 영화의 판촉방식
③ 셔츠, 인형, 장난감 등 영화와 관련된 상품의 개발
④ 시네콤플렉스 같은 곳에 영화와 관련된 도서, 포스터, CD 등 판매코너의 설치

PPL(product placement) … 간접광고라고도 하며 영화나 TV드라마 등에 기업의 상품이나 상품명을 등장시킴으로써 간접적인 선전효과를 얻고자 하는 광고기법을 말한다.

42 매스컴 효과 이론 중 자신의 의견보다는 타인의 의견을 따르는 것을 일컫는 용어는?

① 침묵의 나선
② 의존효과
③ 이용과 충족
④ 다원적 무지

④ 다원적 무지(pluralistic ignorance)란 여론을 형성하는 과정에서 어떤 사건 또는 이슈에 대해 타인의 의견과 자신의 의견이 다를 것이라고 판단하여 자기의 의견이나 주장을 억제하고 다른 사람들의 의견을 따르는 현상이다.

Answer → 37.④ 38.② 39.① 40.④ 41.① 42.④

43 언론중재제도에 대한 설명으로 바른 것은?

① 신문이나 잡지 등의 발행·판매부수에 관해 조사하여 공개하는 제도
② 사법적 판단의 전치제도로서 언론에 의한 피해를 신속하게 구제하려는 장치
③ 국민이 모든 정보나 의견을 쉽게 접할 수 있고 그것들을 알아 볼 수 있는 권리
④ 매스미디어에 자유로이 접근해서 이를 이용할 수 있는 보도매체접근이용권

 ① ABC제도 ③ 알권리 ④ 액세스권

44 다음 중 용어에 대한 설명이 바르지 않은 것은?

① 스폿뉴스(spot news) – 의견이나 논평을 가감하지 않고 사실만을 언급하는 뉴스
② 프라임타임(prime time) – 시청률이 가장 높은 시간대로, 대개 오후 7~9시 사이
③ 무크(mook) – 잡지와 단행본의 성격을 가진 부정기적인 간행물
④ 미디어렙(media rep) – 방송광고 판매 대행회사로 우리나라에는 KOBACO가 있다.

 ① 스폿뉴스(spot news)는 최신 속보 뉴스로 프로그램과 프로그램 사이의 짧은 시간을 이용하여 방송하는 토막뉴스를 말한다. 보기의 내용은 스트레이트 뉴스(straight news)에 대한 설명이다.

45 다음은 저널리즘의 종류에 대한 설명이다. 바르지 않은 것은?

① 블랙저널리즘은 공개되지 않은 이면적인 사실을 밝히는 정보활동으로 개인이나 특정 기업 등의 약점을 이용하여 보도해서 이익을 얻고자 하는 저널리즘 활동을 말한다.
② 포토저널리즘은 사진으로 사실이나 시사적인 문제를 표현하거나 보도하는 저널리즘이다.
③ 경마저널리즘은 공정한 보도보다는 누가 이기는가에 집착하여 특정 상황만을 집중적으로 보도하는 것을 말한다.
④ 수표저널리즘이란 금융 거래에 관련된 비리들을 폭로하는 저널리즘 활동을 의미한다.

 ④ 수표저널리즘이란 방송이나 신문사가 유명인사의 사진 및 스캔들 기사, 센세이셔널 한 사건의 당사자 증언 등을 거액을 주고 사들여 보도하는 것을 말한다.

46 컬러 TV에서 사용하는 기본 색상은?

① 빨강, 초록, 보라

② 빨강, 초록, 파랑

③ 빨강, 주황, 초록

④ 빨강, 파랑, 노랑

> (Tip) 컬러 TV의 삼원색은 빨강, 초록, 파랑이다.

47 언론이 물리적 대량화·대중화되면서 매스미디어가 사회적으로 유리된 개인으로서의 수용자 구성원들에게 직접 영향을 주는 것을 무엇이라 하는가?

① 피라미드모형

② 피하주사모형

③ 의제설정이론

④ 이용과 충족이론

> (Tip)
> ② **피하주사모형** : 미디어가 수동적이고 원자화된 수용자에게 직접적으로 강력한 효과를 발생시킨다고 보는 관점에서 비롯된 이론이다.
> ③ **의제설정이론** : 능동적인 수용자들은 자신의 동기나 욕구를 충족시키기 위하여 매스미디어를 활용한다는 이론이다.
> ④ **이용과 충족이론** : 매스미디어는 특정 주제를 선택하고 반복함으로써 이를 강조하여 수용자가 중요한 의제로 인식하게 한다는 이론이다.

48 블랭킷 에어리어(blanket area)란?

① 방송 난시청지역

② 수신범위가 넓은 지역

③ 잡음이 전혀 없는 지역

④ 일반시청자는 수신할 수 없는 지역

> (Tip) 블랭킷 에어리어(blanket area)란 '담요로 둘러싸인 지역'이란 뜻으로, 두 개의 방송국이 내보내고 있는 전파가 중첩되어 양쪽 또는 어느 한쪽의 방송이 잘 들리지 않는 지역 또는 한 방송국의 전파가 너무 강해서 다른 방송국 전파가 수신이 안 되는 난시청지역을 말한다.

Answer 43.② 44.① 45.④ 46.② 47.② 48.①

49 PR(Public Relations)을 바르게 설명하고 있는 것은?

① 기업체, 정부단체 등에서 자기회사 제품이나 정부시책·방침 등을 대중에게 알리는 것
② 국민의 일상생활을 개선하기 위하여 신문사, 방송국 등에서 행하는 여론조사
③ 정당이나 사회단체 등이 내거는 생활목표·지침
④ 매스미디어를 감독·지휘하는 단체

 PR(Public Relations)은 원래는 관청이나 기업체 등에서 그 사업내용이 공공의 이익을 위하는데 있음을 대중에게 알리는 것이었으나, 오늘날에는 생산업체나 기업체가 고객에게 상품을 자세히 설명함으로써 수입을 늘리기 위한 목적으로 행해진다.

50 DBS(Direct Broadcasting by Satellite)에 대한 설명으로 옳지 않은 것은?

① 방송위성을 이용하여 직접 가정의 수신기에 전파를 보낸다.
② 산악지역 등 난시청지역의 해소에 도움을 준다.
③ 세계 최초로 실용방송위성을 발사한 나라는 미국이다.
④ 현재 TV에 사용되는 VHF, UHF보다 높은 SHF 주파수대가 사용된다.

 직접방송위성(DBS : Direct Broadcasting by Satellite)은 적도상공 약 36,000km의 정지위성궤도에 쏘아 올린 방송위성을 이용하여 TV방송 등 각종 방송을 행하는 것이다. SHF주파수를 사용하기 때문에 전용파 문자다중방송·다채널정지화면방송·PCM방송·HDTV방송 등 새로운 서비스가 가능하다. 직접위성방송의 개발과 실용화에 앞장선 국가로는 일본을 꼽을 수 있다. 우리나라는 1992년부터 도입되었다.
③ 일본은 세계 최초의 실용방송위성인 BS-2a를 발사하였다(1984).

1 다음 중 봉준호 감독의 영화 「기생충」이 제 92회 미국 아카데미 시상식에서 수상하지 않은 상은?

① 작품상   ② 감독상

③ 연출상   ④ 음악상

 영화 「기생충」은 제 92회 미국 아카데미 시상식에서 작품상, 각본상, 감독상, 국제장편영화상을 받았다.
④ 제 92회 미국 아카데미 시상식의 음악상은 '조커'가 수상했다.

2 2019년 한국 시리즈에 출전한 팀으로 바르게 짝지어진 것은?

① 두산 베어스 – SK와이번스

② 두산 베어스 – 키움 히어로즈

③ 키움 히어로즈 – SK와이번스

④ SK와이번스 – LG 트윈스

 2019년 한국 시리즈는 두산 베어스와 키움 히어로즈가 출전하여 두산 베어스가 4연승으로 최종 우승을 하였다.

3 다음 중 인상파에 속하지 않은 화가는?

① 클로드 모네

② 오귀스트 르누아르

③ 에드가르 드가

④ 파블로 피카소

 ④ 파블로 피카소는 입체파 화가에 속한다.

4 뮤지컬에서 주연배우의 상황을 드러내거나 사건을 고조시키는 2명 이상의 배우들로 코러스를 넣어주거나 움직임, 동작 등으로 생동감을 더하는 역할을 맡는 배우를 이르는 말은?

① 앙상블   ② 스윙

③ 언더스터디   ④ 얼터네이트

 ② 스윙 : 스윙은 평소에 공연에 서지는 않지만 주요 역할의 배우가 공연에 설 수 없을 때 커버 배우가 이 배역을 맡으면 커버 배우가 원래 맡고 있던 배역으로 투입되는 배우이다. 따라서 어떤 배역을 맡을지 예측할 수 없어 스윙은 모든 앙상블 배우의 연기, 노래, 춤 등에 능통해야 한다.
③ 언더스터디 : 평소의 공연에서는 다른 역을 연기하다가 주연 배우가 사정이 생겨 무대에 오르지 못하게 된 경우 해당 배역을 맡게 되는 배우를 말한다. 줄여서 언더라고도 부른다.
④ 얼터네이트 : 주연배우의 배역을 소수만 맡아 공연하는 배우를 뜻하며 줄여서 얼터라고 부른다.

5 코로나19의 전 세계적 확산으로 인해 2020년 개최 예정이었지만 2021년으로 연기된 제 32회 하계 올림픽 개최지는?

① 일본 도쿄   ② 영국 런던

③ 중국 베이징   ④ 호주 시드니

 제 32회 올림픽은 현지 기준으로 2021.7.23.~8.8. 동안 일본 도쿄에서 열릴 예정이다.

6 다음의 ⓐ에 들어갈 말로 적절한 것은?

> 아시아축구연맹은 홍콩 컨벤션센터에서 열린 2019 시상식에서 손흥민을 ⓐ으로 호명했다. 이 상은 아시아축구연맹 회원국 선수 가운데 자국 리그를 떠나 해외 무대에서 뛰는 최고의 선수에게 주는 상이다. 손흥민은 2015년과 2017년에 이어 세 번째로 이 상을 거머쥐었다.

① 올해의 국제선수상

② 올해의 선수상

③ 유망주상

④ 최우수선수상

 아시아축구연맹은 홍콩 컨벤션센터에서 열린 2019 시상식에서 손흥민을 올해의 국제선수로 호명했다. 국제선수상은 아시아축구연맹 회원국 선수 가운데 자국 리그를 떠나 해외 무대에서 뛰는 최고의 선수에게 주는 상이다. 손흥민은 2015년과 2017년에 이어 세 번째로 이 상을 거머쥐었다.

7 빌보드 공식 홈페이지를 통해 공개된 2020년 3월 넷째 주 빌보드 클래시컬 차트 순위에 따르면 지난 2011년 발매된 이루마의 10주년 기념 음반 'The Best Reminiscent 10th Anniversary'가 1위를 기록, 6주 연속 정상 자리를 지키고 있다고 밝혔다. 다음 중 이 앨범에 수록된 곡이 아닌 것은?

① River Flows In You

② Kiss The Rain

③ May Be

④ Ponte Vecchio

 Ponte Vecchio는 피아니스트 '윤한'의 곡이다.

8 다음 중 뤼미에르 형제가 만든 최초의 영화의 제목은?

① 달세계 여행

② 열차의 도착

③ 휴고

④ 요정들의 왕국

 세계 최초의 영화로 프랑스의 발명가 형제 오귀스트 마리 루이 니콜라 뤼미에르와 루이 장 뤼미에르의 작품이며 1895년 12월 28일의 프랑스의 한 카페에서 뤼미에르 형제는 자신들이 만든 작품을 사람들에게 보여주게 되는데, 이 작품이 열차의 도착이다.

9 이 작품은 국내 창작뮤지컬로 청와대 경호실을 배경으로 과거와 현재를 넘나들며 20년 전 사라진 '그 날'의 미스터리한 사건을 다룬 작품으로 고(故) 김광석이 부른 명곡들로 구성된 주크박스 뮤지컬이다. 이 작품은?

① 신흥무관학교   ② 그날들

③ 영웅   ④ 아랑가

 뮤지컬 〈그날들〉은 청와대 경호실을 배경으로 과거와 현재를 넘나들며 20년 전 사라진 '그 날'의 미스터리한 사건을 다룬 작품으로 고(故) 김광석이 부른 명곡들로 구성된 주크박스 뮤지컬이다. 탄탄한 스토리에 주옥같은 노래를 적절하게 배치하며 주크박스 뮤지컬의 한계를 뛰어넘었다는 평을 받고 있다. 또한, 회전 무대를 통한 빠른 장면 전환과 유려하게 펼쳐지는 영상, 극에 대한 몰입도를 높여주는 짜임새 있는 무대 연출로 더욱 흡입력 높은 공연을 선보인다.

Answer 4.① 5.① 6.① 7.④ 8.② 9.②

10 역사적으로 유명한 미술품이나 예술작품을 보았을 때 순간적으로 느끼는 각종 정신적 충동이나 분열 증상을 뜻하는 말은?

① 갈라파고스 신드롬

② 아폴로 신드롬

③ 필패 신드롬

④ 스탕달 신드롬

 소설 『적과 흑』을 지은 스탕달은 평소 미술작품을 즐겨 감상했다. 1817년 그는 이탈리아 피렌체를 여행하던 중 산타크로체 교회에서 미술작품을 보고 순간적으로 흥분 상태에 빠져 호흡곤란까지 겪게 되었다. 이런 증상은 한 달 동안이나 이어졌다고 한다.
훗날 이탈리아의 정신의학자 그라지엘라 마르게니는 1989년 자신의 저서 『스탕달 증후군』에서 작가 스탕달이 겪은 증상과 비슷한 증상을 '스탕달 증후군'이라 명명했다.

11 2018년 우리나라 아이돌그룹 방탄소년단이 「러브 유어셀프 전 티어(LOVE YOURSELF 轉 Tear)」 앨범에 이어 「러브 유어셀프 결 앤서(LOVE YOURSELF 結 ANSWER)」로 미국 빌보드 200차트에서 두 번이나 1위를 달성하는 기염을 토한 후, 2019년에도 빌보드 뮤직 어워드에서 한국 가수 최초로 2관왕을 달성했다. 방탄소년단의 소속사는?

① SM엔터네인먼트

② 빅히트 엔터테인먼트

③ YG엔터테인먼트

④ 큐브 엔터테인먼트

 빅히트 엔터테인먼트는 작곡가이자 음악PD인 방시혁이 대표이사로 있는 회사로 방탄소년단과 에이트에 이현이 소속되어 있다.

12 포스트모더니즘(postmodernism)에 대한 설명으로 옳은 것은?

① 1960년대에 일어난 문화운동으로 모더니즘으로부터의 단절과 지속적인 성격을 동시에 지니고 있다.

② 제1차 세계대전 후의 근대주의로 독창성과 고상함을 중요시여기고 합리주의 · 기능주의와 연결되어 비교적 단순하고 증명력 있는 것을 추구했다.

③ 1920년대에 걸쳐 유럽의 여러 도시에서 일어난 반 예술운동으로 인간생활에 대한 항의 아래 전통적인 것을 부정하고 혼란과 무질서함을 그대로 표현하려는 과도기의 사상이다.

④ 제1차 세계대전 때부터 유럽에서 일어난 예술운동으로 기성관념을 부정하고 새로운 것을 이룩하려 했던 입체파, 표현주의 등을 통틀어 일컫는 말이다.

포스트모더니즘 … 1960년대에 일어난 문화운동. 미국과 프랑스를 중심으로 사회운동, 전위예술, 해체, 후기 구조주의 사상으로 시작되어 오늘날에 이른다. 이질적인 요소를 서로 중첩하거나 과거의 작품에서 인용하는 등 절충주의적 경향을 보인다.
② 모더니즘(modernism)   ③ 다다이즘(dadaism)   ④ 아방가르드(avant-garde)

13 출전 선수들이 쇼트트랙과 같이 동시에 출발, 레인 구분 없이 여자는 25바퀴, 남자는 35바퀴를 도는 종목으로 2018년 평창 동계올림픽에서 정식종목으로 치러질 예정인 것은?

① 스켈레톤
② 매스스타트
③ 루지
④ 바이애슬론

 ① 머리를 정면으로 향하여 엎드린 자세로 썰매를 타고 경사진 얼음 트랙을 활주하는 겨울 스포츠
③ 썰매에 누운 채 얼음 트랙을 활주하여 시간을 겨루는 겨울 스포츠 경기
④ 크로스컨트리 스키와 사격이 결합된 종목으로서 1960년 동계올림픽 정식종목으로 채택되었다.

14 여유로움, 약간의 허세스러움을 나타낼 때 사용하는 용어로 주로 힙합 뮤지션이 으스대는 기분을 묘사할 때 사용되는 용어는?

① Doubling
② Swag
③ Fllow
④ Punchline

 ② swag는 사전적 의미로 훔친 물건, 보따리 등의 의미를 지니지만, 힙합에서는 약간의 허세스러움이나 여유로움, 건들거리면서 빼긴다는 느낌을 가진 단어로 힙합 뮤지션이 으스대는 기분을 표현할 때 주로 사용한다. 김난도 교수는 2014년 핫키워드로 sawg를 꼽은 바 있다.

Answer → 10.④   11.②   12.①   13.②   14.②

15 다음 중 추사 김정희의 작품인 것은?

①

②

③

④

 ① 김정희 세한도 ② 안견 몽유도원도 ③ 정선 금강전도 ④ 정선 인왕제색도

16 2022년 FIFA 월드컵 개최국은?

① 러시아 ② 브라질

③ 남아공 ④ 카타르

(Tip) FIFA 월드컵 개최국
㉠ 2010년 남아공 월드컵
㉡ 2014년 브라질 월드컵
㉢ 2018년 러시아 월드컵
㉣ 2022년 카타르 월드컵
㉤ 2026년 캐나다, 멕시코, 미국 월드컵

17 판소리 5마당이 아닌 것은?

① 배비장전   ② 적벽가

③ 수궁가   ④ 흥보가

 판소리의 발생기는 조선 숙종(1674~1720) 무렵으로 「춘향가」, 「심청가」, 「흥부가(박타령)」, 「수궁가(토끼타령)」, 「적벽가」, 「장끼타령」, 「변강쇠타령(가루지기타령)」, 「무숙이타령」, 「배비장타령」, 「강릉매화타령」, 「숙영낭자전」, 「옹고집타령」 등 12마당으로 이루어졌다. 이 중 「춘향가」, 「심청가」, 「흥부가(박타령)」, 「수궁가(토끼타령)」, 「적벽가」를 판소리 5마당이라고 한다.
① 「배비장전」은 조선 후기에 지어진 작자 미상의 고전소설로 판소리로 불리어진 「배비장타령」이 소설화된 작품이다. 판소리 열두마당에 속하지만, 고종 때 신재효(申在孝)가 판소리 사설을 여섯 마당으로 정착시킬 때 빠지게 되었다.
※ 우리나라의 판소리 5마당
  ㉠ 「춘향가」 : 기생의 딸 춘향과 양반집의 아들 이몽룡 사이에 일어나는 사랑 이야기를 다룬 작품이다.
  ㉡ 「심청가」 : 맹인으로 태어난 심학규가 무남독녀인 심청의 지극한 효성으로 눈을 뜨게 된다는 이야기로 효도, 선과 악, 인과율이 주제이다.
  ㉢ 「흥부가(박타령)」 : 심술궂은 형 놀부와 착한 아우 흥부 간의 갈등과 화해를 그린 이야기로 형제간의 우애, 권선징악, 보은, 의리 등이 주제이다.
  ㉣ 「수궁가(토별가, 토끼타령)」 : 토끼와 자라의 행동을 통하여 인간의 속성을 풍자한 이야기로 충성심과 충효심 등이 주제이다.
  ㉤ 「적벽가」 : 중국의 소설 삼국지의 내용을 판소리로 음악화 시킨 것으로 유비가 제갈공명을 찾아가는 삼고초려부터 적벽대전 끝에 관운장이 조조를 놓아주는 내용까지로 되어있으나, 부르는 사람에 따라 다소의 차이는 있으며 「화용도」라고도 한다.

18 다음 빈칸에 공통으로 들어갈 알맞은 말을 고른 것은?

> • 김연아 선수의 '오마주 투 코리아'는 (　　)을 바탕으로 마련한 프리스케이팅 프로그램이다.
> • 64회 칸 영화제 주목할 만한 시선을 수상한 영화로 (　　)이 있다.

① 민요   ② 아리랑

③ 태백산맥   ④ 동학농민운동

 '오마주 투 코리아'는 한국 전통 음악인 '아리랑'을 바탕으로 마련한 프리스케이팅 프로그램이며 칸 영화제에 김기덕 감독의 '아리랑'이 주목할 만한 시선을 수상하였다.

19 형식에 구애받지 않고 악상이 떠오르는 대로 작곡된 악곡을 가리키는 것은?

① 아리아 ② 칸타타

③ 판타지아 ④ 세레나데

 판타지아 … '환상곡'이라고도 하며, 형식의 제약을 받지 아니하고 악상의 자유로운 전개에 의하여 작곡한 낭만적인 악곡을 말한다.
① 아리아 : 오페라, 오라토리오 따위에서 기악 반주가 있는 서정적인 가락의 독창곡이다.
② 칸타타 : 17세기에서 18세기까지 바로크 시대에 발전한 성악곡의 한 형식. 독창·중창·합창과 기악 반주로 이루어지며, 이야기를 구성하는 가사의 내용에 따라 세속 칸타타와 교회 칸타타로 나눈다.
④ 세레나데 : 저녁 음악이라는 뜻으로, 밤에 연인의 집 창가에서 부르거나 연주하던 사랑의 노래. 18세기 말에 이르러 짧은 길이로 된 기악 모음곡 형태로 발달하였다.

20 대중문화의 특성으로 옳은 것은?

① 대중의 이익을 신장한다.

② 인간성을 풍부하게 만든다.

③ 표준화, 평균화를 추구한다.

④ 다양성을 중요시한다.

 대중문화는 전통문화나 고급문화, 엘리트문화와는 상대적 개념으로 다수 대중이 수용하는 문화 현상을 통칭하는 개념이다. 중세·근세의 계급적인 문화와는 달리 대중매체에 의하여 생활양식이 표준화, 획일화, 평균화해 가는 특성을 보인다.

21 국악의 장단을 가장 느린 것부터 순서대로 나열한 것으로 옳은 것은?

① 중모리 → 중중모리 → 자진모리 → 진양조 → 휘모리

② 진양조 → 중모리 → 중중모리 → 휘모리 → 자진모리

③ 진양조 → 중모리 → 중중모리 → 자진모리 → 휘모리

④ 진양조 → 중중모리 → 자진모리 → 중모리 → 휘모리

 국악의 장단은 진양조 → 중모리 → 중중모리 → 자진모리 → 휘모리 순서로 빨라진다.

22 다음에 제시된 용어들에서 연상되는 숫자의 합은?

> ㉠ 해트트릭
> ㉡ 그랜드슬램
> ㉢ 러브게임

① 5 ② 8
③ 9 ④ 11

 ㉠ 해트트릭 : 축구에서 한 선수가 한 게임에서 3골을 넣는 것을 칭하는 용어이다.
㉡ 그랜드슬램 : 야구에서는 1루에서 3루까지 주자가 모두 있을 때 타자가 친 홈런으로 4점을 획득한다. 골프나 테니스에서는 4대 메이저 대회에서 모두 우승한 것을 말한다.
㉢ 러브게임 : 테니스에서 어느 한 쪽이 1점도 점수를 득점하지 못한 경기를 말한다.

23 다음 중 유네스코(UNESCO)에서 세계문화유산으로 지정한 것은?

① 숭례문 ② 수원화성
③ 판소리 ④ 동의보감

 세계문화유산 … 유네스코가 보존활동을 벌이는 문화유산과 자연유산을 말하는 것으로 우리나라는 종묘, 해인사 장경판전, 불국사 · 석굴암, 창덕궁, 수원화성, 경주역사유적지구, 고창 · 화순 · 강화 고인돌유적, 조선 왕릉 40기, 하회 · 양동마을, 남한산성, 백제역사유적지구가 문화유산에, 제주도 화산섬 및 용암동굴이 자연유산에 등재되어 있다.

24 다음 중 세계 3대 영화제가 아닌 것은?

① 베니스영화제
② 칸영화제
③ 베를린영화제
④ 몬트리올영화제

 세계 3대 영화제 … 베니스국제영화제, 베를린국제영화제, 칸 영화제

Answer ⏎ 19.③ 20.③ 21.③ 22.② 23.② 24.④

25 다음 중 베르디의 오페라 작품이 아닌 것은?

① 나부코 ② 멕베스
③ 운명의 힘 ④ 피가로의 결혼

 19세기 이탈리아 최고의 오페라 작곡가인 베르디(Giuseppe Verdi)는 1834년 밀라노에서 최초의 오페라 「오베르토」를 작곡, 1839년 스칼라극장에서 초연하여 성공을 거두었다. 대표작으로는 「리골렛토」, 「오텔로」, 「나부코」, 「아이다」, 「라 트라비아타」, 「일 트로바토레」, 「운명의 힘」 등이 있다.
④ 「피가로의 결혼」은 모차르트의 작품으로 이 외에 「마술피리」, 「돈 조반니」가 있다.

26 다음 중 인상파의 아버지로 불리는 사람의 작품인 것은 무엇인가?

① 몽마르트의 거리
② 절규
③ 아비뇽의 처녀들
④ 이삭줍기

 카미유 피사로(Camille Pissarro) … 프랑스의 화가로 인상파의 아버지라고 불린다. 코로, 모네의 영향을 받아 주로 소박한 농촌 풍경을 포근한 색채를 활용하여 그렸으며 대표작으로는 「붉은 지붕」, 「사과를 줍는 여인들」, 「몽마르트의 거리」, 「테아트르 프랑세즈광장」, 「브뤼헤이 다리」, 「자화상」 등이 있다.

27 다음 중 철인 3종 경기에 해당하지 않는 경기는?

① 수영 ② 마라톤
③ 사이클 ④ 역도

 철인 3종 경기 … 한 선수가 수영, 사이클, 마라톤의 세 가지 종목을 실시하는 경기로 인간 체력의 한계에 도전한다. 철인3종 경기의 원어는 트라이애슬론(triathlon)으로 세 가지 경기를 뜻하는 말이다.

28 우리나라의 족구와 비슷한 스포츠 경기는?

① 우슈 ② 크리켓
③ 세팍타크로 ④ 바이애슬론

① 중국의 전통 무예를 바탕으로 한 운동이다.

② 공과 배트를 이용하여 각 11명으로 구성된 2개 팀이 넓은 운동장에서 벌이는 경기이다.

④ '둘'을 뜻하는 '바이(bi)'와 '운동경기'를 뜻하는 '애슬론(athlon)'의 합성어로서 서로 다른 종목인 크로스컨트리 스키와 사격이 결합된 경기이다.

29 동계올림픽에서 한국 최초로 금메달 2연패를 달성한 선수는?

① 이상화   ② 김연아

③ 이규혁   ④ 이승훈

 이상화 선수는 2014년 동계 올림픽 여자 500m 경기에서 1, 2차 레이스 합산 74초 70으로 올림픽 기록을 갈아치우며 대한민국 남녀 스피드스케이팅을 통틀어 최초로 올림픽 2연패를 달성하였다.

30 다음 중 우리나라의 연극이 아닌 것은?

① 가면극   ② 경극

③ 마당극   ④ 인형극

 ② 경극은 청나라 때 시작된 중국의 대표적인 전통연극으로 창, 몸짓, 대사, 동작 등 네 가지 연기요소로 이루어져 무용에 가깝고 주로 영웅담·연애담이 내용의 주를 이룬다.

31 다음 중 '고풀이'에 대한 설명으로 옳지 않은 것은?

① 이때 사용되는 신 혹은 매듭은 생명을 상징한다.

② 사령(死靈)을 저승으로 보내는 과정을 묘사한다.

③ 집안의 재앙이나 전염병을 예방하기 위한 제의이다.

④ 남부지방 무속인 씻김굿이나 오구굿의 상징적인 제의 중의 하나이다.

 고풀이 … 전남지방에 있었던 민간신앙의 하나로 죽은 사람을 저승으로 보내는 씻김굿의 한 절차이다. 경기지방에서 사람이 죽어서 하는 굿인 자리걷이·지노귀, 서울지방의 길가름과 유사한 성격이며 이를 통틀어 사령제(死靈祭)라고 한다.

Answer ↪ 25.④ 26.① 27.④ 28.③ 29.① 30.② 31.③

32 다음의 영화사적 사건들을 순서대로 배열한 것은?

> ㉠ 미국의 피터 보그다노비치, 로버트 프랑크 등의 감독은 "영화가 핏빛이기를 원한다."는 성명서를 발표하며, 청소년비행 · 마약 · 시민권투쟁 등을 소재로 한 사회비판적인 영화를 제작하였다.
> ㉡ 레오 까라, 뤽 베송, 에릭 로샹 등은 특정한 영화이론 분파와는 상관없이 개성적인 연출로 프랑스영화의 새로운 흐름을 주도하였다.
> ㉢ 로베르토 로셀리니, 비토리오 데시카, 루치노 비스콘타 등은 강한 사회비판의식을 바탕으로, 전후 이탈리아의 현실을 리얼리즘기법으로 연출하였다.
> ㉣ 리시아에서는 에이젠스타인, 푸도프킨 등의 극영화와 세르토프의 실험적 다큐멘터리가 속속 발표되면서, 사회주의적 예술양식으로서의 영화의 본보기를 찾으려는 다양한 시도가 이루어졌다.

① ㉢ - ㉡ - ㉠ - ㉣   ② ㉢ - ㉣ - ㉠ - ㉡
③ ㉣ - ㉢ - ㉡ - ㉠   ④ ㉣ - ㉢ - ㉠ - ㉡

㉠ 뉴 아메리칸 시네마 : 1960년대 후반~1970년대 초반에 걸쳐 미국에서 태동한 아방가르드적 실험영화 운동
㉡ 누벨 이마쥬 : 1980년대 프랑스 영화감독들의 작품 경향을 일컫는 말로 새로운 이미지를 추구한다는 의미
㉢ 네오리얼리즘 : 1940년대 2차 세계대전 전후 사실주의를 추구했던 이탈리아 영화의 경향
㉣ 몽타주기법을 잘 보여준 1920년대 러시아 영화

33 다음 내용이 가리키는 영화용어는?

> 이것은 연극에서 빌려온 용어로 화면의 배경, 인물, 인물의 분장, 의상, 배치 등을 연출하는 작업을 말한다.

① 세트업(set up)
② 미장센(mise-en-scene)
③ 시주라(caesura)
④ 콘티뉴이티(continuity)

① 영화의 각 쇼트를 준비하는 과정
③ 리드미컬한 단절
④ 작품의 의도를 분명히 하기 위해 영화의 부분들과 아이디어를 발전시키고 구조화하는 것

34 인생과 노력은 본질적으로 비논리적인 것이며, 언어는 전달의 수단으로서는 부적합한 것이므로 인간의 유일한 피난처는 웃음 속에 있다는 가정에 근거한 연극사조는?

① 부조리극   ② 반(反)연극
③ 초현실주의   ④ 다다이즘

① 부조리극(不條理劇) : 1950~1960년대에 크게 유행해 연극의 큰 흐름으로 자리 잡은 희곡형태로 사무엘 베케트, 이오네스코, 아다모프 등이 대표 작가이다. 주제의 부조리함뿐만 아니라 극의 구성 자체가 부조리한 것이다. 전통적 극의 '조리'라고 할 수 있는 연속적 플롯, 희곡의 특색을 이루는 성격의 발현, 합리적 언어가 무시된다. 등장인물 자체가 불합리하고도 비논리적으로 자신의 성격을 변모시키며, 행동양식은 애매모호한 상태로 남겨진다. 산울림극단에서 공연했던 「고도를 기다리며」가 대표적 작품이다.
② 반(反)연극 : 1950년 이후 프랑스에서 나타난 전위적인 연극 운동으로, 연극적 환상의 원리를 부정하는 극작술 및 연기스타일을 가리킨다. 플롯과 등장인물의 성격에 일관성을 지켜야 한다는 기존 연극의 원칙을 무시하고 황당무계한 이야기와 인간 내면에 깃든 허무와 불안을 추구한다.
④ 다다이즘(dadaism) : 제1차 세계대전 중 1920년대에 걸쳐 유럽 전역에서 일어난 반(反)예술운동으로 인간생활에 대한 항의 아래 기존의 의미나 법칙, 사회조직 등 일체의 전통적인 것을 부정하고 허무, 혼란, 무질서한 것을 그대로 표현하려는 과도기적 사상이다.

35 몽타주이론을 개발하여 세계영화사에 불후의 명작을 남긴 에이젠슈타인의 작품이 아닌 것은?

① 전함 포템킨
② 아시아의 폭풍
③ 옛 것과 새 것
④ 세계를 놀라게 한 10일

에이젠슈타인(S.M. Eizenshtein) … 구소련의 영화감독이며 영화이론가로 1925년 '스트라이크' 발표 후 몽타주이론을 실천하여 「전함 포템킨」, 「옛 것과 새 것」을 발표함으로써 소련영화의 황금기를 구축하였다.
② 푸도프킨의 작품이다.

36 마당극의 특성 가운데 옳지 않은 것은?

① 은폐되고 왜곡된 진실을 파헤치고 널리 알리는데 1차적 목표를 두었다.

② 지배적인 대중매체에 대항하는 소규모의 민중적 매체의 성격과 기능을 가졌다.

③ 서구 연극의 기법을 일체 배제하고 전통 연희의 기법과 구조를 원용하였다.

④ 배우와 관객이 자유로이 교감하는 개방적 연극이다.

 마당극 … 1970년대 우리 사회 · 문화 저변에 팽배해 있던 상업주의 · 배금주의 · 소시민주의 · 문화적 사대주의 등에 대한 비판적 저항으로 대두하였다. 사회비판적이고 현실고발적인 내용을 담고 있으며, 연희자와 관중이 분리되지 않고 한마당에서 같이 호흡할 수 있다는 것이 특징이다.

37 최근 서울연극제에서 공연된 그리스 고전비극 '안티고네'의 원작자는 누구인가?

① 소포클레스   ② 아리스토파네스

③ 아이스킬로스   ④ 에우리피데스

 ① 소포클레스(Sophocles)는 에우리피데스, 아이스킬로스와 더불어 고대그리스 3대 비극작가로 비극작품을 하나의 독립된 예술품으로 만들었는데 그 비극적 동기도 신적 차원에서가 아닌 등장인물들 본질에서 우러나오게끔 한다. 등장인물들의 묘사가 힘차고 매우 정교하게 되어 있으며, 다른 비극작가보다도 여성에 커다란 고귀성을 준 작가이다. 안티고네(Antigone)는 융통성 없는 왕 크레온(Creon)의 고집으로 인해 안티고네를 비롯한 무고한 사람들이 죽음을 맞게 되는 내용이다.

※ 고대 그리스 3대 비극작가

구분	내용
아이스킬로스 (Aeschylus)	• 인류 최초의 본격적인 비극작가 • 배우의 수를 두 명으로 늘림 : 제2의 배우 도입으로 얼굴을 맞대는 갈등 표현이 가능 • 대표작 : 「오레스테이아(Oresteia)」 3부작 – 아가멤논, 제주를 바치는 여인들, 자비로운 여신들
소포클레스 (Sophocles)	• 제3의 배우 도입으로 코러스 기능 축소(그러나 코러스의 수는 증가) • 대표작 : 「안티고네(Antigone)」, 「오이디푸스 왕(King Oedipus)」, 「콜로너스의 오이디푸스(Oedipus at Colonus)」 등
에우리피데스 (Euripides)	• 신화나 전설에 구애받지 않고, 당시 사회의 정치, 종교, 철학에 관심을 두고 극작을 함 • 대표작 : 「엘렉트라(Electra)」, 「트로이의 여인들(The Trojan Women)」, 「메디아(Medea)」 등

※ 서울연극제 … 1977년 대한민국연극제로 창설되었으나 1~10회까지만 정부에서 직접 주관하고, 1987년 11회부터는 민간단체인 연극협회로 주최권이 옮겨졌으며 명칭도 서울연극제로 바뀌었다. 한국 연극의 발전을 도모하기 위하여 시작한 연극제로 참가작은 공연되지 않은 창작극에 한한다.

38 문화에 관한 설명 중 옳지 않은 것은?

① 문화란 인류의 지식, 신념, 행위의 총체로 자연과의 상호작용으로 발생한다.
② 물질문화의 변화 속도가 정신문화보다 빠르다.
③ 문화는 인간이 태어날 때 이미 내재되어 있다.
④ 문화는 지속적으로 변화한다.

 문화의 속성

구분	속성
공유성	구성원들이 서로 공유하는 공통적인 경향이다.
학습성	후천적인 학습에 의해 습득한다.
전체성	문화의 각 부분은 상호 밀접한 관계를 맺는다.
축적성	상징체계(언어, 문자)를 통해 축적되고 전달된다.
변동성	시간의 흐름에 따라 문화적 특성들이 변동한다.

39 미국의 레코드 산업 관계자들이 매년 가장 우수하다고 인정한 레코드, 작곡·작사가, 가수, 연주자 등을 선출하여 시상하는 상은?

① 그래미상   ② 토니상
③ 골든글러브상   ④ 황금사자상

 ① 그래미상(Grammy Awards)은 전미국레코드 예술과학아카데미(NARAS)가 주최하는 1년간의 우수한 레코드와 앨범에 주어지는 상이다. 미국 제일의 규모와 권위로 영화계의 아카데미상에 비견된다. 그래미는 그래머폰(gramophone, 축음기)에서 온 애칭으로 수상자에게는 나팔이 부착된 축음기 모양의 기념패가 주어진다. 5,000명 이상의 심사위원이 수차에 걸친 투표를 해서 선정한다.

40 우리 농촌의 민속놀이인 사물놀이에 쓰이는 악기가 아닌 것은?

① 꽹과리   ② 징
③ 북   ④ 피리

 사물놀이 … 꽹과리, 장구, 북, 징을 치며 노는 농촌의 민속놀이로 꽹과리는 별, 장구는 인간, 북은 달, 징은 해에 해당한다.

Answer 36.③ 37.① 38.③ 39.① 40.④

41 남자부 4대 골프 대회에 속하지 않는 것은?

① 마스터스 오픈

② 브리티쉬 오픈

③ 맥도널드 오픈

④ US 오픈

 4대 골프대회
ㄱ 남자부 4대 골프대회 : 마스터스 오픈, 브리티쉬 오픈, PGA 챔피언쉽, US 오픈
ㄴ 여자부 4대 골프대회 : 나비스코 오픈, US 오픈, 브리티쉬 오픈, 맥도널드 오픈

42 세계 3대 교향곡에 해당하지 않는 것은?

① 슈베르트의 '미완성 교향곡'

② 차이코프스키의 '비창'

③ 드보르작의 '신세계 교향곡'

④ 베토벤의 '운명'

 세계 3대 교향곡 … 베토벤의 '운명', 슈베르트의 '미완성 교향곡', 차이코프스키의 '비창'

43 판소리는 극적 구성을 갖춘 성악곡으로 서양음악의 오페라에 비길 수 있는 음악이다. 다음 설명 중 사실과 다른 것은?

① 조선 중엽에 시작되었으며 후에 지역에 따라 동편제, 서편제, 중편제로 구별되어 오늘 날에 이르고 있다.

② 발림을 섞어 가며, 북 장단에 맞추어 소리와 아니리로 표현한다.

③ 고수나 청중이 '얼씨구 좋다', '그렇지' 등의 소리를 내어 흥을 돋우는 것을 추임새라고 한다.

④ 판소리를 부르기 전에 목을 풀고 소리판의 분위기를 돋우기 위해 부르는 짧은 노래를 선소리라고 한다.

 ① 판소리는 지역, 창법, 조(調)의 구성에 따라 동편제, 서편제, 중고제의 세 유파로 분류한다.

44 산세나 수목, 산석(山石)을 그릴 때 그 주류를 이루는 골격과 결, 주름 등을 표현하는 데 중점을 둔 동양화의 화법은?

① 발묵법 　　　　　　　　　　　② 백묘법
③ 준법 　　　　　　　　　　　　④ 몰골법

① **발묵법(潑墨法)** : 엷은 먹으로 대략 그린 다음 그 위에 짙은 먹으로 그림을 분해해 가면서 화면을 채워가며 대담한 필치로 그리는 수법
② **백묘법(白描法)** : 윤곽선으로 형태를 그리지 않고 대상의 형·명암·색채 등을 직접 폭이 있는 수묵 또는 채색의 면으로 그리는 수법
③ **준법(皴法)** : 동양화에서 산애(山崖), 암석의 굴곡 등의 주름을 그리는 화법으로 일종의 동양적 음영법(陰影法)이라고 할 수 있다.
④ **몰골법(沒骨法)** : 채색화의 밑그림 또는 묵선만으로 그리는 수법

45 '우아하게'라는 뜻의 음악용어는?

① dolce 　　　　　　　　　　　② cantabile
③ brillante 　　　　　　　　　　④ grazioso

그라치오소[grazioso] : 악곡의 첫머리에 붙여 전체적으로 우아하고 아름답게 연주하거나 노래할 것을 지시하는 나타냄표이다.
① 부드럽게 　② 노래하듯이 　③ 화려하게

46 아리아 '별은 빛나건만'이 삽입된 오페라는?

① 푸치니의 토스카
② 모차르트의 돈 조반니
③ 베르디의 아이다
④ 비제의 카르멘

「별은 빛나건만(E lucevan le stelle)」은 「오묘한 조화」, 「노래에 살고 사랑에 살고」 등과 함께 푸치니의 오페라 토스카의 주요 아리아 중 하나이다.
② 돈 조반니 – 「카탈로그의 노래」, 「창가로 오라 그대여」 등
③ 아이다 – 「청아한 아이다」, 「이기고 돌아오라」 등
④ 카르멘 – 「하바네라」, 「꽃노래」 등

47 16~18세기 바로크시대에 변성기를 거치지 않고 소프라노 목소리로 노래했던 거세된 성인남자 성악가를 무엇이라 불렀는가?

① 파리넬리 ② 카운터테너

③ 카스트라토 ④ 테너 리릭코

 ① **파리넬리** : 18세기 이탈리아의 유명한 카스트라토
② **카운티테너** : 테너를 넘어선 남성의 성악 음역 또는 가성으로 소프라노의 음역을 구사하는 남성 성악가
③ **카스트라토**(castrato) : 여성이 무대에 설 수 없었던 18세기 바로크시대의 오페라에서 여성의 음역을 노래한 남성가수로, 3옥타브 반의 목소리를 낸 그들은 이를 위해 변성기 전인 소년시절에 거세당했다.

48 파리 출생으로 미켈란젤로의 영향을 받아 「청동시대」, 「칼레의 시민」, 「지옥문」 등의 조각품을 남긴 근대조각의 아버지는?

① 로댕 ② 부르델

③ 에펠 ④ 마욜

 ① **오귀스트 로댕**(Auguste Rodin) : 1840년 프랑스 파리에서 태어났으며 근대조각의 시조로 불린다. 주요 작품으로는 「지옥문」, 「청동시대」, 「생각하는 사람」 등이 있다.
② **앙투안 부르델**(Emile Antoine Bourdelle) : 프랑스의 조각가로 고전의 재생을 추구하여 고대조각에서 조각미를 탐구였다. 「활을 쏘는 헤라클레스」, 「알자스의 성모자」 등의 작품을 남겼다.
③ **구스타프 에펠**(Alexandre Gustave Eiffel) : 프랑스의 에펠탑을 건립한 건축가이다.
④ **아리스티드 마욜**(Aristide Maillol) : 프랑스의 조각가로 「나부상(裸婦像)」이 유명하다.

49 다음 설명 중 입체파(cubism)와 관계없는 것은?

① 대표 작가는 피카소, 브라크, 레제 등이다.
② 다양한 시점에서 바라본 형태가 공존하기도 한다.
③ '자연을 원축, 원통, 구(球)로 파악한다'는 세잔느의 말이 입체파의 계시가 되었다.
④ 입체파 화가들의 폭발적인 색채감각이 현대추상운동을 이끌었다.

 ④ 큐비즘(cubism)의 색채경시의 경향을 문제 삼아 다채로운 색을 동시적 존재로 바꾼 것이 들로네의 오르피즘(Orphism)이며, 그의 이론이 마케, 마르케, 클레를 중심으로 한 청기사 운동에 영향을 미쳤다.

50 판소리에서 창자(唱者)가 극적인 전개를 보충설명하기 위하여, 대목과 대목 사이에 가락을 붙이지 않고 말하듯 사설을 엮어가는 것은?

① 아니리 ② 시나위
③ 추임새 ④ 발림

② 전라도 무악계의 기악곡으로, 일명 신방곡(新房曲)이라고도 한다.
③ 판소리에서 창(唱)의 사이사이에 고수가 흥을 돋우기 위하여 삽입하는 소리이다.
④ 판소리에서 창자(唱者)가 소리의 극적인 전개를 돕기 위하여 몸짓·손짓으로 하는 동작을 말한다.

51 '러브게임'이란 어떤 경기에서 사용하는 용어인가?

① 승마 ② 테니스
③ 농구 ④ 수영

러브게임(love game)은 테니스에서 어느 한 쪽이 1점도 얻지 못한 게임을 말한다. 즉, 4포인트를 연속으로 내준 게임을 일컫는 말이다.

52 다음 내용 중 옳지 않은 것은?

① 농구에서 '트리플 더블'은 한 경기를 통해 득점, 리바운드, 어시스트, 가로채기, 슛, 블로킹 가운데 3부분에서 두 자리 수 이상의 숫자를 동시에 기록한 것이다.
② 1998년 방콕 아시안게임과 2000년 시드니 올림픽에서 태권도는 정식종목으로 채택되었다.
③ 배구와 축구에서 '리베로(libero)'는 수비만 전담하는 선수로 공격에는 가담할 수 없다.
④ 1998년 방콕 아시안게임에서 '한 국가가 동일 종목의 금·은·동메달을 모두 차지할 수 없다'는 아시아올림픽평의회(OCA)의 규정으로 피해를 본 종목은 양궁, 볼링이다.

③ 리베로(libero)는 수비수이면서 공격에도 적극 가담하는 선수로 이탈리아어로 '자유인'이라는 뜻이다. 중앙 수비수이지만 공격을 전개할 때 전진하여 중거리 슈팅이나 패스로 공격력에 도움을 주는 선수를 말한다.

Answer → 47.③ 48.① 49.④ 50.① 51.② 52.③

53 피겨스케이팅에서 전진하면서 점프를 뛰어 다른 점프보다 0.5회전을 더해 총 세 바퀴 반을 회전하는 점프를 일컫는 용어는?

① 트리플 액셀　　　　　　　　　② 더블 액셀
③ 트리플 러츠　　　　　　　　　④ 트리플 토룹

(Tip) 피겨스케이팅에서 점프는 토룹, 살코, 룹, 플립, 럿츠, 액셀로 구분된다. 이 중 액셀은 나머지 점프와 다르게 앞으로 나아가며 점프를 뛰어 반 바퀴를 더 돈다.

54 테니스의 4대 메이저 대회가 아닌 것은?

① 윔블딘　　　　　　　　　　　② 프랑스오픈
③ 캐나다오픈　　　　　　　　　④ 호주오픈

(Tip) 테니스의 4대 메이저 대회 … 영국의 윔블던, 프랑스의 프랑스오픈, 미국의 US오픈, 호주의 호주오픈으로 그 해에 열리는 이 대회에서 모두 우승했을 경우 그랜드슬램을 달성했다고 말한다.

55 야구에서 사용하는 '핫코너'라는 용어는 어디를 지칭하는가?

① 1루　　　　　　　　　　　　② 2루
③ 3루　　　　　　　　　　　　④ 불펜(bull pen)

(Tip) 핫코너(hot corner)는 강하고 불규칙한 타구가 많이 날아와 수비하기가 까다로운 3루에 붙은 이름이다.
④ 시합 중 구원투수가 경기에 나가기 전에 준비운동을 하는 곳을 불펜(bull pen)이라 한다.

56 다음 중 국제올림픽위원회의 약칭으로 바른 것은?

① FIFA　　　　　　　　　　　② IOC
③ OCC　　　　　　　　　　　④ NOC

(Tip) 국제올림픽위원회는 1894년 파리에서 쿠베르탱에 의해 창설된 올림픽 주최 위원회로 International Olympic Committee의 약칭인 IOC로 부른다.

57 오륜기에 대한 설명으로 옳은 것은?

① 근대 5종 경기와 관련된 역사적 기원

② 인류 평화와 인종 차별 금지

③ 5대륙의 결속과 전 세계 선수들의 만남

④ 페어플레이를 다짐하는 선수들의 약속

 흰 바탕에 왼쪽부터 파랑, 노랑, 검정, 초록, 빨강의 5색 고리를 위 3개, 아래 2개로 엮은 모양이다. 동그란 5개의 고리는 5개의 대륙을 상징하며 전 세계 선수의 만남과 어울림을 의미한다.

58 IOC가 규정하고 있는 올림픽 참가선수들의 금기약물이 아닌 것은?

① 이뇨제

② 항생제

③ 정신안정제

④ 흥분제

 도핑테스트(doping test)는 운동선수가 경기 전에 흥분제나 자극제 등을 복용했는지의 여부를 검사하는 것으로 항생제는 이에 해당하지 않는다.

59 다음 중 골프에서 사용하는 용어가 아닌 것은?

① 발리   ② 더블 보기

③ 이븐파   ④ 홀인원

 ① 발리(volley) : 상대방이 친 볼이 땅에 떨어지기 전에 쳐서 보내는 노바운드 리턴을 말하는 테니스 용어

② 더블 보기(double bogey) : 파보다 2타 많은 타수로 홀아웃 한 경우

③ 이븐파(even par) : 코스의 규정타수(표준타수)와 같은 타수로 경기를 마치는 것

④ 홀인원(hole-in-one) : 1타로 홀컵에 볼을 넣은 경우

Answer 53.①   54.③   55.③   56.②   57.③   58.②   59.①

60 테니스, 골프 등에서 프로뿐만 아니라 아마추어에게도 문호를 개방하여 프로와 아마추어가 함께 기량을 겨룰 수 있도록 한 게임방식은?

① 콜드게임   ② 스킨스게임

③ 매치플레이   ④ 오픈게임

 ② 스킨스게임(skins game)은 골프의 변형 경기방식 중 하나로 총타수로 순위를 가리는 스트로크 방식과 달리 각 홀에서 1위를 한 선수가 각 홀에 걸린 상금을 획득하는 경기이다.
④ 오픈게임(open game)은 테니스나 골프 등에서 아마추어와 프로가 함께 출전하는 선수권대회이다. 골프는 1860년 제1회 전영선수권대회 때부터 오픈으로 실시했으며, 테니스는 1968년 전영선수권대회 때부터 오픈화 되었다.

61 다음 중 스테이트 아마추어(State Amateur)에 대한 설명으로 바르지 못한 것은?

① 스포츠 진흥책의 일환이다.
② 국비(國費)로 양성되는 국가 대표급 아마추어 선수이다.
③ 올림픽과 같은 국제경기에 출전한다.
④ 일반적으로 미국, 일본 등과 같은 선진국에서 채택하고 있다.

 스테이트 아마추어(State Amateur)는 국가가 계획적으로 육성한 아마추어 운동선수로 국가양성 선수라고도 한다. 러시아 등과 같은 공산국가에서 스포츠의 진흥책으로 제도화된 경우가 있다.

62 다음 스포츠용어 중 설명이 잘못된 것은?

① 역도 용상종목에서 클린동작이란 바벨을 어깨높이에서 머리 위로 두 팔을 뻗어 들어 올리는 것을 말한다.
② 사이클경기에서 데드히트(dead heat)란 동시도착을 말한다.
③ 배드민턴에서 하이클리어란 상대방을 향해 높고 길게 쳐 보내는 기술을 말한다.
④ 아이스하키에서 아이싱이란 센터라인을 넘기 전에 패스되거나 쳐내진 퍽이 그 어느 선수에게도 닿지 않고 골라인을 통과했을 경우를 말한다.

 ① 용상은 바벨을 어깨높이까지 들어 올린 뒤 재빨리 손을 뒤집어 가슴 위에 멈추는 1차 클린동작과 이를 무릎과 허리의 힘을 이용해 머리 위로 들어 올리는 저크 두 동작으로 나뉜다.

63 다음 스포츠용어와 경기종목의 연결이 맞지 않는 것은?

① 해트트릭 – 축구

② 그랜드슬램 – 테니스

③ 핫코너 – 야구

④ IOC – 월드컵축구

 ① 해트트릭은 축구에서 한 선수가 한 게임에서 3골을 넣는 것을 말한다.
② 그랜드슬램이 테니스 용어로 사용될 때는 1년 동안 이 4개의 메이저 대회에서 모두 우승을 차지하는 것을 의미한다.
③ 핫코너는 야구에서 강하고 불규칙한 타구가 많이 날아오는 3루를 말한다.
④ IOC(International Olympic Committee)는 국제올림픽위원회이다.

64 다음 중 우리나라 전통경기인 씨름에서 공식적으로 채택하고 있는 샅바방식은?

① 오른쪽 다리에 샅바 고리를 매는 오른샅바 방식이다.

② 왼쪽 다리에 샅바 고리를 매는 왼샅바 방식을 채택하고 있다.

③ 영남선 왼샅바를, 호남선 오른샅바를 사용하고 있다.

④ 대회 때마다 주최 측이 지방의 특성을 고려하여 결정한다.

우리나라는 1962년에 씨름의 경기방식을 왼씨름으로 통일했다. 왼씨름이란 샅바를 오른쪽 다리에 걸며 오른손으로 상대의 허리샅바, 왼손으로 오른쪽 다리의 샅바를 잡는 것을 말한다.

65 다음 올림픽 종목 중 메달 수가 많은 것부터 차례로 나열하면? (제31회 리우데자네이루 올림픽 기준)

㉠ 육상	㉡ 유도
㉢ 레슬링	㉣ 태권도

① ㉠ – ㉢ – ㉡ – ㉣

② ㉠ – ㉢ – ㉣ – ㉡

③ ㉢ – ㉡ – ㉣ – ㉢

④ ㉣ – ㉠ – ㉢ – ㉡

㉠ 47개 ㉡ 14개 ㉢ 18개 ㉣ 8개

66 미국 프로농구 NBA의 경기방식은 4쿼터제이다. NBA의 경기시간은 1쿼터 당 시간은?

① 10분 　　　　　　　　　　② 11분
③ 12분 　　　　　　　　　　④ 13분

(Tip) NBA 경기방식은 4쿼터제로 1쿼터 당 12분씩이다.

67 종목의 인원이 틀린 것은?

① 럭비 – 15명
② 아이스하키 – 6명
③ 핸드볼 – 7명
④ 미식축구 – 12명

(Tip) 미식축구는 11명의 선수가 하는 경기다.

68 다음 중 브로드웨이에 올려 진 연극을 대상으로 시상하는 '연극의 아카데미상'이라 불리는 상은?

① 에미상 　　　　　　　　　② 골든글러브상
③ 토니상 　　　　　　　　　④ 템플턴상

(Tip)
① 에미상(Emmy award) : 방송계 최대의 행사로 1949년부터 시작하여 매년 5월에 할리우드에서 개최된다. 텔레비전 작품 관계자의 우수한 업적을 평가하여 미국텔레비전 예술과학 아카데미가 주는 상이다.
③ 토니상(Tony awards) : 정식명칭은 앙트와네트 페리상(Antoinette Perry awards)으로 브로드웨이 연극을 대상으로 시상된다. 1947년에 창설된 브로드웨이 최대의 연중행사로서 매년 봄 브로드웨이 극장관계자들을 중심으로 드라마, 뮤지컬 두 부문을 합쳐 18개 분야에 주어진다.
④ 템플턴상(the Templeton prize) : 종교계의 노벨상으로 불리며 매년 종교 분야에서 인류를 위해 크게 이바지한 인물들에게 시상하는 상으로, 미국의 사업가 존 템플턴이 노벨상에 종교 부문이 없는 것을 안타깝게 여겨 1972년 템플턴 재단을 설립하고 3만 4000파운드의 기금을 상금으로 내 놓으면서 제정하였다.

69 다음의 보기 중에서 장애가 있는 환자를 치유하기 위해 행하는 심리극은?

① 모노드라마 　　　　　　　② 전위극
③ 팬터마임 　　　　　　　　④ 사이코드라마

④ 사이코드라마(psychodrama) : 루마니아 정신과의사 J.L. 모레노가 창시한 심리요법으로, 비슷한 유형의 환자를 연극에 출연시켜 그 속에서 환자의 심리가 자연스럽게 표현되도록 유도함으로써 환자를 분석·치료한다. 사이코드라마는 극의 주제가 개인적인 문제일 때만을 이르며 공적인 문제를 주제로 할 때는 소시오드라마라고 한다.

※ 소시오드라마(sociodrama) … 미국의 정신병리학자 모레노가 개인의 사회적 부적응을 치료하기 위해 고안해 낸 즉흥극이다. 사회·문화적 문제를 주제로 하여 감독이 정해준 극의 테두리 내에서 연기자가 자발적·즉흥적으로 극에 참여한다.

70 '한국은 보신탕으로 먹는 나라이므로 우리는 한국을 방문하지 말아야 한다'라는 말에서 나타나는 문화를 보는 관점과 이를 바꾸어 줄 수 있는 관점이 바르게 연결된 것은?

① 자문화 중심주의 – 문화 상대주의
② 문화적 제국주의 – 자문화 중심주의
③ 문화적 사대주의 – 문화 상대주의
④ 문화적 사대주의 – 문화적 제국주의

 문화를 이해하는 태도

구분	성격
문화 상대주의	다른 사회의 문화를 그 사회만의 독특한 환경과 사회·역사적 맥락에서 이해하려는 태도
극단적인 문화 상대주의	자유, 인권, 평등, 정의 등과 같이 인류의 보편적인 가치를 훼손하는 잘못된 문화까지 상대주의적 입장에서 이해하려는 극단적인 태도
재(自)문화 중심주의	자신의 문화가 가장 우수하고 옳은 것이라는 관점으로, 다른 문화에 대해 부정적으로 평가하고 무시하는 태도
문화 제국주의	특정 사회의 문화가 경제력과 군사력 등을 바탕으로 다른 문화를 파괴하거나 지배하는 태도
문화 사대주의	다른 사회의 문화를 동경하거나 숭상하여 자기 문화를 업신여기거나 낮게 평가하는 태도

71 영화에 대한 설명으로 잘못된 것은?

① 1927년 미국 워너브러더스사에서 토키(talkie)를 창안, 유성영화시대가 개막되었다.
② 한국 무성영화시대의 대표적 영화인은 나운규이며, 그의 대표작은 아리랑이다.
③ 에미상은 1948년 미국에서 시작된 국제영화제이다.
④ 한국에는 1903년부터 외국영화가 소개되었으며, 최초의 영화사는 윤백남 프로덕션이다.

 ③ 에미상은 미국의 TV부문 아카데미상이다.

Answer ⤷ 66.③ 67.④ 68.③ 69.④ 70.① 71.③

72 제1차 세계대전 때부터 유럽에서 일어난 예술운동이 아방가르드(avant-garde)이다. 아방가르드에 속하지 않는 것은?

① 입체파
② 다다이즘
③ 초현실주의
④ 센세이셔널리즘

 전위예술이라고도 부르는 아방가르드(avant-garde)는 기성관념이나 유파를 부정하고 새로운 것을 이룩하려 했던 입체파, 표현파, 다다이즘, 추상파, 초현실주의 등의 혁신예술을 통틀어 일컫는다.
④ 센세이셔널리즘(sensationalism) : 인간의 본능과 호기심을 자극하여 대중의 인기를 끌어보려는 보도 경향으로, 철학과 문학에서 유래하였으나 언론에서는 대중을 대상으로 하는 염가신문이 등장하면서부터 대중적으로 사용되었다.

73 혼성 4부 합창의 구성은?

① 소프라노, 알토, 테너, 바리톤
② 소프라노, 알토, 테너, 베이스
③ 알토, 테너, 베이스, 바리톤
④ 소프라노, 알토, 바리톤, 베이스

 합창의 구성

구분	종류	구분	종류
여성 2부 합창	소프라노, 알토	여성 3부 합창	소프라노, 메조소프라노, 알토
남성 2부 합창	테너, 베이스	남성 3부 합창	테너, 바리톤, 베이스
혼성 3부 합창	소프라노, 알토(테너), 베이스	혼성 4부 합창	소프라노, 알토, 테너, 베이스

74 다음 설명 중 옳지 않은 것은?

① 아악 – 궁중음악

② 사물놀이 – 꽹과리, 징, 장구, 북 등을 치며 노는 농촌의 민속놀이

③ 시나위 – 우리나라 북쪽지방에서 발달한 합창곡

④ 산조 – 특히 전라도에서 발달한 기악독주음악의 한 갈래

 ③ 시나위 : 경기 남부, 충청도, 전라도, 경상도 서남부 등에서 굿을 할 때 무가(巫歌)나 무무(巫舞)의 반주음악으로 연주하는 무악장단에 육자배기소리로 된 허튼 가락을 얹어 연주하는 기악합주음악이다.

75 합창, 중창, 독창 등으로 구성된 대규모의 성악곡은?

① 세레나데   ② 칸타타

③ 랩소디   ④ 콘체르토

 ① 세레나데(serenade) : '저녁의 음악'이란 뜻으로 애정이나 존경을 품은 사람에게 바치는 노래를 통칭하여 일컫는다.
② 칸타타(cantata) : 종교적인 요구에 의해 작곡되는 대규모의 서정적 성악곡이다.
③ 랩소디(rhapsody) : 광상곡으로 대개 일정한 형식이 없이 환상적이고 자유로운 기악곡이다.
④ 콘체르토(concerto) : 화려한 연주기교를 구사하는 독주악기와 관현악을 위해 작곡된 기악곡을 가리킨다.

Answer → 72.④ 73.② 74.③ 75.②

PART III

한국사

01 선사시대의 문화와 국가의 형성

1 한반도 선사시대에 대한 설명으로 옳은 것은?

① 구석기 시대 전기에는 주먹도끼와 슴베찌르개 등이 사용되었다.

② 신석기 시대의 집터는 동굴이나 바위 그늘에서 살거나 강가에 막집을 짓고 살았다.

③ 청동기 시대의 전형적인 유물로는 비파형동검, 붉은 간토기, 반달돌칼, 홈자귀 등이 있다.

④ 구석기 시대에는 원시신앙이 출현하여 애니미즘, 샤머니즘, 토테미즘 등이 나타났다.

 ① 구석기 시대 전기에는 주먹도끼와 찍개 등이 사용되었고, 슴베찌르개는 후기에 사용되었다.
② 동굴이나 바위 그늘에서 살거나 강가에 막집을 짓고 살았던 것은 구석기 시대이다.
④ 원시신앙은 신석기 시대에 출현하였다.

2 다음에서 제시한 유적지에 해당하는 시대에 관한 설명 중 가장 적절하지 않은 것은?

> • 상원 검은모루 유적   • 연천 전곡리 유적
> • 단양 수양개 유적   • 공주 석장리 유적

① 뗀석기를 가지고 사냥과 채집을 위주로 생활하였다.

② 무리를 지어 살면서 공동체적 생활을 영위하였다.

③ 동굴이나 바위그늘에 주로 살았고, 때로는 막집을 짓고 살았다.

④ 조, 기장, 수수 등의 작물을 재배하는 농경이 시작되었다.

 주어진 유적지는 공통적으로 구석기 시대의 유적이다.
①②③은 구석기 시대이고, ④은 신석기 시대이다. 신석기 시대에는 조, 피, 수수 등을 재배하여
농경생활이 시작되었다.

3 다음에 제시한 유물과 관계가 깊은 시대에 대한 설명 중 가장 옳은 것은?

> 반달 돌칼, 홈자귀, 미송리식 토기, 붉은 간토기

① 이 시대에는 철기로 농기구를 제작하여 사용함으로써 농업생산력이 증대되고 경제기반이 확대되었다.
② 이 시대의 대표적인 유적으로서 부산 동삼동 조개더미, 제주도 한경 고산리 유적 등을 들 수 있다.
③ 이 시대에는 생산력의 증가에 따라 잉여 생산물이 생기자 힘이 센 자가 이것을 개인적으로 소유하는 사유재산이 나타났다.
④ 이 시대의 후기에 이르러 사람들은 석회암이나 동물의 뼈 또는 뿔 등을 이용하여 조각품을 만들었는데, 조각품에는 당시 사람들의 주술적인 기원이 담겨 있었다.

①은 철기 시대, ②는 신석기 시대, ③은 청동기 시대, ④는 구석기 시대와 관련이 있는 내용이다. 반달돌칼은 청동기 시대 유물로 두 개의 구멍에 끈을 꿰어 곡식의 이삭을 자르는 데 활용하였다. 또한 바퀴날 도끼, 홈자귀, 괭이, 돌도끼 등의 석기 또는 목기 농기구와 미송리식 토기, 민무늬 토기, 송국리식 토기 등을 사용하였다.

4 다음 중 신석기 시대의 사회에 대한 설명으로 옳은 것은?

① 우경을 이용하는 벼농사가 이루어지고 있었다.
② 계급사회가 형성되면서 군장이 등장하고 있었다.
③ 움집에 취사와 난방을 위한 화덕이 있는 걸로 보아 정착생활을 하고 있었다.
④ 부족 간의 정복활동이 활발해졌으며 우세한 부족은 선민사상을 가지기 시작하였다.

① 청동기 시대에 벼농사가 본격화되고 철제 농구와 우경에 의한 농경이 발전하였다.
② 신석기 시대는 씨족을 단위로 한 부족사회이며 권력자가 출현하지 않는 평등한 공동체사회였다.
④ 선민사상은 청동기 시대에 나타나는 특징이다.

Answer 1.③ 2.④ 3.③ 4.③

5 식량채집생활에서부터 시작된 인류역사는 식량을 생산하는 농경생활이 시작되면서 많은 변화가 생겨 이를 '신석기혁명'이라고 하였다. 이 시기에 대한 설명으로 옳은 것은?

① 문자가 사용되었다.

② 계급이 사용되었다.

③ 청동기가 처음으로 사용되었다.

④ 간석기와 토기가 처음으로 사용되었다.

    (Tip) ①②③ 모두 청동기 시대에 등장한 것이다.

6 구석기에 대한 설명 중 옳지 않은 것은?

① 석기를 다듬은 수법에 따라 전기, 중기, 후기의 세 시기로 나눈다.

② 구석기 시대 사람이 살기 시작한 것은 약 70만 년 전부터이다.

③ 구석기 중기에는 큰 석기 한 개를 가지고 여러 용도로 썼다.

④ 대표적인 유적지로 평남 상원 검은모루, 경기도 연천 전곡리, 충남 공주 석장리 등이 있다.

    (Tip) ③은 구석기 전기에 해당하며, 구석기 중기에는 큰 몸돌에서 떼어낸 돌 조각인 격지를 이용해 작은 석기를 제작하였다.

7 다음 중 청동기 시대의 특징으로 옳지 않은 것은?

① 빈부의 격차가 발생하였으며 계급이 점차 형성되었다.

② 여성은 주로 집안일을 남자는 농경이나 전쟁에 종사하는 성 역할의 분리가 이루어졌다.

③ 중국의 영향을 받아 비파형동검이 세형동검으로 형태가 변하였다.

④ 농경의 발달로 정착생활의 규모가 점점 확대되었다.

    (Tip) ③ 세형동검은 한반도에서 발견되는 청동기 시대 후기, 철기 시대 전기의 동검이다. 비파형 동검이 북방에서 전래된 것이라면 세형동검은 우리나라에서 개발된 것이다. 이 때문에 비파형 동검을 중국 랴오닝식이라고 하고, 세형동검은 한국식 동검이라고 부른다.

8 철기의 보급으로 나타난 변화로 옳은 것은?

① 가축은 사육하지 않고, 육류는 여전히 주로 사냥을 통해 획득하였다.
② 철제 농기구의 사용으로 농업 생산력이 향상되었다.
③ 청동기는 주로 무기와 농기구로 사용되었다.
④ 철제 도구의 사용으로 석기는 사라지게 되었다.

 ① 농경의 발달로 사냥이나 고기잡이의 비중은 줄어들고 가축의 사육은 이전보다 늘어났다.
② 철기시대에는 보습, 쟁기, 낫 등의 철제 농기구를 사용함으로써 농업생산력이 증대되었다.
③ 청동기는 의식용 도구로 변하였다.
④ 간석기는 매우 다양해지고, 기능도 개선되어 농경을 더욱 발전시켰다.

9 다음 시대에 해당하는 것은?

• 이른민무늬토기	• 빗살무늬토기

① 강가에 막집을 짓고 불을 처음으로 이용하였다.
② 계급이 발생하고 벼농사가 시작되었다.
③ 뗀석기를 사용하고 채집과 수렵을 주로 하였다.
④ 애니미즘 토테미즘과 같은 신앙이 발생하였다.

 이른민무늬 토기와 빗살무늬 토기는 신석기 시대의 대표적 유물로, 신석기 시대에는 토기뿐만 아니라 가락바퀴, 뼈바늘, 조개가면 등의 유물이 출토되었고, 정착단계로 접어들면서 강가의 움집에서 생활하였다. 또한 애니미즘과 토테미즘 무격신앙과 같은 원시신앙이 출현하기도 하였다.
①③ 구석기 시대 ② 청동기 시대

10 다음 중 반달돌칼을 통해 알 수 있는 사실은?

① 선민사상의 등장   ② 활발한 정복 활동
③ 농경의 발달   ④ 계급사회의 형성

 청동기 시대에 사용된 반달돌칼은 추수 도구로 돌도끼, 홈자귀 등과 같은 개간도구와 함께 농경이 더욱 발전하였음을 보여준다.

Answer → 5.④ 6.③ 7.③ 8.② 9.④ 10.③

11 다음 중 신석기 시대에 대한 설명으로 옳지 않은 것은?

① 애니미즘, 토테미즘이 등장하였다.

② 목축의 발달로 인해 수렵생활에서 벗어났다.

③ 중앙에 화로를 설치한 움집생활을 했다.

④ 토기에 식량을 저장했다.

 신석기 시대에 수렵생활에서 완전히 벗어나지 못하였으며, 농경, 목축 실시와 더불어 수렵은 여전히 진행되었다.

12 다음 중 기원전 3000년경의 사회적 모습으로 옳은 것은?

① 조, 수수, 보리, 콩의 재배와 벼농사를 실시하였다.

② 철제 농기구를 사용하여 생산량이 매우 증가하였다.

③ 주로 동굴이나 강가에 막집을 짓고 살았다.

④ 가락바퀴를 사용하여 의복을 제작하였다.

 기원전 3000년경은 신석기 시대이다.
① 조, 수수, 보리, 콩 재배와 벼농사가 활발해진 것은 청동기 시대이다.
② 철제 농기구는 철기가 보급된 이후에 가능하였다.
③ 구석기 시대의 특징이다.
④ 가락바퀴를 사용하여 초기 의복생활을 가능하게 한 것은 신석기 시대이다.

13 고조선의 8조법을 통하여 알 수 있는 사회상과 거리가 먼 것은?

① 형벌제도가 존재하였다.

② 사유재산을 보호하였다.

③ 개인의 생명을 중시하였다.

④ 화폐가 주조되어 널리 유통되었다.

 고조선은 산업이 발달하지 못해 기본적으로 자급자족의 사회였다. 고려 전기에 최초의 화폐인 건원중보가 주조되었고, 조선 후기에 이르러 화폐가 널리 유통되었다.

14 다음 글은 위만 조선에 대한 기존의 시각을 정리한 것이다. 이러한 시각을 극복하고, 위만 조선이 단군 조선을 계승한 우리의 역사임을 주장하기 위해 내세울 수 있는 사실로 적절하지 않은 것은?

> 역대의 역사가들은 위만이 연나라에서 망명하였다는 점 때문에 그가 중국인이라는 사실을 당연한 것으로 받아들였다. 그리고 일제는 한국사의 자주성을 부정하고 타율성을 강조하기 위해 위만 조선을 중국의 식민 정권으로 간주하였다.

① 위만은 '조선'이라는 국호를 그대로 계승하였다.
② 위만 조선은 적극적으로 철기 문화를 수용하였다.
③ 위만 정권에서 높은 지위에 오른 토착 고조선인들이 많았다.
④ 위만은 입국할 때 상투를 틀고 조선인의 옷을 입고 있었다.

 위만을 조선인으로 보는 근거로는 고조선으로 들어 올 때 상투를 틀고, 조선인의 옷을 착용하였으며, 왕이 된 뒤에도 나라 이름을 그대로 조선이라 하였고 그의 정권에는 토착민 출신으로 지위에 오른 자가 많았기 때문에 위만의 고조선을 단군의 고조선을 계승한 것으로 추정하고 있다. 한편 철기는 기원 전 5세기 때 처음 전래되었으나, 기원전 2세기 위만 세력이 이동하면서 본격적으로 철기가 보급되었는데 고조선의 계승과는 관련이 없다.

15 다음 보기에서 제시한 풍속을 가진 국가에 대한 설명으로 가장 적절하지 않은 것은?

> 형벌은 엄격하고 각박하여 사람을 죽인 자는 사형에 처하고, 그 가족은 적몰(籍沒)하여 노비를 삼았다. 도둑질을 하면 도둑질한 물건의 12배를 배상하게 하였다. 남녀 간에 음란한 짓을 하거나 부인이 투기하면 모두 죽였다. 투기하는 것을 더욱 미워하여 죽이고 나서 그 시체를 나라의 남산에 버려서 썩게 하였다. 친정집에서 그 부인의 시체를 가져가려면 소와 말을 바쳐야 하였다.

① 사람을 죽여서 순장을 하는데, 많을 때는 백여 명이나 되었다.
② 송화강 유역의 평야 지대를 중심으로 성장하여 농경과 목축이 성하였다.
③ 제천행사 기간 동안에 국가의 중요한 문제를 토의하고, 죄인을 재판하여 풀어주었다.
④ 서옥제(婿屋制)라는 데릴사위제 풍속이 있었다.

 ①②③은 부여이고, ④는 고구려이다. 고구려는 모계 사회의 잔재인 서옥제(일종의 데릴사위제)와 형사취수제가 있었다.

Answer ↳ 11.② 12.④ 13.④ 14.② 15.④

16 다음 보기 중 부여 사회의 특수성만 모아 놓은 것은?

> ⊙ 우제점법   ⊙ 1책 12법
>
> ⓒ 제정분리   ⓔ 벼농사의 발달

① ⊙ⓒ   ② ⊙ⓒ
③ ⓒⓔ   ④ ⓒⓔ

 부여 사회의 특징
⊙ **정치** : 5부족연맹체, 왕→마가, 우가, 저가, 구가
ⓒ **경제** : 반농반목, 말, 주옥, 모피 생산
ⓒ **제천행사** : 영고(12월)
ⓔ **풍습** : 순장, 우제점법, 형사취수제, 일부다처제
ⓜ **법률** : 1책 12법

17 고구려 사회에 대해 옳게 설명한 것만 모은 것은?

> ⊙ 지배층의 혼인 형사취수제와 서옥제가 있었다.
> ⓒ 도둑질한 자는 12배를 물게 하였다.
> ⓒ 지배층은 왕족인 고씨, 부여씨와 8성의 귀족으로 이루어졌다.
> ⓔ 진대법을 실시하여 가난한 농민을 구제하였다.

① ⊙ⓒⓔ   ② ⓒⓒⓔ
③ ⊙ⓒⓒ   ④ ⊙ⓒⓒ

 ⓒ 고구려는 왕족인 계루부 고씨, 왕비족은 절노부와 5부 출신의 귀족들이 연합하여 정치를 주도하였다. 백제는 왕족인 부여씨와 8대성 귀족이 중심이 되었다.

18 삼한에 관한 다음 설명 중 가장 옳게 짝지어진 것은?

> ㉠ 부전 고원을 넘어 옥저를 정복하여 공물을 받았다.
>
> ㉡ 지배자 중에서 세력이 큰 것은 신지, 작은 것은 읍차 등으로 불렸다.
>
> ㉢ 왕이 죽으면 많은 사람들이 껴묻거리와 함께 묻는 순장의 풍습이 있었다.
>
> ㉣ 초가지붕의 반움집이나 귀틀집에 살며, 5월과 10월에 하늘에 제사를 지냈다.
>
> ㉤ 제사장 천군은 신성 지역 소도에서 농경과 종교에 대한 의례를 주관하였다.
>
> ㉥ 중대한 범죄자는 제가회의를 통하여 사형에 처하고, 그 가족을 노비로 삼았다.
>
> ㉦ 상가, 고추가 등의 대가들은 각기 사자, 조의, 선인, 등 관리를 거느리고 있었다.

① ㉡㉣㉤   ② ㉡㉢㉤

③ ㉣㉤㉦   ④ ㉠㉥㉦

 삼한에 대한 설명은 ㉡㉣㉤이며, ㉠㉥㉦은 고구려, ㉢은 부여에서 보이는 풍습이다.

19 다음 유물과 유적이 알려주는 것은?

> • 비파형 동검
> • 북방식 고인돌
> • 미송리식 토기

① 석기시대의 사회상   ② 선민사상의 대두

③ 고조선 세력 범위   ④ 제정분리 사회

 ① 비파형동검, 북방식 고인돌, 미송리식 토기는 청동기시대의 유물들이다.
② 선민사상은 청동기 이후의 지배사상으로 불교가 국가이념으로 정착되기 전까지 나타난 특징이다.
③ 고조선의 세력 범위를 알 수 있는 자료로는 비파형 동검, 북방식 고인돌, 미송리식 토기, 거친무늬 거울 등이 있다.
④ 제정분리가 시작된 것은 청동기 이후부터이다.

Answer → 16.① 17.① 18.① 19.③

20 다음은 동이전에 나타난 어떤 나라에 대한 기록이다. 옳은 것은?

> (가) 이 나라에는 깊은 골짜기가 많고 평원과 연못이 없어서 계곡을 따라 살며 골짜기 물을 식수로 마셨다. …(중략) … 사람들의 성품은 흉악하고 급해서 노략질하기를 좋아하였다.
>
> (나) 이 나라에는 구릉과 넓은 못이 많아서 동이 지역 가운데서 가장 넓고 평탄한 곳이다. 토질은 오곡을 가꾸기에는 알맞지만 과일은 생산되지 않았다. 사람들은 성품이 강직하고 용맹하며 근엄하고 후덕하여 다른 나라를 노략질하지 않았다.

① (가)에는 넓은 평지가 많았고 (나)는 높은 산이 많이 분포하였다.
② 중국은 (가)를 싫어해서 그 역사를 편견적 시각으로 바라보았다.
③ (가)에는 영고와 (나)에는 동맹이라는 제천행사가 존재하였다
④ (가)는 이후 (나)의 정복사업으로 병합되었다.

(Tip) (가)는 고구려, (나)는 부여에 관한 설명이다. 중국은 고구려의 잦은 침략과 강인함을 두려워하여 왜곡된 시각에서 고구려사를 부정적으로 묘사 하였는바 그 내용은 "사람들의 성품은 흉악하고 급해서 노략질하기를 좋아하였다."라는 구절에서 살펴볼 수 있다.
① 고구려는 큰 산이 많았고, 부여는 평원이 많았다.
③ 영고는 12월에 행해진 부여의 제천행사이고, 동맹은 10월에 행해진 고구려의 제천행사이다.

21 다음 설명에 해당하는 나라로 옳은 것은?

> 각 씨족마다 생활권이 정해져 있어 함부로 다른 지역을 침범해 경제 활동, 즉 주로 사냥, 고기잡이, 농경 등을 영위할 수가 없었다. 따라서 다른 공동체 지역을 침범하지 않는다는 엄한 규율이 있었으며 다른 읍락(邑落)을 침범하는 측에게는 생구(生口), 즉 노예와 우마(牛馬)로써 배상하게 하였다.

① 삼한   ② 옥저
③ 동예   ④ 부여

(Tip) 제시문은 책화에 관련된 설명이다. 책화는 각 씨족마다 생활권의 경계를 명확히 하여 이를 침범하여 물건을 훔쳤을 경우 노예와 우마로 배상하게 하는 제도이다. 책화의 풍속을 가진 국가는 동예이다.

22 다음 중 1책 12법을 실시한 나라에 대한 설명으로 옳은 것은?

① 농업 사회의 전통을 반영하는 영고가 있었다.

② 3세기 말 선비족 모용황의 침입으로 쇠퇴하였다.

③ 제천행사는 10월에 행했다.

④ 서옥제라는 결혼 풍습이 존재하였다.

 1책 12법은 부여의 법률로서 물건을 훔친 자는 12배로 배상하게 한다는 것이다. 부여는 3세기 말 선비족의 침입을 받고, 그 세력이 점차 쇠퇴해지다가 이후 고구려에 편입되게 된다.
①③ 부여의 제천행사는 12월의 영고이다. 영고는 수렵사회의 전통을 반영한 것이다.
④ 서옥제는 고구려의 풍습으로 데릴사위제와 유사한 형태이다.

23 다음 중 고조선에 대한 설명으로 옳지 않은 것은?

① 단군왕검은 제정일치사회의 지배자였다.

② 남의 물건을 훔친 자는 노비로 삼았다.

③ 대부, 장군 등의 관직이 설치되었다.

④ 만주와 한반도 전역에 걸쳐 발달하였다.

 ④ 고조선은 요령지방과 대동강 유역을 중심으로 독자적인 문화를 이룩·발전하게 된다.

24 위만 조선에 대한 설명으로 옳지 않은 것은?

① 위만에게 밀려난 준왕은 진국(辰國)으로 가서 한왕이라 자칭하였다.

② 중국 세력과의 전쟁에서 서쪽의 영토 2,000여 리를 빼앗겼다.

③ 성장 과정에서 주변의 진번·임둔 등을 복속시켰다.

④ 이 시기 대표적인 무덤 양식은 널무덤이다.

 기원전 300년 전후하여 연의 장수 진개의 침입으로 고조선은 서방 영토 2,000여 리를 상실하였다.

Answer → 20.② 21.③ 22.② 23.④ 24.②

25 다음과 관련 있는 나라에 대한 설명으로 옳지 않은 것은?

> ㉠ 영고   ㉡ 동맹
> ㉢ 무천   ㉣ 수릿날

① ㉠ - 물건을 훔칠 경우 그 12배를 배상하게 하였다.

② ㉡ - 형사취수제와 서옥제의 풍습이 있었다.

③ ㉢ - 다른 부족의 영역을 침범할 경우 노비와 소, 말 등으로 변상하였다.

④ ㉣ - 읍군, 삼로 등의 군장이 자기 부족을 지배하는 군장 국가였다.

 ㉠ 부여, ㉡ 고구려, ㉢ 동예, ㉣ 삼한
④ 읍군, 삼로 등의 군장은 옥저와 동예의 정치세력이다.

02 고대의 정치·경제·사회·문화

1 삼국시대 자료에 대한 설명으로 옳지 않은 것은?

① 호우총 출토 청동 호우의 존재를 통해 신라와 고구려 관계를 살펴볼 수 있다.

② 사택지적비를 통해 당시 백제가 도가(道家)에 대한 이해를 하고 있었음을 알 수 있다.

③ 울진 봉평리 신라비를 통해 신라가 동해안의 북쪽 방면으로 세력을 확장하였음을 알 수 있다.

④ 충주 고구려비(중원 고구려비)를 통해 신라가 고구려에게 자신을 '동이(東夷)'라고 낮추어 표현했음을 알 수 있다.

 ④ 중원고구려비를 통해 당시 고구려가 신라를 동이(東夷)라 칭하면서 그 국왕에게 종주국으로서 의복을 하사했다는 내용 등을 알 수 있다.

2 다음 중 가야연맹에 대한 설명으로 옳지 않은 것은?

① 중앙집권국가로 발전하지 못했다.

② 5세기경 고구려 신라의 압력으로 큰 타격을 입었다.

③ 풍부한 철의 생산과 중계무역으로 발전하였다.

④ 처음에는 대가야 후에는 금관가야를 중심으로 세력이 편제되었다.

 5세기 초 고구려 광개토대왕이 신라의 청으로 왜구를 물리치고자 이 지역에 군대를 파견하였고, 이 과정에서 고구려 군대가 낙동강 하류로 진격함에 따라 그 일대를 근거지로 한 금관가야에서 고령 지방의 대가야로 그 연맹의 중심이 이동하였다.

Answer⤵ 25.④ / 1.④ 2.④

3 다음 중 고대국가의 군사조직에 대한 설명으로 옳은 것은?

① 삼국시대에는 지방관이 군사권을 보유하였다.

② 백제는 지방 장관에 군주를 파견하였다.

③ 발해의 지방군은 10위로 조직되어 지역방위를 담당했다.

④ 통일신라는 2군 6위제로 중앙과 지방군을 개편하였다.

 ① 삼국시대에는 모든 말단 행정 단위까지 지방관이 파견되지 못했기 때문에 주요한 지역에 파견된 지방관은 행정뿐만 아니라 군사권까지 부여되었다.

② 지방 장관에 군주를 파견한 곳은 신라로 이는 행정과 군사권을 모두 가진 성격이었지만 이후 총관, 도독으로 그 명칭이 변경되면서 점차 행정적 성격만 가지게 되었다.

③ 통일 이후 신라는 중앙의 9서당과 지방의 10정으로 군사제도를 마련하였다.

④ 발해의 10위는 지방군이 아니라 중앙군이다.

4 백제 사비시대에 일어난 사실로 옳지 않은 것은?

① 국호를 남부여로 바꾸었다.

② 익산에 미륵사를 창건하고 미륵사지 석탑을 건립하였다.

③ 22담로를 설치하여 지방을 통제하였다.

④ 개로왕 때 잃었던 한강 유역을 신라와 연합하여 회복하였다.

 22담로는 지방통제를 위해 무령왕 때 설치한 것이다.

5 신라 중대에 대한 설명으로 옳지 않은 것은?

① 녹읍이 폐지되고 관료전과 정전이 지급되었다.

② 상대등의 권한이 강화되고 6두품이 주요관서의 장관이 되었다.

③ 신문왕대에 9주 5소경의 지방제도를 마련하였다.

④ 귀족세력이 숙청되고 왕권이 강화되었다.

 ② 신라 중대는 무열계 김씨가 왕위에 등장하였는데 이로 이해 이전의 왕들보다 왕권이 강화되었으며 상대등의 권한이 약화되고 집사부의 장인 시중의 권한이 강화되었다.

6 다음 사건을 순서대로 바르게 나열하면?

> ㉠ 6좌평 16관등제 정비 ㉢ 고구려 율령 반포
>
> ㉡ 고구려 평양 천도 ㉣ 동진을 통한 불교 수용

① ㉠ - ㉢ - ㉣ - ㉡ ② ㉠ - ㉣ - ㉢ - ㉡

③ ㉢ - ㉡ - ㉣ - ㉠ ④ ㉢ - ㉣ - ㉡ - ㉠

㉠ 고이왕(260)
㉢ 소수림왕(373)
㉣ 침류왕(384)
㉡ 장수왕(472)

7 발해의 대외관계에 대한 옳은 설명으로만 묶인 것은?

> ㉠ 발해는 당나라의 문화를 받아들였으며 정혜공주의 묘는 전형적인 당나라 양식의 벽돌무덤
> 이다.
> ㉡ 발해는 북으로 돌궐과 통하였고 일본과 친선관계를 맺고자 여러 차례 사신을 파견하
> 였다.
> ㉢ 발해는 당나라에 유학생을 파견하여 빈공과 급제자를 배출하였다.
> ㉣ 발해는 신라와 연합하여 당나라의 공격에 대항하였다.

① ㉠㉢ ② ㉠㉣

③ ㉡㉢ ④ ㉡㉣

㉠ 발해의 문화는 귀족 중심의 예술로서 고구려의 문화를 토대로 당나라의 문화를 흡수하여 부
드러우면서도 웅장하고 건실한 문화를 이루고 있었으며 정혜공주의 묘는 고구려의 전통적 양
식의 돌방무덤이다.
㉣ 발해는 신라와 긴밀한 교섭은 없으나 관계개선을 위한 사신의 왕래 등 친선과 대립이 교차되
는 관계에 있었으며 신라는 당의 요청으로 발해의 남쪽을 공격하다가 실패하였다.

Answer┌→ 3.① 4.③ 5.② 6.① 7.③

8 다음 금석문 중 신라 진흥왕대의 정복사업을 살피는데 도움이 되는 것으로만 묶인 것은?

> ㉠ 임신서기석 　　　　　　　　　㉡ 남산신성비
> ㉢ 단양적성비 　　　　　　　　　㉣ 북한산순수비

① ㉠㉣　　　　　　　　　　　② ㉡㉢
③ ㉡㉣　　　　　　　　　　　④ ㉢㉣

(Tip) ㉠ 신라의 두 화랑이 학문에 전념할 것과 국가에 충성할 것을 맹세한 내용이 새겨져 있는 것으로 552년 또는 612년으로 추정되는 임신년에 만들어진 것이다.
㉡ 경상북도 경주시 남산에서 발견된 신라 때의 비석으로 신라시대에 남산 둘레에 쌓은 성에 대한 내력을 담고 있다.

9 다음은 신문왕의 정책들이다. 이러한 정책을 시행한 목적은?

> • 국학의 설립 　　　　　　　　• 달구벌 천도 시도
> • 문무 관료에게 토지지급 　　　• 9주 5소경 설치
> • 녹읍폐지

① 지방문화의 발달 토대　　　　② 귀족체제의 강화
③ 중앙집권적 전제왕권강화　　　④ 국가재정의 확보

(Tip) 제시된 정책은 신문왕이 귀족세력을 숙청하고 정치세력을 다시 편성하여 중앙집권적 전제왕권을 강화하려는 의도였다.

10 다음 중 삼국통일의 역사적 의의와 관계없는 것은?

① 고구려의 옛 지역을 상실함으로써 활동범위가 좁아졌다.
② 단일 민족으로 통일하는 기반을 조성하였다.
③ 당나라의 내정간섭으로 오늘날의 영토를 확보하였다.
④ 민족문화의 전통을 수립하였다.

(Tip) 신라는 고구려와 백제를 멸망시키고 삼국을 통일하여 단일 민족의 통일국가를 이룩하였으나, 외세와의 연합을 통한 자주성을 약화시켰고, 광대한 고구려의 영토를 잃었다.

11 다음 보기의 제도를 실시한 공통적인 목적으로 가장 적절한 것은?

> ㉠ 진대법 ㉡ 녹읍법
> ㉢ 정전(丁田)의 지급

① 중앙의 지방에 대한 통제 강화 ② 귀족의 경제 기반 확대
③ 농민의 경제 안정 ④ 귀족 중심 관료체제의 운영 강화

 ㉠ 고구려 고국천왕은 진대법을 실시하여 가뭄이나 홍수 등으로 흉년이 들면 백성들에게 곡식을
빌려주었다.
㉡ 통일 이후 신라 신문왕 때 귀족세력을 누르기 위해 녹읍을 폐지하고, 그 대신 관리에게 관료
전을 지급하였다.
㉢ 신라 성덕왕은 왕도사상에 의거하여 일반 백성에게도 정전(丁田)을 지급하여 국가에 조를 바
치게 하였고, 시행해오던 구휼정책을 지속적으로 강화하였다. 이와 같은 제도는 국왕의 권한
을 강화하고 귀족을 견제하고 농민 경제를 안정시키려는 목적에서 시행되었다.

12 다음과 같은 사회현상에 대처하기 위해 고대사회에서 실시한 정책으로 옳은 것은?

> 신라 한기부 여권의 딸 지은은 홀어머니 밑에서 나이 32세가 되도록 시집을 가지 못
> 하고 어머니를 봉양하였다. 집안이 어려워 남의 집 일을 하고 삯을 받아 겨우 먹고 살았
> 다. 나중에는 부잣집 종으로 몸을 팔아 어머니를 봉양하였다. 뒷날 어머니가 내막을 알
> 고는 밥도 먹지 않고 모녀가 대성통곡하였다.
>
> － 삼국사기 －

① 동시전 설치 ② 진대법 실시
③ 민정문서 작성 ④ 향, 부곡 설치

 진대법은 고구려 고국천왕 때 실시한 것으로 궁핍한 농민들에게 곡식을 빌려 주어 노비로 전락
하는 것을 막고자 하였다.

13 다음 삼국의 경제정책에 대한 근거로 옳지 않은 것은?

> 삼국은 전쟁에 필요한 물자를 농민에게 거두고 그들을 군사로 동원하였다. 농민에 대한 과도한 수취는 농민경제의 발전을 억누르고 농민을 토지로부터 이탈시켜 사회체제가 동요하는 계기가 되었다. 이런 이유로 삼국은 가능한 합리적인 방식으로 세금을 부과하였으며, 농민경제를 안정시키기 위해 농업생산력을 높일 수 있는 시책과 구휼정책을 시행하였다.

① 피정복민을 노비로 삼았다.
② 소를 이용한 우경을 장려하였다.
③ 철제 농기구를 일반 농민에게 보급하였다.
④ 노동력의 크기로 호를 나누어 곡물과 포를 징수하였다.

 ① 삼국이 고대국가로 성장하는 과정에서 정복전쟁이 자주 일어났고, 이 과정에서 피정복민을 노비로 삼는 경우가 많았다. 그런데 피정복민들이 다른 나라로 이주하는 경우가 늘어나면서 이들에 대한 대우가 점차 개선되었고 차별도 줄어갔지만 여전히 신분적 차별을 받았고 많은 경제적 부담을 졌다.

14 다음 중 민정문서에 관한 설명으로 옳지 않은 것은?

① 토지크기 인구 나무 등의 재산사항을 기록하였다.
② 국가의 수취 및 재정통제와 관련이 있다.
③ 촌주가 3년 마다 변동상황을 파악하여 기록하였다.
④ 촌주는 중앙에서 파견된 왕경인이다.

 촌주는 지방 토착세력 중에서 임명하였으며 중앙에서 파견하지 않았다.

15 다음 중 삼국시대 농업에 대한 설명으로 옳지 않은 것은?

① 농민은 자영농민이 늘어나면서 자기 소유의 땅을 경작하거나 귀족의 땅을 소작하였다.
② 거름을 주는 기술의 발달로 휴경지가 줄어들었다.
③ 6세기 무렵부터 소를 경작지에 이용하는 우경이 시작되었다.
④ 고리대업이 성행하였으며 고리대를 갚지 못하면 노비로 전락하기도 하였다.

 삼국시대에는 퇴비를 만드는 기술이 발달하지 못하여 1년 또는 그 이상 동안 휴경을 하였다.

16 다음 보기의 내용을 통하여 공통적으로 추론할 수 있는 역사적 사실로 가장 적절한 것은?

> ㉠ 국학의 설치
> ㉡ 독서삼품과의 시행
> ㉢ 도당유학생의 파견

① 유학의 보급
② 당과의 교류 확대
③ 귀족들의 왕권에 대한 견제 강화
④ 풍수지리사상의 유행

 ㉠ **국학의 설치** : 신문왕은 정치운영에 유교이념이 필요하게 되자 국학을 설립하고 박사, 조교를 두어 유학을 가르쳤다. 필수과목은 논어, 효경, 선택과목은 5경(시경, 서경, 역경, 좌전, 예기)와 문선 등이 있었다.

㉡ **독서삼품과의 시행** : 원성왕은 유학 성적에 따라 관리를 임명하자는 원칙을 세워 성적을 3품으로 구별하여 관리를 채용하는 독서삼품과를 시행하였다.

㉢ **도당유학생의 파견** : 신라 때 당나라에서 유학하여 국자감에서 공부하는 숙위학생 중에서 외국인에게 응시기회를 준 빈공과라는 과거에 합격하여 당나라 관리가 되기도 하였는데, 유학의 보급과 학대에 기여를 하였다.

17 골품제도에 대한 설명으로 옳지 않은 것은?

① 4두품은 12관등 대사까지 승진할 수 있었다.
② 관직은 물론 일상생활에서도 제한이 있었다.
③ 신라통일 이후 왕권강화 과정에서 완성되었다.
④ 6두품은 득난이라고도 불리었다.

 골품제도는 법흥왕 때 율령반포와 더불어 각 지방의 부족장들을 그 세력의 크기에 따라 등급을 두어 족장 세력을 통합하여 중앙 귀족에 편입하는 과정에서 성립하였다.

18 다음 중 통일신라의 불교사상에 대한 설명으로 옳지 않은 것은?

① 원효는 종파간의 사상적인 대립을 극복하고 조화시키려 애썼으며, 불교의 대중화에 이바지 하였다.

② 의상은 「화엄일승법계도」를 통해 화엄사상을 정립하였다.

③ 혜초는 인도에 가서 불교를 공부하였으며, 「왕오천축국전」을 저술하였다.

④ 의천은 원효의 화쟁사상을 토대로 하여 불교사상을 통합하려 하였다.

 ④ 의천은 고려전기 국사, 승통, 국청사 제1대 주지 등을 역임한 승려이다.

19 다음 글은 「삼국사기」 고구려본기 산상왕조에서 인용한 것이다. 이와 관련된 고구려의 혼인제도를 고르면?

> 고국천왕이 죽자 왕후 우씨는 죽음을 비밀로 했다. 그녀는 밤에 죽은 왕의 첫째 아우 발기의 집에 찾아갔다. 발기가 사실을 모르고 말했다. "부인이 밤에 다니는 것을 어떻게 예라고 할 수 있겠습니까?" 왕비는 부끄러워하고 곧 왕의 둘째 동생 연우의 집에 갔다. 연우는 왕비를 위해 잔치를 베풀었다. 연우가 고기를 베다가 손가락을 다쳤다. 왕후가 치마끈을 풀어 다친 손가락을 싸주고 돌아가려할 때 "밤이 깊어 두려우니 그대가 왕궁까지 전송해 주시오." 연우가 그 말을 따르니 왕후는 손을 잡고 궁으로 들어갔다. 다음날 왕후가 선왕의 명령이라 사칭하고 연우를 왕으로 세웠다. 왕은 우씨 때문에 왕위에 올랐으므로 다시 장가들지 않고 우씨를 왕후로 삼았다.

① 서옥제   ② 민며느리제

③ 형사취수제   ④ 예서제

(Tip) 제시된 글은 형이 죽은 뒤에 동생이 형수와 결혼하여 함께 사는 혼인제도인 형사취수제를 서술하고 있다.
①과 ④의 서옥제와 예서제는 같은 말로 고구려의 풍습은 맞으나 일종의 데릴사위제로 형사취수제와는 관련이 없다. ② 민며느리제(=예부제)는 옥저에서 있었던 혼인 풍습이다.

20 다음 도표는 신라의 골품과 관등에 관한 것이다. 제시된 도표와 관련된 설명으로 옳지 않은 것은?

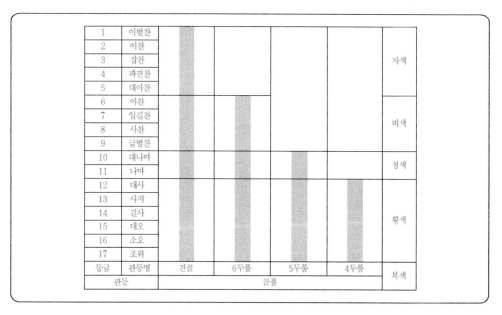

등급	관등명	진골	6두품	5두품	4두품	복색
1	이벌찬					자색
2	이찬					
3	잡찬					
4	파진찬					
5	대아찬					
6	아찬					비색
7	일길찬					
8	사찬					
9	급벌찬					
10	대나마					청색
11	나마					
12	대사					황색
13	사지					
14	길사					
15	대오					
16	소오					
17	조위					
등급	관등명	진골	6두품	5두품	4두품	복색
관등		골품				

① 공복의 색깔은 관등에 의해 결정되었다.

② 진골이 처음 받는 관등은 대아찬이었다.

③ 5두품은 황색과 청색공복을 입을 수 있었다.

④ 골품에 따라 진출할 수 있는 관등에 한계가 있었다.

 진골이 처음 받는 관등이 정해진 것은 아니다.

Answer ⟶ 18.④ 19.③ 20.②

21 다음의 정치 회의를 한 국가에 대한 설명으로 바른 것은?

> 호암사에는 정사암이란 바위가 있다. 나라에서 장차 재상을 뽑을 때에 후보 3~4명의 이름을 써서 상자에 넣고 봉해서 바위 위에 두었다가 얼마 후에 가지고 와서 열어보고 그 이름을 위에 도장이 찍혀있는 사람을 재상으로 삼았다. 이런 이유로 '정사암'이라 하였다.

① 뇌물을 수수한 관리는 3배로 배상하였다.
② 서옥제와 형사취수제가 있다.
③ 책화를 두었다.
④ 골품제를 두었다.

 제시문은 백제의 정사암 제도에 대한 설명이다. ②은 고구려, ③은 동예, ④은 신라에 대한 설명이다.

22 다음은 삼국시대 사회상에 대한 설명이다. 다음 중 옳은 추론은?

> • 모든 국토는 왕토라는 사상이 발전하게 되었다.
> • 농민의 몰락을 막기 위하여 진대법이 실시되었다.
> • 귀족들은 국가로부터 식읍이나 녹읍을 지급받았다.
> • 자영농민들이 노비로 몰락하게 되는 사례가 많았다.
> • 농민들은 조·세·역의 무거운 부담을 졌다.

① 국가의 경제생활은 지배계급을 중심으로 이루어졌다.
② 귀족들에게 지급된 식읍과 녹읍은 세습할 수 없었다.
③ 토지국유제의 원칙이 적용되어 사유지는 존재하지 않았다.
④ 농민들은 모두 자영농민으로 구성되어 있었다.

 ② 식읍과 녹읍은 세습이 가능하였다.
③ 사유지가 존재하였다.
④ 소작농민이 존재하였다.

23 통일신라 말의 사회상황에 대한 설명으로 옳지 않은 것은?

① 귀족들의 농장이 확대됨에 따라 자영농이 몰락하였다.

② 지방의 유력자들을 중심으로 무장조직이 결성되었고, 이들을 아우른 큰 세력가들이 호족으로 등장하였다.

③ 정부는 자연재해가 심한 지역에 조세를 면해주고 굶주리는 농민을 구휼하여 큰 효과를 거두었다.

④ 토지를 상실한 농민들은 소작농이나 유랑민, 화전민이 되었으며, 일부는 노비가 되기도 하였다.

 ③ 정부는 수리시설을 정비하고 자연재해가 심한 지역에 조세를 면해주었으며, 굶주리는 농민을 구휼하였으나 큰 효과를 거두지는 못하였다.

24 다음 글은 최치원의 '난랑비서문'에서 인용한 것이다. 이 글에 포함되어 있는 사상과 관련이 있는 비문을 보기에서 고르면?

> 나라에 현묘(玄妙)한 도가 있으니 풍류(風流)라 한다. 실로 이는 삼교(三敎)를 포함하고 뭇 백성들을 교화한다. 이를테면 들어와서는 집안에서 효를 행하고, 나가서는 나라에 충성함은 노나라 사구(司寇)의 가르침이고, 하였다고 자랑함이 없는 일을 하고 말없는 가르침을 행함은 주나라 주사(柱史)의 뜻이며, 모든 악을 짓지 말고 모든 선을 받들어 행하라 함은 축건태자(竺乾太子)의 교화이다.

| ㉠ 사택지적비 | ㉡ 울진봉평비 |
| ㉢ 임신서기석 | ㉣ 중원고구려비 |

① ㉠㉡   ② ㉠㉢

③ ㉡㉣   ④ ㉢㉣

(Tip) 제시된 난랑비서문을 통해 유교, 불교, 도교 사상을 포함한 풍류를 엿볼 수 있다.
㉠ 백제 의자왕 때 활약했던 사택지적이 남긴 비로 날이 쉽게 가고 돌아오기 어려움을 슬프게 여겨 금으로 법당을, 옥으로 탑을 세운 후 기념으로 세운 것이다. (도교)
㉡ 524년(법흥왕 11)에 세워진 신라의 비석으로 율령을 반포한 내용이 실려 있다.
㉢ 신라의 임신서기석은 화랑도가 3년 이내에 시(詩)·상서(尙書)·예기(禮記) 등을 습득한 후 국가에 충성하겠다는 내용을 담고 있다. (유교)
㉣ 중원고구려비는 장수왕 때 고구려 세력이 남하하여 남한강 상류까지 진출했다는 기록이 있다.

25 다음 신라시대 불교문화 발달에 대한 내용으로 옳게 짝지어진 것은?

> ㉠ 혜초는 인도를 순례한 후 「왕오천축국전」을 남겼다.
> ㉡ 원효는 「화엄일승법계도」를 저술하고 부석사를 건립하였다.
> ㉢ 의상은 화엄사상 뿐 아니라 관음신앙을 이끌며 많은 사찰을 세웠다.
> ㉣ 신라 말기에 교종 승려들은 중국에서 유행한 풍수지리설을 들여왔다.

① ㉠㉡   ② ㉠㉢
③ ㉠㉣   ④ ㉡㉣

 ㉠ 혜초는 인도 구법승으로 육로와 해로가 같이 언급되어 있고, 인도와 중앙아시아의 풍물을 서술한 「왕오천축국전」을 저술하였다.
㉡ 의상과 관련이 있다.
㉢ 의상은 「화엄일승법계도」를 저술하여 모든 존재는 싱호 의존적인 관계에 있으면서 서로 조화를 이루고 있다는 화엄사상을 정립하고, 현세에서 고난을 구제한다는 관음사상을 외치기도 하였다.
㉣ 풍수지리설은 도선이 중국에서 전래한 인문지리적 인식, 예언적인 도참신앙으로 신라 하대에 이르러 선종사상이나 노장사상과 더불어 반신라적 경향을 띠게 되었다.

26 다음 중 삼국시대 각국의 문화적 상호 영향관계에 대한 가장 적절하지 않은 것은?

① 백제는 초기에 고구려의 영향으로 계단식 돌무지무덤을 만들었다.
② 많은 부장품을 남긴 신라의 돌무지 덧널무덤 양식은 고구려로부터 영향을 받은 것이다.
③ 일본의 석상 신궁에 있는 칠지도는 백제 근초고왕이 일본왕에게 선사한 것으로 알려져 있다.
④ 일본 나라시의 다카마쓰 고분에서 고구려 수산리 벽화고분의 영향을 받은 벽화가 발견되었다.

 고구려의 고분은 초기에는 적석분(=돌무지 무덤)에서 후기에는 횡혈식 석실분(=굴식 돌방무덤)형태로 변했다. 횡혈식 석실분(=돌무지 덧널무덤)은 삼국 중 신라에서만 보이는데, 천마총·서봉총·황남대총 등이 이에 속한다. 돌무지 덧널무덤은 나무 덧널을 설치하고 그 위에 댓돌을 쌓은 다음 흙으로 덮었으며, 도굴이 어려워 많은 껴묻거리가 남아있다.

27 신라가 국력의 총화단결을 상징하기 위하여 세운 것은?

① 황룡사 9층탑
② 임신서기석
③ 정림사지 5층 석탑
④ 분황사 모전석탑

① 황룡사 9층탑은 신라 선덕여왕 때 자장의 건의로 건립되어 주변 9개국을 정복하려는 신라인들의 염원이 담긴 상징물이었다.
② 임신서기석은 신라에서 유학을 공부한 사실을 전하고 있다.
③ 정림사지 5층석탑은 백제가 7세기에 지금은 터만 남은 부여 정림사에 세워져 있다.
④ 분황사 모전석탑은 재질은 돌이되 전탑(벽돌탑) 양식으로 쌓은 신라의 석탑이다.

28 신라의 문화 현상에 대한 설명으로 맞지 않는 것은?

① 처용에 관한 일화나 서양인 모습의 무인상, 유리그릇과 같은 유물들은 신라가 바다 건너 서역과 활발히 교류했음을 말해 준다.
② 신라 귀족들은 현실의 희로애락을 솔직히 표현한 토우(土偶)를 만들어 무덤 속에 넣었다.
③ 신라인들은 불국토(佛國土)를 구현하기 위하여, 남산에 수많은 탑과 불상, 마애불을 조각하였다.
④ 삼국 통일 이전, 통일을 염원하는 신라인들은 각 지방에서 대단히 큰 거불(巨佛)형태의 불상을 조성하였다.

고려시대에 석불과 금동불이 주류를 이루나, 대형 철불의 제작이 유행하였는데 인체 비례가 균형을 이루지 못하고, 조형미도 신라에 비해 퇴화하였다.

Answer 25.② 26.② 27.① 28.④

29 다음 중에서 벽화가 있는 것으로만 묶인 것은?

> ㉠ 천마총 ㉡ 강서대묘
> ㉢ 서울 석촌동 고분 ㉣ 발해 정효공주묘

① ㉠㉡ ② ㉠㉡㉢
③ ㉡㉣ ④ ㉡㉢㉣

 벽화가 그려질 수 있는 무덤은 굴식돌방무덤(石室墳)과 같이 석실이 있는 무덤이어야 하며 강서
대묘와 발해의 정효공주묘가 이에 해당한다.
㉠ 신라의 돌무지덧널무덤(積石木槨墳)으로 벽화가 없다.
㉢ 백제 초기무덤 양식인 돌무지무덤(積石塚)으로 벽화가 없다.

30 다음 설명 중 옳은 것을 모두 고르면?

> ㉠ 대승기신론소와 금강삼매경론은 원효의 저서이다.
> ㉡ 의상은 아미타신앙과 함께 관음신앙을 중심으로 하였다.
> ㉢ 자장은 신라의 젊은이들에게 세속오계를 가르쳤다.
> ㉣ 원측은 화엄사상을 기본으로 하는 교단을 형성하였다.

① ㉠㉡ ② ㉠㉣
③ ㉡㉣ ④ ㉢㉣

 ㉢ 신라의 화랑에게 세속오계를 가르친 승려는 원광법사이다.
㉣ 화엄사상을 바탕으로 한 승려는 의상대사이며, 원측은 당에서 유식불교를 연구하여 법상종의
기반을 마련하였다.

1 다음에서 설명하는 정치세력이 집권하고 있을 때의 상황으로 옳은 것은?

> ㉠ 고려후기의 집권세력으로 고관요직을 장악하고 거대한 농장을 소유하였다.
> ㉡ 원의 세력을 배경으로 한 친원파세력이 많았다.
> ㉢ 주로 음서의 혜택을 입어 신분을 세습시켜 나갔다.
> ㉣ 도평의사사를 독점하여 정권을 장악하였다.

① 천민계층의 신분해방운동이 활발하게 전개되었다.
② 관료체제가 정비되고 유교정치가 실시되었다.
③ 북진정책을 기본으로 하여 이민족과의 투쟁을 통하여 영토를 확장시켰다.
④ 토지겸병이 유행하여 국가재정의 파탄을 가져왔으며 민생에 끼치는 폐해가 심하였다.

 제시문은 고려 후기의 지배층인 권문세족이다. 권문세족의 출신성분은 상층에서 하층에 이르기까지 다양하나 대부분 원 간섭기 13세기 말엽 이후의 친원파세력으로 막대한 대농장 소유와 도평의사사(도당)의 권력독점을 통해 고려 후기의 경제 및 정치권력을 독점하였다. 특히 이들의 대농장 점유는 토지 매입 및 개간 불법적인 토지겸병 등을 통해 이루어져 국가재정과 민생에 많은 폐해를 끼쳤다.
① 천민 계층의 대표적인 신분해방운동은 만적의 난(1198)으로 최씨 무신정권기에 발생하였다.
② 관료체제의 정비와 유교 정치는 고려 전기 성종 때 최승로의 '시무28조'에 의해 실시되었다.
③ 북진정책에 따라 고려 태조는 청천강에서 영흥만에 이르기까지 영토를 확장하였다.

2 고려시대의 지방조직에 대한 설명으로 옳지 않은 것은?

① 지방관이 파견된 주현이 속현의 수보다 더 많았다.
② 호장, 부호장 등의 향리가 말단 행정을 담당하였다.
③ 사심관 제도는 국초 민심 안정과 권력층의 회유 목적으로 시작되었다.
④ 예종 때부터 5도에 안찰사가 파견되었다.

 고려시대에는 모든 군현에 지방관이 파견되지 않았다. 지방관이 파견된 현을 주현으로 하고, 그 밑에 수령이 파견되지 않은 몇 개의 속현을 예속시켜 주현의 수령으로 하여금 속현을 관장하게 하였다.

3 다음은 고려시대에 일어난 역사적 사건을 시대순으로 나열한 것이다. ㈎시기에 발생한 역사적 사실에 대한 설명으로 옳은 것을 모두 고르면?

> 이자겸의 난 → ㈎ → 무신정변 → 몽고의 침입 → 위화도 회군

> ㉠ 풍수지리설을 배경으로 서경천도운동이 일어났다.
> ㉡ 최고 집정부인 교정도감이 설치되었다.
> ㉢ 금국정벌론과 칭제건원이 제기되었다.
> ㉣ 고구려계승이념에 대한 이견과 갈등이 일어났다.
> ㉤ 과거제도와 노비안검법이 시행되었다.

① ㉠㉡㉤
② ㉠㉡㉣
③ ㉡㉢㉤
④ ㉢㉣㉤

 이자겸의 난과 무신 정변사이에 일어난 역사적 사건은 묘청의 서경천도 운동이다.
　㉠ 묘청의 서경천도운동은 서경길지설을 바탕으로 일어났다.
　㉡ 교정도감은 최충헌이 무신정변을 통해 권력을 잡은 후 인사 행정 및 기타 권력 유지를 위해 설치한 기관이다.
　㉢ 묘청의 서경천도운동으로 당시 금(여진)의 침입에 대해 금국정벌론과 칭제건원을 주장하였다.
　㉣ 묘청의 서경천도운동 당시 서경파는 고구려 계승이념에 따라 북진정책을 개경파의 김부식은 신라계승의식을 표방하였다.
　㉤ 고려 전기 광종 때 실시된 정책들이다.

4 고려시대의 대외관계에 대한 설명으로 옳은 것은?

① 말갈족의 공격에 대해 서희는 외교담판으로 강동 6주를 회복하였다.
② 동북 9성은 몽고의 침입을 막기 위해 축조되었다.
③ 강감찬은 거란의 2차 침입에서 귀주대첩으로 대승하였다.
④ 윤관은 별무반을 이끌고 여진의 공격을 물리쳤다.

 ① 서희가 소손녕과의 외교담판에서 강동 6주를 확보한 것은 거란의 1차 침입 때였다.
② 동북 9성은 윤관이 여진족의 침입을 막기 위해 축조한 것이다.
③ 강감찬의 귀주대첩은 거란의 3차 침입시이고, 2차 침입 때는 양규가 활약하였다.

5 다음 글의 내용으로 옳은 것은?

> 이 기구는 초기에는 국방문제를 합의하기 위한 합좌 기구성격을 가지고 있었지만 말기에는 국정 전반을 총괄하는 정무기관이 되었으며 재추, 중서문하성의 재신과 중추원의 추밀와 같은 고관들이 참여하였다.

① 왕권을 강화시키는 결정적 역할을 하였다.
② 고려의 독자적인기구였다.
③ 무신정권하에서는 무신들의 최고 회의기구였다.
④ 고려 말 신진사대부의 세력 강화기구였다.

 제시문은 고려시대 도병마사에 관한 설명이다. 도병마사는 식목도감과 더불어 고려의 독자적 성격으로 만들어진 고관합좌기구였으며 고려 후기에는 도평의사사(도당)으로 개편되어 담당 업무가 더욱 확대되어 권문세족의 세력기반 유지에 기여하였다.
① 도병마사 이후 도평의사사의 기능 강화는 오히려 왕권을 약화시켰다.
③ 무신정권의 최고 회의기구는 중방이었고, 최씨 무신정권에서는 교정도감이 있었다.
④ 고려 말 신진사대부는 도평의사사를 혁파하고자 하였다.

6 다음 제도의 공통적인 실시목적은?

> • 노비안검법 　　　　　　• 과거제실시
> • 백관의 공복제정 　　　　• 칭제건원

① 왕권 강화 　　　　　　　② 왕권과 신권의 조화
③ 지방호족 우대 　　　　　④ 권문세족 억압

 제시된 정책들은 모두 광종 때 호족을 숙청하고 왕권을 강화하기 위해 실시한 제도이다. 특히 노비안검법은 불법적으로 노비가 된 양인을 해방시킴으로서 호족의 군사 및 경제적 기반을 약화시키는데 기여하였을 뿐만 아니라 국가재정확충에도 도움이 되었다.

Answer 3.② 4.④ 5.② 6.①

7 최승로의 시무 28조에서 강조하고 있는 내용으로 옳은 것은?

> ㉠ 중앙집권화 ㉡ 유불융합
> ㉢ 연등회, 팔관회개최 ㉣ 유교정치이념
> ㉤ 북진정책추구

① ㉠㉢ ② ㉠㉣

③ ㉡㉢ ④ ㉡㉣

 최승로는 고려 성종 때 '시무28조'를 통해 유교정치이념에 입각한 중앙집권화를 강조하였다. 특히 기존까지 정치·사상적 이념으로 강조되어 오던 불교를 배척하여 성종 때에는 일시적으로 연등회와 팔관회가 폐지되기도 하였다. 최승로의 건의로 지방에 대한 중앙집권화도 추구되었는바 12목의 설치에서 살펴볼 수 있다. 하시만 최승로는 5조 정적평을 통하여 역대 5명의 왕의 업적을 상소하였는바 광종과 같이 왕권의 전제회 추구만큼은 반대하였다.
㉤ 북진정책은 고려 태조의 '훈요10조'에서 강조된 내용이다.

8 다음 주장의 근거로 옳은 것은?

> 11세기 중엽에 경원 이씨 일파가 집권한 후 유학의 학풍은 자주적인 유교정신을 강조하기보다는 집권세력의 안전만을 도모하는 보수적인 성격을 띠게 되었다.

> ㉠ 이자겸의 대외정책 ㉡ 사학 12도
> ㉢ 성리학의 전래 ㉣ 삼국유사의 역사관

① ㉠㉡ ② ㉠㉢

③ ㉡㉣ ④ ㉢㉣

 ㉠ 이자겸은 경원 이씨의 대표적인 인물로 당시 여진(금국)이 침략해 왔을 때 사대관계를 주장했다.
㉡ 고려 중기 최충헌의 문헌공도로 시작하여 성립된 12개의 사립학교이다. 당시 과거시험에서는 좌주·문생 제가 성행하여 사학 12도 출신의 학생들이 합격에 유리한 고지를 점령할 수 있었다. 이를 기반으로 그들은 보수적인 문벌귀족화를 더욱 심화시켰다.
㉢ 성리학은 고려 후기 안향에 의해서 전래되었다.
㉣ 삼국유사는 서문(序文)에서 자주적 역사의식을 밝히고 단군신화를 소개함으로써 민족의식을 높였다.

9 다음에서 설명하고 있는 왕이 실시한 정책으로 옳은 것은?

> 충숙왕의 둘째 아들로서 원나라 노국대장공주를 아내로 맞이하고 원에서 살다가 원의 후원으로 왕위에 올랐으나 고려인의 정체성을 결코 잃지 않았다.

① 정동행성의 이문소를 폐지하였다.
② 수도를 한양으로 옮겼다.
③ 삼군도총제부를 설치하였다.
④ 연구기관인 만권당을 설립하였다.

 제시된 글은 공민왕에 대한 설명이다.
    ② 수도를 한양으로 옮긴 것은 조선 태조 때인 1394년이다.
    ③ 삼군도총제부는 1391년(공양왕 3)에 설치되었다.
    ④ 고려 충선왕 때 원나라 수도 연경에 설치되었다.

10 삼별초에 대한 설명으로 옳은 것은?

① 삼별초의 항쟁은 민중들의 지지를 받지 못하였다.
② 좌별초, 우별초, 주진군으로 이루어졌다.
③ 공적인 임무를 띤 군대로 최씨 정권에 의해 사병화되었다.
④ 배중손은 최씨 정권의 붕괴와 몽고와의 굴욕적인 강화를 맺는 데 반발하였다.

 ① 당시 민중의 지지가 있었기 때문에 장기 항쟁이 가능했다.
    ② 주진군은 고려 양계에 배치된 상비군으로 국방 수비를 담당하였다.
    ④ 배중손은 무신정권의 붕괴와 몽고와의 굴욕적인 강화를 맺는 데 반발하였다.

Answer 7.② 8.① 9.① 10.③

11 다음 중 고려시대 사회제도에 대한 설명으로 가장 적절하지 않은 것은?

① 의창 : 흉년에 빈민을 구제하는 기관이었다.
② 상평창 : 물가조절기관으로 개경과 서경, 12목에 설치되었다.
③ 제위보 : 기금을 마련한 뒤 이자로 빈민을 구제하는 기관이었다.
④ 대비원 : 구료기관으로 개경과 3경에 설치되었다.

 대비원은 서울인 개경에 동·서 대비원을 설치하여 약과 의복을 무료로 지급하였다. 혜민국을 설치하여 무료로 약을 배부하기도 하였다.

12 다음 중 고려시대의 사원경제에 대한 설명으로 옳지 않은 것은?

① 사원은 세속적인 세계에도 큰 세력을 가지고 있었다.
② 토지 겸병과 개간에 의하여 사원전을 확대시켜 농장화하였다.
③ 사원과 승려는 세금을 면제받았고, 군역·부역 등의 면제도 있었다.
④ 국가재정의 기반이 되었다.

 ④ 사원은 국가에서 지급하는 사원전 외에도 장생고와 같은 영리행위로 막대한 토지를 소유하였고, 또한 귀족들이 기증해 오는 토지를 겸병하여 거대한 농장세력으로 확대되어 갔다.

13 다음 중 고려시대 여성의 지위에 대한 설명으로 옳지 않은 것은

① 태어난 순서대로 차례로 호적에 기재하였다.
② 아들이 없을 경우 양자를 들이지 않고 딸이 제사를 모셨다.
③ 유산은 남녀차별 없이 자녀에게 고르게 분배되었다.
④ 재가녀의 소생은 사회적 진출에 많은 제약이 있었다.

 고려시대 여성의 지위는 비교적 높았다. 가정생활이나 경제적인 측면에서는 남성과 거의 동등한 지위를 가졌으며 사회 진출에는 제한이 있었다.
④ 여성의 재가는 자유로웠으며, 그 소생의 사회적 진출에도 제약이 없었다.

14 다음 중 고려시대 교육 기관에 대한 설명으로 옳지 않은 것은?

① 교육기관 설립을 통한 유학교육은 관리 양성이 목적이다.

② 고려 중기에는 최충의 문헌공도를 비롯한 사학 12도가 융성하였다.

③ 예종은 관학을 진흥시키기 위해 7재 양현고 등을 설치하였다.

④ 관학은 국자감과 향교를 구분할 수 있으며, 두 곳 다 유학부와 기술학부로 나뉘어 있었다.

(Tip) ④ 향교의 학식이 이원화되어 있었는지는 알 수 없다.

15 다음 중 고려시대의 관학진흥책에 대한 설명으로 옳지 않은 것은?

① 양현고의 폐단을 없애기 위해 섬학전을 설치하였다.

② 국자감에 서적포를 설치하였다.

③ 9재 학당을 폐지하고 7재를 설치하였다.

④ 국학을 성균관으로 개칭하여 유교 교육의 진흥에 힘썼다.

(Tip) 9재 학당은 고려 시대 최충이 설립한 대표적인 사립학교로서 지방의 향학을 주도하기도 하였다. 이후 문헌공도로 하여 전국에 대표적인 사립학교 11개와 합쳐 사학 12도라 불리고, 고려 말기까지 계속 유지되었다. 국가는 관학진흥책으로 7재와 양현고를 설치하기도 하였다.

16 고려시대의 토지제도에 대한 다음 설명 중 가장 적절하지 않은 것은?

① 과전으로 곡목을 수취할 수 있는 전지와 땔감을 얻을 수 있는 시지를 주었다.

② 5품 이상의 관료에게는 공음전을 지급하였고, 자손에게 세습할 수 있었다.

③ 지방의 각 관청에는 구분전을 지급하고, 사원에는 사원전을 지급하였다.

④ 관리에게 보수로 지급된 과전은 수조권만 가지는 토지였다.

(Tip) ③ 고려시대 관청의 경비를 마련하고자 공해전을, 사원의 경비를 마련하고자 사원전을 지급하였다. 구분전은 자손이 없는 하급관리 및 군인 유가족에게는 구분전을 지급하여 생활대책을 마련해주었다.

Answer ↪ 11.④ 12.④ 13.④ 14.④ 15.③ 16.③

17 고려의 법률 제도에 대한 설명으로 옳은 것은?

① 중국의 당률을 참작한 71개조 법률이 시행되었다.
② 귀양형의 경우 부모상을 당하면 유형지에 도착하기 전에 7일간 휴가를 주기도 하였다.
③ 노부모를 봉양할 가족이 없는 경우 형벌 집행을 미룬다.
④ 반역죄와 강상죄는 중죄로 처벌되었다.

> **Tip** ④ 반역죄와 불효죄는 중죄로 처벌되었다. 반역죄와 강상죄는 조선 초기에 중죄로 처벌되었다.

18 다음 중 고려시대의 경제생활로 옳지 않은 것은?

① 재해시에는 농민들의 조세를 감면해주었다.
② 상공업은 관영 중심체제로 운영되었다.
③ 특수행정구역인 향·부곡은 수공업을 전담하였다.
④ 외역전(外役田)은 향리에게 지급한 토지이다.

> **Tip** 향과 부곡은 주로 농업을 위주로 하였고 소는 자기나 제지 등 주로 수공업을 위주로 하였다.

19 다음 중 고려시대 토지제도에 대한 설명으로 옳지 않은 것은?

① 5품 이상의 관료에게는 공음전을 하사하였다.
② 사망할 경우 토지를 국가에 반납해야 한다.
③ 수조권 및 공납, 부역까지 징발할 수 있는 권리를 주었다.
④ 군인 및 하급관리의 유가족에게 구분전을 주었다.

> **Tip** 고려 시대 토지제도의 근간은 전시과(田柴科)체제이다. 이는 관리에게 토지를 지급할 때 토지에 대한 수조권만을 지급하고 사망할 경우에는 다시 국가에 반납해야 하는 체제이다. 수조권과 공납, 부역까지 징발할 수 있는 권리를 부여한 것은 신라시대의 녹읍이다.

20 고려시대의 토지제도의 변화를 순서대로 나열하면?

> ㉠ 대소공로와 인품을 고려하여 토지를 차등적으로 지급하였다.
> ㉡ 현직 관리를 대상으로 토지를 지급하였다.
> ㉢ 전·현직 관리를 대상으로 관품과 함께 인품을 반영하여 차등 있게 지급하였다.
> ㉣ 전·현직 관리를 대상으로 관직만을 고려하여 차등 있게 지급하였다.

① ㉠ - ㉡ - ㉢ - ㉣
② ㉠ - ㉢ - ㉣ - ㉡
③ ㉢ - ㉠ - ㉡ - ㉣
④ ㉢ - ㉠ - ㉣ - ㉡

> ㉠ **역분전**(태조23년 940) : 후삼국 통일 과정에서 공을 세운 사람들에게 지급한 논공행상적 성격을 지닌 토지제도이다.
> ㉡ **경정전시과**(문종30년 1076) : 현직관리에게만 지급하고, 무신에 대한 차별대우가 시정되었다.
> ㉢ **시정전시과**(경종원년 976) : 관직의 높고 낮음과 함께 인품을 반영하여 역분전의 성격을 벗어나지 못하고 전국적인 규모로 정비되었다.
> ㉣ **개정전시과**(목종원년 998) : 관직만을 고려하여 지급하는 기준안을 마련하였고 지급량이 재조정되었다.

21 다음과 같은 활동을 한 고려시대 승려에 대한 설명으로 가장 적절한 것은?

> 숙종의 후원을 받아 국청사를 중심으로 해동천태종을 창건하여 법상종과 선종의 여러 종파의 대립을 극복하려고 하였다.

① 남중국에 파견되어 천태학을 전했다.
② 풍수지리사상을 정립하여 궁궐과 사찰 건립의 입지 선정에 큰 영향을 미쳤다.
③ 정혜쌍수와 돈오점수를 내세워 교종과 선종의 갈등을 해소하려고 하였다.
④ 송, 요, 일본의 불교서적을 모아 「신편제종교장총록」을 간행하였다.

> 제시된 자료는 고려 중기의 승려인 대각국사 의천의 활동이다.
> ① 의천은 송나라에서 유학하고 돌아온 후 귀족들의 호화로운 불교의식의 폐단을 개선하고자 흥왕사의 주지가 되어 화엄종의 본찰로 삼았다.
> ② 풍수지리사상을 기반으로 서경길지설이 대두되어 북진정책의 이론적 근거가 되었고, 묘청의 서경천도운동으로 나타났다.
> ③ 지눌은 불즉시심, 정혜쌍수, 돈오점수를 주장하여 조계종을 개창하였다.
> ④ 송, 요, 일본으로부터 논·소·초를 수집하여 불서목록인 「신편제총교장총록」을 집대성, 교장도감을 설치하여 속장경을 간행하였다.

Answer → 17.④ 18.③ 19.③ 20.② 21.④

22 고려시대 과학기술에 대한 다음 설명 중 가장 적절하지 않은 것은?

① 고려 초에는 당의 선명력을 사용하였으나, 충선왕 때에는 원의 수시력을 받아들였다.
② 토지측량 기구인 인지의와 규형을 제작하여 토지측량과 지도제작에 활용하였다.
③ 최무선은 중국인 이원에게서 염초 만드는 기술을 배워 화약 제조법을 터득하였다.
④ 태의감에 의학 박사를 두어 의학을 가르치고, 의원을 뽑는 의과를 시행하였다.

 규형은 토지의 고저를 측량하는 기구이며, 인지의는 토지의 원근을 측량하는 기구로, 조선 세종 때 양전사업과 지도 제작에 이용되었다.

23 다음 중 고려시대의 과학 기술에 대한 설명으로 가장 적절한 것은?

① 이암이 원(元)의 「농상집요」를 가져왔는데, 지방관인 강희맹이 간행하여 널리 보급하였다.
② 공민왕 때에 나흥유가 만들어 왕에게 바친 「혼일강리도」는 조선 태종 때 이회 등이 만든 「혼일강리역대국도지도」의 토대가 되었다.
③ 「삼화자향약방」은 조선 초기 「향약구급방」의 편찬에 많은 기여를 하였다.
④ 정천익(鄭天益)은 기후와 풍토가 다른 우리나라에서 목화재배에 성공하고, 중국 승려로부터 씨아와 물레의 기술을 배워 의류혁명에 크게 기여하였다.

 ① 강희맹은 조선 전기의 인물로 「금양잡록」이라는 농업서적을 저술하였다.
② 나흥유는 고려 공민왕 시기의 지리학자로, 「혼일강리도」제작과 직접적인 관련은 없다.
③ 「삼화자향약방」은 고려 후기에 만들어진 의서로 현재는 남아 있지 않은데, 조선 초기에 편찬된 「향약집성방」 간행에 영향을 주었다. 「향약구급방」은 고려 중기에 편찬된 의학서적이다.
④ 문익점이 원나라에서 목화씨를 가져왔지만, 실질적으로 확대 보급시킨 사람은 정천익으로 중국 승려 호원으로부터 씨아와 물레의 기술을 배워 직조하였다.

24 다음에서 설명하는 승려의 활동으로 가장 옳지 않은 것은?

> • 고려 제11대 왕 문종의 넷째 아들로 태어남
> • 송나라에 유학을 가서 화엄학과 천태학을 익힘
> • 출가하여 구족계를 받고 국사로 책봉된 후 입적함
> • 개경에 국청사를 개창하고 해동천태종을 창시함

① 신라 승려 원효의 통합 불교 사상을 계승하고자 했다.
② 「원종문류」, 「석원사림」등 불교서적을 저술하였다.
③ 정혜쌍수의 이론으로 선종과 교종의 교리적 통합을 추구하였다.
④ 송, 요, 일본 등지에서 불교 전적을 수집하여 대장경을 보완하였다.

 ③ 무신집권기 때 보조국사 지눌의 활동이다.

25 고려 불교에 대한 설명으로 옳은 것은?

① 왕건은 승려의 수를 제한하기 위하여 승과를 실시하였다.

② 요세는 백련사를 조직하여 선종을 전파하였다.

③ 혜심은 국청사를 중심으로 해동천태종을 창시하였다.

④ 지눌은 수선사를 중심으로 불교개혁운동을 주도하였다.

① 고려 광종 때 승과제도를 시행하여 합격자에게 품계를 주어 승려의 권위를 높였다.
② 원묘국사 요세는 교종의 입장에서 백련결사를 제창하여 신앙결사운동을 전개하였다.
③ 대각국사 의천은 국청사를 중심으로 해동천태종을 창시하였다. 진각국사 혜심은 지눌의 사상을 이어 유·불사상의 일치설을 주장하였다.

26 다음 중 삼국사기와 삼국유사에 대한 설명으로 옳은 것은?

	삼국사기	삼국유사
①	불교 사상사 관계 자료와 함께 많은 민간 전승과 신화·설화를 수집하였다.	논찬을 따로 두어 주관적 서술을 제한·구별하고 삼국을 '우리'로 서술하는 등의 객관적이고 합리적인 입장을 표명하였다.
②	기전체 서술방식으로 본기, 열전, 지, 연표로 구성되어 다양한 역사체험을 포괄하고 있다.	고승전 체제를 바탕으로 기이편을 앞 부분에 넣고 효선편을 마지막에 붙여서 유사체로 편집하였다.
③	중국측 사료를 더 신뢰하여 민족 시조를 제시했으면서도 체계화에 대한 노력이 부족하였다.	고조선 등의 존재를 알면서도 이를 삭제하고 삼국시대만의 단대사만을 기록하였다.
④	기층민의 생활상에서 드러나는 반귀족적 사회의식도 반영되어 있다.	부족설화, 불교설화 같이 전통적 생활체험이 담긴 공동체의 체험을 유교적 사관에 맞게 고치거나 누락시켰다.

㉠ 삼국사기(김부식) : 대표적인 기전체 사서로 본기·열전·지·연표로 구성되어 있으며 삼국을 '우리'라고 서술하여 객관적·합리적 의식을 나타냈다. 하지만 고조선을 인식하면서도 상고사에 대한 서술을 배제한 점, 개서주의에 입각하여 우리 전통사를 유교사관으로 고치거나 탈락시킨 점은 한계점으로 지적되고 있다.
㉡ 삼국유사(일연) : 고려 후기에 편찬된 사서로 구성은 서문·기이편·효선편으로 되어있다. 서문에서는 자주적 의식 표방, 기이편에서는 불교에 바탕을 둔 신이한 이야기, 효선편은 유교사상을 바탕으로 하고 있다. 하지만 중국 측 사료를 지나치게 신뢰한 것은 그 한계점으로 지적될 수 있다.

Answer → 22.② 23.④ 24.③ 25.④ 26.②

27 다음의 밑줄 친 '그'가 남긴 업적에 해당하는 것은?

> '그'는 선종의 부흥과 신앙결사운동의 새로운 움직임을 주도하였다. 송광사에 머무르고 있던 그는 당시 불교계의 타락을 비판하였다. 불교 수행의 중심을 이루는 두 요소인 참선과 지혜를 아울러 닦아야 한다고 하였다. 그리고 승려 본연의 자세로 돌아가 예불독경과 함께 참선 및 노동에 힘쓰자는 개혁운동을 전개하였다.

① 이론과 실천의 양면을 중시하는 교관겸수(敎觀兼修)를 제창하였다.
② 하나 속에 우주의 만물을 아우른다는 그의 화엄사상은 전제정치를 뒷받침하였다.
③ 선·교 일치의 완성된 철학체계를 이루게 되었다.
④ 일심사상을 토대로 정토종을 창시하였다.

 제시문은 고려 후기 교선통합을 시도하며 조계종을 창시한 보조국사 지눌에 관련된 설명이다.
① 의천
② 의상
④ 원효

28 다음을 바탕으로 고려시대의 사상적 특성을 바르게 지적한 것은?

> • 불교행사인 팔관회가 국가의 후원 아래 행하여졌다.
> • 국자감을 설치하여 유교적 교양을 지닌 관리를 양성하였다.
> • 성종은 최승로의 건의를 받아들여 유교정치사상을 채택하였다.
> • 상장제례는 유교적 규범에 따를 것을 권장하였으나, 대개 토착신앙과 융합된 불교식 전통의식을 따랐다.

① 정부의 유교주의적 정책으로 불교가 위축되었으나 여전히 신봉되었다.
② 외래사상인 불교와 유교에 반발하는 전통적인 민간신앙이 유행하였다.
③ 유교주의적 정치사상과 신앙으로서의 불교와의 사상적 대립이 심하였다.
④ 정치사상은 유교가, 신앙과 풍속은 불교가 담당하면서 유교와 불교가 공존하였다.

Tip 제시된 내용은 고려시대에 정치사상으로서의 유교와 종교로서의 불교가 공존하였음을 보여준다.

29 다음 저서들이 편찬된 시기의 시대적 상황으로 옳은 것은?

> • 제왕운기   • 삼국유사

① 신진사대부의 정권 장악

② 원 간섭기로 몽고풍 유행

③ 묘청의 서경천도운동 실패

④ 여진, 거란에 대비하기 위한 천리장성 축조

 제왕운기 충렬왕 6년(1280)는 이승휴 삼국유사(1282)는 일연이 편찬한 것으로 모두 무신정권 이후 원 간섭기에서 초래된 황폐해진 삶과 이민족의 침입에 대해 자주적 역사의식을 밝혔다는 점이 특징이다. 또한 두 저서 모두 단군을 시조로 여기며 단군신화를 언급한 점에서 민족의식의 반영을 살펴볼 수 있다.

30 다음 불상과 같은 시대에 제작된 유물이 아닌 것은?

> • 광주 춘궁리 철불
> • 연산 개태사지 삼존 석불입상
> • 안동 이천동 석불
> • 부석사 소조 아미타여래좌상

① 개성 불일사 5층 석탑

② 안동 봉정사 극락전

③ 여주 고달사지 원종대사 혜진탑

④ 경주 배리 석불입상

 ④ 경주 배리 석불입상은 은은한 미소를 띠고 있는 신라시대의 불상이다.

Answer ⟶ 27.③ 28.④ 29.② 30.④

04 근세의 정치 · 경제 · 사회 · 문화

1 다음 조선시대에 시행한 시책들의 공통된 목적으로 옳은 것은?

> • 특권층의 범위를 축소하였다.
> • 16세 이상의 장정들에게 호패를 착용하게 하였다.
> • 양안을 작성하고 호적을 정리하였다.
> • 노비변정사업을 실시하였다.

① 유교적 사회질서의 확립
② 향촌자치체제의 강화
③ 국가재정기반의 확대
④ 양천이원제의 신분제도 확립

 제시된 시책들은 세금을 원활히 징수하여 국가의 재정기반을 확고히 하기 위한 것들이다.

2 조선시대 주요 중앙기구 중 각 관부와 장관을 가장 옳게 연결한 것은?

① 의금부 – 판사   ② 사헌부 – 도승지
③ 홍문관 – 도제조   ④ 성균관 – 대제학

 ① 의금부의 장관은 종 1품 관직의 판사이다.
② 사헌부의 장관은 종 2품 대사헌이다.
③ 홍문관의 장관은 대제학이다.
④ 성균관의 장관은 정 2품 지사이다.

3 조선시대 통치체제에 대한 다음 내용 중 옳은 것은 모두 몇 개인가?

> ㉠ 의금부는 왕명 혹은 세 의정(議政)의 결정으로 반역죄인을 심문할 수 있는 기관이었다.
> ㉡ 사헌부는 관원의 비행을 감찰하는 사법기관이고, 사간원은 정책을 비판하는 간쟁기관
> 이었다.
> ㉢ 승문원은 국왕의 명령을 출납하는 비서기관이었다.
> ㉣ 전국의 주민을 국가가 직접 지배하기 위하여 모든 군현에 수령을 파견하였다.
> ㉤ 향촌의 자치를 위하여 각 군현에 유향소를 설치하였다.

① 2개 　　　　　　　　　　　　　② 3개
③ 4개 　　　　　　　　　　　　　④ 5개

 ㉡㉣㉤은 옳은 내용이다.
㉠ 의금부는 왕명에 의해 특별재판을 담당하는 기관이다. 지위 하의 고하나 신분의 귀천을 불문
하고 다스리게 되어 있어 그 치리(治理)의 대상과 범위에는 제한이 없었다.
㉢ 승문원은 국왕의 외교문서를 작성을 담당하였고, 승정원은 국왕의 비서기관이었다.

4 다음 보기에서 왕권의 강화를 위한 기관이나 정책이 아닌 것은?

> ㉠ 상수리제도　　　　　　　　　㉡ 화백회의
> ㉢ 노비안검법　　　　　　　　　㉣ 비변사
> ㉤ 6조 직계제　　　　　　　　　㉥ 승정원

① ㉠㉡ 　　　　　　　　　　　　② ㉠㉣
③ ㉡㉣ 　　　　　　　　　　　　④ ㉤㉥

 ㉡ 화백회의 : 신라 씨족공동회의제에서 발전한 만장일치제 회의제도로서, 진골이상의 귀족과 중
신들이 모여, 국왕 선거를 비롯한 국가의 중대사를 의논·결정하였다(왕권견제).
㉣ 비변사 : 조선 중·후기 의정부를 대신하여 국정 전반을 총괄한 실질적인 최고의 관청이다.
㉠ 상수리제도 : 신라시대 중앙정부가 일종의 볼모를 이용해 지방세력을 통제하던 방식이다(왕권
강화).
㉢ 노비안검법 : 고려 초기 광종 때 양인이었다가 노비가 된 사람을 조사하여 다시 양인이 될 수
있도록 조처한 법이다(왕권강화).
㉤ 6조 직계제 : 의정부의 세력을 약화시켜 왕권을 강화하려는 제도로 6조의 판서가 나라 일을
왕에게 직접 보고하도록 하였다(왕권강화).
㉥ 승정원 : 조선시대 왕명의 출납을 관장하던 관청이다(왕권강화).

Answer 1.③ 2.① 3.② 4.③

5 조선시대 수령의 임무가 아닌 것은?

① 향리의 부정방지   ② 농업장려

③ 교육진흥   ④ 풍속교화

 사림(=재지사족, 향촌지주)은 지방 사회의 풍속교화에 많은 역할을 맡았다.
조선시대 수령의 7사
  ㉠ 성농상(成膿桑) : 농업을 장려할 것
  ㉡ 식간활(息奸猾) : 향리의 부정을 방지할 것
  ㉢ 증호구(增戶口) : 호구를 확보할 것
  ㉣ 균부역(均賦役) : 부역을 균등히 할 것
  ㉤ 간사송(簡詞訟) : 소송을 간결히 할 것
  ㉥ 흥학교(興學校) : 교육을 진흥시킬 것
  ㉦ 수군정(修軍政) : 군정의 만전을 기할 것

6 다음의 내용이 지적하고 있는 정치세력에 대한 설명 중 가장 옳은 것은?

> • 성종의 인재 등용 정책에 편승하여 정계에 진출하였다.
> • 고려 왕실에 절의를 지켜 조선 왕조의 개창에 불참하였다.

① 경학보다는 사장을 중시하였다.

② 성리학보다는 훈고학을 중시하였다.

③ 왕도 정치보다는 패도 정치를 중시하였다.

④ 물질 문화보다는 정신 문화를 중시하였다.

 제시된 내용은 사림파와 관련된 사실이다.
①③ 조선시대 훈구파와 관련된 사실이다.
② 고려시대의 문벌귀족, 권문세족과 관련된 사실이다.

7 조선시대의 과거제도에 대한 설명으로 옳지 않은 것은?

① 식년시는 원칙적으로 5년마다 정기적으로 실시하였다.

② 무과는 초시, 복시, 전시로 치러지며 장원을 뽑지 않았다.

③ 취재를 통해 하급 관리를 등용하기도 하였다.

④ 고려시대와 달리 음서보다 과거를 보다 중시하였다.

 고려시대에는 3년마다 실시하는 식년시가 원칙이었다. 조선시대에는 3년마다 실시하는 식년시와
증광시 · 알성시 등 수시로 진행되었다.

8 다음 보기의 (가), (나)에 들어갈 말에 대한 설명을 가장 옳게 연결한 것은?

> 조선 전기에 실시되던 (가) 체제는 많은 외적의 침입에 효과가 없었다. 이에 16세기 후반에 이르러 (나)체제가 수립되었으나 임진왜란 중에 큰 효과를 거두지 못하자 (가)체제를 복구하였다.

> ㉠ 유사시에 필요한 방어처에 각 지역의 병력을 동원하여 중앙에서 파견되는 장수가 지휘하는 방어체제
> ㉡ 좌군, 우군, 초군으로 구성되어 진에 주둔하여 국경 수비를 전담하는 체제
> ㉢ 위로는 양반부터 아래로는 노비에 이르기까지 편제되어, 평상시에는 생업에 종사하면서 향촌사회를 지키다가 적이 침입해 오면 전투에 동원되는 체제
> ㉣ 지역단위의 방위체제로 각 도에 한 두 개의 병영을 두어 병사가 관할지역 군대를 장악하고, 병영 밑에 몇 개의 거진(巨鎭)을 설치하여 거진(巨鎭)의 수령이 그 지역 군대를 통제하는 체제

① (가) – ㉠, (나) – ㉡
② (가) – ㉠, (나) – ㉣
③ (가) – ㉢, (나) – ㉠
④ (가) – ㉣, (나) – ㉠

 제시된 글은 조선시대의 지역방어체제 변화에 대한 설명으로 (가)는 조선 세조 때 확립된 진관체제, (나)는 조선 중기에 개편된 제승방략체제이다.
㉠ 제승방략체제에 대한 설명이다.
㉡ 고려시대의 변방인 양계에 배치된 주진군이다.
㉢ 조선시대에 조직된 예비군의 성격을 지닌 잡색군이다.
㉣ 진관체제에 대한 설명이다.

9 다음 중 17세기 광해군 때의 국제정세에 대하여 옳게 나타낸 것은?

① 당시 집권세력은 서인정권이었다.
② 청의 원병 요청으로 나선정벌에 나섰다.
③ 조선은 명과 후금 사이에서 중립외교를 하였다.
④ 청의 발달된 문화를 받아들이자는 북학운동이 일어났다.

 ① 광해군 집권기기에는 정인홍 등의 북인이 정권을 장악하였다.
② 효종 때 청의 요청으로 두 차례에 걸쳐 조총부대를 출동시켜 러시아 세력을 격퇴하였다.
③ 광해군은 대내적으로 전쟁의 뒷수습을 위한 정책을 실시하면서, 대외적으로는 명과 후금 사이에서 신중한 중립외교정책을 대처하였다.
④ 효종 사후 북벌론이 쇠퇴하고, 청의 문물을 수용하고자 하는 북학운동이 일어났다.

Answer ➟ 5.④ 6.④ 7.① 8.④ 9.③

10 다음은 17세기에 발생한 사건들이다. 시대 순으로 옳게 나열한 것은?

> ⊙ 병자호란 ⊙ 인조반정
> ⓒ 정묘호란 ② 이괄의 난
> ⊕ 나선 정벌

① ⓒ - ⓒ - ⊙ - ② - ⊕
② ⓒ - ② - ⓒ - ⊙ - ⊕
③ ⓒ - ⊙ - ⓒ - ⊕ - ②
④ ⓒ - ⓒ - ② - ⊙ - ⊕

 ⊙ **병자호란**(1637) : 군신관계를 요구하며 청의 태종은 10만 명의 군대를 동원하여 다시 쳐들어왔다.
ⓒ **인조반정**(1623) : 광해군의 중립외교와 폐모살제사건을 계기로 서인이 주도한 반정으로 인조가 즉위하였다.
ⓒ **정묘호란**(1627) : 후금은 서인정권의 친명배금 정책과 이괄의 난 등을 구실로 황해도 황주까지 침입하였다.
② **이괄의 난**(1624) : 이괄은 인조반정 이후 논공행상에 불만을 품고 평안도 북부에서 난을 일으켰으나 평정되었다.
⊕ **나선정벌**(1654 · 1658) : 효종 때 청의 요청으로 두 차례에 걸쳐 조총부대를 투입하여 러시아 세력을 격퇴하였다.

11 다음은 17세기에 발생한 두 차례의 호란에 관련된 사안이다. 당시 국내외 상황에 관한 설명으로 가장 적절하지 않은 것은?

① 윤집 등 성리학자들은 주화론을, 최명길 등의 양명학자들은 척화주전론을 주장하였다.
② 이괄의 일파는 후금의 조선 침입을 종용하였다.
③ 정묘호란의 결과로 후금은 조선과 형제의 맹약을 맺고, 조공과 국경에서의 관무역을 조건으로 철군하였다.
④ 효종 재임시 '복수설치(復讐雪恥)'라는 정치적 의식이 대두되었다.

 청나라가 군신관계를 요구해 오자 조선 조정에서는 항전불사를 강조한 주전론자(김상헌, 오달재, 홍익한, 윤집 등), 현실과 국가이익을 강조한 주화론자(최명길, 김유, 홍서봉 등)의 양론으로 갈라졌다.

12 다음 자료에서 언급하는 조선중기의 정치세력에 대한 설명으로 옳은 것을 모두 고르면?

> • 현량과를 실시하여 인물 중심으로 관리를 등용하였다.
> • 불교나 도교와 관련된 종교행사를 폐지하고 공납의 폐단을 시정하고자 하였다.
> • 소학교육을 장려하고 향약을 전국적으로 시행하여 성리학적인 윤리와 향촌자치를 강화하고자 하였다.

> ㉠ 조선 초기 문물제도의 정비에 기여하였다.
> ㉡ 3사에서 언론과 문한직을 담당하였다.
> ㉢ 도덕과 의리를 바탕으로 한 왕도정치를 추구하였다.
> ㉣ 관학파의 학풍을 계승하고 중앙집권체제를 강조하였다.

① ㉠㉡   ② ㉠㉣
③ ㉡㉢   ④ ㉢㉣

 Tip 제시문은 조선 중종 때의 조광조가 시행한 정책이다. 그는 왕도주의 유교 정치 실현을 위해 유교 이외의 사상을 철저히 배격하고 당시 집권층이던 훈구세력을 견제하기 위해 사림의 중앙 진출을 유도하였다. 그 일환으로 시행된 것이 현량과와 지방에서의 서원 및 향약의 보급이다. 하지만 급진적 정책으로 인하여 훈구 세력뿐만 아니라 왕에게도 의심을 사게 되어 기묘사화(己卯士禍)를 일으키는 장본인이 되기도 하였다.
㉠㉣ 조선 전기의 지배세력인 훈구파에 관련된 설명이다.

13 조선시대 수공업에 대한 설명으로 옳지 않은 것은?

① 전문 기술자들을 공장안에 등록하고 관청에서 필요한 물품을 만들어 공급하도록 했다.
② 이들이 만든 초과 생산품은 판매가 불가 하였다.
③ 민영 수공업자들은 농기구나 양반의 사치품을 생산하는 일을 맡았다.
④ 16세기 이후 부역제가 해이해지고 상업이 발전하면서 민영 수공업이 발전하게 되었다.

 Tip ② 관영 수공업자들이 만든 초과 생산품은 세금을 내고 판매하였다.

Answer 10.② 11.① 12.③ 13.②

14 다음 사건들을 시간 순으로 옳게 나열한 것은?

> ㉠ 직전제 실시 　　　　　　㉡ 과전법 시행
> ㉢ 녹과전제 실시 　　　　　㉣ 전시과 제도 시행

① ㉠ – ㉡ – ㉢ – ㉣
② ㉣ – ㉡ – ㉢ – ㉠
③ ㉢ – ㉣ – ㉠ – ㉡
④ ㉣ – ㉢ – ㉡ – ㉠

 ㉠ 직전법은 세조 때 시행되었고, ㉡ 과전법은 고려 말 공양왕 때 마련되었고, ㉢ 녹과전제는 고려 원종 때 시행되었고, ㉣ 전시과는 고려 경종 때 시행되었다.

15 다음에서 설명하는 밑줄 친 '이것'은?

> 　　조선시대 16세 이상의 정남에게는 <u>이것</u>의 의무도 있었다. <u>이것</u>은 가호를 기준으로 정남의 수를 고려하여 뽑아서 성, 왕릉, 저수지 등의 공사에 동원하였다. 성종 때에는 경작하는 토지 8결을 기준으로 한 사람씩 동원하고, 1년 중에 동원할 수 있는 날도 6일 이내로 제한하도록 규정을 바꾸었으나, 임의로 징발하는 경우도 많았다.

① 공납 　　　　　　　　② 요역
③ 환곡 　　　　　　　　④ 군역

 제시된 자료는 요역에 대한 설명이다. 요역은 성종 이후 토지의 8결마다 1인을 차출하며, 1년 중 6일 이내로 규정되었으나 실제 임의대로 징발하였다.

16 다음 설명 중 옳지 않은 것은?

> 조선을 건국하면서 조세, 공납, 역의 수취제도를 재정립하여 국가의 재정기반을 확충하고 ⑦ 양반 지배층의 경제기반을 마련하였다. 농업에서는 유교적 민본주의를 바탕으로 ⑥ 농서의 편찬과 보급, 수리시설의 확충 등 안정된 농업조건을 만들기 위한 ⓒ 권농 정책이 추진되었다. ⓔ 상공업은 통제책을 마련하여 안정적으로 국가에서 필요로 하는 물품을 조달할 수 있도록 하였다. 이를 기반으로 점차 농업생산력이 증대되고 상공업 활동이 활발해지면서 지방에서 장시가 출현하였다.

① ⑦ – 과전법을 실시하였다.
② ⑥ – 「농가집성」, 「임원경제지」등이 편찬되었다.
③ ⓒ – 토지개간을 장려하고 농업기술을 개발하였다.
④ ⓔ – 시전을 설치하였으며 관영 수공업이 주를 이루었다.

 「농가집성」은 17세기 중엽에 신속이 저술한 것으로 벼농사 중심의 농법을 소개하고 있으며 「임원경제지」는 19세기에 서유구가 편찬한 농촌 생활에 관한 백과사전으로 모두 조선 후기의 농서이다.

17 다음 (   ) 안에 들어갈 조선의 토지제도에 관한 설명으로 옳은 것은?

> 과전법 → 직전법 → 관수관급제 → (   )

① 전주에 의한 전객의 임의적 수취를 방지하기 위해 마련되었다.
② 관직의 등급에 따라 차등적으로 토지의 수조권을 지급하였다.
③ 현직 관료만을 대상으로 지급된 토지제도이다.
④ 병작반수에 입각하여 토지의 사적 경향이 확대되었다.

 지주전호제는 토지의 사적 경향이 확대되고 있음을 알려주는 증거로서 병작반수에 입각한 토지제도였다. 조선시대에는 관리에게 토지의 수조권을 지급한 것은 관수관급제를 끝으로 녹봉만을 지급하였으며 이후의 토지제도는 지주전호제가 중심이 되었다.
① 관수관급제 ② 과전법 ③ 직전법

18 조선 전기 수공업에 대한 설명 중 옳지 않은 것은?

① 관장들은 매년 일정 기간 동안 책임량을 제조하여 납품하였다.

② 관장들은 공장안에 등록되어 중앙 및 지방의 관청에 소속되었다.

③ 관장은 주로 의류, 활자, 문방구, 무기 그릇 등을 생산하였다.

④ 관장은 관청에서 근무하는 대가로 국가로부터 녹봉을 지급받았다.

 관장제는 국역의 의무로 운영되었으며 근무기간 동안 식비 정도가 지급되었다.

19 다음 자료의 (가)에 대한 설명으로 옳은 것은?

> 「미수기언」에 이르기를 "삼척에 매향안(埋香岸)이 있는데, '충선왕 2년(1310)에 향나무 2백 50그루를 묻었다.'고 하였다. … (중략) … 여기에서 ⎡(가)⎦ 라는 이름이 시작되었는데, 후에 이들이 상여를 메었다."고 하였다. … (중략) … 이들이 모일 때 승려와 속인이 마구 섞여 무리를 이루었다고 하니 ⎡(가)⎦ 의 시초는 불교로부터 이루어진 것이다.
>
> － 「성호사설」 －

> ㉠ 이들은 수선사 결사 운동을 전개하였다.
> ㉡ 향촌의 풍속 교화를 위해 향안을 작성하였다.
> ㉢ 불상·석탑 건립과 같은 불사(佛事)에 주도적으로 참여하였다.
> ㉣ 향음주례를 주관하여 결속을 강화하였다.
> ㉤ 이 조직에서 상여를 메는 사람인 상두꾼이 유래하였다.

① ㉠㉢ ② ㉡㉣

③ ㉢㉣ ④ ㉢㉤

 제시된 자료의 (가)는 향도로 이들은 단순히 매향만을 하는 것이 아니라 대규모로 인력이 동원되는 불상, 석탑을 만들거나 절을 지을 때에 주도적인 역할을 담당하였고, 후기에 이르러 점차 신앙적인 향도에서 자신들의 이익을 위하여 조직되는 향도로 변모되어 마을 노역, 혼례와 상·장례, 민속 신앙과 관련된 마을 제사 등 공동체 생활을 주도하는 농민조직으로 발전하였다.
㉠ 고려 후기 지눌이 주도한 선종 계통의 승려이다.
㉡ 조선시대 사림의 활동이다.
㉣ 조선시대 사림의 활동이다.

20 다음 보기와 관련된 조선시대 조직으로 가장 적절한 것은?

> 경남 사천에서 발견된 사천 매향비는 향나무를 묻고 세운 것으로, 내세의 행운과 국 태민안(國泰民安)을 기원하는 내용을 담고 있다.

① 두레   ② 향약
③ 향도   ④ 동계

   ① **두레**: 삼한 이래로 형성된 전통적인 공동 노동조직이다.
   ② **향약**: 조선시대 양반 중심의 자치규약으로, 조선 중종 때 처음 시행되어 전국적으로 확산되었다.
   ③ **향도**: 불교 신앙의 하나로 위기가 닥쳤을 때를 대비하고, 미륵을 만나 구원받고자 하는 염원에서 향나무를 바닷가에 묻었다가, 이를 통하여 미륵을 만나 구원받고자 하는 염원에서 향나무를 땅에 묻었는데 이러한 활동을 매향이라고 한다. 매향활동을 하는 무리를 향도라 하였고, 시간이 흐를수록 신앙적인 향도에서 자신들의 이익을 위하여 조직되는 향도로 변모되어 마을 노역, 혼례나 상장례 등 공동체 생활을 주도하는 농민조직으로 발전되었다.
   ④ **동계**: 조선시대 지방 사족들만이 참여하는 것으로 시작되어 임진왜란 이후 양반과 평민층이 함께 참여하는 상하 합계의 형태로 전환하였다.

21 다음 중 조선시대에 관한 설명으로 옳은 것은?

> ㉠ 일반 농민에게는 과거에 응시할 수 있는 자격이 주어지지 않았다.
> ㉡ 조선의 기본 신분제는 갑오개혁때까지 양천제였다.
> ㉢ 노비가 평민이 되는 신분상승의 경우가 있었다.
> ㉣ 서얼과 중인은 같은 신분적 대우를 받았다.

① ㉠㉡   ② ㉠㉢
③ ㉡㉢   ④ ㉢㉣

   ㉠ 농민은 양인 신분이기 때문에 과거 응시자격이 있으나 과거 준비에는 많은 시간과 비용이 들었으므로 사실상 과거에 응시하는 것은 어려웠다.
   ㉣ 서얼은 조선 중기 사림 집권이 후 중인보다 더 큰 차별대우를 받아 과거 응시에 많은 제한을 받았다.

22 다음 중 조선시대의 사회제도에 대한 설명으로 옳지 않은 것은?

① 모든 군현에 수령이 파견되어 속현제도가 소멸되었다.
② 불교, 도교, 풍수지리사상은 국가발전에 저해가 되었다.
③ 향리가 가졌던 조세·공물 징수권이 수령에게 넘어갔다.
④ 양인은 법제상 모든 과거시험에 응시할 자격이 부여되었다.

 조선시대에 불교는 국가의 지도이념으로서의 지위는 잃었지만, 신앙의 대상으로 민간 사회에서는 여전히 신봉되었다. 이는 국가와 개인의 안녕과 평화를 기원하는 종교 기능을 가지고 있었고, 민간신앙의 하나로 굳어져 있었기 때문이다.

23 조선시대 노비에 대한 설명으로 가장 옳지 않은 것은?

① 모든 노비는 소유주의 재산으로 매매·양도·상속되었으며 자기의 재산을 축적할 수 없었다.
② 공노비는 독립된 가옥에 살면서 국가에 신공(身貢)을 바치거나, 일정기간 관청에 나가서 무보수로 노동을 제공했다.
③ 솔거노비는 주인이 원하는 모든 노동을 제공하는 대신 기본생계를 보장받았다.
④ 외거노비는 주인과 따로 거주하면서 주인 땅의 일부를 사경지로 받아 그 수확물을 차지하고 그 밖의 주인 땅에서 생산하는 수확물을 주인에게 바쳤다.

 조선 시대의 노비는 매매·양도·상속이 가능한 하나의 재산으로 파악되었고, 납공노비와 외거노비는 재산축적이 가능하였다.

24 다음 중 조선시대 중농정책의 시행과 관련이 깊은 것은?

> ㉠ 개간사업 장려　　　　　　　　㉡ 양전사업 실시
> ㉢ 병작반수제 실시　　　　　　　㉣ 지주전호제 확대

① ㉠㉡　　　　　　　　　　　　② ㉠㉣
③ ㉡㉢　　　　　　　　　　　　④ ㉢㉣

 조선은 중농정책을 펼치면서 토지개간을 장려하고 양전을 실시하였고, 수리시설을 확장하였다. 그리고 「농사직설」, 「금양잡록」등의 농서편찬을 통한 농업기술의 보급에 힘썼다.

25 다음 서사시가 간행되어 보급되던 시기에 만들어진 것은 모두 몇 개인가?

> 불휘 기픈 남ᄀᆞᆫ ᄇᆞᄅᆞ매 아니 뮐씨 곶 됴코 여름 하ᄂᆞ니
> 시미 기픈 므른 ᄀᆞ민래 아니 그츨씨 내히 이런 바ᄅᆞ래 가ᄂᆞ니
>
> —「용비어천가」—

㉠ 칠정산내외편	㉡ 「향약구급방」
㉢ 「농사직설」	㉣ 「상정고금예문」
㉤ 자격루	㉥ 「의방유취」

① 2개 　　　　　　　　　　　② 3개

③ 4개 　　　　　　　　　　　④ 5개

 　제시된 사료는 조선 세종 때 지어진 것이다. ㉠㉢㉤㉥은 조선 전기 세종 때 편찬, 제작되었다.
㉡㉣은 고려 후기에 간행되었다.
　㉠ 세종 때 중국 원나라의 수시력과 아라비아의 회회력을 참고하여 우리 실정에 맞게 7개의 운동하는 천체의 위치를 계산하는 방법을 서술되었다.
　㉡ 고려 고종 때 대장도감에서 간행되었고, 중국 약재 대신 한국산 약재로 충당하기 위해 저술되었다.
　㉢ 세종 때 편찬된 우리나라에서 만들어진 최초의 농서이다. 농부의 실제 경험을 토대로 우리나라 풍토에 맞는 농사기술을 이론적으로 정리하였다.
　㉣ 12세기 인종 때 지은 의례서이며, 세계 최초의 금속활자본이다.
　㉤ 세종 때 시간측정을 위해 제작한 것이다.
　㉥ 세종 때 중국의학을 바탕으로 분류별로 수록한 세계 최초의 의학 백과사전이다.

26 다음 중 조선의 문화 · 예술에 대한 설명으로 가장 적절한 것은?

① 아악의 종류로는 가사, 시조, 가곡 외에 각 지방의 민요와 판소리 등이 있었다.

② 안견은 '몽유도원도'를 통해 우리나라 산천의 아름다움을 사실적으로 그렸다.

③ 궁궐, 관아, 성문, 학교 건축이 발달했던 고려시대와 대조적으로 사원 건축이 발달하였다.

④ 15세기에 고려자기의 비법을 계승한 분청사기가 유행하였으나, 16세기에는 백자가 유행하였다.

 　① 속악(=향악)에 해당하는 설명이다.
　② 현실 세계와 환상적인 이상 세계를 능숙하게 처리하고, 대각선의 운동감을 활용하여 구현한 걸작이다. 문제의 지문은 정선의 진경산수화에 대한 설명이다.
　③ 전체 지문이 틀렸다. 조선 전기에는 궁궐, 관아, 성문 등 궁궐 건축, 조선 중기에는 사립학교인 서원 건축이 발달하였다.

Answer ↪ 22.② 23.① 24.① 25.③ 26.④

27 고려 · 조선시대의 문화와 관련된 설명으로 옳은 것은?

① 국자감 내에 9재학당을 설치하여 귀족 자제들을 전문적으로 육성하였다.
② 의천은 백련사를 중심으로 정토신앙과 염불수행을 강조하며 불교 쇄신운동을 전개하였다.
③ 상감청자는 맑은 비색, 우아한 곡선과 함께 12세기 후반 고려청자의 세련된 미를 보여준다.
④ '몽유도원도'를 그린 안견은 우리나라의 풍경을 사실적으로 나타내는 진경산수화를 개척하였다.

 ① 고려시대 국자감은 국가에서 설치한 관학이고, 최충의 문헌공도 등 9재학당은 개인이 세운 사학이다.
② 무신집권기 보조국사 지눌은 수선사를 중심으로 명리에 집착하는 당시 불교계의 타락상을 비판하며 승려 본연의 자세로 돌아가 독경과 선수행, 노동에 고루 힘쓰자는 불교 쇄신운동을 전개하였다.
④ 조선 후기 정선은 '인왕제색도', '금강전도' 등을 그려 우리나라의 풍경을 사실적으로 나타내는 진경산수화를 개척하였다.

28 조선왕조실록에 관한 설명 중 틀린 것은?

① 역대 제왕의 사적을 편년체로 엮은 것이다.
② 실록 편찬에는 개인문집 등 개인의 기록은 이용하지 않았다.
③ 사실의 서술과 함께 사관의 비판도 수록하였다.
④ 임진왜란 때 불타고 전주 사고본만이 현존하고 있다.

 정조가 세자 시절 때 썼던 일기에 해당되는 「일성록」 등도 실록 편찬에 활용하였다.

29 조선 초기에 과학 기술이 발달하게 된 배경으로 옳지 않은 것은?

① 부국강병이 추구되었다.
② 집권층은 민생 안정에 관심이 컸다.
③ 우주와 자연의 원리를 탐구하는 성리학이 발달하였다.
④ 서역과 중국의 과학기술이 전통 과학기술과 결합되었다.

 ③ 성리학이 우주와 인간의 원리를 연구대상으로 하지만, 그것은 경험적 사실에 기초한 것이 아니라 관념적인 논리체계에 기초하고 있기 때문에 자연과학의 발달과는 관련이 없다.

30 다음은 16세기 조선 사회의 모습을 설명한 것이다. 옳은 것은?

> • 예학과 보학이 발전하였다.
> • 주기론과 주리론의 학문적 논쟁이 치열하였다.
> • 향촌 규약과 농민 조직체가 향약으로 대치되었다.
> • 삼강행실도, 효행록 등을 언해하여 보급하였다

① 사화에서 사림이 승리하여 정권을 장악했다.
② 성리학적 가족·윤리·사회질서가 정착되었다.
③ 성리학 이외의 사상도 수용하였다.
④ 축적된 부를 통해 서민 문화가 발달하였다.

 제시문은 16세기 사림이 집권을 하면서 향촌사회에서의 지배를 확립하고 예학과 보학의 보급을 통해 가부장적 가족질서를 정립하고자 하는 것이다. 안정된 사회 기반과 지배체제를 토대로 이후 사림들은 주기론과 주리론의 해석과 적용 문제를 놓고 학파 중심으로 나뉘어 대립하는 경향을 나타내기도 하는데 이를 통해 성리학적 지배질서를 확립하고자 하는 의도를 엿볼 수 있다.

Answer ➔ 27.③ 28.② 29.③ 30.②

05 근대 태동기의 변화

1 다음의 사실들이 공통적으로 초래한 문제를 해결하기 위한 조선 왕조의 정책으로 적절한 것은?

> • 비변사 기능의 확대와 강화
> • 어영청, 총융청, 수어청 등의 설치
> • 서인정권의 남인세력 탄압

① 서원의 설립을 장려하여 지방교육을 활성화시켰다.
② 사림세력을 정계에 진출시켜 훈구세력을 견제하였다.
③ 붕당 간의 세력균형을 재정립하여 왕권의 안정을 도모하였다.
④ 농병일치제에 입각한 5위제를 용병제에 토대를 둔 5군영 체제로 개편하였다.

 제시된 내용은 붕당정치가 변질되어 일당전제화가 나타난 현상으로 붕당간의 세력균형으로 안정될 수 있었던 왕권이 불안하게 되었다. 이를 해결하기 위해 탕평책을 실시하였다.

2 조선 후기 예송에 대한 설명으로 옳지 않은 것은?

① 갑인예송에서 남인은 조대비가 9개월복의 상복을 입어야 한다고 주장하였다.
② 기해예송은 서인의 주장대로 조대비가 효종을 위해 1년복을 입는 것으로 결정되었다.
③ 기해예송은 효종이 사망하자 조대비가 상복을 3년복으로 입을 것인가, 1년복으로 입을 것인가를 둘러싸고 일어났다.
④ 갑인예송은 효종비가 사망하자 조대비가 상복을 1년복으로 입을 것인가, 9개월복으로 입을 것인가를 둘러싸고 일어났다.

 갑인예송 당시 남인들은 기년복(朞年服: 1년 동안 입는 상복)을 입어야 한다고 주장하였다.
※ **예송논쟁** … 조선의 현종과 숙종 대에 효종과 효종비가 승하하자 인조의 계비이던 자의대비의 복상기간을 어떻게 할 것인가를 두고 남인과 서인이 두 차례에 걸쳐 격렬하게 논쟁을 벌였는데 이를 예송 또는 예송논쟁이라 한다.

3 조선 후기 정치 상황에 대한 설명 중 옳은 것은?

① 인조반정 이후 효종이 즉위하기까지에는 북학사상(北學思想)이 팽배하였다.

② 현종 대에는 두 번에 걸친 예송논쟁이 일어나 서인이 모두 승리하였다.

③ 숙종 대에는 당쟁이 치열해 지면서 환국이 일어났다.

④ 정조 대에는 신해통공을 실시하여 시전상인들의 이권을 강화하였다.

 숙종 때 경신환국, 기사환국, 갑술환국 등이 일어나면서 남인과 서인의 당쟁이 치열하게 전개되었다.

① 인조반정 이후 집권한 서인은 북벌론을 전개하였다. 효종 사후 북학운동이 일어났다.

② 현종 때 1차 예송(=기해예송, 1659)에는 서인의 주장이, 2차 예송(=갑인예송, 1674)에서는 남인의 주장이 받아들여졌다.

④ 정조 때 신해통공을 실시되어 시전상인의 금난전권이 철폐되고, 난전의 자유로운 상업 활동이 어느 정도 보장되었다.

4 다음은 조선 후기 붕당정치와 관련하여 발생한 정치적 사건들이다. 이를 시대 순으로 가장 옳게 나열한 것은?

> ㉠ 기해예송 　　　　　　　 ㉡ 무고의 옥
> ㉢ 경신환국 　　　　　　　 ㉣ 신임사화
> ㉤ 갑술환국

① ㉢ - ㉠ - ㉡ - ㉤ - ㉣ 　　　　② ㉠ - ㉢ - ㉤ - ㉣ - ㉡

③ ㉠ - ㉢ - ㉤ - ㉡ - ㉣ 　　　　④ ㉡ - ㉠ - ㉢ - ㉣ - ㉤

 ㉠ **기해예송**(현종, 1659) : 효종이 상을 당하여 자의대비의 복제가 문제가 된 것으로 서인은 1년설을, 남인은 3년설을 주장하였으며 1년설이 채택되었다.

㉡ **무고의 옥**(숙종, 1701) : 희빈 장씨가 궁녀들과 무당을 시켜 인형 왕후를 모략으로 음해한 사실이 드러나 희빈 장씨와 궁인, 무녀들이 처형되고 장씨 일가가 화를 입었다.

㉢ **경신환국**(숙종, 1680) : 남인의 영수 허적은 어용 장물을 사용한 사건으로 숙종의 불신을 사게 되었다. 이때 서인은 허적의 서자 허견 등의 역모 사건을 따라 고발함에 남인이 대거 축출되고 서인이 중용된 사건이다.

㉣ **신임사화**(경종, 1721) : 숙종 말년 경종 대신 영조를 서둘러 왕세자로 책봉하려던 노론 4대신(김창집 · 이이명 · 이건명 · 조태재 등)이 처형당한 사건이다.

㉤ **갑술환국**(숙종, 1694) : 폐비 민씨가 복위되는 과정에서 이를 저지하던 남인이 실권하고, 이를 주도한 서인이 재집권한 사건이다.

Answer ⇢ 1.④ 2.① 3.③ 4.③

5 다음 비문(碑文)을 세운 조선 후기 왕(王)의 활동에 대한 설명 중 가장 적절하지 않은 것은?

> 두루 하면서 무리 짓지 않는 것이 곧 군자의 공심이고
> 무리 짓고 두루 하지 않는 것은 바로 소인의 사심이다.
> (周而不比 乃君子之公心　比而不周 寔小人之私心)

① 전국적인 지리지와 지도의 편찬을 활발하게 추진하여 「여지도서」, 「동국여지도」 등이 간행되었다.

② 당파의 옳고 그름을 명백히 가리는 적극적인 준론 탕평(峻論 蕩平)정책을 추진하였다.

③ 양역의 군포를 1필로 통일하는 균역법을 시행하였고, 「수성윤음」을 반포하여 수도방어 체제를 개편하였다.

④ 국가의 문물제도를 시의에 맞게 재정비하려는 목적으로 「속대전」, 「속오례의」, 「속병장도설」 등 많은 편찬사업을 이룩하였다.

> **(Tip)** 제시된 사료는 「예기」의 구절 일부로 탕평비에 인용되었다. 영조는 붕당 사이의 균형관계를 조성할 수 있는 힘은 왕권에 있다고 보고 탕평책을 추진하였다.
> ② 영조대의 탕평은 왕실·외척과 결탁한 특권세력의 존재를 용인하는 이른바 완론탕평을 실시하였다. 반면 정조대의 탕평은 특권 정치 세력을 배척하고, 성리학적 질서의 기본 요소인 의리·공론·청요직 등을 활성화하여 실력을 중시하는 준론 탕평을 실시하였다.

6 조선 정치사에 대한 설명 중 가장 적절하지 않은 것은?

① 훈구파의 권력독점에 대항하여 유교적 도덕국가를 수립하려는 사림파의 도전이 16세기 사회를 낳았다.

② 2차 예송논쟁 이후 서인이 남인을 역모로 몰아 숙청하고 정권을 장악한 경신환국으로 붕당정치가 변질되기 시작하였다.

③ 19세기 세도정치는 일부 양반세도가문에 권력을 집중시켜 왕권의 약화를 초래함으로써 개방과 근대화에 능동적으로 대처할 수 없게 하였다.

④ 영조와 정조의 탕평정치 결과 모든 정파가 골고루 등용되어 공평한 권력배분이 이루어졌다.

> **(Tip)** 탕평정치는 근본적인 정치개혁으로 이어지지 못하고, 오히려 당론의 마련이 탕평이라는 이름으로 억제되면서 관료와 당색 내에 무사안일, 공리주의가 만연되어 갔고, 사림정치의 핵심이라 할 수 있는 시비와 의리가 퇴색되어 갔다.

7 다음 조선 영조의 치적 중 가장 적절하지 않은 것은?

① 군역 부담을 줄여주기 위하여 균역법을 시행하였다.

② 「속대전」을 편찬하여 법전 체계를 정리하였다.

③ 친위 부대인 장용영을 설치하여 왕권을 뒷받침하는 군사적인 기반을 갖추었다.

④ 가혹한 형벌을 폐지하고 사형수에 대한 삼심제를 엄격하게 시행하였다.

(Tip) 친위 부대인 장용영은 정조 때 설치하였다.

8 다음 중 정조 때의 개혁정치가 아닌 것은?

① 한양과 화성에 친위부대인 장용영을 설치하였다.

② 영조의 완론 탕평에 비해, 정조는 준론 탕평을 실시하였다.

③ 「동국문헌비고」, 「속대전」, 「대전통편」을 편찬하였다.

④ 신하들을 교육시키는 초계문신제를 실시하였다.

(Tip) 영조는 「동국문헌비고」, 「속병장도설」, 「속오례의」, 「무원록」을 편찬하고, 정조는 「대전통편」, 「동문휘고」, 「규장전운」, 「탁지지」, 「추관지」 등을 편찬하였다.

9 다음 지문과 관련된 내용으로 가장 적절하지 않은 것은?

> … 西爲鴨綠 東爲土門 故於分水嶺上 …
> 서쪽은 압록이 되고, 동쪽은 토문(土門)이 되므로, 분수령 위에 돌을 새겨 기록한다.

① 청 건국 후 조선과 청은 양국의 모호한 경계를 확정하기 위해 1712년 백두산 정계비를 세웠다.

② 우리의 외교권을 빼앗은 일제가 1909년 간도협약을 체결하여 남만주의 철도 부설권을 얻는 대가로 간도를 청의 영토로 인정하였다.

③ 19세기 이후 간도가 우리 민족의 생활 터전으로 바뀌면서 청과의 영유권 분쟁이 발생하였다.

④ 조선의 관리들은 토문(土門)의 해석을 두만강이라고 주장하였다.

(Tip) 제시된 사료는 백두산정계비의 내용이다. 조선은 백두산정계비의 토문강이 송화강 상류로 해석하여 간도가 우리 영토임을 주장하였다.

Answer 5.② 6.④ 7.③ 8.③ 9.④

10 조선 후기 중국, 일본과의 관계에 관한 다음 설명 중 가장 적절하지 않은 것은?

① 임진왜란 이후 조선은 일본과의 외교관계를 단절하여 서로 왕래가 전혀 없었다.

② 만주 지방에 관한 국경 분쟁으로 조선과 청은 정계비를 세워 국경을 확장하였다.

③ 조선은 19세기 말 울릉도에 군을 설치하여 관리를 파견하고 독도까지 관할하게 하였다.

④ 병자호란 이후 조선은 청에 대하여 표면상으로 사대관계를 맺었으나 청에 대한 적개심이 오랫동안 남아 있어서 북벌정책을 추진하기도 하였다.

① 임진왜란 이후 일본은 조선에 사신을 보내어 통교할 것을 요청하였고, 조선은 승려 유정을 일본에 파견하여 조선의 포로를 데려온 뒤 다시 국교를 맺었다.

② 조선은 숙종 때 백두산 정계비를 설치하여 백두산 일대의 경계를 명백히 하고자 하였다 (1712).

③ 1884년 울릉도 개척령에 따라 육지 주민을 이주시키고, 1895년부터 도장을 1898년부터 도감을 중앙에서 파견하였다.

④ 청에 대한 수치를 씻고, 명에 대한 의리를 강조한 묵벌론이 내두되었다.

11 다음에서 설명하는 직책으로 인하여 발생한 사실은?

> 무릇 내외의 관원을 선발하는 것은 3공에게 있지 않고 오로지 이조에 속하였다. 또한 이조의 권한이 무거워질 것을 염려하여 3사 관원의 선발은 판서에게 돌리지 않고 낭관에게 오로지 맡겼다. … (중략) … 3공과 6경의 벼슬이 비록 높고 크나 조금이라도 마음에 차지 않는 일이 있으면 전랑이 3사의 신하들로 하여금 논박하게 하였다. … (중략) … 이 때문에 전랑의 권한이 3공과 견줄만 하였다.
>
> ―택리지―

① 사림세력을 동인과 서인으로 분화시키는 계기를 제공하였다.

② 이로 인하여 서인과 남인간의 예송논쟁이 활발히 전개되었다.

③ 서인세력이 노론과 소론 세력으로 나뉘는 계기가 되었다.

④ 서인과 남인에게 인조반정의 원인을 제공해주기도 하였다.

제시문은 이조전랑직에 대한 것으로 이조전랑은 비록 품계는 낮지만 후임 관리를 추천할 수 있는 권리를 가지고 있고 이후 중요한 요직에 가기 위한 필수직으로 인식되었기 때문에 이 직책을 차지하고자 기존의 사림 세력이 동인과 서인으로 분파되는 계기가 되었다.

② 서인과 남인의 예송논쟁은 효종과 효종비의 복식문제 때문에 발생한 것이다.

③ 서인이 노론과 소론으로 나뉘어진 것은 남인세력의 처벌 문제 때문이다.

④ 서인과 남인의 인조반정의 계기가 된 것은 광해군의 폐모살제(廢母殺弟)와 북인정권 때문이다.

12 다음과 같이 주장한 세력에 대한 설명으로 옳은 것은?

> 화의로 백성과 나라를 망치기가 … (중략) … 오늘날과 같이 심한 적이 없습니다. 중국(명)은 우리나라에 있어서 곧 부모요, 오랑캐(청)는 우리나라에 있어서 곧 부모의 원수입니다. 신하된 자로서 부모의 원수와 형제가 되어서 부모를 저버리겠습니까?
>
> ─인조실록─

① 광해군 때 권력을 장악하였다.
② 인조반정을 계기로 집권하였다.
③ 주로 향촌에서 영향력을 행사하였다.
④ 정여립의 모반사건을 계기로 남인과 북인으로 나뉘었다.

 제시문은 윤집의 상소문으로 대의명분을 강조하고 친명배금정책을 추진한 서인 정권의 입장이다.
① 북인에 대한 설명이다.
④ 정여립 모반사건으로 동인의 세력이 약화되었으며 정철의 건저의 사건으로 남인과 북인으로 나뉘게 되었다.

13 다음과 같은 제도가 시행된 배경으로 가장 적절한 것은?

> 광해군 즉위년에 이원익 등의 주장에 따라 경기도에서 처음 시행하였다. 그 후 실시 지역이 확대되어 숙종 34년에는 평안도와 함경도를 제외한 전국에서 실시되었다. 이를 관할하는 관청으로 선혜청을 두었다.

① 제 고장에서 나지 않는 물건을 공물로 내게 하거나, 서리가 상인과 결탁하여 공납물을 미리 국가에 바치고 그 값을 비싸게 책정하여 농민에게 받아냈다.
② 사족이 군역을 회피하는 풍조가 생기고, 요역을 담당할 장정들이 크게 줄어들자 군인을 요역에 동원하게 되었다.
③ 보인(保人)으로부터 조역가를 받아내서 이를 삯전으로 내고, 품을 사서 자신의 역을 대신 지게 하는 대립(代立)이 성립되었다.
④ 춘궁기에 빈민에게 식량을 빌려주고 원곡만을 회수하는 의창제를 대신하여 상평창제가 실시되면서 원곡의 10%를 이자로 받았다.

 문제에서 제시된 자료는 대동법과 관련된 내용이다. ②③은 군역의 폐단을, ④는 환곡의 문제점을 지적한 것이다.

14 다음 중 조선 후기 조세제도에 대한 설명으로 가장 적절하지 않은 것은?

① 대동법은 집집마다 부과하여 토산물을 징수하던 공물 납부 방식을 토지의 결수에 따라 쌀, 삼베나 무명, 동전 등으로 납부하게 하는 제도였다.

② 대동법은 경기도에 시험적으로 시행되고 이어서 점차 전국으로 확대되었다.

③ 인조 대에 풍년이나 흉년에 따라 전세를 조절하는 영정법을 시행하였다.

④ 균역법의 시행으로 감소된 재정은 지주에게 결작이라 하여 토지 1결당 미곡 2두를 부담시켰다.

 영정법은 풍흉에 관계없이 1결당 4두로 고정시켜 징수하는 것으로 인조(1635) 때에 시행되었다.

15 다음 보기는 조선 후기 공납제의 개편에 관한 내용이다. 밑줄 친 내용의 해석이 가장 적절하지 않은 것은?

> 대동법이란 민호에게 토산물을 부과·징수하던 공납을 농토의 결수에 따라 ㉠ 미곡, 포목, 전화(錢貨)로 납부하게 하는 제도였다. 이 제도는 우선 경기도에 시험 삼아 실시된 이후 점차 확대되어 ㉡ 전국으로 실시되는데 100년이라는 기간이 소요되었다. 정부는 수납한 미곡, 포목, 전화를 ㉢ 공인(貢人)에게 지급하여 필요한 물품을 구입하려 썼다. 농민들은 1결당 미곡 12두를 내었으나 시일이 지나면서 왕실에 상납하는 ㉣ 진상이나 별공은 여전히 부담하였고, 상납미의 비율은 점차 증가하였다.

① ㉠ : 상품화폐경제의 발달
② ㉡ : 지주들의 반발 초래
③ ㉢ : 수공업과 상업의 쇠퇴
④ ㉣ : 농민들의 현물징수 잔존

 대동법 실시 이후 공인이 시장에서 많은 물품을 구입하였으므로 상품 수요가 증가하였고, 농민들도 대동세를 내기 위하여 토산물을 시장에 내다 팔아 상품 수요가 증가하였다. 이로 인해 상품화폐경제가 한층 발전하였다.

16 조선 후기에는 상품·화폐경제가 발달하면서 사회적으로 큰 변동이 일어났는데, 그 변동을 설명한 것으로 옳지 않은 것은?

① 양반호가 증가하고 상민호가 줄어들어 삼정이 문란해졌다.

② 광범위한 신분상승 운동으로 양반의 수가 증가하였고, 구향과 신향 사이에 향전이 일어나기도 하였다.

③ 당쟁과 평민·천민층의 성장으로 양반층의 분화가 일어났으며, 재지 사족들은 신분적 특권을 지키기 위해 동족부락을 형성하였다.

④ 상업적 농업으로 부를 축적하는 부농경영이 발전하면서 농업에서 쫓겨난 몰락 농민이 증가함으로 인해 노비호가 증가하였다.

 ④ 이앙법의 발달과 광작의 보급은 경영형 부농의 증가와 동시에 농민층의 계층분화를 확대시켰다. 농촌에서 떠난 농민들은 도시로 나가 상공업에 종사하거나 임노동자가 되었고 노비가 되는 경우도 있었지만 이로 인해 노비호가 증가한 것은 아니고 노비는 지속적으로 감소되었다.

17 조선 후기 균역법의 실시로 나타난 변화와 거리가 먼 것은?

① 궁방과 아문은 어세, 선세 및 염세를 균역청에 양도하였다.

② 지주들은 토지 1결당 미곡 2두씩 부담하였다.

③ 농민들의 군포 부담은 1년에 2필에서 1필로 줄어들었다.

④ 족징 및 인징 등 군역을 둘러싼 폐단이 완전히 사라졌다.

 균역법 시행으로 나타난 결작이 소작농민의 부담으로 전가되고, 정부의 장정 수 책정이 급격히 많아짐으로써 농민의 부담은 다시 가중되는 폐단을 초래하고, 군액 수가 늘어나자 다시 족징·인징 등의 폐단이 늘어났다.

18 다음과 같은 학문을 신봉하였던 학자들이 조선시대에 수행한 역할은?

> • 지행합일(知行合一)의 실천성을 중시하여 알았다고 하여도 행하지 아니하였다고 하면 그 앎은 진정한 앎이 아니니, 앎이 있다면 곧 행함이 있어야 한다고 주장하였다.
> • 경기도 중심의 재야 소론계열 학자와 불우한 종친 출신의 학자들이 주로 연구하였다. 16세기 말부터 관심을 가진 사람이 있었는데, 17세기에는 보다 많은 사람들이 관심을 가졌다.

① 서원과 향약을 통해 향촌사회를 이끌었다.
② 청의 발달된 문물을 도입하는 데 힘썼다.
③ 성리학의 폐단을 비판, 극복하려 하였다.
④ 상공업의 진흥과 기술문화의 혁신에 앞장섰다.

(Tip) 제시된 내용은 성리학에 반대하여 발생한 양명학에 대한 설명이다.

19 다음 보기의 시기와 관련된 사회 상황에 대한 설명으로 가장 적절하지 않은 것은?

> 근래 아전의 풍속이 나날이 변하여 하찮은 아전이 길에서 양반을 만나도 절을 하지 않으려 한다. 아전의 아들, 손자로서 아전의 역을 맡지 않은 자가 고을 안의 양반을 대할 때 맞먹듯이 너, 나 하며 자(字)를 부르고 예의를 차리지 않는다.
>
> 「목민심서」

① 전란으로 재정적 타격을 받은 정부가 납속책을 실시하고 공명첩을 발급함으로써, 서얼은 이를 이용하여 관직에 나아갈 수 있게 되었다.
② 양반은 촌락 단위보다는 군현 단위의 동약을 실시하였다.
③ 부농층은 종래의 재지 사족(在地士族)이 담당하던 정부의 부세제도에 적극 참여하였다.
④ 아버지가 노비라도 어머니가 양인이면 자식을 양민으로 삼는 법이 실시되었다.

(Tip) 제시된 자료는 조선 후기 신분제의 동요를 서술한 것이다. 조선 중기 사족들은 동계, 동약을 조직하여 촌락민에 대한 지배력을 신분적, 사회·경제적으로 강화하고자 하였다.

20 다음은 향촌사회의 변화와 수령에 관한 내용이다. 이를 통해 알 수 있는 것은?

> • 신향과 구향 간의 갈등이 점차 심화되었다.
> • 수령은 향리를 통해 더 많은 조세 수취를 하였다.

① 이전 시기보다 수령의 권한이 더욱 강화되었다.

② 수령과 향리는 중앙 관직으로 진출하고자 하였다.

③ 기존 재지 양반사족은 수령과 결탁하여 지위를 공고히 했다.

④ 대다수의 신향은 수령에 대항하며 농민 반란을 주도하였다.

 ① 조선 말기의 세도 정치하에서는 관직 매매가 성행하였고 그에 따라 수령직의 매매도 성행하였다. 따라서 수령직에 오른 이들은 더 많은 이익을 챙기기 위해 향리와 향임으로 하여금 더 많은 조세 수취를 하였으며 부농층으로 새로운 향촌지배세력이 된 신향세력은 이전의 재지사족 출신인 구향들을 몰아내고 수령과 결탁하여 그 지위를 보장받았다. 결과적으로 이전시기보다 수령의 권한은 기형적으로 강화되었다.
② 수령과 향리는 지방에서의 세력 유지에 집중하였다.
③ 이전의 재지사족은 신향에게 밀려 몰락 양반이 되는 자가 많았다.
④ 신향세력은 수령과 결탁하여 향회를 주도하고 그 지위를 보장받았다.

21 다음은 조선시대 울산의 호적을 정리한 표이다. 옳지 않은 것은?

(단위 %)

구분	1729년	1765년	1804년	1867년
양반호	26.29	40.98	53.47	65.48
상민호	59.78	57.01	45.61	33.96
노비호	13.93	2.01	0.92	0.56

① 노비종모법이 시행되면서 양인이 증가하였다.

② 양인 간에 활발한 신분이동이 있었다.

③ 부농층이 향촌사회를 주도하였다.

④ 소청운동으로 중인들은 신분이 상승되었다.

 제시된 표를 통하여 조선 후기의 신분 변동을 유추할 수 있다. 납속과 공명첩을 통해 양반이 점차 증가하였으며 상민과 노비는 감소하였다. 이로 인하여 양반의 사회적 권위는 약화되고 신분체계가 흔들리게 되었다.
④ 서얼허통에 이어 중인층도 소청운동을 전개하였으나 실패하였다.

Answer↦ 18.③ 19.② 20.① 21.④

22 다음에서 알 수 있는 조선시대의 사회상은?

> 여자가 시집가는 것이 남자가 장가가는 것보다 일반화되었다.

① 부계와 모계가 함께 영향을 미쳤다.
② 양반들이 외가나 처가가 있는 곳으로 이주하였다.
③ 남자가 여자집에서 생활하였다.
④ 부계중심의 가족제도가 더욱 강화되었다.

 고려 시대에는 남자가 결혼하고 부인의 집에서 일정기간동안 생활하는 남귀여가혼이 일반적이었
으나 조선 중기 이후 17세기 이후 성리학적 의식이 발달하고 부계중심의 가족제도가 확립되면서
결혼 후 남편의 집에서 지내는 친영제가 정착되었다.

23 다음 중 조선 후기 신분제에 대한 설명으로 적절하지 않은 것은?

① 신분과 경제력이 일치하였다.
② 양반 사회의 계층이 분화되었다.
③ 군역을 면하기 위해 서민들은 양반이 되고자 하였다.
④ 양반의 수는 증가하고 상민이나 노비의 수가 줄어들었다.

 ① 양반 중에서도 계층 분화를 통해 잔반이 된 경우에는 경제적으로 평민과 유사하였으며 평민
층에서도 경영형부농이나 서민지주 등이 등장하여 신분과 경제력은 일치하지 않았다.

24 다음 이론을 계승한 학파로 옳은 것은?

> • 심즉리(心卽理) : 인간의 마음(心)이 곧 이(理)이다.
> • 치양지(致良知) : 인간이 천리인 양지를 실현해 사물을 바로 잡을 수 있다.
> • 지행합일(知行合一) : 앎은 행함을 통해서 성립한다.

① 기호학파   ② 강화학파
③ 영남학파   ④ 성호학파

 제시된 설명은 양명학을 공부한 정제두와 강화학파의 주장이다.
①③ 조선 성리학은 주리론을 주장한 영남학파(퇴계 이황)와 주기론을 주장한 기호학파(율곡 이
이)로 나눈다.
④ 조선 후기 실학사상은 성호학파와 연암학파로 분류한다.

25 조선 후기 농업의 기술과 그 영향에 대한 설명이 옳지 않은 것은?

① 견종법의 보급 - 이랑과 이랑 사이의 간격이 넓어졌다.
② 이앙법의 보급 - 노동력의 절감과 생산량의 증대에 기여하였다.
③ 쟁기 기능의 개선 - 초벌 갈이로서의 가을갈이가 보편화되었다.
④ 수리 관개 시설의 발달 - 밭을 논으로 바꾸는 현상이 활발해졌다.

 ① 조선 후기에 이랑과 이랑사이의 간격이 좁아지고, 깊이갈이로 이랑과 고랑의 높이 차이를 크게 한 것은 소를 이용한 쟁기기능의 개선 때문이다.

26 다음 글을 쓴 사람에 관한 설명 중 가장 옳은 것은?

> 산과 강을 지세 기준으로 구역을 획정하여 경계로 삼고, 그 경계선 안에 포괄되어 있는 지역을 1여로 한다. 여(閭) 셋을 합쳐서 이(里)라 하고 이 다섯을 합쳐서 방(坊)이라 하고 방 다섯을 합쳐서 읍(邑)이라 한다. 1여에는 여장(閭長)을 두며 무릇 1여의 토지는 1여의 인민이 공동으로 경작하도록 하고, 내 땅 네 땅의 구별을 없이 하며 오직 여장의 명령에만 따른다.

① 18년간 유배생활을 하면서 「경세유표」를 썼다.
② 농촌사회의 현실을 스스로 체험하면서 「반계수록」을 썼다.
③ 노동하지 않은 양반유학자를 비판하면서 「열하일기」를 썼다.
④ 토지소유의 상한선을 정하여 겸병 방지를 주장하고 「곽우록」을 썼다.

 제시된 자료는 정약용의 「여유당전서」에 나오는 여전론이다.
②는 반계 유형원이 ③은 연암 박지원이 ④는 성호 이익이 저술한 것들이다.

27 지주의 토지소유 개혁과 농민들의 공동노동을 주요 내용으로 했던 정약용의 토지제도 개혁안은?

① 공전제 ② 한전제
③ 여전제 ④ 대동제

 정약용은 한 마을을 단위로 하여 토지를 공동으로 소유하고 공동으로 경작하여 그 수확량을 노동량에 따라 분배하는 일종의 공동 농장제도인 여전제(閭田制)를 구상하였다. 이는 일하지 않는 자는 먹지도 말라는 의미를 담고 있어 양반들도 일을 해야 한다는 것을 주장하였다.
① **공전제** : 유형원이 주장한 토지제도는 국가에서 경작권을 분배하고 환수할 수 있는 공전제(公田制)로 하여 모든 국민에게 지급해 기본 생활을 보장하려고 하였다.
② **한전제** : 이익은 한전제(限田制) 생활유지를 위해 필요한 토지를 영업전으로 하여, 매매를 금지하고 그 밖의 토지는 매매를 허용하여 점진적인 토지 소유의 평등을 주장하였다.

Answer↱ 22.④ 23.① 24.② 25.① 26.① 27.③

28 다음 중 '토지를 마을 단위로 소유하여 공동 분작한다.'는 내용을 주장한 것은?

① 유형원의 균전론　　　　　　　　② 이익의 한전론

③ 정약용의 여전론　　　　　　　　④ 서유구의 둔전론

 다산 정약용은 한 마을을 단위로 하여 토지를 공동으로 소유하고 공동으로 경작하여 그 수확량
을 노동량에 따라 분배하는 일종의 공동 농장제도인 여전제를 구상하였다.
① 유형원 균전론 : 토지 국유제를 전제로 하여 관리, 선비, 농민 등에 차등을 두어 토지를 재분배하
고자 하였다.
② 이익 한전론 : 일정한 토지를 영업전으로 규정하여 농민의 경작권을 보장하고, 그 밖의 토지는
매매할 수 있게 점진적으로 토지 소유의 평등을 이루고자 하였다.
④ 서유구 둔전론 : 관유지나 환곡 및 잡역 관련비용을 들여 개간, 매입한 토지를 정부나 지방관
이 주체가 되어 둔전을 설치할 것을 주장하였다.

29 다음과 같이 활동한 실학자가 속한 학파의 주장이 아닌 것은?

> 여전제와 경전제를 주장, 전라도 강진에 유배, 「경세유표」를 저술

① 상공업을 중시하고, 청과의 통상을 주장하였다.
② 서울 근교에 거주한 남인이 학파에 많이 가담하였다.
③ 이 학파에 속하는 자가 반계수록을 저술하였다.
④ 지주제의 모순을 해결하기 위하여 토지의 균등한 분배를 주장하였다.

 제시된 자료는 중농학파 실학사상을 집대성한 정약용의 주장과 활동이다.
① 중상학파 실학사상(북학파)의 주장이다.
② 중농학파 실학자는 대체로 남인이, 중상학파 실학자는 노론계열의 서얼 출신들이 많았다.
③ 중농학파 실학자인 반계 유형원은 자신의 호를 딴 문집인 「반계수록」을 저술하였다.
④ 유형원, 이익, 정약용 등 중농학파 실학자들은 토지제도 개편을 통한 농민생활 안정에 관심이
많았다.

30 조선 실학자들의 토지개혁론에 대한 다음 설명 중 가장 적절하지 않은 것은?

① 정약용은 「반계수록」에서 정전론을 주장하였다.
② 이익의 한전론은 영업전 이외의 토지 매매 허용을 주장하였다.
③ 정약용의 여전론은 토지 공동 소유·경작, 수확물 공동 배분을 주장하였다.
④ 유형원의 균전론은 신분에 따른 토지 차등 분배를 주장하였다.

 반계 유형원은 「반계수록」에서 균전론을 주장하여 자영농을 육성하여 농병일치의 군사조직, 사농
일치의 교육제도를 확립하고자 하였다.

근대사회의 전개

1 다음 설명의 밑줄 친 '그'가 집권하여 개혁을 펼치던 시기에 발생한 역사적 사실을 모두 고른 것은?

> 그는 "백성을 해치는 자는 공자가 다시 살아난다 해도 내가 용서하지 않을 것이다."는 단호한 결의로 47개소만 남기고 대부분의 서원을 철폐하였다.

> ㉠ 갑신정변   ㉡ 신미양요
> ㉢ 임술 농민 봉기   ㉣ 제너럴셔먼호 사건
> ㉤ 오페르트 도굴 사건

① ㉠㉡㉤   ② ㉠㉢㉣
③ ㉡㉣㉤   ④ ㉢㉣㉤

 제시된 자료는 서원 철폐를 단행한 흥선대원군(1863~1873)의 개혁조치이다.
㉠ 갑신정변(1884)은 우정국 개국 축하연을 이용하여 김옥균, 박영효, 서재필 등의 급진개화파들이 거사를 일으킨 것으로 3일 만에 실패로 끝나게 되었다.
㉡㉣ 미국 상선 제너럴셔먼호가 평양에서 소각되는 사건(1866.7)을 계기로 로저스 제독이 강화도에 침입해 오자 어재연 등이 광성보에서 미국 군대를 격퇴하는 사건이 신미양요(1871)이다.
㉢ 임술 농민 봉기(1862)는 경상도 단성에서 시작된 진주 민란(백건당의 난)을 계기로 북쪽의 함흥으로부터 남쪽의 제주까지 전국적으로 확산된 것이다.
㉤ 오페르트 도굴 사건(1868)은 2차례에 걸친 통상 요구를 거부당한 독일 상인 오페르트가 충청도 덕산에 있는 남연군의 묘를 도굴하려다 실패한 사건이다.

Answer ⟶ 28.③ 29.① 30.① / 1.③

2 다음 중 흥선대원군이 실시한 정책으로 가장 적절하지 않은 것은?

① 의정부와 삼군부를 통합하고, 비변사의 기능을 확대하였다.

② 폐단이 심했던 환곡제를 개혁하여 사창제를 실시하였다.

③ 종래에 상민(常民)에게만 징수해 온 군포를 양반에게까지 확대·징수하였다.

④ 법치질서를 정비하기 위해 「대전회통(大典會通)」을 간행하였다.

 Tip ① 흥선대원군은 비변사의 기능을 축소하고 1865년 삼군부를 부활하고 의정부의 기능을 강화하였다.

3 다음의 노래가 유행하던 당시의 역사적 사실에 관한 설명 중 가장 적절하지 않은 것은?

> 에-에헤이야 얼널널 거리고 방에 흥애로다
> 을축년 4월 초3일에 경복궁 새 대궐 짓는데 헛방아 찧는 소리다
> 조선의 여덟 도 좋다는 나무는 경복궁 짓노라 다 들어간다
> 도편수란 놈의 거동 보소 먹통 메고 갈팡질팡한다
> 남문 밖에 떡장수들아 한 개를 베어도 큼직큼직 베어라
> 남문 밖에 막걸리 장수야 한 잔을 걸러도 큰 애기 솜씨로 걸러라
> 에- 나 떠난다고 네가 통곡말고 나 다녀올 동안 네가 수절을 하여라
> 에- 인생을 살면 몇 백년 사나 생전 시절에 맘대로 노세
> 남문 열고 바라 둥당 치니 계명 산천에 달이 살짝 밝았네
> 경복궁 역사가 언제나 끝나 그리던 가족을 만나 볼까

① 신미양요   ② 서원정리

③ 삼정개혁   ④ 비변사의 기능 강화

 Tip 제시된 자료는 흥선대원군 집권기(1863~1873)때 불려진 '경복궁 타령'이다. 흥선대원군은 1865년 비변사의 기능을 축소하여 의정부 기능을 강화하였다.

4 다음 보기의 밑줄 친 '이 전쟁'에 대해 서술한 것 중 가장 적절한 것은?

> 침략을 통하여 약탈한 문화재를 본국에 돌려주어야 한다는 움직임이 유네스코를 중심으로 일어나고 있다. 프랑스가 한국에서 <u>이 전쟁</u>을 통하여 약탈해 간 외규장각 고문서가, 영구임대 형식으로 2011년에 한국에 반환된 것도 이러한 움직임의 일환이다.

① 이 전쟁의 결과로 인하여 9명의 프랑스 신부를 처형하는 병인박해(1866)가 일어나게 되었다.

② 이 전쟁 직후 전국 각지에 척화비(斥和碑)를 건립하여 쇄국정책의 의지를 표명하였다.

③ 제너럴셔먼호 소각 사건을 구실로, 프랑스의 극동 함대 사령관 로즈(Rose)제독이 7척의 군함을 이끌고 강화도에 침입하였다.

④ 한성근, 양헌수 부대가 문주산성, 정족산성에서 프랑스군을 격퇴하였다.

 제시된 내용은 1866년 9월 병인양요 때 프랑스에게 약탈된 외규장각 도서에 관한 것이다.
① 병인박해의 결과로 병인양요가 일어나게 되었다.
② 병인양요, 오페르트도굴사건, 신미양요 직후 대원군은 척화비를 세우고, 통상수교거부정책을 더욱 강화하였다.
③ 제너럴셔먼호 소각 사건을 구실로 미국의 로저스 제독이 강화에 침입한 신미양요가 일어나게 되었다.

5   다음의 사건을 주도했던 세력에 대한 설명으로 가장 적절한 것은?

> 청나라에 대한 종속관계를 청산하고 인민 평등권의 내용과 능력에 따른 인재의 등용을 표방하였으며 행정 조직의 개편과 조세제도의 개혁을 모색하였다. 우리나라에서 처음으로 근대국가를 건설하려 하였던 사건으로 큰 의미가 있다. 또한 양반 지주층 일부가 중심이 되어 위로부터의 근대화를 꾀하였다는 점에서 의의가 있다고 하겠다. 그러나 이 사건은 외세의 조선침략을 촉진하는 결과를 가져왔으며, 농민들의 바람인 토지문제의 해결에 적극적이지 않았다는 한계가 있다.

① 영은문(迎恩門)과 모화관(慕華館)을 없앴다.

② 구본신참(舊本新參)의 원칙 아래 개혁정책을 수행하였다.

③ 일제가 날조한 105인 사건으로 인해 와해되었다.

④ 일본에서 차관을 도입하여 국자 재정을 보충하자고 하였다.

 제시된 자료는 급진개화파가 주도한 갑신정변(1884)에 대한 역사적 평가이다.
① 독립협회는 청의 사신을 영접하던 모화관을 수리하여 독립관이라, 옛 영은문을 헐고 그 자리에 독립문을 세워 자주독립의식을 고취하였다.
② 대한제국에서는 갑오·을미개혁의 급진성을 비판하고 점진적인 개량을 추구하여 예전의 제도를 본체로 하고, 새로운 제도를 참작한다는 구본신참을 표방하였다.
③ 신민회는 안명근의 테라우치 암살 미수를 계기로 일제가 날조한 105인 사건(1911)으로 해산되었다.

Answer► 2.① 3.④ 4.④ 5.④

6 조·미수호통상조약에 관한 설명으로 옳지 않은 것은?

① 조선에 대한 종래의 정치적 영향력을 회복하려는 청국의 외교전략의 일환으로 체결되었다.

② 일본은 청을 견제하기 위해 조약체결을 적극적으로 지지하였다.

③ 치외법권과 조차지 설정에 관한 사항이 포함되었다.

④ 최혜국조관이 규정되었다.

 조·미수호통상조약(1882)은 청나라가 러시아와 일본 세력을 견제하고 조선에 대한 종주권을 인정받기 위해 미국과 조선을 알선하여 체결하게 되었다.

7 다음은 강화도 조약 이후 조선과 일본과의 관계를 설명한 것이다. 가장 늦게 일어난 것은?

① 전국의 황무지개간권을 요구하였다.

② 일본 화폐의 유통과 양곡의 무제한 유출을 허용하였다.

③ 공사관 보호를 위한 일본 군대를 주둔할 수 있게 하였다.

④ 지조법 개정, 경찰제 실시를 주장하는 개혁안을 발표하게 하였다.

 ① 러·일전쟁 이후(1904~1905)
② 강화도조약(1876)
③ 제물포조약(1882)
④ 갑신정변(1884)

8 다음 보기와 같은 개혁이 추진될 당시의 정황으로 가장 적절한 것은?

㉠ 단발령 실시	㉡ 태양력 사용
㉢ 우편사무 시작	㉣ 소학교 설립
㉤ '건양' 연호 사용	㉥ 종두법 실시

① 청은 군대를 상주시키고 조선의 내정에 간섭하였다.

② 개화당 요인들이 우정국 개국 축하연 때에 정변을 일으켰다.

③ 일제는 명성황후를 시해한 후 친일내각을 수립하였다.

④ 통감부가 설치되어 조선의 모든 내정에 간섭하였다.

 제시된 내용은 1895년 11월 17일에 추진된 을미개혁(=제3차 갑오·을미개혁)안들이다. 을미개혁은 삼국간섭 이후 친러내각이 성립되자 일본은 조선 침략에 방해가 되는 명성황후를 시해하는 만행을 저지르고, 제4차 김홍집 내각이 성립되어 진행한 것이다.
① 임오군란(1882) ② 갑신정변(1884) ④ 제2차 한일협약(1895)

9 다음은 어느 신문의 창간사이다. 이 신문이 창간될 당시 상황에 대한 설명으로 가장 적절한 것은?

> 우리는 첫째, 편벽되지 아니한 고로 무슨 당에도 상관이 없고, 상하귀천을 달리 대접하지 아니하고, 모두 조선 사람으로만 알고, 조선만을 위하여 공평히 인민에게 말할 터인데, 우리가 서울 백성만 위한 것이 아니라 인민을 위하여 무슨 일이든지 대언하여 주려 함.
>
> 우리는 바른대로만 신문을 할 터인 고로, 정부 관원이라도 잘못하는 이 있으면 우리가 말할 터이요, 탐관오리들을 알면 세상에 그 사람의 행적을 펴일 터이요, 사사로운 백성이라도 무법한 일을 하는 사람을 찾아 신문에 설명할 터임.
>
> 또 한쪽에 영문으로 기록하기는 외국 인민이 조선 사정을 자세히 모른즉, 혹 편벽된 말만 듣고 조선을 잘못 생각할까 보아 실상 사정을 알게 하고자 하여 영문으로 조금 기록함.

① 운요호 사건을 구실로 강압적인 문호 개방을 강요하여 강화도 조약 체결

② 고종은 헤이그에서 열리던 만국평화회의에 이상설, 이준, 이위종을 특사로 파견

③ 별기군에 비해 차별받던 구식군인들이 민겸호 집과 일본공사관을 습격하고 흥선대원군이 재집권

④ 고종이 러시아 공사관으로 거처를 옮김에 따라 김홍집 내각이 무너지고 이범진·이완용 내각이 새로 출범

 제시된 자료는 1896년 4월부터 발행되기 시작한 「독립신문」의 창간사이다.
① 강화도 조약(1876.2) : 일본은 사건을 구실 삼아 강화도조약을 체결하였는데, 최초의 근대적 조약이었으나 불평등한 조약이었다.
② 헤이그 특사 파견(1907) : 제2차 만국평화회의가 열리고 있던 네덜란드 헤이그에 이상설, 이준, 이위종을 특사로 파견하여 을사조약이 무효임을 국제사회에 알리고자 하였다(만국기자협회에서 '한국을 위한 호소(A Plea for Korea)'란 제목으로 연설).
③ 임오군란(1882) : 개화정책이 추진되는 가운데 구식군대는 신식군대인 별기군과의 차별대우에 불만이 폭발하여 하층민과 연합하여 일본 공사관을 습격하고 민씨 세력을 처단하려 하였고, 대원군을 옹립하였다.
④ 아관파천(1896) : 고종이 러시아로 거처를 옮긴 것으로, 이에 김홍집의 친일 내각이 무너지고 박정양·이완용을 중심으로 한 친러정권이 성립되었다.

10 다음 중 독립협회의 활동 및 광무개혁 내용에 관한 설명으로 가장 적절한 것은?

① 독립협회는 1898년에 대구, 평양 등지에 지회를 설립하고, 서울에서는 만민공동회를 열어 개혁운동을 대중적으로 확산시켰다.

② 독립협회는 양전지계사업을 시행하여 농민의 토지소유권을 근대법적으로 인정하고 지주제를 점차 개혁하고자 하였다.

③ 광무정권은 대한국 국제(大韓國國制)를 공포하여 통치권을 국왕에게 집중시키되 중추원을 개편하여 의회적 기능을 갖도록 하였다.

④ 독립협회는 궁극적으로 군주제를 폐지하고 대외적으로 자주성을 갖는 공화제를 실시하고자 하였다.

 ② 대한제국에서 광무개혁을 실시하면서 1898년 양지아문을 설치하고 양전사업을 시행하였다. 근대적 토지 소유권제도라고 할 수 있는 지계를 1901년부터 발급하다 러·일 전쟁이 발발되면서 중단된다.

③ 대한제국은 의회제를 채택하여 중추원을 설립하였지만 이는 어디까지나 지문 기관에 불과하였다.

④ 독립협회에서는 황제와 의정부가 권력을 남용하는 것을 견제하고 개혁을 추진할 수 있는 정치적으로는 입헌 군주제를 주장하였다.

11 대한제국 정부가 시행한 정책으로 옳은 것은?

① 별기군을 폐지하고 5군영을 복구하였다.

② 양전 사업을 시행하고자 양지아문을 설치하였다.

③ 통리기무아문을 설치하여 개화정책을 추진하였다.

④ 화폐 제도를 은본위제로 개혁하고자 신식화폐발행장정을 공포하였다.

 ② 대한 제국 정부는 조세 수입원을 정확히 파악하고 더불어 조세 수입을 증대시키기 위한 목적으로 1898년 양지아문을 설치하여 1899년부터 양전 사업을 실시하였다.

① 흥선대원군 ③ 1880년

④ 제1차 갑오개혁

12 대한제국에 대한 설명으로 가장 옳지 않은 것은?

① 양지아문을 설치하고 양전 사업을 실시하였다.

② 궁내부 내장원에서 관리하던 수입을 탁지아문에서 관장하게 하여 국가재정을 건전하게 운영하였다.

③ 대한국 국제는 황제에게 육해군의 통수권, 입법권, 행정권 등 모든 권한을 집중시켰다.

④ 블라디보스토크와 간도 지방에 해삼위통상사무관과 북변간도관리를 설치하였다.

(Tip) 탁지부에서 궁내부 내장원으로 이관하게 하였다.

13 대한제국이 성립한 후 추진한 광무개혁에 관한 설명으로 잘못된 것은?

① 지계를 발급하여 토지의 소유권제도를 새로이 정비하려 하였다.

② 전제 황권을 견제하기 위한 제도적 장치로 중추원을 설치하였다.

③ 청과의 불평등한 통상장정을 대등하게 수정함으로써 자주적인 외교가 추진되었다.

④ 서울의 친위대를 증강하고 시위대를 창설하였다.

 의회제를 채택하고 중추원을 설립한 것은 사실이지만, 자문기관에 불과하였다.

14 다음과 같은 운동이 일어나게 된 배경으로 가장 옳은 것은?

> 국채 1,300만 원은 우리 대한의 존망에 관계가 있는 것이다. 갚아 버리면 나라가 존재하고 갚지 못하면 나라가 망하는 것은 대세가 반드시 그렇게 이르는 것이다. 현재 국고에서는 이 국채를 갚아 버리기 어려운즉 장차 삼천리 강토는 우리나라와 백성의 것이 아닌 것으로 될 위험이 있다. 토지를 한번 잃어버리면 다시 회복하기 어려운 것이다.
>
> -대한 매일 신보, 1907년 2월 22일-

① 일제는 화폐 정리와 시설 개선 등의 명목을 내세워 우리 정부로 하여금 일본으로부터 거액의 차관을 들여오게 하였다.

② 러시아가 일본의 선례에 따라 석탄고의 설치를 위해 절영도의 조차를 요구하였다.

③ 일제는 우리 정부가 소유하고 있던 막대한 면적의 황무지에 대한 개간권을 일본인에게 넘겨주도록 강요하였다.

④ "조선국은 일본국의 항해자가 자유로이 해안을 측량하도록 허가한다"는 조약을 맺었다.

 제시된 자료는 1907년 대구 기성회가 주도한 국채보상운동 궐기문이다.
② 독립협회는 러시아의 절영도 조차 요구(저탄소 설치 목적), 한러은행 설치, 프랑스의 광산 채굴권 요구 등을 좌절시켰다.
③ 일본은 일본인 이주를 위해 전 국토의 1/4에 해당하는 국가 또는 황실이 소유한 막대한 황무지 개간권을 요구하자 보안회는 일제의 탄압에도 거족적인 반대운동을 전개하였다.
④ 강화도조약 체결의 내용이다.

Answer → 10.① 11.② 12.② 13.② 14.①

15 다음 사건으로 맺은 조약에 대한 설명으로 옳은 것은?

> 1875년 9월 일본 군함의 불법침입으로 조선군과 일본군이 포격전을 벌였다. 조선이 문호개방에 미온적인 태도를 보인다는 이유였다. 이에 일본은 포격전의 책임을 조선측에 씌워 전권대사를 파견하고 무력으로 개항을 강요하였다.

① 일본의 자유로운 연해 측정을 허용하였다.
② 청은 랴오둥 반도와 타이완 등을 일본에 할양하였다.
③ 청과 일본은 조선에 대한 파병권을 동등하게 가졌다.
④ 공사관 경비를 구실로 일본 군대가 주둔하게 되었다.

 제시된 사건은 1875년 운요호사건이다. 이 사건을 계기로 체결된 조약은 강화도 조약이다.
② 시모노세키 조약
③ 톈진 조약
④ 제물포 조약

16 신민회에 관한 다음 설명 중 옳은 것은 모두 몇 개인가?

> ㉠ 「만세보」라는 기관지를 발간하였다.
> ㉡ 데라우치 총독 암살미수사건에 연루되었다.
> ㉢ 안창호, 양기탁, 신채호, 이동녕 등 인사들이 비밀결사로 조직하였다.
> ㉣ 고종의 퇴위반대운동을 전국적으로 전개하였다.
> ㉤ 평양에 대성학교, 정주에 오산학교를 건립하였다.
> ㉥ 해외에 삼원보와 같은 독립운동 기지를 건설하였다.

① 1개   ② 2개
③ 3개   ④ 4개

 ㉠ 「만세보」는 천도교의 기관지이며, 「대한매일신보」에서 신민회의 입장을 반영하였다.
㉣ 대한자강회는 일진회를 비판하고, 고종황제의 양위에 격렬한 반대운동을 주도하였다.

17 일제의 통치 정책 중의 일부이다. 이와 같은 내용을 모두 포괄하는 일제의 식민 통치 방법은?

- 일본식 성명의 강요
- 신사참배의 강요
- 징병 · 징용제도의 실시
- 부녀자의 정신대 징발

① 문화 통치   ② 헌병경찰 통치

③ 민족말살 통치   ④ 병참기지화 정책

 일제는 태평양전쟁 도발 후, 한국의 인적 · 물적 자원의 수탈뿐 아니라 민족문화와 전통을 완전히 말살시키려 하였다. 우민화정책과 병참기지화정책도 민족말살통치의 하나이다.

18 다음 중 개화기 이후의 신문에 대한 설명으로 옳지 않은 것은?

① 황성신문 – 주된 독자층은 유림이었으며, 최초의 국한문혼용지이다.

② 한성순보 – 시민을 계몽하기 위해 쓰여졌으며, 주로 외국 것을 번역해서 소개했다.

③ 독립신문 – 정부의 지원없이 독립협회 회원에 의해 만들어진 순수한 민간지이다.

④ 제국신문 – 부녀자를 대상으로 간행된 한글신문이다.

 한성순보(1883)는 우리나라 최초의 신문으로 한문으로 간행된 관찬신문이다. 개화 세력이 중심이 되어 서양의 문물 소개 및 정부의 정책 등을 기사화했으며 주된 독자층은 한문을 읽을 수 있는 양반층이나 관리층을 대상으로 하였다.

19 다음은 어떤 시기에 실시된 정책과 기본 정신이다. 이 시기에 있었던 것으로 옳은 것은?

- 광무개혁실시   • 대한국국제반포
- 구본신참(舊本新參)

① 입헌군주제 실시   ② 독립협회 창설

③ 반봉건, 반외세적 성격   ④ 실업학교, 기술학교건립

 ① 갑신정변과 독립협회에서 주장하던 근대적 정치제도이다.
② 1896년에 일어난 일이다.
③ 동학농민운동의 성격에 해당한다.

Answer→ 15.①   16.④   17.③   18.②   19.④

20 다음 중 외세의 직접적인 개입으로 실패한 운동에 대한 설명으로 옳은 것을 고르면?

① 반봉건적, 반침략적 근대민족운동의 성격을 띠었다.

② 자주권, 행정·재정·관리 임용, 민권 보장의 내용을 규정한 국정 개혁의 강령을 발표하였다.

③ 민중적 구국운동을 전개하며 외세의 이권 침탈을 배격하였다.

④ 일제의 황무지 개간권 요구에 반대운동을 벌였다.

 외세의 직접적인 개입으로 실패한 것은 동학농민운동이다.
① **동학농민운동(1894)** : 반봉건적, 반침략적 성격의 동학농민운동은 폐정개혁안 12조를 주장하였으나 관군과 일본군과의 우금치전투에서 패하면서 실패하였다.
② **갑오개혁(1894)** : 온건개화파들이 국왕의 명을 받아 교정청을 설치하여 자주적 개혁을 추진하였다. 이는 비록 일본의 강압에 의한 타율적 성격도 있으나 조선인의 개혁의지가 일부 반영된 근대적 개혁이었다.
③ **독립협회(1896)** : 과거의 개혁이 민중의 지지를 얻지 못해 실패한 것을 깨닫고 민중계몽에 힘썼으나 입헌군주제를 반대하던 보수세력이 황국협회를 이용하여 탄압하였으며 결국 해산되었다.
④ **보안회(1904)** : 일제가 황무지개간권을 요구하자 보안회는 이를 저지하기 위해 가두집회를 열고 반대운동을 하여 결국 일본의 요구를 철회시켰다.

21 갑신정변의 14개조 혁신 정강의 내용이 아닌 것으로만 묶인 것은?

> ㉠ 지조법을 개정한다.
> ㉡ 탐관오리 및 횡포한 부호를 엄징한다.
> ㉢ 재정기관을 호조로 일원화한다.
> ㉣ 혜상공국을 폐지한다.
> ㉤ 과부의 재가를 허용한다.
> ㉥ 정부와 원한을 씻고 서정에 협력한다.

① ㉠㉡㉣

② ㉠㉤㉥

③ ㉡㉤㉥

④ ㉢㉣㉥

 ㉡㉤㉥ 동학농민운동 폐정개혁안 12개조에 해당된다.

22 다음의 단체가 추구하였던 정치체제는?

> 1. 외국인에게 의존하지 말고 관민이 동심합력하여 전제 황권을 공고히 할 것
> 2. 광산·철도·석탄·삼림 및 차관·차병(借兵)과 모든 정부와 외국 사이의 조약에는 각부 대신과 중추원 의장이 합동으로 서명 날인하여 시행할 것
> 3. 어떤 세금을 막론하고 전국 재정은 모두 탁지부에서 관장하여 다른 부서나 사회사(私會社)에서는 간섭할 수 없으며 예산·결산을 인민에게 공표할 것
> 4. 어떤 중죄인이라도 자신을 변명할 기회를 주고 난 다음 재판을 통해 판결할 것
> 5. 황제는 칙임관을 임명할 때의 정부에 자문하여 거기서 과반수를 얻은자를 임명할 것
> 6. 장정(章程)을 반드시 지킬 것

① 사회주의 체제   ② 입헌군주정
③ 입헌공화정   ④ 전제군주정

 제시문은 관민공동회의 '헌의6조'이다. 독립협회가 추구한 정치체제는 입헌군주정으로이는 '헌의6조' 가운데 2조에서 잘 반영되어있는데 특히 중추원관제는 독립협회가 추구한 의회식관제이다. 실제로 의회설립운동을 추구하기도 했지만 이후 대한제국의 탄압으로 성공하지 못했다. 입헌공화정은 민주공화주의이며 이를 추구한 개항 이후의 단체는 신민회와 같은 애국계몽운동단체였다.

23 다음은 강화도조약의 주요 내용들이다. 이 조약에 대한 설명으로 옳지 않은 것은?

> • 조선은 자주의 나라이며 일본국과 평등한 권리를 가진다.
> • 일본국 정부는 향후 15개월 후 수시로 사신을 서울에 파견한다.
> • 조선국은 부산 외에 두 곳을 개항하고 일본인의 통상을 허가한다.
> • 조선국은 일본국의 항해자가 자유롭게 해안을 측량하도록 허가한다.

① 일본에 치외법권과 해안 측량권을 인정해 주었다.
② 일본의 강압에 의해 부산·원산·인천을 차례로 개항하였다.
③ 조선은 국내 산업을 보호할 조치를 취하였다.
④ 일본은 조선에 대한 청의 종주권을 부인하였다.

 조선이 국내산업 보호를 위해 취한 조치는 강화도 조약에 없다.

24 다음과 관련된 설명으로 옳은 것은?

> - 탐관오리는 그 죄상을 조사하여 엄징한다.
> - 7종의 천인차별을 개선하고 백정이 쓰는 평량갓은 없앤다.
> - 무명의 잡세는 일체 폐지한다.
> - 왜와 통하는 자는 엄징한다.

① 구식군대의 차별대우로 인하여 발생하였다.
② 근대 국가 건설을 위한 최초의 정치개혁운동이었다.
③ 반봉건적 · 반침략적 민족운동이었다.
④ 민중의 적극적인 정치 참여가 이루어졌다.

 세시문은 동학농민운동의 폐정개혁안 중 일부이다. 동학농민운동은 외세의 배격과 개혁정치를
요구한 아래로부터의 반봉건적 · 반침략적 민족운동이다.
① 임오군란 ② 갑신정변

25 다음과 관련된 설명으로 옳은 것은?

> 지금 우리들의 정신을 새로이하고 충의를 떨칠 때이니 국채 1,300만원은 우리 대한제
> 국의 존망에 직결된 것이라 이것을 갚으면 나라가 존재하고 갚지 못하면 나라가 망할
> 것은 필연적인 사실이나 지금 국고는 도저히 상환할 능력이 없으며 만일 나라에서 갚는
> 다면 그때는 이미 3,000리 강토가 내 나라, 내 민족의 소유가 못 될 것이다.

① 국가에서 주도하였다.
② 상민 지식층에서 시작해 전국적으로 확대되었다.
③ 신간회의 주도로 시행되었다.
④ 대한매일신보는 부정적 입장을 취하였다.

 제시문은 1907년에서 1908년에 전개된 국채보상운동의 취지문이다. 일본에서 제공한 차관을 갚
아 경제적인 예속을 피하고자 서상돈의 발의로 김광제 등이 국채보상기성회를 조직하여 전국적
으로 확대되었다. 전 국민의 호응으로 많은 돈을 모았으나 일제의 방해로 실패하였다.

07 민족독립운동의 전개

1 일제강점기의 일본의 통치제도에 대한 설명으로 가장 적절한 것은?

① 3 · 1운동은 일본의 통치 방법을 바꾸는 결정적인 계기가 되었다.

② 1910년 일본은 우리 민족을 회유하기 위하여 문화통치를 펼쳤다.

③ 1920년대 실시된 회사령은 우리 민족의 기업 설립을 방해하였다.

④ 1930년대 이후 전쟁이 시작되면서 보통경찰제가 헌병경찰제로 바뀌었다.

 ② 1910년대는 헌병경찰제(=무단통치)를 펼쳤으며, 3 · 1운동 이후 1920년대에 보통경찰제로(=문화정치)로 전환되었다.

　③ 1910년에 회사령을 공포하여 한국인의 회사 설립을 억제하고, 한국 민족 자본의 성장을 억압하였으며, 1920년대에는 회사령을 신고제로 전환하여 일본 기업의 진출을 용이하게 하였지만, 한국인의 회사가 설립될 수 있었다.

　④ 1931년 만주사변과, 1937년 중 · 일전쟁을 도발하여 대륙침략을 감행하면서 한반도를 병참기지로 삼고 민족말살정책을 추진하였다.

2 다음 중 3 · 1운동의 대내외적 배경에 대한 설명으로 가장 적절하지 않은 것은?

① 1910년대 일제의 경제적 약탈과 사회적 · 정치적 억압으로 인해 일제에 대한 분노와 저항은 전 민족적으로 고조되었다.

② 1917년 러시아 혁명 직후 레닌은 자국 내 100여 개 이상의 소수민족에 대해 민족자결의 원칙을 선언하였다.

③ 1918년 미국 대통령 윌슨은 제1차 세계대전 후 지구상의 모든 식민지 처리에 민족자결주의를 적용하자고 주창하였다.

④ 1919년 신한청년당에서는 독립청원서를 작성하여 김규식을 파리강화회의에 대표로 파견하였다.

 1918년 미국 대통령 윌슨이 '세계 평화와 민주주의'를 선언하고, 제1차 세계대전의 전후 처리를 위해서 열린 파리강화회의에서 '민족자결'의 원칙을 제시하였다. 민족자결주의는 비록 패전국의 식민지에만 적용되었지만, 민족 지도자들은 이를 기회로 활용하였다.

Answer ☞ 24.③　25.② / 1.①　2.③

3 3 · 1운동을 일으키게 된 시대적 배경이 될 수 없는 것은?

① 동경 유학생들의 2 · 8선언
② 중화민국의 대일본 선전포고
③ 해외에서의 항일 민족운동
④ 윌슨 미국 대통령의 민족 자결 주의

 ② 3 · 1운동의 배경에는 윌슨의 민족자결주의, 파리강화회의에 대표 파견, 국내외의 독립운동 준비, 2 · 8독립선언, 고종의 독살설 등이 있다.

4 해외 독립운동 기지와 관련되어 다음에서 설명하고 있는 지역은?

- 대한광복군정부가 수립되었다.
- 권업회(勸業會)가 조직되어 항일투쟁을 전개하였다.
- 3 · 1운동 이후 대한국민의회가 결성되어 독립운동의 새로운 방향을 모색하였다.

① 연해주   ② 북간도
③ 밀산부   ④ 미주

 제시된 독립운동단체가 활동하고 있던 지역은 블라디보스토크를 중심으로 한 연해주이다.

5 다음 자료는 어떤 단체의 활동이다. 밑줄 친 ㉠에 들어 갈 단체로 옳은 것은?

> ㉠ 은(는) 경주에서 대구로 향하던 일제의 수송 차량을 습격하여 거액의 현금을 빼앗은 뒤 이 자금으로 무기를 구입하였고, 각 지방 부호들의 재산 상태를 조사한 후 그 재산에 비례하여 독립 운동 자금을 납부하도록 배당하였다. 이 과정에서 ㉠ 은(는)독립운동에 비협조적이거나 자금 제공을 거부하는 자, 또는 일제에 밀고하는 친일파를 처단하여 광복의 의지를 온 세상에 밝혔다. 그 대표적인 사건이 전 관찰사 장승원과 도고 면장 박용하 사살 사건이었다.

① 조선 국권 회복단   ② 의열단
③ 국민군단   ④ 대한광복회

 제시된 자료는 대한광복회의 활동에 대한 서술이다.
① 조선 국권 회복단은 조선국권회복단은 1915년 1월 15일 독립군을 지원하기 위하여 결성한 항일 비밀결사단체로 의병계통의 박상진과 천도교 계통의 홍주일 및 은행원 · 변호사 · 선비 등 당시 각계의 계몽적 인물들이 주축이 되어 경상북도 지방의 유림들을 포섭하여 경상북도 달성군에서 조직하였다.

② 의열단은 김원봉의 주도로 일제 강점기인 1919년 만주에서 결성된 무정부주의 성격의 항일 무장 독립운동단체이다.

③ 국민군단은 1914년 6월 하와이 오하후섬 가할루지방의 아후이마누 농장에서 박용만(朴容萬)의 주도하에 창설된 항일군사단체이다.

6 다음 중 1919년 9월에 통합된 대한민국 임시정부에 대한 설명으로 가장 적절한 것은?

① 초대 대통령은 이승만, 국무총리에 이동휘가 임명되었다.

② 3 · 1운동 이전에 설립되어 국내외의 3 · 1운동을 주도하였다.

③ 일본의 중 · 일전쟁을 일으키자 군사조직인 조선혁명군을 조직하여 무력으로 대항하였다.

④ 1925년 이승만을 해임시킨 뒤 두 번째로 헌법을 개정하여 주석제를 채택하였다.

 ② 3 · 1운동을 계기로 대한민국 임시정부가 수립되었다.
③ 일본의 중 · 일전쟁을 일으키자 군사조직인 한국광복군을 조직하여 무력으로 대항하였다.
④ 1925년 이승만을 해임시킨 뒤 두 번째로 헌법을 개정하여 국무령제(내각책임지도제)를 채택 하였다.

7 다음 사건 이후 전개된 대한민국임시정부의 활동으로 옳은 것은?

> 대한민국임시정부는 충칭에서 광복군을 창립하였다. 총사령에는 지청천, 참모장에는 이범석이 임명되었다.

① 건국 강령을 공포하였다.

② 국무령 중심의 내각책임제를 채택하였다.

③ 구미위원부를 설치하였다.

④ 국민 대표 회의를 소집하였다.

 대한민국 임시정부는 1940년 9월 중국 충칭에서 광복군을 창립하였다.
① 건국강령 발표는 1941년에 하였다.
② 국무령 중심의 내각책임제는 1925년 대한민국 임시정부의 임시헌법(제2차 개헌) 때 채택하였다.
③ 구미위원부는 1919년 미국 워싱턴에서 설립된 대한민국 임시정부의 외교담당 기관이다.
④ 국민대표회의는 1923년 중국 상하이에서 열렸다.

Answer → 3.② 4.① 5.④ 6.① 7.①

8 대한민국 임시정부에 관한 다음 설명 중 가장 적절하지 않은 것은?

① 외교를 위해 미국, 이탈리아, 독일에 각각 위원부를 두었다.

② 교통국을 두고 연통제를 실시하였다.

③ 기관지로 독립신문을 간행하였다.

④ 우리 역사상 최초의 공화제 정부였다.

 대한민국 임시정부는 3 · 1운동 이후 일본 통치에 조직적으로 항거하기 위하여 설립되었다. 대한 민국 임시정부는 미국에 구미위원회(이승만, 워싱턴), 한국 통신부(서재필, 필라델피아), 파리 위 원부(김규식)를 두었다. 그러나 독일이나 이탈리아 지역에서는 위원회를 두지 않았을 뿐 아니라 특별한 외교활동도 없었다.

9 다음 중 임시정부의 국무원 중심의 집단지도체제 시기에 일어난 일은?

① 순종의 승하를 계기로 6 · 10만세운동이 일어났다.

② 홍커우 공원에서 윤봉길의사의 의거가 있었다.

③ 일제가 독립운동가를 탄압할 목적으로 치안유지법을 제정하였다.

④ 조선의용군이 한국광복군에 합류하였다.

 임시정부의 국무원 중심의 집단지도체제는 1927년 이후부터 1940년까지 지속되었다. ①의 6 · 10 만세운동은 1926년이며, ②의 윤봉길의사의 의거는 1932년 4월이며, ③의 치안유지법은 1925년, ④의 조선의용군의 한국광복군의 합류는 1942년이다.

10 다음 사건의 공통점으로 옳지 않은 것은?

> • 한 · 일 학생간에 충돌로 광주학생항일운동이 일어났다.
> • 순종 황제의 인산일을 기하여 6 · 10만세운동이 일어났다.

① 민족주의계와 사회주의계의 대립 극복에 기여하였다.

② 학생들이 독립투쟁에 있어 주역이었음을 알 수 있다.

③ 민족 유일당 운동으로 조직된 신간회가 주도한 독립운동이다.

④ 일제의 식민지 교육에 대한 반발이 배경이 되었다.

③ 민족 유일당 운동으로 조직된 신간회가 후원한 것은 광주학생항일운동이었다.

11 밑줄 친 '이곳'에서 전개된 민족운동으로 옳은 것은?

> 1903년에 우리나라 공식 이민단이 이곳에 도착하였다. 이주 노동자들은 사탕수수 농장, 개간 사업장, 철도 공사장 등에서 일하며 한인 사회를 형성하여 갔다. 노동이민과 함께 사진결혼에 의한 부녀자들의 이민도 이루어졌다. 또한 한인합성협회 등과 같은 한인단체가 결성되었다.

① 독립운동 기지인 한흥동이 건설되었다.
② 독립운동 단체인 권업회가 조직되었다.
③ 자치 기관인 경학사와 부민단이 만들어졌다.
④ 군사 양성 기관인 대조선 국민군단이 창설되었다.

 밑줄 친 이곳은 하와이다.
　① 밀산부(러시아와 만주의국경)
　② 연해주
　③ 서간도

12 다음 독립운동과 관련된 설명으로 가장 적절하지 않은 것은?

> ㉠ 3 · 1 운동
> ㉡ 6 · 10 운동
> ㉢ 광주학생항일운동

① ㉠은 비폭력적 시위에서 무력적인 저항운동으로 확대되어갔다.
② ㉡은 일제의 수탈정책과 식민지 교육에 대한 반발로 발생하였다.
③ ㉢은 3 · 1운동 이후 최대의 민족운동으로 신간회 설립에 영향을 주었다.
④ ㉠으로 인해 일제는 식민통치방식을 무단통치에서 문화통치로 바꾸었다.

 신간회는 1927년 2월 민족주의 좌파와 사회주의자들이 연합하여 서울에서 창립한 민족협동전선으로 1929년 광주학생항일운동 이전에 결성되었으며, 광주학생운동에 진상조사단을 파견하기도 하였다.

Answer ┌→ 8.① 9.② 10.③ 11.④ 12.③

13 다음은 어느 인물에 대한 설명이다. '그'와 관련이 있는 활동으로 가장 적절한 것은?

> 그는 경상도 밀양 출생으로 1919년 만주 길림에서 다른 12명의 동지와 함께 의열단을 결성하였다. 곧 의열단은 국내에 대규모로 폭탄을 들여와 일본 관공서를 폭파하려고 하였으며, 침략에 앞장선 일본 군인들에 대한 저격에 나섰다. 해방 후 남한 단독정부 수립에 반대하여 월북한 후 요직을 맡았다가 연안파로 몰려 숙청을 당하였다.

① 북만주의 쌍성보 전투 등에서 일본군을 격퇴하였다.
② 한인애국단을 조직하여 적극적인 의열 투쟁을 전개하였다.
③ 조선민족혁명당이 이끄는 조선의용대의 일부가 한국광복군에 합류하였다.
④ 삼균주의 이론을 주창, 대한민국 임시정부의 기본이념과 정책노선으로 채택되었다.

 제시된 자료에서 설명하는 인물은 약산 김원봉이다.
① 지청천이 지휘하는 한국독립군은 북만주 쌍성보 전투에서 승리를 거두었다.
② 한인애국단은 김구가 침체된 대한민국임시정부에 활력을 불어넣기 위해 결성하였다.
④ 삼균주의 이론은 조소앙이 1930년대 초에 내세운 정치노선으로, 자본주의와 사회주의를 적절히 배합하되 평등에 보다 역점을 두었다.

14 다음 취지문을 발표하고 활동한 단체로 옳은 것은?

> 우리는 운동상(運動上) 실천으로부터 배운 것이 있으니 우리가 실지로 우리 자체를 위하여 우리 사회를 위하여 분투하려면 우리 조선 자매 전체의 역량을 공고히 단결하여 운동을 전반적으로 전개하지 아니하면 아니된다. 일어나라! 오너라! 단결하자! 분투하자! 조선의 자매들아! 미래는 우리의 것이다.
>
> －「한국 근대 민족 해방 운동사」－

① 근우회   ② 진단학회
③ 일진회   ④ 조선 광문회

 제시된 자료는 근우회의 취지문이다.
② 진단학회는 1934년 청구학회에 반발하여 한국의 역사·언어·문학 및 주변국의 문화를 연구하기 위해 조직한 학술단체이다.
③ 일진회는 대한제국 말에 일본의 한국 병탄정책(倂呑政策)에 적극 호응하여 그 실현에 앞장선 친일단체(1904~1910)이다.
④ 조선 광문회는 1910년에 설치된 한국 고전 연구기관이었다. 원래 취지는 한국의 계몽을 불러일으키기 위한 것으로, 고전문학과 국사연구도 진행했고, 민족문화와 민족에 대한 연구를 하였다.

15 1920년대 만주에서의 독립운동에 대한 설명으로 옳지 않은 것은?

① 대한독립군은 봉오동전투에서 일본군을 대파하였다.

② 자유시참변을 겪으면서 독립군은 큰 타격을 받았다.

③ 천마산대가 결성되어 일본 군경과의 치열한 교전이 전개되었다.

④ 만주의 여러 독립군은 참의부, 정의부, 신민부로 통합되었다.

 ③ 평북의 동암산을 근거로 무장활동을 하던 보합단, 평북 천마산을 근거지로 한 천마산대, 황해도 구월산의 구월산대는 3 · 1운동 이후 국내의 대표적인 무장단체이다.

16 다음 보기에 해당하는 정강을 갖는 단체와 관계없는 것은?

> • 단결을 공고히 한다.
> • 정치적, 경제적으로 각성한다.
> • 기회주의를 일체 부인한다.

① 일제가 이 단체를 합법 단체로 인정하였다.

② 조선인 본연 위주로 교육할 것을 주장하였다.

③ 비타협적 민족주의자들이 사회주의자들과 결합한 단체였다.

④ 원산총파업, 물산장려운동, 단천농민투쟁을 지원하였다.

 제시된 자료는 1927년에 결성되어 1931년에 해산한 신간회의 강령이다. 원산총파업은 1929년 1월부터 4월 6일까지 4개월간에 걸쳐 원산의 전 노동자가 파업을 단행한 사건이며, 물산장려운동은 1923년에 일본으로부터 경제적으로 자립하기 위해 전개한 운동이며, 단천농민투쟁은 1930년 7월 함남 단천에서 단천삼림조합에 반대하여 농민들이 대규모 시위를 벌인 사건이다.

17 다음 중 일제강점기에 활동한 역사가와 그 업적이 가장 적절하게 짝지어진 것은?

① 신채호 : 1915년 근대적 역사인식에 입각한 최초의 한국근대사로 평가되는 「한국통사(韓國痛史)」를 저술

② 박은식 : 「조선상고사(朝鮮上古史)」에서 역사는 "인류사회의 아(我)와 비아(非我)의 투쟁" 이라고 주장

③ 백남운 : 한국사의 발전법칙성을 추구하는 사회경제사학을 통해, 식민사학의 정체성론 (停滯性論)을 비판

④ 정인보 : "국가는 멸할 수 있어도 역사는 멸할 수 없다."고 하면서 역사를 국혼(國魂)과 국백(國魄)의 기록이라 주장

 ① 박은식에 해당되는 설명이다.
② 신채호에 해당되는 설명이다.
④ 박은식에 해당되는 설명이다.

18 다음 글을 쓴 사람에 관한 설명 중 가장 옳은 것은?

> 역사란 무엇이뇨, 인류사회의 아(我)와 비아(非我)의 투쟁이 시간에서 발전하여 공간 까지 확대하는 심적 활동 상태의 기록이다.

① 간도에 서전서숙이라는 사립학교를 건립하였다.

② 발해를 한국사에 포함시켜 남북국시대론을 주장하였다.

③ 고대사 연구에 매진하여 「조선상고사」를 저술하였다.

④ 「한국통사(韓國通史)」를 저술하여 일본의 침략과정을 논하였다.

 제시된 자료는 신채호가 「조선상고사」의 머리말이다.
① 이상설에 해당하는 설명이다.
② 유득공은 「발해고」를 저술하여 발해를 신라와 대등한 국가로 인정하였다.
③ 신채호가 쓴 「조선상고사」는 우리 민족의 상고시대사를 서술한 것으로 단군조선부터 고구려 · 백제 · 신라의 삼국시대까지를 다룬 고대사의 고전이다
④ 박은식이 쓴 「한국통사」는 일제의 한국 점령으로 주권을 상실하자 조국의 주권을 상실한 슬픈 역사를 적은 한국 최근세 정치사 책이다.

19 다음은 국외에서 일어난 항일운동과 관련된 사건들이다. 일어난 순서대로 바르게 나열한 것은?

> ㉠ 봉오동 전투   ㉡ 간도 참변
> ㉢ 청산리 전투   ㉣ 자유시 참변

① ㉠-㉡-㉢-㉣   ② ㉠-㉢-㉡-㉣
③ ㉢-㉠-㉡-㉣   ④ ㉢-㉠-㉣-㉡

㉠ **봉오동전투**(1920. 6) : 대한독립군(홍범도), 군무도독부군(최진동), 국민회군(안무)이 연합하여 일본군에게 승리한 전투이다.
㉡ **간도참변**(경신참변 1920. 10) : 봉오동 전투와 청산리 전투에서 독립군이 승리하자 이를 약화시키기 위해 일본이 군대를 파견하여 만주의 한민족을 대량 학살한 사건이다.
㉢ **청산리전투**(1920. 10) : 김좌진의 북로군정서군과 국민회 산하 독립군의 연합부대가 조직되어 일본군에게 승리한 사건이다.
㉣ **자유시참변**(1921) : 밀산부에서 서일·홍범도·김좌진을 중심으로 대한독립군단을 조직한 뒤 소련 영토내로 이동하여 소련 적색군에게 이용만 당하고 배신으로 무장해제 당하려하자 이에 저항한 독립군은 무수한 사상자를 내었다.

20 다음에서 설명하는 조직의 강령이나 구호는?

> • 광주학생운동을 지원하였다.
> • 조선민흥회를 모태로 하여 정우회선언을 계기로 창립되었다.
> • 노동쟁의, 소작쟁의, 동맹휴학 등과 같은 운동을 지도하였다.

① 배우자 가르치자 다함께
② 한민족 1천만이 한사람 1원씩
③ 우리는 기회주의를 일체 부인한다.
④ 내 살림 내 것으로 조선사람 조선 것으로

제시문은 좌·우익합작 노력에 의해 1927년에 결성된 신간회에 대한 설명이다.
① 브나로드운동
② 민립대학설립운동
④ 물산장려운동

Answer ► 17.③ 18.③ 19.② 20.③

21 다음 설명 중 옳은 것은?

> (가) 일본을 상대로 무장 투쟁을 벌인다는 것은 공연한 힘의 낭비입니다. 우리는 일본을 압박 할 수 있는 강대국을 상대로 일제의 부당성과 우리의 독립열망을 전하여 독립을 얻어 내야 합니다.
>
> (나) 강도 일본이 정치·경제의 양방면으로 억압해 올 때 무엇으로 실업을 발전시키고 교육을 진흥시킬 수 있습니까? 무장투쟁만이 독립을 쟁취할 수 있습니다.

① (가)는 독립청원운동으로 임시정부정책의 기본방향이 되었다.
② (가)는 임시정부 창조파의 주장이다.
③ (나)는 조선의 절대 독립을 주장하였다.
④ (나)는 민족개조와 실력양성을 주장하였다.

 (가) 이승만을 중심으로 하는 외교독립론으로 열강에게 부탁하여 일본을 몰아내고자 한 독립청원운동이다. 외교독립론으로 인해 임시정부 내부에서 개조파와 창조파가 갈라지게 되었다.
(나) 이동휘를 중심으로 하는 독립전쟁론, 무장투쟁론으로 외교 독립론을 비판하고 무장투쟁을 통해 독립을 쟁취해야 한다고 주장하였다.
① 독립청원운동이외에도 무장투쟁론, 준비론 등의 주장으로 인하여 임시정부의 분열이 발생하였다.
② 임시정부가 분열되자 새로운 독립 추진기구를 만들자고 주장한 것이 창조파이다.
④ 타협적민족주의에 대한 설명이다.

22 다음 설명 중 옳은 것은?

> (가) 토지 소유자는 조선 총독이 정하는 기간 내에 주소, 씨명, 명칭 및 소유지의 소재, 지목, 자번호(字番號), 사표(四標), 등급, 지적 결수(結數)를 임시 토지조사 국장에게 신고해야한다.
>
> (나) 회사의 설립은 조선총독의 허가를 받아야한다.

① (가)는 화폐정리사업의 기반이 되었다.
② (가)를 시행하면서 자작농이 증가하였다.
③ (나)는 조선의 민족기업들의 자본축적을 막기 위해 시행되었다
④ (나)는 일본의 경제대공황 타개책의 일환이었다.

 (가)는 토지조사사업, (나)는 회사령이다.
① 화폐정리사업은 1905년 시행되었으며, 토지조사사업은 1910년 실시되었다.
② 일제가 정한 양식에 의해 신고를 하지 않으면 토지소유권을 인정해주지 않았으며 지주의 소유권만을 인정하고 관습적으로 인정되던 개간권, 도지권과 같은 농민의 권리는 인정해주지 않았다. 또한 토지조사사업으로 식민지지주제가 확립되었다.
③ 일제는 회사의 설립을 허가제로 하는 회사령을 시행하여 민족산업의 발전과 자본축적을 방해하였다.
④ 일제는 1920년대 후반 발생한 세계경제대공황을 타개하기 위해 병참기지화 정책을 실시하였다.

23 다음 독립운동 단체들이 활동하던 시기에 나타난 일제의 식민통치 정책은?

> • 독립의군부　　　　　　　　• 조선국권회복단
> • 대한광복회　　　　　　　　• 송죽회

① 한국인의 회유를 위해 형식적으로 중추원을 설치하였다.
② 총동원령을 내려 징병, 징용의 명목으로 한국인을 끌고 갔다.
③ 치안유지법을 제정하고 사회주의 활동을 억압하였다.
④ 회사령을 폐지하여 일본 기업의 한국 진출을 추진하였다.

 제시된 단체들은 1910년대에 활동한 비밀결사조직이다.
　　② 1930년대　③④ 1920년대

24 다음 설명 중 옳지 않은 것은?

① 진단학회를 중심으로 하여 문헌고증을 통해 개별적 사실을 객관적으로 밝히려한 것은 실증주의사학이다.
② 신민족주의사학은 실증사학을 토대로 민족주의와 사회경제사학을 접목시켰다.
③ 조선 후기 실학은 1930년대 민족주의 사학에 영향을 미쳤다.
④ 백남운 등의 사회경제사학은 한국사의 발전이 세계사의 보편적인 발전법칙에 입각하여 이루어졌음을 강조하면서 식민사관의 정체성 이론을 반박하였다.

 정인보, 문일평, 안재홍, 백남운 등은 학문적 주체성과 자주적 근대 사상을 조선 후기의 실학으로부터 찾아내어 실학을 연구하는 조선학운동을 펼쳤다.

25 다음 중 1920년대 민족운동에 대한 설명으로 옳지 않은 것은?

① 의열단은 무정부주의와 무장투쟁론을 지향하는 테러조직이다.
② 신간회는 민족주의 진영과 사회주의 진영의 연합으로 결성된 민족운동단체이다.
③ 임시정부 내 개조파와 창조파의 갈등은 국민대표회의에서 해소되었다.
④ 물산장려운동, 민립대학설립운동 등 실력양성운동을 전개하였다.

독립운동 전체의 방향 전환을 논의하고 임시정부를 통일전선 정부로 만들기 위하여 국민대표회의가 개최되었으나 개조파와 창조파의 대립으로 인하여 국민대표회의는 성과를 거두지 못하였으며 창조파와 개조파는 임시정부에서 이탈한 뒤 서서히 세력을 잃고 말았다.

Answer → 21.③ 22.③ 23.① 24.③ 25.③

08 현대사회의 발전

1 다음은 한국의 광복 이후에 대한 회의 결정문이다. 이에 관한 내용으로 가장 적절한 것은?

> 1. 조선을 독립국가로 재건설하며 조선을 민주주의적 원칙하에 발전시키기 위한 조건을 조성하고 … (중략) … 임시 조선 민주주의 정부를 수립할 것이다.
> 2. 조선 임시정부의 구성을 원조할 목적으로 … (중략) … 남조선 미합중국 관구와 북조선 소연방국 관구의 대표자들로 공동위원회가 설치될 것이다. 그 제안을 작성하는 데 있어 공동위원회는 조선의 민주주의 정당 및 사회단체와 협의해야 한다.
> 3. 공동위원회의 제안은 최고 5년 기한으로 4개국 신탁통치를 협약하기 위하여 미국·영국·중국·소련 여러 나라 정부가 공동 참작할 수 있도록 조선 임시정부와 협의한 후 제출되어야 한다.
> 4. 남·북 조선에 관련된 긴급한 제문제를 고려하기 위하여 … (중략) … 2주일 이내에 조선에 주둔하는 미국, 소련 양군 사령부 대표로서 회의를 소집할 것이다.

① 미국의 트루먼 대통령, 영국의 처칠 수상, 소련의 스탈린 등 3개국 정상들이 참석하였다.

② 이 회의에서 미·소 양국은 2항을 결정하는 과정에서 협의의 대상인 정당 및 사회단체 선정 문제를 놓고 진통을 겪었다.

③ 이 소식을 접한 김구, 이승만 등의 우익 세력은 즉각적으로 대대적인 신탁반대운동에 나섰다.

④ 미국과 소련은 회의 결정 안을 실천하기 위하여 미·소 공동위원회를 3차례에 걸쳐 실시하였다.

 제시된 자료는 모스크바 3상회의 내용이다.
① 미국, 영국, 소련의 외상(=외무부 장관)들이 대표로 참석하였다.
② 모스크바 3국 외상회의 이전이 아닌, 결정 이후 남한 내에서 민족주의 진영은 반탁운동을, 공산주의 진영은 찬탁운동을 전개함으로써 좌우 대립이 치열해졌다.
③ 모스크바 3국 외상회의 결정 이후 민족주의 진영은 반탁운동을 전개하였다.
④ 1946년 3월과 1947년 5월에 두 차례에 걸쳐 서울의 덕수궁에서 미·소 공동회담이 개최되었다.

2 다음은 대한민국 정부의 수립 과정에 있었던 일들이다. 시대 순으로 옳게 나열한 것은?

> ㉠ 조선 건국 준비 위원회 결성　　㉡ 제1차 미·소 공동 위원회
> ㉢ 제주도 4·3 사건　　㉣ 카이로 회담
> ㉤ 얄타 회담

① ㉣-㉤-㉠-㉡-㉢
② ㉣-㉤-㉡-㉢-㉠
③ ㉣-㉠-㉤-㉡-㉢
④ ㉣-㉠-㉤-㉢-㉡

> ㉠ 조선 건국 준비 위원회 : 1945년 8·15광복 후 여운형(呂運亨)이 중심이 되어 조직한 최초의 건국준비단체이다.
> ㉡ 제1차 미·소 공동 위원회 : 제1차 미소공동위원회는 1946년 3월 20일 서울에서 개최되었다
> ㉢ 제주도 4·3 사건 : 1948년 4월 3일 제주 전역에서 5·10 총선거를 방해하기 위해 공산주의 세력이 일으킨 무장 봉기이다.
> ㉣ 카이로 회담 : 제2차 세계대전 때 이집트의 카이로에서 개최된 회담으로 1차는 1943년 11월 22일에서 26일까지, 2차는 1943년 12월 2일에서 7일까지 열렸다.
> ㉤ 얄타 회담 : 제2차 세계대전 종반에 소련 흑해 연안의 얄타에서 미국·영국·소련의 수뇌들이 모여 독일의 패전과 그 관리에 대하여 의견을 나눈 회담(1945. 2. 4~11)이다.

3 해방 직후부터 대한민국 수립까지의 상황에 대한 설명으로 옳지 않은 것은?

① 박헌영과 여운형이 연합하여 1947년 거대 좌익정당인 남조선노동당을 창당하였다.
② 38도선 이남을 점령한 미군정은 조선건국준비위원회의 활동을 인정하지 않았다.
③ 김구와 김규식은 1948년 북한을 방문하여 남북협상을 추진하였다.
④ 미소공동위원회는 정부수립의 참여 단체에 대한 의견차를 좁히지 못하고 끝내 결렬되었다.

> 1945년 8월 20일 조선 공산당을 재건한 박헌영은 1946년 2월 15일 좌익세력의 총 집결체인 민족주의민족전선을 구축하는데 핵심적 역할을 하였다. 1946년 11월에는 좌익계열의 정치단체를 흡수하여 남조선노동당(=남로당)으로 바뀌었다.

Answer⌐→ 1.③　2.①　3.①

4 다음과 같은 주장을 한 단체와 관련이 없는 것은?

> • 전국적으로 정치범·경제범을 즉시 석방할 것
> • 서울의 3개월 간의 식량을 보장할 것
> • 치안유지와 건국을 위한 정치활동에 간섭하지 말 것

① 건국동맹을 모체로 한다.
② 송진우, 김성수 등이 주도하여 창설되었다.
③ 건국치안대를 조직하여 치안을 담당하였다.
④ 인민위원회로 전환되기도 하였다.

 송진우, 김성수 등 민족주의 우파계열은 건국준비위원회에 참여하지 않았다.

5 다음 설명 중 옳은 것은?

> (개) 나는 통일된 조국을 건설하려다 38도선을 베고 쓰러질지언정 일신의 구차한 안일을 위하여 단독정부를 세우는 데는 협력하지 않겠다.
> (내) 무기 휴회된 미·소공동위원회가 재개될 기색도 보이지 않으며 통일정부를 고대하나 여의케 되지 않으니 우리 남한만이라도 임시정부 혹은 위원회 같은 것을 조직하여 38도선 이북에서 소련이 철퇴하도록 세계 공론에 호소해야 될 것입니다.

① (개) – 삼균주의를 포함한 건국 강령을 채택하였다.
② (개) – 반민특위(반민족행위특별조사위원회) 활동에 직접 참여하였다.
③ (내) – 상하이를 중심으로 무장독립활동을 전개하였다.
④ (내) – 모스크바 3상회의에서 결정된 사항을 지지하였다.

 (개) 김구의 '3천만 동포에게 읍고함'
(내) 이승만의 정읍 발언
① 김구는 1941년 한국독립당의 건국강령으로 조소앙의 삼균주의를 채택하였다.
② 반민특위는 1948년 친일파의 반민족적 행위를 처벌하기 위해 설치된 특별기구로 김구와는 직접적인 관련이 없다.
③ 이승만은 주로 외교독립론을 주장하였으며 김구는 1926년 상하이에서 애국단을 조직하여 항일투쟁을 전개하였다.
④ 이승만과 김구는 모두 모스크바3상회의에서 결정된 신탁통치에 반대하였다.

6 다음 설명과 관계가 없는 것은?

> 1855년 11월 17일 프랑스 함정 콘스탄틴느(Constantine)호가 조선해[東海]를 통과하면서 북위 37도선 부근의 한 섬을 '로세리앙쿠르(Rocher Liancourt)'라고 명명하였다.

① 다케시마의 날 제정 2월 22일   ② 공도정책
③ 안용복   ④ 정계비의 건립

 제시문은 독도에 대한 설명이다.
④ 조선과 청은 국경문제를 해결하기 위하여 백두산정계비를 건립하였다.

7 다음에서 설명하는 정부와 관련이 없는 것은?

> 이 정부는 '조국근대화'의 실현을 가장 중요한 국정목표로 삼아 경제성장에 모든 힘을 쏟는 경제제일주의 정책을 펼쳤다. 이로써 수출이 늘어나고 경제도 빠르게 성장함으로써 절대 빈곤의 상태에서 어느 정도 벗어날 수 있었다. 그러나 경제개발에 필요한 자본의 대부분은 외국에서 빌려온 것이었고, 개발을 효율적으로 추진한다는 구실로 국민의 자유를 억압하여 민주주의 발전을 저해하였다.

① 한 · 일 협정   ② 남북적십자회담
③ 한 · 중 수교   ④ 유신헌법제정

 제5공화국(1963~1979)에 해당하는 박정희 정권에 대한 설명이다.
① 1961년부터 진행되었으며 1965년 6월에 한 · 일 기본조약 및 제협정이 조인되었으며 그 해 8월 국회에서 통과되었다.
② 1971년 대한적십자사에서 남북한 이산가족 찾기를 위한 남북적십자회담을 북한의 조선적십자회에 제의하였으며, 북한의 동의에 의해 회담이 진행되었다.
③ 중국과 국교가 수립된 것은 1992년 노태우 정권 때의 사실이다.
④ 유신헌법은 7차로 개정된 헌법으로 1972년 10월에 개헌안이 공고되었으며 11월에 국민 투표를 거쳐 12월 27일에 공포 · 시행되었다.

Answer → 4.② 5.① 6.④ 7.③

8 다음에 제시된 사건을 연대순으로 바르게 배열한 것은?

> ⊙ 사사오입 개헌   ⓒ 발췌개헌
> ⓒ 거창사건   ② 진보당 사건
> ⓜ 2 · 4파동

① ⓒ - ⓒ - ⊙ - ② - ⓜ
② ⓒ - ⊙ - ② - ⓜ - ⓒ
③ ⓒ - ② - ⓒ - ⓜ - ⊙
④ ② - ⊙ - ⓒ - ⓒ - ⓜ

 ⊙ **사사오입 개헌(1954.11)** : 이승만 정권 시절, 헌법 상 대통령이 3선을 할 수 없는 제한을 철폐하기 위해, 당시의 집권당인 자유당이 사사오입의 논리를 적용시켜 정족수 미달의 헌법개정안을 불법 통과한 것이다.
ⓒ **발췌개헌(1952.7)** : 이승만 대통령이 자유당 창당 후 재선을 위해 직선제로 헌법을 고쳐 강압적으로 통과시킨 개헌안이다.
ⓒ **거창사건(1951.2)** : 6 · 25전쟁 중이던 1951년 2월 경상남도 거창군 신원면 일대에서 일어난 양민 대량학살사건이다.
② **진보당 사건(1958.1)** : 조봉암을 비롯한 진보당의 전간부가 북한의 간첩과 내통하고 북한의 통일방안을 주장했다는 혐의로 구속 기소된 사건이다.
ⓜ **2 · 4파동(1958.12)** : 국회에서 경위권 발동 속에 여당 단독으로 신국가보안법을 통과시킨 사건이다.

9 다음 개헌안을 발표한 대통령 때에 일어난 사건이 아닌 것은?

> 제55조 대통령과 부통령의 임기는 4년으로 한다. 단, 재선에 의하여 1차 중임할 수 있다. 대통령이 궐위될 때에는 부통령이 대통령이 되고 잔임 기간 중 재임한다.
> 부칙 이 헌법 공포 당시의 대통령에 대하여는 제55조 제1항 단서의 제한을 적용하지 아니한다.

① 진보당 사건
② 4 · 19혁명
③ 인민 혁명당 사건
④ 2 · 4 정치 파동

 사사오입 개헌안의 내용으로 이승만 정권에서 발표한 개헌안이다.
③은 1964년 박정희 정권에서 혁신계 인사들이 인민 혁명당을 만들어 북한에 동조하려 했다는 혐의로 탄압한 사건이다.

10 대한민국의 헌정사를 일부 정리하였다. 시대 순으로 맞게 나열하면?

① 제2공화국 수립 – 4월 혁명 – 발췌개헌 – 사사오입개헌
② 발췌개헌 – 사사오입개헌 – 4월 혁명 – 제2공화국 수립
③ 사사오입개헌 – 발췌개헌 – 4월 혁명 – 제2공화국 수립
④ 사사오입개헌 – 4월 혁명 – 발췌개헌 – 제2공화국 수립

 ㉠ **발췌개헌**(1952.7) : 이승만 대통령이 자유당 창당 후 재선을 위해 직선제로 헌법을 고쳐 강압적으로 통과시킨 개헌안이다.
㉡ **사사오입개헌**(1954.11) : 이승만 정권 시절, 헌법 상 대통령이 3선을 할 수 없는 제한을 철폐하기 위해, 당시의 집권당인 자유당이 사사오입의 논리를 적용시켜 정족수 미달의 헌법개정안을 불법 통과한 것이다.
㉢ **4월 혁명**(1960.4) : 제1공화국 자유당 정권이 이승만을 대통령에 당선시키고 이기붕을 부통령으로 당선시키기 위한 개표조작을 하자, 이에 반발하여 부정선거 무효와 재선거를 주장하는 학생들의 시위에서 비롯된 혁명이다.
㉣ **제2공화국 수립** : 1960년 4·19혁명으로 제1공화국이 붕괴된 후 1961년 5·16군사정변 때까지 존속된 두 번째 공화헌정 체제이다.

11 다음은 광복 이후 민족 분단을 극복하고 통일국가를 수립하기 위한 노력에 관한 내용이다. 이를 시대 순에 따라 가장 적절하게 나열한 것은?

> ㉠ 7·4 남북 공동성명 발표
> ㉡ 남북한 사이의 화해와 불가침 및 교류·협력에 관한 합의서 채택(남북기본합의서)
> ㉢ 민족자존과 통일번영을 위한 특별선언(7·7)
> ㉣ 6·15 남북 공동선언 발표

① ㉠ – ㉡ – ㉢ – ㉣   ② ㉠ – ㉢ – ㉡ – ㉣
③ ㉠ – ㉡ – ㉣ – ㉢   ④ ㉠ – ㉣ – ㉡ – ㉢

 ㉠ 7·4 남북 공동성명 발표(1972), ㉡ 남북한 사이의 화해와 불가침 및 교류·협력에 관한 합의서 채택(1991), ㉢ 민족자존과 통일번영을 위한 특별선언(1888), ㉣ 6·15 남북 공동선언 발표(2000)이다.

Answer ↪ 8.① 9.③ 10.② 11.②

12 다음은 통일을 위한 노력과 관련된 자료이다. 이와 같은 내용을 명문화한 문서로 옳은 것은?

> 1. 통일은 외세에 의존하거나 외세의 간섭을 받음이 없이 자주적으로 해결하여야 한다.
> 2. 통일은 서로 상대방을 반대하는 무력행사에 의거하지 않고 평화적인 방법으로 실현하여야 한다.
> 3. 사상과 이념, 제도의 차이를 초월하여 우선 하나의 민족으로서 민족적 대단결을 도모하여야 한다.

① 6·15 남북 공동 선언
② 7·4 남북 공동 성명
③ 한민족 공동체 통일 방안
④ 민족 화합 민주 통일 방안

 제시된 자료는 7·4 남북 공동 성명의 내용으로 통일을 위한 3대 기본원칙이다.
① 6·15 남북 공동 선언 : 2000년 6월 15일 남북 성상이 회담을 갖고 채택한 공동 성명으로 민족의 통일을 위한 원칙을 밝혔다.
③ 한민족 공동체 통일 방안 : 1989년 9월 11일 대통령 국회연설을 통해 발표된 노태우 정권의 통일방안이다.
④ 민족 화합 민주 통일 방안 : 1982년 1월 22일 대통령 전두환이 국정연설에서 발표한 통일방안이다.

13 다음 중 노동운동과 관련된 설명으로 옳지 않은 것은?

① 1950년대 이후 빈부의 격차가 커지자, 상대적 빈곤감을 느끼는 계층들의 불만을 자아내게 되었다.
② 1960년대는 공업화 초기로 실업자가 일자리를 얻게 되고, 절대 빈곤인구가 감소되어 갔다.
③ 1970년대 이후부터는 빈부의 격차가 커지고, 상대적 빈곤감을 느끼게 되었다.
④ 1980년대 이후에는 정부의 탄압으로 노동 운동이 활성화되지 못하였다.

 ④ 1987년 이후 정치적 민주화가 추진되면서 노동운동도 임금의 인상, 노동 조건의 개선, 기업가의 경영 합리화 등을 목표로 활성화 되었다.

14 (가)와 (나)가 발표될 시기에 있었던 사실을 보기에서 알맞게 고른 것은?

(가) 1. 통일은 외세에 의존하거나 외세의 간섭을 받지 않고 자주적으로 해결해야 한다.
   2. 통일은 상대를 반대하는 무력행사에 의거하지 않고 평화적인 방법으로 실현해야한다.
   3. 사상과 이념, 제도의 차이를 초월하여 하나의 민족으로서 민족적 대단결을 도모하여야 한다.
(나) 1. 남과 북은 나라의 통일 문제를 서로 힘을 합쳐 자주적으로 해결해 나가기로 하였다.
   2. 남과 북은 나라의 통일을 위한 남측의 연합제와 북측의 낮은 단계의 연방제 안이 공통성이 있다고 인정하고 이 방향에서 통일을 지향시켜 나가기로 하였다.
   3. 남과 북은 인도적인 문제를 조속히 풀어가기로 하였다.
   4. 남과 북은 민족경제를 균형적으로 발전시키고 여러 분야에서의 교류와 협력을 활성화 하여 서로의 신뢰를 다져나가기로 하였다.

	(가)	(나)
①	한민족 공동체 통일 방안	3 · 1 민주 구국 선언
②	국풍 81	언론 기본법 폐지
③	베트남 파병	외환 위기 극복
④	한민족 공동체 통일 방안	언론 기본법 폐지

 (가)는 박정희 정부의 7 · 4 남북 공동선언, (나)는 김대중 정부의 6 · 15 남북 공동 선언이다.
   – 베트남 파병 : 박정희 정부 때 일이다.
   – 외환위기 극복 : 김대중 정부 때 일이다.
   – 한민족 공동체 통일방안 : 노태우 정부에서 자주 · 평화 · 민주의 원칙을 설정하여, 남북 연합을 구성하여 총선거를 실시하자고 제안하였다.
   – 3 · 1 민주 구국 선언 : 유신에 반대하여 문익환, 김대중 등이 명동 성당에서 민주 구국 선언을 낭독하였다.
   – 국풍 81 : 전두환 정부의 유화정책 중 하나로 여의도에서 열린 대규모 예술제이다.
   – 언론기본법 폐지 : 노태우 정부 때 일이다.

Answer ⤷ 12.② 13.④ 14.③

15 대한민국의 민주화 여정에 대한 설명으로 가장 옳은 것은?

① 1960년대 : 장기집권을 획책한 박정희의 사사오입개헌에 맞서 학생들과 재야인사들이 그 반대투쟁을 전개하였다.

② 1970년대 : 유신개헌을 통해 평화적으로 민주화를 추진할 수 있는 법률적 기틀을 제공하였다.

③ 1980년대 : 6월 민주항쟁을 통해 군사정권을 종식시키고 선거를 통해 문민정부가 출범하였다.

④ 1990년대 : 대선결과에 따라 평화적 정권교체가 실현되었다.

 ④ 대한민국의 제15대 대통령인 김대중은 헌정 사상 처음으로 대선결과에 따라 평화적인 정권교체를 실현하였다.

① 사사오입개헌(1954)은 이승만 정권이 장기 집권을 위해 초대에 한해 대통령의 중임 제한을 철폐하고자 한 것이다.

② 유신개헌(1972)에서는 박정희 정권이 장기 집권을 위해 대통령 선거를 직접 선거에서 간접 선거로 변경하였다.

③ 노태우 민정당 대표위원의 '6·29선언'으로 직선제 개헌 시국수습특별선언이 발표되었으며, 이후 선거를 통해 노태우 정부가 출범하였다.

16 다음 연표의 (가), (나) 시기에 있었던 사실로 옳은 것은?

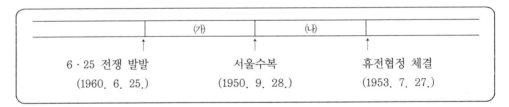

	(가)	(나)	
↑	↑	↑	
6·25 전쟁 발발	서울수복	휴전협정 체결	
(1960. 6. 25.)	(1950. 9. 28.)	(1953. 7. 27.)	

① (가) - 인천상륙작전이 실시되었다.

② (가) - 중국군의 참전으로 인해 한국군은 서울에서 후퇴하게 되었다.

③ (나) - 애치슨 선언이 발표되었다.

④ (나) - 유엔 안전보장이사회에서 유엔군 파병이 결정되었다.

 애치슨 선언(미국의 태평양 방위선을 알래스카 – 일본 – 오키나와 – 필리핀 선으로 한다고 언명) 이후 6·25 전쟁이 발발하였으며, 유엔 안전보장이사회에서 유엔군 파병이 결정된 것은 (가)시기의 일이다. 또, 서울 수복 이후 (나)시기에 중국군이 참전하여 한국군이 서울에서 후퇴하게 되었다.

17 울릉도와 독도에 관한 다음 설명 중 가장 적절하지 않은 것은?

① 「팔도총도」는 울릉도와 독도를 별개의 섬으로 하여 그림으로 그려놓은 최초의 지도가 되었다.

② 「세종실록지리지」, 「동국여지승람」 등의 문헌에 의하면 울릉도와 함께 경상도 울진현에 소속되어 있었다.

③ 조선 숙종 때 안용복은 울릉도에 출몰하는 일본 어민을 쫓아내고 일본에 건너가 독도가 조선의 영토임을 확인받았다.

④ 19세기 말 조선 정부에서는 적극적으로 울릉도 경영에 나서 주민의 이주를 장려하였다.

 「세종실록지리지」에서는 울릉도와 독도를 울진현 소속으로 구분하고 있다. 하지만 울진현은 오늘날 경상북도 울진군이 아니며, 조선 말기까지 울진현은 강원도의 관할이었다. 이 객관식 지문은 경찰공무원 문제뿐만 아니라 다른 공무원 시험에도 자주 출제되므로 알아둘 필요가 있다.

18 다음 중 독도에 관한 설명 중 가장 적절하지 않은 것은?

① 일본 막부는 1699년 다케시마(竹島 : 당시 일본에서 울릉도를 일컫던 말)와 부속 도서를 조선 영토로 인정하는 문서를 조선 조정에 넘겼다.

② 울릉도가 통일신라시대에 이사부의 우산국 정벌로 인해 신라 영토로 편입된 이후, 독도도 고려·조선 말까지 우리나라 영토로 이어져 내렸다.

③ 「세종실록지리지」강원도 울진현 조(條)에서 "우산, 무릉 두 섬이 (울진)현 정동(正東) 바다 한가운데 있다."하여 독도를 강원도 울진현 소속으로 구분하고 있다.

④ 「통항일람」은 19세기 중반에 일본에서 기록한 사서로, 안용복에게 독도가 조선의 땅임을 인정하는 사료가 기록되어 있다.

 신라시대 지증왕 때에 512년 우산국(지금의 울릉도, 독도)을 정벌했다.

19 다음 중 독도에 대한 설명으로 옳은 것은 모든 몇 개인가?

> ㉠ 신라 지증왕 때 우산국이 병합되면서 독도는 신라의 영토가 되었다.
> ㉡ 「세종실록지리지」에는 울릉도와 독도를 구분하지 않고 모두 우산이라 하였다.
> ㉢ 대한제국은 지방제도 개편 시 울릉도에 군을 설치하고 독도를 이에 포함시켰다.
> ㉣ 한국은 1945년 해방과 동시에 독도를 한국 영토로 하였다.
> ㉤ 조선 고종 때 일본 육군이 조선전도를 편찬하면서 울릉도와 독도를 조선 영토로 표시하였다.
> ㉥ 일본의 역사서인 「은주시청합기」에는 울릉도와 독도를 일본의 영토로 기록하고 있다.

① 1개
② 2개
③ 3개
④ 4개

 ㉡ 세종실록 권 153 지리지 강원도 삼척도호부 울진현에서는 "우산과 무릉, 두 섬이 현의 정동방 바다 가운데에 있다. 두 섬이 서로 거리가 멀지 아니하여, 날씨가 맑으면 바라볼 수가 있다" 고 하여 별개의 두 섬으로 파악하였다.
㉣ 연합군 총사령부는 1946년 1월 29일 연합국 총사령부 훈령 제677호를 발표하여 한반도 주변 의 울릉도, 독도, 제주도를 일본 주권에서 제외하여 한국에게 돌려주었다.
㉥ 1954년 일본 정부는 외교 문서를 통해 1667년 편찬된 「은주시청합기」에서 울릉도와 독도는 고려영토이고, 일본의 서북쪽 경계는 은기도를 한계로 한다고 기록하고 있다.

20 다음에서 설명하고 있는 것은 무엇인가?

> 1993년 8월 당시 일본 관방장관이 일본군 위안부에 대한 일본군의 강제성을 인정한 담화이다. 이 담화에서 위안소는 당시 군 당국의 요청에 의해 설치된 것이며 위안소의 설치 · 관리 및 위안부 이송에 관해 구 일본군이 관여하였다고 발표하고 일본군 위안부 에게 사과하였다.

① 고노 담화
② 무라야마 담화
③ 노변 담화
④ 미야자와 담화

 고노 담화 … 1993년 8월 당시 일본 관방장관인 고노 요헤이가 일본군 위안부에 대해 사과한 담 화이다.
• 무라야마 담화 : 1995년 일본 무라야마 총리가 태평양 전쟁 당시의 식민지배에 대해 공식적인 사과를 표명한 담화
• 노변 담화 : 1933년부터 미국의 프랭클린 루스벨트 대통령이 라디오를 통해 국민들에게 전한 담화
• 미야자와 담화 : 1982년 당시 일본 관방장관인 미야자와 기이치가 역사교과서 왜곡에 관해 사과 한 담화

Answer ↱ 19.③ 20.①

MEMO

MEMO

봉투모의고사 <u>찐!5회</u> 횟수로 플렉스해 버렸지 뭐야 ~

국민건강보험공단 봉투모의고사(행정직/기술직)

국민건강보험공단 봉투모의고사(요양직)

합격을 위한 준비
서원각 온라인강의

요점만 담은
알짜이론

믿고보는
교수진

www.sojungedu.co.kr

공 무 원	자 격 증	취 업	부사관/장교
9급공무원	건강운동관리사	NCS코레일	육군부사관
9급기술직	관광통역안내사	공사공단 전기일반	육해공군 국사(근현대사)
사회복지직	사회복지사 1급		공군장교 필기시험
운전직	사회조사분석사		
계리직	임상심리사 2급		
	텔레마케팅관리사		
	소방설비기사		